한국어 지시화행의 담화문법 연구

: 의미, 형태, 사용에 대한 맥락 분석적 접근을 중심으로

| 김강희 |

부산외국어대학교 한국어교육학과 교수
연세대학교 국어국문학과 학사, 석사, 박사 졸업

한국어 지시화행의 담화문법 연구

: 의미, 형태, 사용에 대한 맥락 분석적 접근을 중심으로

초판 인쇄 2022년 12월 16일
초판 발행 2022년 12월 31일

지은이   김강희
펴낸이   박찬익
편집   이기남
책임편집   권효진
펴낸곳   ㈜**박이정**   ▌주소 경기도 하남시 조정대로 45 미사센텀비즈 F827호
전화   031-792-1195   ▌팩스 02-928-4683
홈페이지   www.pjbook.com   ▌이메일 pijbook@naver.com
등록   2014년 8월 22일 제2020-000029호
ISBN   979-11-5848-846-8 (93710)
책값   22,000원

한국어 지시화행의
담화문법 연구

김강희 지음

의미, 형태, 사용에 대한 맥락 분석적 접근을 중심으로

(주)박이정

| 머리말 |

'우리말 연구의 첫걸음'이라는 신입생 전공 필수 수업에서 지도교수님이신 강현화 선생님을 처음 뵈었습니다. 어머니께서는 저에게 따뜻한 말의 세계에 사는 동화 작가가 되면 좋겠다고 하셨고, 아버지께서는 화려한 조명 속의 언어를 구사하는 아나운서를 권해 주셨지만, 연세대학교 국문과에서 우리말 연구의 첫걸음을 뗀 스무 살의 저는 한국어 연구자라는 새로운 꿈을 꾸게 되었습니다.

한국인이라면 누구나 쉽게 구사하지만 막상 외국인에게 가르치려고 하면 너무나도 낯설게 느껴지는 우리말, 우리글. 한국어 명령문을 정확하게 학습하였다고 해서 한국어로 명령의 언어 행위를 적절하게 수행할 수 있는 것은 아니라는 점이 저에게는 아직 가지 않은 미지의 세계처럼 느껴졌습니다. 한국어 사용의 세계를 들여다보고 그 안에서 규칙성을 발견하고자 탐구하는 삶. 그 삶은 어머니가 기도해 주셨던 따뜻한 삶도, 아버지가 응원해 주셨던 화사한 삶도 아니지만, 있는 그대로의 한국어를 살피고 기술하는, 조금은 고독하고 때로는 기쁜 그런 삶이었습니다.

이 책은 2019년 2월에 연세대학교에서 받은 박사학위 논문을 수정 보완하여 엮은 것으로 그러한 삶의 시작과 과정이 담겨 있는 책입니다. 출판계가 어려운 시절임에도 기꺼이 책을 만들어 주신 박이정 출판사에 진심으로 감사드립니다. 그리고 한국어 사용의 실체를 마주하기 위해서는 부족할지라도 걸음을 떼어야만 한다는 용기를 주신 지도교수님 강현화 선생님께 너무나도 감사드립니다. 연구에 대해 조언을 아끼지 않으신 유현경 선생님, 한송화 선생님, 원미진 선생님, 조태린 선생님께 감사드립니다. 스무 살 때부터 가르침을 주신 임용기 선생님, 김하수 선생님, 한영균 선생님, 서상규 선생님께도 감사드립니다.

언제나 제 모든 글의 첫 독자가 되어 주시는 부모님과 남편에게도 고맙습니다. 우리말 연구의 첫걸음을 뗄 아주 작은 용기가 필요한 후배들에게 이 책을 바칩니다.

조금은 이해할 수 있지
그대가 힘겨워 하는 이유
나도 언젠가 긴 시간들 그렇게
보냈던 것 같아
(중략)
하지만 그 시간은 함께 나눌 수 없는
그저 혼자 걸어야 하는 먼 여행
그대가 돌아오는 지친 언덕 위에
따듯한 바람 불었으면
하얀 꽃잎 날릴 수 있도록

조동익, 〈혼자만의 여행〉 중

2022년 12월 금샘에서, 김강희

6

| 차례 |

Ⅰ. 서 론_ 9

Ⅱ. 이론적 토대_ 38

Ⅲ. 연구의 설계_ 82

Ⅳ. 지시화행의 유형_ 109

Ⅴ. 지시화행 발화의 문형 및 담화 기능_ 205

I. 서 론

1. 연구의 목적 및 필요성

본 연구는 언어의 사용과 의사소통의 성취를 목표로 삼는 한국어교육학의 관점에서 '담화문법'의 개념을 세우고 그 기틀(paradigm)을 마련하는 데에 목적이 있으며, 구체적으로는 한국어에서 지시화행을 수행하는 발화를 대상으로 하여 담화문법 기술의 실례(實例)를 제시하고자 한다. 본고에서 특히 지시화행 발화에 대해 담화문법 적용의 필요성을 제기하는 까닭은 다음과 같다.

첫째, 지시(directives)는 화용적 행위(pragmatic act)이다. 화용적 행위란 언어행위가 수행하는 의미 및 기능이 고정되어 있는 것이 아니라 맥락(context)에 의해 역동적으로 결정된다는 것을 의미한다.[1] 아래 (1)의 01-02줄의 대화에 따르면 01줄 손님의 발화는 행위[수표를 현금으로 바꾸다]에 대한 '요청' 혹은 '선요청'으로 볼 수 있다. 이때 01-02줄은 '요청-수락'에 대한 인접쌍(adjacency pair)[2]으로 나타낼 수 있다. 그러나 이후 03줄에서 제시되는 손님의 발화를 확인하면, 01줄 손님의 발화는 그저 정보에 대해 확인하고자 하는 '단순 질의' 혹은 '정보 확인'이었음을 파악할 수 있게 된다. 즉, 지시화행은 특정한 형태나 패턴에 의해 고정적으로 결정되는 것이 아니라, 맥락에 따라 역동적으로 해석되는 의미·기능이라고 할 수 있다.[3]

---

[1] '화용적 행위(pragmatic act)'와 관련하여 Hanks(1996:266)에서는 '의미는 의미적 단위에 코드화되어 있는 통사적 규칙에 의해 통제되는 방식으로 언어 자체에 들어 있는 것이 아니라 언어와 환경 사이의 상호 작용에서 나오는 것'이라고 기술하였으며, Mey(이성범 옮김, 2007:369)은 '맥락화된 적응 행동(contextualized adaptive behavior)'이라고 개념화하였다.

[2] '인접쌍(adjacency pairs)'은 두 명의 다른 화자들에 의해서 생성되어 첫 번째 쌍 부분(first pair part)과 두 번째 쌍 부분(second pair part)으로 순서화된, 구조적으로 인접한 일련의 두 발화들을 의미한다(이해윤 옮김, Huang 2009:154).

[3] Yule(1996)에 따르면 '발화자 의미(speaker meaning)는 문장 의미(sentence meaning)를 넘

(1) 환전소 점원과 손님의 대화

01 손님: 수표를 현금으로 바꿀 수 있습니까?

02 점원: 곧 해드리지요.

03 손님: 됐어요. 너무 늦은 건 아닌지 궁금했을 뿐입니다.

(Jacobs and Jackson 1983:302, 이성범 2007:266 재인용)

둘째, 지시는 공손성(politeness)[4]와 밀접한 연관을 갖는 언어행위이다. 지시화행의 언표내적 의미는 화자가 청자로 하여금 행위를 '시킴'에 있기 때문에 청자에게 부담(imposition)을 주거나 청자 혹은 화자의 체면(face)[5]을 손상시킬 가능성이 높은 화행이다. 특히 모어 화자와 다르게 한국 언어문화에 대한 직관이 부족한 제2언어 학습자의 경우에는 지시화행을 수행하는 문법 형태들을 사용함에 있어 화용론적 실패(pragmatic failure)[6]를 야기하기 쉽다. 아래 (2)에서 제시하고 있는 학습자의 문장은 (2ㄱ)의 형태적 오류의 문제

어서는 것으로, 맥락(context)을 고려할 때에만 비로소 해석될 수 있다'고 하였다.
(Celce-Murcia, M. & Olshtain, E. 2000:20 재인용, 번역은 필자.)

4) '공손성(politeness)'은 '상대방의 감정을 고려하여 편안한 관계를 구성하고자 하는 상호작용의 규칙'을 의미한다(Hill et al, 1986:348).

5) '체면(face)'은 Goffman(1967:299-310)에서 도입한 개념으로 '사회적 상호작용과 청중에 의해 변화하는 자신에 대한 이미지'이며, '끊임없이 시도되는 상호작용 속에서 손상되거나 강화될 수 있는 것'을 의미한다. Brown and Levinson(1987:61)에서는 Goffman(1967:5)의 사회학적 개념인 체면(face)을 언어학에 적용하여 '모든 사회 구성원들이 스스로 주장하고 싶어 하는 공개적인 자기 이미지'라고 정의하였으며, 흔히 명령하기, 요구하기, 충고하기, 제안하기, 경고하기 등은 청자가 다른 사람에게 강요받지 않고자 하는 부정적 체면(negative face)을 위협하는 체면위협행위(FTA)에 해당하는 것으로 제시하였다.(Huang, Yan(2009:145-146 재인용).
"the positive social value a person effectively claims for himself by the line others assume he has taken during a particular contact" (Goffman, 1967:5)

6) Thomas(1983:4)에서는 문법은 규범적 규칙에 따라서 판단되므로 잘못된 규칙의 사용이 발생할 때 문법적 오류라는 용어의 사용이 적절할 수 있으나, 화용 능력은 범주적 규칙성보다는 수용가능성이나 적절성으로 설명되기 때문에 잘못된 사용에 있어 오류라는 표현보다 실패라는 표현이 적절하다고 보았다(이해영 2018:93 재인용). Thomas(1983)에서는 '사회문화적인 가치관 차이로 발생하는 화용론적 실패의 오류가 사회문화적 차이로 인한 화용언어학적 전이보다 더 심각한 사회언어학적 오해(socialinguistic miscommunication)를 야기'한다고 지적하였으며, Kasper(1992)에서는 '화용론적 실패가 모어와 목표 언어의 화행 규칙의 차이에서 기인'한다고 주장한 바 있다.

를 제외하고는 모두 문법적으로 비문이라고 볼 수는 없지만, 맥락에 따라 청자의 체면을 손상하거나 공손하지 않게 받아들여질 수 있는 발화이다. 이처럼 지시화행의 교수·학습에서는 문법적 정확성 이상으로 화용적 적절성이 의사소통의 성취에 중요하게 작용하기 때문에 이에 대한 담화문법적 접근이 요구된다고 하겠다.

(2) ㄱ. (영어권 1급 학습자) 선생님, 돈을 좀 빌어7) 주세요.
    ㄴ. (일어권 6급 학습자) 안 돼요 선생님.
    ㄷ. (중어권 1급 학습자) 선생님도 가족들 다 같이 잘 지내세요.
                              출처: 국립국어원 학습자 말뭉치 나눔터8)

셋째, 지시화행의 교수·학습은 명령형 종결어미나 명령문에 대한 학습만으로는 성취되기 어렵다. 아래 (3)은 모두 명령형 종결어미가 사용된 문장이지만, (3ㄱ)은 청자가 부재하다는 점, (3ㄴ)은 [지옥에 가다]라는 행위가 실현될 수 없는 것이며 화자도 이를 인지하고 있다는 점, (3ㄷ)은 인사로서 굳어진 표현이라는 점, (3ㄹ)은 관용적으로 친교를 위해 발화되는 표현이라는 점, (3ㅁ)은 불특정 청자에게 알림의 의도로 사용된 문장이라는 점에서 모두 '지시화행'을 수행하고 있다고 보기에는 어려운 점이 있다. 즉, 명령형 종결어미의 사용이 반드시 지시화행을 야기한다고 볼 수 없기 때문에 지시화행의 교수·학습에 대한 접근은 화행이 담화 안에서 어떻게 발생하는가에 중점을 두고 이루어져야 할 필요가 있다.

---

7) '빌려'의 형태적 오류. 여기에서는 형태적 오류의 문제는 차치하였으며, [돈을 빌리다]라는 행위를 수행할 때, 학생이 교사에게 명령형 종결어미 '-으세요'를 사용하는 것은 화용적 실패라고 보았다.
8) 국립국어원 학습자 말뭉치 나눔터:
   https://kcorpus.korean.go.kr/service/goRawCorpusSearch.do#del

(3)　ㄱ. 제발 연세대학교에 합격하게 해 주소서.　　　　　(기원)

　　　ㄴ. 너 같은 거 지옥에나 가라.　　　　　　　　　　　(저주)

　　　ㄷ. 그럼 김 선생, 잘 가게.　　　　　　　　　　　　(인사)

　　　ㄹ. 장모님, 오래 오래 건강하십시오.　　　　　　　　(친교)

　　　ㅁ. 3시부터 단수가 있을 예정이오니 물은 3시 이전에
　　　　　사용해 주세요.　　　　　　　　　　　　　　　(고지)

넷째, 한국어교육에서 지시화행은 명령, 지시, 요청, 제안, 부탁 등 다양
한 용어로 사용되고 있어 그 실체를 파악하기에 더욱 어려운 점이 있다.
이는 근본적으로는 Austin(1962)와 Searle(1969, 1975) 등이 고안한 언어행위
의 개념이 추상적이기 때문이라는 비판을 받고 있는 것과 연관되어 있는
문제이기도 하다.9) 따라서 한국어 지시화행의 정의와 유형을 분명히 하고
이를 교육적 자료로 제시하기 위해서는 담화상에서 나타나는 실제 한국어
의 사용 양상에 대한 분석이 이루어질 필요가 있다.

이에 본 연구에서 다루고자 하는 구체적인 연구의 문제는 다음과 같다.
첫째, 지시화행의 정의와 유형을 담화적 차원에서 구체화할 필요가 있다.
기존에 지시화행에 대한 논의는 대개 Austin(1962), Searle(1969, 1975),
Leech(1983), Vanderveken(1990) 등에서 제시한 적정 조건에 기대고 있거
나, Blum-Kulka(1984)의 요청 전략을 적용하고 있는 경우가 많다. 그러나
이러한 조건의 설정이 한국어의 실제 의사소통 상황에서 나타나는 지시화
행을 충분히 기술해낼 수 있는 범언어권적인 기준인지에 대해서는 개별 언
어의 실제 자료에 대한 귀납적 분석을 통해 검증될 필요가 있다. 뿐만 아니
라 이들이 제시하고 있는 지시화행의 분류 기준은 화자의 인지적인 작용을
중심으로 다루고 있기 때문에 이를 객관적으로 변별해 내기는 어렵다는 한
계가 있다. 따라서 본 연구에서는 담화적으로 나타나는 개별 화행의 사용

---

9) Thomas(1996:28-33)에서는 Austin(1962)에서 제시하고 있는 화행 범주가 상호 배제적이지
　않아 기준이 중복되는 경우에 있으며, 화행과 수행동사에 대한 혼동이 나타날 뿐 아니라
　화행의 정의가 매우 포괄적이고 추상적이라고 비판한 바 있다.

양상을 중심으로, 지시화행의 하위 체계를 분류해 보고자 한다.

둘째, 한국어교육에서 문법 교육의 단위가 되는 '문형'[10]을 중심으로, 지시화행 발화에서 사용되는 문형을 살피고, 이들의 담화적 기능에 대하여 기술하고자 한다. 대개 지시화행의 문형은 명령형 종결어미를 중심으로 형태주의적 관점에서 다루어져온바, '-도록, -기, -을 것'(고성환 2003, 이지수 2015 등)까지는 명령문을 구성하는 문형으로 논의되고 있지만, 오히려 실제 구어 담화에서 더 활발히 사용되는 다양한 범주의 문형들에 대한 논의는 통합적으로 이루어지지 못한 측면이 있다. 또 전략 및 화행의 측면에서 지시화행을 다루고 있는 연구들은 전략의 유형(정민주 2003, 장경희 2005 등)이나 공손성 등(박선옥 2003, 신정애 2008, 김서형 2013 등) 사용의 측면에 초점을 두고 있는바 이들을 수행하는 문형들 간의 차이나 특성에 관해서는 구체적으로 다루지 않은 측면이 있다. 따라서 본 연구에서는 지시화행을 수반하는 문형들을 다루되, 이들을 화행 및 담화적 기능을 중심으로 분석하고자 한다.

셋째, 한국어 담화에서 화자가 지시화행 발화를 위해 특정 문형을 선택(choice of grammar)하는 기제에 관하여 분석할 필요가 있다. 형태의 분화는 곧 의미의 분화를 의미한다. 한국어에서 지시화행을 수행하는 문형이 명령형 종결어미에 국한되지 않고 다양한 문법 범주에 걸쳐 확대되는 것은 이러한 여러 문형들이 동의(同意)하지 않고 맥락에 따라 서로 상이한 사용 의미

---

10) '문형'은 '문법 형태'의 준말로, 국어학에서 사용하는 '문장 형식'과는 다른 개념이다. 대개 '문법 표현(유소영 2013)', '문법 항목(강현화·장채린 2013, 유해준 2014, 강현화 외 2017, 이지연 2018)', '표현 항목(이미혜 2002)', '표현 문형(강현화 2007, 김유미 2012, 유소영 2015, 이보미 2018)', '문법 패턴(고경태 2008)', '의존어 구성(박문자 2007, 강현화 2016, 2017)', '표현(국립국어원 2005)', '구문 표현(최윤곤 2007)', '문형(김유미 2005)', '문법적 연어(임홍빈 2002, 임근석 2005, 홍혜란 2007)' 등의 개념어로 사용되고 있으며, 연구자에 따라서는 '우언적 구성' 등 구 단위로 이루어진 의미적 덩어리 표현(chunk)을 '표현 문형'으로, 종결어미 등을 '단일 문법항목(이보미 2018)', '단순 결합항목(이미혜2002)' '기본문형(민현식 2004, 석주연2005)' 등으로 구분하여 제시하기도 한다. 본 연구에서는 한국어교육에서 문법을 어휘접근적 문법 항목으로 제시하기 위한 교육의 단위가 되는 개별 목표 문법 형태를 '문형'으로 보고 단순 결합 항목과 덩어리 구성을 포괄하는 개념으로 삼았다.

를 지니기 때문으로 볼 수 있다. 본 연구에서는 한국어 지시화행의 사용에
서 주요하게 작용하는 담화적 기제는 공손성이라고 보았으며, 구체적으로
는 헤지 이론이 지시화행의 사용 기제를 풀어나가는 데에 중요한 단서가
될 수 있다고 판단하였다.

본 연구는 이러한 연구 문제를 중심으로 논의를 이끌어 가기 위해 먼저
담화문법의 주요 개념들을 살피고 본고에서 적용하고자 하는 담화, 맥락,
화행, 기능 등의 개념을 정리할 것이다. 본고는 일차적으로는 지시화행 발
화에 대한 담화적 이해에 초점이 있지만 궁극적으로는 이러한 연구를 통해
담화문법 체계의 내용 구축을 위한 기반을 마련하는 데에 기여하고자 한다.

2. 선행 연구

'지시화행(Directives)'에 대한 최초의 제시는 Searle(1975)에서 이루어졌으
며, 그에 앞서 Austin(1962)에서는 '사회적 표출 행위(Behabitives)' 혹은 '행사
적 발화(Exercitives)'로, Searle(1969)에서는 '요청(Request)'으로 지시화행의 개
념이 고안되었다.[11] Searle(1969:66-67)에서 제시한 요청(Request)의 규칙은
아래 (4)와 같은데, 이때 Searle(1969:66-67)은 요청(Request) 외에 '주장(Assert),
진술(State), 단언(Affirm), 질문(Question), 감사(Thank), 조언(Advise), 경고(Warn),
인사(Greet), 축하(Congratulate)'를 발화수반행위의 유형으로 제시하였다.

    (4) Searle(1969:66)의 요청(Request)에 작용하는 규칙
       ㄱ. 명제적 내용: 청자의 미래 행위

---

11) Austin(1962:149)는 영어의 동사 중 일부가 발화 수반 행위(illocutionary acts)를 나타낸다
   고 하며, '진술하다(state), 묘사하다(describe), 주장하다(assert), 경고하다(warn), 논평하다
   (remark), 언급하다(comment), 지시하다(command), 명령하다(order), 요청하다(request),
   비판하다(criticize), 사과하다(apologize), 불신임하다(censure), 인정하다(approve), 환영
   하다(welcome), 약속하다(promise), 반대하다(object), 요구하다(demand), 논쟁하다
   (argue) 등을 제시하였는데, 약 천 개 이상이 있다고 주장하였다.

ㄴ. 예비 조건:
   1) 청자는 행위 A를 할 수 있다.
   2) 청자가 일반적인 상황에서 행위 A를 할 것이라는 것이
      화청자에게 명백하지는 않다.
ㄷ. 성실성 조건: 화자는 청자가 행위 A를 수행하기를 원한다.
ㄹ. 본질 조건: 청자가 행위 A를 시도할 것으로 간주할 수 있다.
ㅁ. 첨언: 지시(Order)와 명령(Command)은 '반드시 화자가 청자보다
   권위가 있어야 함'을 추가적인 예비조건으로 갖는다. 그리고 명
   령(Command)은 아마도 예비조건2의 불분명함에 대한 화용적
   조건('pragmatic' condition)을 갖지 않을 수 있다[12].
   왜냐하면 행위 A를 수행하는 것이 청자에게는 화자의 지위 관계
   에서 응당 바람직한 것으로 간주될 것이기 때문이다.

이와 같이 Austin(1962), Searle(1969, 1975)을 중심으로 체계를 갖춰온 화
행의 정의와 유형은 학자 간에 차이가 있지만, 지시화행에 대한 용어의 사
용은 크게 아래 〈그림 1〉과 같이 네 가지 경향성으로 구분할 수 있다.

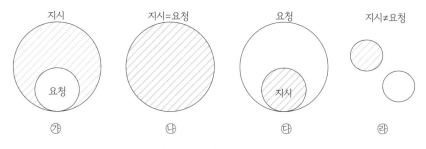

그림 1. 요청과 지시의 관계

---

12) 작은 따옴표(' ') 처리를 Searle(1969)의 것을 그대로 가져 옴.

먼저, ㉮는 지시를 요청을 포함하는 상위 개념으로 제시하는 경우이다. 이는 Searle(1975), Evrin-Tripp(1976), Wunderlich(1976), Hindelang(1978/ 2000), 강현화(2007) 등이 있는데, 이들은 지시화행 안에서 화자와 청자의 이 익이나 주도 여부에 따라 요구, 요청, 제안, 명령 등이 구분될 수 있다고 보았다.

다음으로 ㉯와 같이 지시와 요청을 동의한 개념으로 보되, 그 용어를 임 의로 선택하고 있는 연구에는 Blum-Kulka(1984), Faerch & Kasper(1984), 정민주(2003), 장경희(2005), 김지혜(2013) 등이 있다. 이들은 요청화행 발화 의 형태적인 측면보다는 전략(strategies)이나 전략에 따른 정도성의 구분에 관심을 두었다.

한편, ㉰와 같이 요청을 상위의 개념으로, 지시(또는 명령)을 하위 개념으 로 본 것에는 Searle(1969), Vendler(1972), Fraser(1975), 전정미(2007), 서지혜 (2012), 김혜련·전은주(2012) 등이 있다. 이들은 '지시'를 '명령(command)'와 동의한 것으로 간주하여 협의의 상하관계에서 이루어지는 요청의 일환으로 보았으며, 요청(Request)을 더 포괄적인 상위 개념으로 제시하였다.

마지막으로 ㉱와 같이 요청과 지시를 서로 다르되 동일한 층위의 개념으 로 본 연구에는 Tsui(1994), Kohnen(2007)가 있다. Tsui(1994:91)에서는 요청 (Requestive)과 지시(Directives)를 구분하여 '요청은 요청하다(request), 초대하 다(invite), 허락을 구하다(ask for permission), 제의하다(offer) 등을 포함하고, 지시는 시키다(order), 명령하다(command), 지시하다(instruct) 등을 포함한다' 고 하였다. 이 연구에서는 기존의 논의들이 '화자의 소망이 결과적으로 청 자의 행위를 야기함'에 집중하여 지시를 요청의 하위에 두었으나, 요청과 화행의 구분이 선행될 필요가 있다고 주장하였다.

㉮의 대표적인 연구로는 Hindelang(1978/2000)이 있는데, 이 연구에서는 아래 〈그림 2〉와 같이 구속성을 주요한 지시화행 분류의 기준으로 삼았다. 이때, '구속적 지시화행이란 계약이나 법률 또는 외부의 물리적 힘에 의해

말할이2가 말할이1의 지시를 수행할 의무가 있고, 지시사항을 이행하지 않았을 때에 제재를 당하게 되는 행위를 일컫는다.'고 하였다[13]. 반면에 '비구속적 지시화행은 강제성이 없는 화행을 가리키는 것'이라고 볼 수 있다. 그러나 이 체계는 하위 유형으로 제시된 화행이 다른 상위 범주의 화행과 중복되거나 층위가 동일하지 못하다는 비판을 받았고[14], 번역어 간에 불일치가 있는 등 한국어로 옮기는 과정에서의 문제들도 나타났다[15].

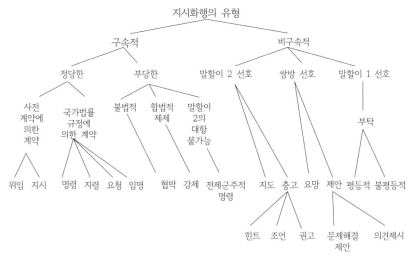

그림 2. Hindelang(1978/2000)의 지시화행 체계

---

13) 박용익 엮음(2001:89) 재인용.

14) Leech(1983:176)에서는 'Austin(1962)의 분류가 발화수반 동사 오류의 대표적인 예'라고 주장하며 수행동사와 화행을 대응시킨 것을 비판하였으며, Searle(1977:28)에서는 '수행동사들의 차이점은 좋은 안내자이지만, 발화수반행위의 차이점에 대한 분명한 안내자는 결코 아니다'라고 지적하였다.

15) 대표적인 독일어 화행 연구인 Wunderlich(1976:77)에서는 지시화행(Direktiv)의 하위 유형을 요구(Auffoderungen), 요청(Bitten), 명령(Befehle), 지시(Anweisungen), 지령(Anordnungen), 가르침(Instruktionen), 규범규정(Normsetzungen)으로 기술하였는데, 개별 유형이 각각 한국어의 수행동사와 적확하게 일치하는지도 분명치 않으며, 권고, 충고, 조언 등 유사 개념과는 어떻게 구분되는지에 있어서도 입증할 길이 없다. 또 대표적인 번역서인 김갑년(1999)와 박용익(2001) 등에서의 번역어가 불일치하는 등의 어려움이 있다.

한편, 지시와 요청을 구분하되 동일한 층위에서 본 ㉤의 대표적인 연구인 Tsui(1994)에서는 대화 분석(Conversation Analysis)과 Sinclair & Coulthard (1975)의 개념어 비교를 통해 대화 안에서의 단위(unit) 설정에 관심을 두고, 최소의 대화 인접쌍 등에 대하여 밝히고자 하는 가운데, 개시 화행(Initiating Act)의 유형을 유도(elicitation)와 요청(requestive), 지시(directive), 정보제공 (informative) 등으로 구분하였다. 이 연구에서 제시하고 있는 요청화행과 지시화행의 체계는 아래 〈그림 3〉과 같다. 이에 따르면 요청화행은 '화자 수행', '청자 수행'의 여부와 '화자 수혜', '청자 수혜'의 여부에 따라 '허락 요청 (request for permission), 제의(offer), 행위 요청(request for action), 초대(invitation)' 로 분류하였으며, 지시화행은 '이익', '권위', '결과의 강제성'에 따라 '지도 (instruction), 조언(advise), 위협(threat), 경고(warning)'로 구분하였다.

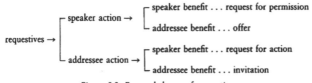

Figure 5.2: Four subclasses of requestives

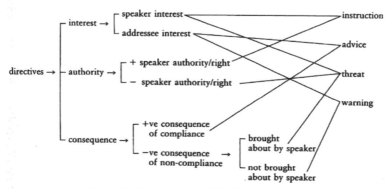

Figure 6.1: Four subclasses of directives

그림 3. Tsui(1994:98,134)의 요청·지시화행의 체계

이를 참조하여 강현화(2007)에서는 지시와 요청을 구분하되, 크게 '지시적 화행'으로 다루어 이를 ㉮의 관점에서 체계화하였다. 아래 〈표 1〉에 따르면 강현화(2007:11)에서는 '(화자)청자에 도움 믿음, 화자에 도움 유무, 청자의 행동 요구 정도, 화자의 권리 여부, 화자청자와의 관계(위계 있음 여부), 행동 주체' 총 6가지 담화 상황의 요인을 기준으로 지시적 화행의 하위 유형을 제시하고 있는데. 이 중, '+강제성'을 띄는 명령, 권고, 요구는 Tsui(1994)의 지시화행에, '-강제성'을 띄는 부탁, 제안, 제의는 Ysui(1994)의 요청화행에 해당하는 것으로 해석할 수 있다.

표 1. 강현화(2007:11)의 지시적 화행 분류

+강제성	+상하관계	+화자도움		☞	명령
		+청자도움		☞	권고
	±상하관계	+화자도움	+화자권리	☞	요구
-강제성	±상하관계	+화자도움		☞	부탁
		+화/청자도움	함께 행동	☞	제안
		+청자도움		☞	제의

이 연구는 기존의 한국어교육 연구들이 대개 Searle(1975)의 화행 체계를 그대로 차용한 것과 달리 한국어의 용례들을 토대로 하여 한국어의 특징에 알맞은 화행 분류의 기준을 정립하고 그 하위 체계를 구분하고자 하였다는 점에서 의미가 있다.

이밖에 ㉯와 같이 요청과 지시를 동의한 것으로 간주하고 '요청화행'을 연구한 것에는 Blum-Kulka(1984), Faerch & Kasper(1984) 등이 있는데, 이들은 요청화행의 전략을 유형화하는 것에 초점을 두고 있다는 특징이 있다. 특히 Blum-Kulka(1984)의 화행의 실제 패턴에 대한 범문화권적 연구 (CCSARP: Cross-Cultural study of Speech Act Realization Patterns)에서는 요청(request) 과 사과(apologies)를 중심으로 8개 언어권에 대하여 원어민과 비원어민의 발화 자료를 분석하여 그 차이 및 특성을 기술하였다.

먼저 이 연구에서는 아래 (5) 예문과 같이 요청의 분석 단위에 관해 논의하였다[16]. Blum-Kulka(1984)에 따르면 아래 (5ㄱ)에서는 A가 주 화행(Head act)이고, B는 주 화행을 보조하기 위해 잉여적으로 추가되는 보조 화행(Adjuncts to Head act)이다. 그러나 경우에 따라서는 (5ㄴ)과 같이 B의 발화가 독립적으로도 요청 화행을 수행할 수 있기 때문에 요청 화행의 단위는 지극히 맥락적(contextual)이고 기능적인(functional) 기준을 가지는 동시에 연속적일 수 있다고 지적하였다.

> (5) ㄱ. 가: A부엌 좀 치우지그래? B네가 어젯밤에 부엌 더럽혀 놨더라.
>   나: 알겠어요, 바로 치울게요.
>
>   ㄴ. 가: B네가 어젯밤에 부엌 더럽혀 놨더라.
>   나: 알겠어요, 바로 치울게요.

다음으로 이 연구에서는 크게 6가지 차원(dimension)에서 요청화행을 분석하였는데, 수신자를 부르는 말(Address Term), 요청의 관점(Request perspective), 요청 전략(Request strategy), 약화 장치(Downgraders), 강화 장치(Upgraders), 보조 화행(Adjuncts to Head act)에 관한 것으로 내용은 아래 〈표 2〉와 같다.[17] 이 연구는 요청화행이 주화행뿐 아니라 보조화행과 기타 담화 장치들로써 입체적으로 수행됨을 입증하고 상호문화권적으로 나타나는 보편적인 전략의 성격을 입증하고자 하였다는 점에서 의미가 있다. 그러나 6개 차원이 상호배제적이지 않고 특히 요청의 전략이 약화 장치나 강화 장치와는 어떻게 변별되는지에 대한 명료한 기준이 존재하지 않기 때문에 체계의 효율성에 대해 문제를 제기할 수 있는 여지가 있다.

---

16) Blum-Kulka(1984:200)의 4번 예문 참조.
17) 구체적인 내용은 2장 3절 화행과 기능에서 상술하고자 한다.

표 2. Blum-Kulka(1984)의 요청화행 분석 틀

차원	유형
수신자를 부르는 말 주위 끌기 등	
요청의 관점	청자 지향적 관점, 화자 지향적 관점, 화청자 지향적 관점, 불특정 행위주 관점
요청 전략	직접적 요청 전략, 관례적 간접 요청 전략, 비관례적 간접 요청 전략
약화 장치	통사적 약화 장치 -의문문의 사용, 부정의문문의 사용, 과거 시제의 사용, if 조건절의 사용 화용적 약화 장치 -상담 장치의 사용, 축소 표지의 사용, 울타리 표현 사용, 거절 가능성을 열어두는 표지 사용
강화 장치	강조하거나 과장하는 표현, 욕설
보조 화행	가능성 확인하기, 미리 언지하기, 배경 및 이유 제시하기, 칭찬하기, 무장해제 시키기 (거부감에 대한 사전 인식 드러내기), 최소한의 비용 언급

　　대개 한국어 연구에서는 이 중 '요청의 전략'과 관련하여 분석의 틀을 차용해 오고 있는데 대표적으로 정민주(2003)에서는 위의 전략 체계에 따라 한국어의 요청 전략을 아래 (6)과 같이 10 단계로 구분하였으며, ⓐ부터 ⓙ에 이르기까지 요청의 강도에 차이가 있는 것으로 기술하였다.

　(6)　ㄱ. 직접적·명시적인 직접 요청 전략
　　　　　ⓐ 명령문으로 수행하기
　　　　　ⓑ 수행동사로 요청하기
　　　　　ⓒ 약화된 수행문으로 요청하기
　　　　ㄴ. 관계적인 간접 요청 전략
　　　　　ⓓ 당위적 진술문으로 요청하기
　　　　　ⓔ 제안하는 형식으로 요청하기
　　　　　ⓕ 예비 조건을 묻는 표현으로 요청하기
　　　　　ⓖ 허락을 묻는 표현으로 요청하기
　　　　　ⓗ 방법을 묻는 형식으로 요청하기
　　　　ㄷ. 비관례적인 간접 요청 전략
　　　　　ⓘ 확실한 단서 제공하기
　　　　　ⓙ 가벼운 단서 제공하기

그 외에, 이강순(2007), 장효은(2008), 이지혜(2009), 김미선(2011), 사와다 히로유키(2011), 홍진영(2013) 등에서는 '보조 화행의 전략'에 중점을 두어 Blum-Kula(1984)의 체계를 한국어에 적용하고자 하였으며, 신자영(2005)에서는 스페인어와 한국어의 화행 대조를 위한 전략의 유형화를 시도하였고, 김지혜(2012)에서는 주 화행에 한하여 한국어교육적 목적에서 문형과 화행 전략을 연결하여 한국어 학습자와 모어 화자의 전략에 따른 표현 사용 양상을 비교하고자 하였다. Blum-Kula(1984)에서 제시하고 있는 요청 보조 화행의 유형은 Edmondson(1981), Edmondson and House(1981), House and Kasper(1981)을 참조하고 있으며 내용은 다음 (7)과 같다.

(7) Blum-Kula(1984)의 보조 화행의 유형
ㄱ. 가능성 확인하기
ㄴ. 미리 요청의 화제를 꺼낼 것임을 언급하기
ㄷ. 배경 소개하기
ㄹ. 청자의 능력에 감사를 표현하거나 칭찬의 내용 말하기
ㅁ. 상대방이 거북해 하거나 거절할 수 있음을 인지하고 있다는 것을 표현하기
ㅂ. 청자로 하여금 최소한의 비용에 대해 인지하고 있음을 드러내기

앞선 연구의 경향성을 짚어볼 때, 지시화행을 상위의 개념으로 보는 연구들은 대개 화행의 체계를 다루는 관점에서 논의하는 경향성이 있었고, 요청 화행을 상위 개념으로 보는 관점에서는 공손성이나 화자와 청자 사이의 전략 사용 등을 중점적으로 다루고 있는 경향이 있었다. 본 연구는 지시화행을 상위의 개념으로 두고 연구하되, 하위 화행들을 보다 구체적으로 변별하기 위해서는 전략이 사용되는 담화적 조건을 고려할 필요가 있다고 본다. 또 앞선 지시화행 연구들에서는 중점적으로 다루지 않았지만, 한국어교육적 관점에서 학습자에 대한 교수 내용으로 제시하기 위해서는 단순히 전략적 차원에서만 화행에 접근할 것이 아니라, 문법 교육의 단위가 되는 문형

과 지시화행이 어떻게 연결될 수 있는지를 분석할 필요가 있다고 사료된다. 의사소통 중심 교수법을 지향하는 제2언어로서의 한국어교육에서 지시화행에 대한 연구는 의미, 형태, 사용의 유기적인 연결 관계 속에서 담화적 접근을 토대로 이루어질 필요가 있을 것이다.

3. 연구의 범위

한국어 연구에서도 의사소통 중심 교수법의 도입과 함께 '담화(discourse)'의 중요성이 부각되면서 '담화와 문법', '담화 기반 문법', '담화 수준의 문법', '담화 차원의 문법', '담화문법' 등의 용어가 빈번하게 사용되고 있으며, 이와 관련하여 일각에서는 '담화'와 '문법'이 동등한 층위에서 논의될 수 없는 모순된 개념이라는 주장도 제기되고 있다[18]. 그러나 '담화문법'이 모순된 개념이라는 지적은 '담화'에 대한 접근의 차이에서 야기된 오해에 불과할 뿐, '담화'의 정의에 어떻게 접근하느냐에 따라 '담화문법'은 기존의 많은 논의들을 포섭할 수 있는 개념이다.

담화의 정의에 대한 논의는 분분하지만, 크게 두 가지로 그 관점을 정리할 수 있는데, 첫째는 담화를 '단위'로 보는 관점이고, 둘째는 담화를 '층위'로 보는 관점이다. 먼저, 담화를 단위로 보는 관점에서는 대개 문법론의 기본이 되는 문장 이상의 단위, 즉, 텍스트(text)를 담화로 본다. 이 관점에서는 아래 〈그림 4〉의 ㉮와 같이 문장들의 총합으로 나타나는 문장 이상의 언어 단위를 담화로 '인정'하고 있다[19]. 다음으로 담화를 층위로 보는 관점은, 사

---

18) 이병규(2013:103-104)에 따르면 '문법은 언어에 내재하고 있는 규칙이나 질서로 정의'되며, '전통적으로 문법론은 형태론과 통사론을 포함'하는데, 담화론의 경우는 '규칙이나 체계를 수립하기가 쉽지 않고 담화의 분석은 언어 자체만을 고려하여서는 불가능'하기 때문에 '맥락 독립적인 언어를 대상으로 거기에 내재한 규칙과 질서를 규명하고자 하는 문법관의 관점에서는 담화는 기술의 대상이 되기 어렵다'고 지적하였다.

19) 본 연구에서 '인정'이라는 표현을 사용한 것은, 담화에 대한 단위적 접근이 사실상 '담화'를 문법론의 단위로 설정하고 있는 관점과 문법론에서는 배제하되 화용론의 단위로 보아 교

실상 담화(discourse)를 '의사소통의 총체'라고 정의하는 관점이라고 할 수 있는데, 본 연구 역시 이러한 층위적 접근에 기반하고 있다. 이러한 입장에서는 담화를 〈그림 4〉의 ㉯와 같이 언어 사용자로 하여금 산출된 발화(utterance)를 둘러싼 다양한 맥락들을 포함하여 가리키는 개념으로 기술한다.[20]

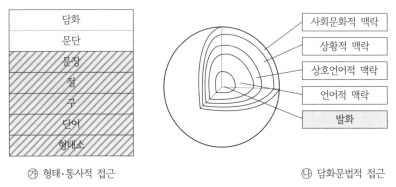

㉮ 형태·통사적 접근   ㉯ 담화문법적 접근

그림 4. 형태·통사적 접근과 담화문법적 접근의 비교

〈그림 4〉의 ㉮ 형태·통사적 접근에서 '구'는 의미적 완결성을 갖추고 있는 단어보다 큰 언어 단위로, 주어와 서술어의 관계가 성립하지 않아 문장

육 내용의 범주에 포함하는 관점을 포괄하고 있기 때문이다. 엄밀히는 이 두 관점 역시 구분하는 것이 적확하겠으나 본 연구에서는 담화를 크게 '단위'로 보는 관점과 '층위'로 보는 관점으로 변별하고자 하기 때문에, 편의상 ㉠담화를 언어 단위로는 인정하되 문법론의 단위에서 제외하는 입장과, ㉡문법론의 단위로 포함하는 입장을 함께 묶어 담화에 대한 '단위'적 접근으로 통합하여 기술하였다. 본고에서는 이를 형태·통사적 접근으로 명명하였다.

20) 〈그림 4〉의 ㉯는 Ann Hewings & Martin Hewings(2005:20)에서 제시하고 있는 맥락의 유형을 본고에서 3차원의 형태로 수정하여 시각화한 것이다. 이 연구에 따르면 발화(utterance)는 좁은 언어적 맥락(local linguistic context), 넓은 언어적 맥락(wider linguistic context), 좁은 상황적 맥락(local situational context), 넓은 사회문화적 맥락(wider socio-cultural context) 안에서 구성되며, 이러한 맥락은 분절되어 있는 것이 아니라 연속적이고, 다면적인(multifaceted) 속성을 지닌다고 기술하고 있다. 다만, 맥락 요인의 복잡성을 이해하는 데에 이러한 가시적 표현이 필요하다고 보았는데, 본 연구에서는 이러한 맥락의 속성은 '단계'의 문제가 아니라 '층위'의 문제라고 보아 그 '층위'로서의 속성이 잘 드러날 수 있도록 3차원으로서 제시하는 것이 보다 적합하다고 보았다. 이 연구에서 제시하고 있는 맥락 유형에 대한 자세한 설명은 2장에서 기술하였다.

이 되지 않는 것을 의미한다. 이때, 의미적 완결성을 갖추며 주술 관계가 성립하게 되면 문장의 지위를 갖게 되는데, 구와 문장 모두 담화가 되기 위해서는 '특정한 맥락 안에서 발신자와 수신자에게 어떤 의도를 전달하고자' 해야 한다. 담화 단위에서의 쟁점은 담화에서는 문장 이하 단위의 언어 표현도 담화가 될 수 있으며, 나아가 비언어적 표현이나 침묵 등도 특정한 의도를 전달하고자 하는 목적으로 사용될 경우 담화가 될 수 있다는 점이다. 이렇게 문장의 차원이든, 단어의 차원이든, 혹은 그 이하의 차원이든, 화자의 의도가 구체적으로 표현된 것을 '발화(utterance)'라고 하며, '발신자가 수신자에게 전달하고자 하는 의도가 나타나있는 발화나 발화의 연쇄'를 '담화'라고 한다(Celce-Murcia & Olshtain 2000).

'담화'가 사실상 최근에 만들어진 개념이 아님에도, 연구자에 따라 여전히 생소하게 여겨지고, 각 용어들의 뚜렷한 계보가 그려지지 않는 것은 분야 간에 '담화'에 대한 정의와 접근을 달리하고 있기 때문이다. 담화의 정의는 아래 〈그림 5〉에서와 같이 크게 4가지 차원에서 정리할 수 있다.[21]

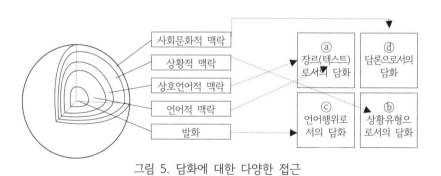

그림 5. 담화에 대한 다양한 접근

21) 이원표(사회언어학 사전, 2012)의 정리를 참조하면, 담화에 대한 정의는 크게 세 가지 방향성을 지니고 있는데, 첫째는 문장 이상의 언어적 단위로서, 텍스트와 유사한 개념이고, 둘째는 언어 사용의 유형으로서의 담화, 즉 장르성을 반영한 언어사용의 결과물을 의미하며, 셋째는 담론으로 번역되는 것으로 힘의 관계를 생성, 유지, 재생산시키는 텍스트 생산 및 해석 과정으로서의 담화이다.

먼저, 담화는 텍스트의 유형, 즉 '장르(genre)'로서의 담화를 의미한다. 이 때의 담화는 '텍스트(text)'와 동의어로 사용되기도 하고, 텍스트와 상·하위 관계를 맺고 있는 구성 요소로 다뤄지기도 한다. 이와 같은 관점에서 담화에 접근한 논의로는 조국현(2001, 2007), 김정남(2008) 등이 있다. 아래 (8)은 김정남(2008:5)의 담화에 관한 기술이다. 이때의 담화는 주로 텍스트언어학이나 국어교육의 관심이 되며, 설명문, 수필, 안내문 등 완성된 텍스트로서의 담화가 여기에 해당한다. 이러한 관점에서 담화는 주로 구어(spoken language)와 대립되는 문어(written language)를 의미하기도 한다.[22]

(8) '텍스트' 유형은 하나의 완결된 형식을 의미하는 좁은 의미의 텍스트의 장르를 말하는 것으로, '담화' 유형은 하나의 텍스트를 구성하는 여러 가지 기술 양식을 의미하는 것으로 용어를 구분하여 사용한다. 즉, 학술보고서가 하나의 텍스트 유형이라면 그 텍스트 속에 들어 있는 진술, 주장, 논증, 분류, 구분 등은 담화 유형인 것으로 설명할 수 있다(김정남 2008:5).

둘째, 담화는 '상황 유형(situation type)'을 의미하기도 한다. 대화 분석(Converastion Analysis) 등에서 주로 관심을 두는 상황 유형은, 회의, 은행업무, 진료 등 의사소통이 발생하는 장면을 가리킨다.[23] 이때의 담화는 주로 구어 담화를 의미하는 경우가 많으며, 최근 한국어교육에서의 상황 유형 연구는 맥락적 요인에 따른 문법 형태의 사용을 분석하는 맥락 문법 연구에서 활발히 다뤄져 오고 있는 양상을 보이고 있다. 대표적으로 강현화(2012)에서는 한국어 담화에서 부정 표현을 사용함에 있어 작용하는 맥락 요인을 아래 (9)와 같이 제시한 바 있다.

---

22) 이관규(2012) 등에서는 담화와 텍스트를 '구어'와 '문어'를 가리키는 상보적 관계로 기술하고 있다.
23) Schegloff & Jefferson(1974) 참조.

(9) 언어교육에서 의미를 가지는 상황 맥락의 주요 요소(강현화 2012:402)

    ㄱ. 화자, 청자, 화청자 관계 정보

    ㄴ. 물리적 상황   (시간, 장소)

    ㄷ. 발화 의도   (상호작용 목적)

    ㄹ. 텍스트의 형식 및 장르

    ㅁ. 사회적 맥락/심리적 맥락

    ㅂ. 문화적 맥락/역사적 맥락

셋째, 담화는 언어행위(speech act) 그 자체를 의미하기도 하는데, 이는 개별 발화가 지니는 '담화 기능(function)'을 가리킨다고 볼 수 있다. 특히 한국어교육에서는 개별 문형이 맥락 속에서 지니는 언표내적 의미와 언향적 의미를 포괄하여 '기능'이라고 명명하는 경향이 있는데, 이는 학습자가 의사소통 상황에서 사용할 수 있도록 학습해야 하는 학습 목표로서의 담화적 기능을 의미한다. 아래 (10)은 이러한 언어행위로서의 담화에 대해 선행 연구들에서 사용하고 있는 용어이다.

(10) 언어행위로서의 담화

    ㄱ. (담화) 기능

    ㄴ. 맥락 기능

    ㄷ. 화용적 기능

    ㄹ. 의미·기능

    ㅁ. 화행적 의미

    ㅂ. 화행적 기능

    ㅅ. 전략

마지막으로 담화는 '담론(談論)'을 뜻하기도 하는데, 이는 '사회적 실행(practice)'을 의미한다(Fairclough 1989). 박철우(2017:4)에서는 이를 '언어와 (역사나 제도 같은) 그것의 구체적인 맥락들에 뿌리를 두고 있는 지식, 사상, 경험을 조직하는 양식'이라고 기술하기도 하였으며, 이때 '담론'을 '담화'로 옮기면 어색한 측면이 있다고 지적하였다. 즉 사회적 실행으로서의 담화는 앞선 세 가지 관점의 담화와는 사뭇 다른 차원으로 볼 수 있는데, 단지 실제 세계를 언어적으로 반영하는 것이 아니라 아래 (11)에서와 같이, '그 자체로 사회적 실천 관행이기도 하고, 다른 여러 가지 실천 관행과 더불어 사회 구조를 형성하기도 하며, 그것에 의해 결정되거나 영향을 받기도 한다(김현강 2014)'는 것이다. 이때 그 자체로 사회적 실행을 의미하는 것은 '담화'에, 그 사회적 실행의 결과로 사회적 효과나 이데올로기(ideology) 작용으로써 형성되는 것은 '담론'에 가까운 의미를 지닌다고 볼 수 있을 것이다.

(11) 사회구조와 담화(Fairclough 1989, 김현강 2014: 31 재인용)
사회 구조(social structure)
↕
실천관행, 담화(practice, discourse)

이 중, 본 연구에서 다루고자 하는 담화의 개념은 'ⓑ상황 유형으로서의 담화'에 가까우며, 개별 발화가 수행하는 'ⓒ담화 기능'으로서의 담화를 포함한다. 그리고 이러한 담화에 영향을 미치는 공손성의 기제를 'ⓓ사회문화적 맥락으로서의 담화' 속에서 분석하고자 한다. 구체적으로 본고의 '담화 (discourse)'는 '한국어 언어문화권의 작용 속에서 화자와 청자가 의사소통을 수행하고 있는 상관적, 단독적 상황'을 의미한다. Hewings & Hewings (2005:22)에 따르면 이러한 상황 유형으로서의 담화에 속하는 요소로는 시간 (time), 장소(location), 대화 참여자의 나이(age), 성별(gender), 지위(status) 등이 있는데, 본 연구에서는 이렇게 담화를 구성하는 동시에 화자의 발화에 영향을 미치는 요인을 '맥락(context)'으로 정의하고, 맥락에 따른 문법 사용의 분석이 '담화문법'의 내용이 될 수 있다고 보았다. Larsen-Freeman(2003)에서는 담화문법의 주요한 세 가지 구조를 아래 〈그림 6〉과 같이 제시하였다.

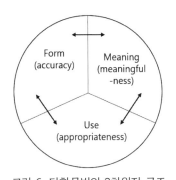

그림 6. 담화문법의 3차원적 구조

출처: Larsen-Freeman (1995, 2001, 2003)

Larsen-Freeman(2003)에서 제시하는 담화문법의 3차원적 구조에서는 '어떻게 형태를 이루는가?', '그 형태는 무엇을 의미하는가?', '언제, 왜 이것이 사용되는가?'가 서로 상호작용하며 하나의 문법 틀을 구성한다고 하였으며, 이와 같은 맥락에서 문법(grammar)을 문법하기(grammaring), 즉 '사용으로서의 문법'으로 보아야 할 필요성에 대하여 제기하였다. 이는 문법이 고정되어 있거나 정적인 것이 아니며 끊임없이 진화하고 사용자에 의해 새로운 의미를 지니게 되는 것으로 보는 관점이 잘 드러나 있는 개념이라고 할 수 있다.

한국어에서 지시화행의 발화에 대한 연구는 명령문과 지시화행이라는 형태 중심적 접근과 기능 중심적 접근의 오랜 각축을 드러내는 영역이다. 이와 관련한 연구들은 분야에 따라 (12ㄱ)과 같이 명령형 종결어미에 관한 연구(Ridel 1881, 유길준1904, 1906, 김규식 1909, 주시경 1910, 김희상 1911, 김두봉 1916, 이규방 1922, 안곽 1923, 홍기문 1927, 정렬모 1948, 람스테트 1952 등), (12ㄴ)과 같이 형태론적 관점에서 명령문을 구성하는 문법형태소를 다룬 연구(고영근 1974, 서태룡 1985, 김태엽1994 등), (12ㄷ)과 같이 문장 유형으로서의 명령문에 관한 연구(김승곤 1986, 김선호 1988, 고성환 2003 등)이 있다.

그 중, (12ㄹ)와 같이 명령문을 다루되 의미·화용적 특성에 대해 상술한

연구(한길 1991, 이지수 2016 등)도 있었으며, 기능주의적 접근에서 (12ㅁ) 지시
화행에 대한 연구(채영희 1983, 1984, 1985, 최경자 1985, 박영준 1987, 박금자 1987,
조성훈 1988, 박영순 1992, 이정은 1997 등), (12ㅂ)와 같이 요청 전략에 대한 연구
(정민주 2003, 서지혜 2013등), (12ㅅ) 지시와 거절 양상에 대한 연구(이정은 1997,
김영은 2003, 황정혜 2018 등), (12ㅇ) 지시의 공손 현상 연구(김혜련·전은주 2012,
정진 2013 등)도 이루어졌다.

>   (12) 지시화행과 관련한 인접 분야의 선행 연구들
>   ㄱ. 명령형 종결어미 연구
>   ㄴ. 명령문의 문법형태소 연구
>   ㄷ. 명령문 연구
>   ㄹ. 명령문의 의미·화용적 특성 연구
>   ㅁ. 지시화행 연구
>   ㅂ. 지시 및 요청 화행의 전략 연구
>   ㅅ. 지시 및 요청 화행과 거절 및 수락의 양상 연구
>   ㅇ. 지시 및 요청 화행의 공손성 연구

그러나 한국어교육적 관점에서 앞선 연구들을 문법 교육의 내용으로 삼
기에는 한계가 있으며, 실제로 학습자가 '시킴'의 표현을 사용하거나 이해해
야 하는 상황에서 현재의 문법 기술에 기반한 학습이 얼마나 효과적으로
작용하는지에 있어서는 여전히 해결되지 못한 측면이 많다. 따라서 앞선
연구들의 성과를 기반으로 삼되, 사용으로서의 문법(grammar in use) 관점에
서 앞선 논의가 복합적으로 이루어질 수 있도록 담화문법의 체계를 마련할
필요가 있다고 판단된다. 이에 본 연구에서는 지시화행 발화를 연구의 대상
으로 삼되, 의미, 형태, 사용에 대한 복합적인 규칙을 기술하기 위하여 다음
의 〈그림 7〉과 같은 범위에서 담화문법으로서의 지시화행에 대하여 연구하
고자 한다.

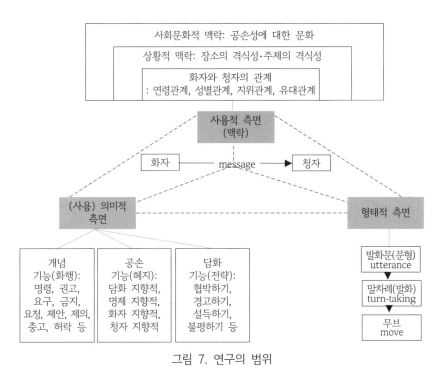

그림 7. 연구의 범위

① (사용) 의미적 측면

본 연구는 형태에 따른 의미가 고정되어 있는 것이 아니라 맥락에 의해
다르게 해석된다는 관점에서 '사용으로서의 의미' 즉 언표적 의미(locutionary
meaning)에서 나아가 언표내적 의미(illocutionary meaning)와 언향적 의미
(perlocutionary meaning)을 포함하는 것으로 의미의 개념을 잡고자 한다. 실제
로 한국어교육에서는 이러한 사용으로서의 의미를 '의미·기능', '담화 기능',
'맥락 기능', '화용 기능' 등의 용어로 사용하고 있는데, 이러한 용어들은 사
실상 언표적 의미와 언표내적 의미, 언향적 의미를 구분하지 않고 포괄하고
있기 때문에 그 층위가 일관되지 않은 경향을 가지고 있다.

(13) 언표적 의미와 언표내적/언향적 의미의 구분

    ㄱ. 언표적 의미: 기본 의미(이기동 1987, 강현화·홍혜란 2013 등), 핵심
       의미(장경희 1985, 2018 등), 원형적 의미(최정진 2012 등), 기본적 기
       능(한송화 2016 등), 핵심 기능(장채린 2018 등), 문법 기능(차현실
       1990, 박나리 2012 등)

    ㄴ. 언표내적/언향적 의미: 기능(한하림 2015, 한송화 2016, 안주호 2017
       등), 의미·기능(박문자 2007, 김진희·김선혜 2012, 안주호 2012, 송재목
       2015 등), 화행적 기능(한송화 2000, 강현화·홍혜란 2010 등), 화용적
       의미(박나리 2000 등), 맥락 기능(장채린 2018 등), 담화기능(강현화
       2007, 김명희 2013, 박나리 2012 등), 담화 전략(박나리 2012 등), 화용
       전략(조민하 2014 등), 화행 표현 전략(강현화·황미연 2007) 표현적
       의미(이해윤 2012 등), 의사소통기능(홍윤기 2012 등)

한편, 체계기능언어학의 대표적인 연구인 Halliday(1978/2014:31)에서는 상황 맥락을 담화 장면(field), 담화 주체(tenor), 담화 방식(mode)으로 구분하고 이에 작용하는 상위 기능(matafunction)을 아래 〈그림 7〉과 같이 개념적 기능(ideational function), 텍스트적 기능(textual), 대인적 기능(interpersonal function)으로 구분하였다. 먼저, '개념적 기능'은 경험적 기능(experiential function)과 논리적 기능(logical function)을 포괄하는 것으로 이 기능은 언어를 통해 표현되는 경험적, 논리적 인식이나 내용을 드러내는 것(reflection)을 의미한다. 다음으로 '대인적 기능'은 언어가 사회적 관계 속에서 작용하는 것(action)을 의미한다. 다음으로 '텍스트적 기능'은 응집성(coherence)과 결속력(cohesion)을 중심으로 담화를 조직해 나가는 것을 의미한다.

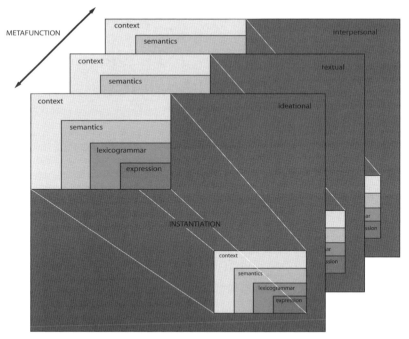

그림 8. Halliday(2014:31)의 메타기능

이에 한국어 연구에서도 박태호(2000), 주세형(2005), 이재기(2006), 신명선 (2009) 등이 상위 기능의 체계를 적용하여 한국어에서 기능을 다루었으나, 주로 쓰기 연구의 일환으로 기능을 적용하고 있어 본 연구에서는 이를 구어 연구에 적용하여 구어 담화 기능의 체계로 구분하는 것이 필요하다고 보았 다. 본고는 위의 메타 기능을 (사용으로서의) 의미로 보고 크게 '개념 기능', '공손 기능', '담화 기능'으로 구분하여 지시화행의 의미를 분석하고자 한다.

② 형태적 측면

다음으로 본 연구에서는 지시화행 발화의 형태적 측면 분석을 위해 순서 교대(turn-taking)[24]를 중심으로 말뭉치를 구축하였다. 구어의 문장 단위로

---

24) 혹은 '순서', '발언 차례', '말차례'라고 번역하기도 한다.

제시되는 발화문(utterance)은 대개 그 범위를 규정하는 것이 분명하지 못한 측면이 있기 때문에 발화문을 말뭉치의 기본 단위로 삼는 것보다는 화자와 청자의 말차례가 교대되는 순서교대(turn-taking)를 분석의 단위로 삼는 것이 보다 정직하게 말뭉치의 빈도를 측정할 수 있는 방법이라고 판단하였다. 따라서 본고에서는 순서교대(turn-taking)가 이루어지기 전까지를 임의로 '발화'로 명명하였으며, 이는 Sacks(1995:223)에서 지시하고 있는 '한 번에 정확히 한 사람이 발화'하는 것을 전제로 하는 개념이다.

한편, Swales(1981)에서는 수사적인 이동에 대하여 기술하는 가운데 무브(move)라는 개념을 제시하였는데, 이는 Halliday & Hasan(1989), Nwogu 1991), Hyland(2004)에 이르러 담화의 구성 요소로 자리 잡았다. '무브(move)'란 단락과 같은 개념으로 여러 발화들이 모여 있는 분절적 담화 단위이다. 본 연구는 지시화행 발화를 담화문법적 차원에서 분석하기 위해서는 개별 발화문(utterance)뿐 아니라 발화(순서교대로 구분한 단위, turn-taking), 그리고 발화가 동일한 화제 안에서 연속하여 나타나는 무브(move)를 중점적으로 분석할 필요가 있다고 보았다.

뿐만 아니라, 본 연구는 지시화행 발화의 화용소(pragmeme)가 나타나는 형태적 요소를 '문형'으로 보았는데, 이는 대개 한국어교육에서 문법 교육의 내용이 되는 목표 문법 형태를 가리키는 말로 쓰인다. 화행은 형태에 고정되어 있는 것이 아니기 때문에 '지시화행 문형의 전수 목록'을 제시한다는 것은 사실상 불가능하다고 할 수 있으나, 지시화행을 수행하는 발화 중 고빈도로 나타나는 형태를 그 쓰임과 함께 보이는 것은 사용의 양상을 구체화하고 교육의 방향성을 제시하는 데에 일조할 수 있으리라고 본다. 따라서 본 연구에서는 지시화행 발화에서 사용되는 문형 중 몇 가지를 그 담화적 쓰임과 함께 제시하고자 한다.

③ 사용적 측면

사용적 측면은 본 연구에서 다루고자 하는 맥락에 관한 부분이다. Brown & Gilman(1960:253-276)에서는 인구어의 2인칭 대명사의 존칭과 평칭을 힘(Power)와 유대 관계(solidarity)로 설명한 바 있다. 이때 힘은 화자와 청자 사이에 존재하는 사회적 지위 관계를 의미하며, 유대 관계는 화자와 청자가 서로에게 느끼는 결속감, 즉 친소관계에 관한 것이다.[25] 이 연구에서는 유대 관계를 친밀함(intimacy), 가까움(closeness), 공유된 운명(shared fate)로 나타내었다. 본 연구에서는 이러한 화자와 청자의 관계가 언어 사용에 주요하게 영향을 미칠 것이라고 보고, 지위 관계, 유대 관계, 성별 관계, 연령 관계를 중심으로 화청자의 관계를 연구의 범주에 포함하고자 한다.

다음으로 지시화행의 사용적 측면에서는 지시화행 발화가 나타나는 상황의 격식성에 대한 요소를 고려할 수 있다. 본 연구는 지시화행이 나타나는 상황의 격식성을 구체적으로 장소와 주제로 구분하여 접근하고자 하는데, 장소의 격식성은 격식성(formality)에 해당하고, 주제의 격식성은 공적(publicity)을 가리킨다. 격식성의 판단 요소로는 [국가/집단 관련 여부], [집단 청자 대상 여부], [제도성 여부], [업무성 여부]가 포함되며, 장소 중에 격식성이 나타나지 않는 길, 도로, 버스정류장 등은 '무표'로 볼 수 있다고 보았다.

마지막으로 지시화행의 사용에는 한국어 언어권 화자들이 공유하는 공손함에 대한 문화 혹은 의식이 작용한다고 보았다. Wierzbica(1991:88)은 '직접성(directness)과 간접성(indirectness)이 대개 설명이 필요 없는 언어학적 개념으로 여겨지지만, 사실상 이것은 문화권에 따라 완전히 다른 가치를 반영하는 것'이라고 주장하고 있다. 이 연구에서는 Blum-Kulka & Danet & Gherson(1985:133)에서 기술하고 있는 직접성의 등급은 개별 문화권에서의 가치의 차이를 반영하지 못한 것이며, 요청의 표준적인 절차나 화행의 적절

---

25) Erivin-Tripp(1972), Wierzbicka(1991) 참조.

성은 문화권마다 다를 수 있다고 지적하였다. 본 연구에서는 한국어 지시화행에 작용하는 공손성에 대한 가치(vale) 문화를 지시화행의 사용 양상과 연계하여 기술하고자 한다.

4. 연구의 절차 및 논의의 구성

지시화행은 언표적으로 나타나는 축자적인 의미 이상의 사용 의미 및 효과에 관한 것이기 때문에 인지적인 조건에 의해 정의하는 것은 실제 지시화행의 사용을 충분히 반영하지 못한다는 한계가 있다. 따라서 본 연구에서는 지시화행 발화가 사용되는 담화 환경을 맥락 분석적 접근에 입각하여 면밀히 분석하고 이로 말미암아 지시화행에 대한 개념을 구체화하여 제시하고자 한다.

본 연구에서는 담화 참여자 간의 맥락 요인이 가장 다양하게 나타나는 드라마 발화 말뭉치를 분석의 자료로 삼았으며 이에 나타나는 지시화행 발화를 연구의 대상으로 삼아 이에 대한 담화문법 분석을 수행하였다. 본 연구의 구체적인 절차는 아래 〈표 3〉과 같다.

표 3. 연구의 절차

| 연구의 설계 | 1 단계 | 담화 이론의 정리를 통해 담화문법 분석의 틀 고안 |
| | 2 단계 | 균형성을 갖춘 맥락 분석 말뭉치의 구축 |

⇩

| 파일럿 테스트 | 3 단계 | 축소 말뭉치를 토대로 유의미한 맥락 요인 변별 |

⇩

분석	4 단계	담화적 특성에 따른 화행 체계에 대한 기술
	5 단계	문형의 담화적 유사성과 화행 수반 양상 분석
	6 단계	헤지 공손 기능에 따른 문형과 화행의 사용 분석

⇩

| 결론 | 7 단계 | 지시화행의 담화문법적 특성 정리 |

위와 같은 절차에 따라 진행된 본 연구의 논의의 구성은 다음과 같다. 먼저, 2장에서는 구체적인 분석에 들어가기에 앞서 이론적인 정리를 통해 담화문법의 기틀을 고안하기 위한 개념들을 규명하였다. 구체적으로는 담화와 텍스트를 변별하고, 담화와 맥락 간의 관계를 규정하였으며, 화행과 기능의 차이에 대하여 기술하였다. 또 본 연구에서 다루고자 하는 공손 이론의 개념과 헤지 이론에 대하여 제시하였다.

다음으로 본 연구에서는 약 8만 어절로 말뭉치의 크기를 축소하여 지시화행 연구에서 유의미하게 작용하는 맥락 요인에 대하여 파일럿 테스트를 시행하였다. 유의성 검증에는 로지스틱 회귀분석을 사용하였으며, 그 결과 성별 요인과 연령 요인을 제외한, 지위 관계, 유대 관계, 청자의 실제 행위 여부, 장소의 격식성, 주제의 격식성 등이 지시화행 발화에 유의미한 작용을 하는 맥락 변인으로 추출되었다.

이에 본 연구에서는 앞서 나타난 맥락 요인을 중심으로 강제적 지시화행의 하위 유형인 명령화행, 권고화행, 요구화행, 금지화행과 비지시적 지시화행인 요청화행, 제안화행, 제의화행, 충고화행, 그리고 준지시화행인 허락화행의 담화적 사용 양상을 말뭉치에 대한 기술 통계 자료에 입각해 분석하였다. 또 다중대응분석을 통해 이들 변인이 복합적으로 적용할 경우 화행이 어떠한 유사성을 가지고 분포하는가를 제시하였으며 이에 대한 유의성은 카이검정 제곱을 통해 검증하였다.

다음으로는 이들 화행에서 고빈도로 나타난 문형을 다중대응분석표를 통해 담화적 유사성 군집에 의해 제시하였고, 이들의 사용에 작용하는 담화 요인에 대하여 상술하는 동시에 추가적으로 담화상에서 수반하는 담화 기능에 관하여 기술하였다.

이를 토대로 6장에서는 지시화행을 수반하는 문형이 담화상에서 헤지 공손 기능을 수행하는 것에 대하여 분석하였다. 이는 앞서 분석한 화행과 문형의 연관성을 담화 단위에서 통합적으로 다루고자 한 것이며, 이로 말미암아 지시화행에 대한 담화문법 기술의 실례를 보일 수 있다고 판단하였다.

Ⅱ. 이론적 토대

1. 담화와 맥락

1) 담화와 텍스트

담화에 대한 견해는 크게 세 가지로 나뉘어 제시되는데, 첫째는 담화를 텍스트에 포함되는 것으로 설정하는 관점이다('텍스트⊃담화'). 이에 대한 대표적인 연구로는 (14ㄱ) Stubbs(1983:1)가 있는데, 이 연구에서는 텍스트와 담화의 관계가 문장과 발화의 관계와 같다고 기술하여, 텍스트는 표본적인 것, 정량적인 것, 문서화된 것을 의미하는 한편, 담화는 표현되어진 것, 변이를 포함한 것, 구두로 발화된 것으로 보고 있다.

다음은 텍스트와 담화를 대립적으로 생각하는 관점으로, 이 경우에는 텍스트는 문어, 담화는 구어를 가리키는 것을 의미한다. 아래 (14ㄴ)에서 보이듯, 이러한 관점을 취하고 있는 대표적인 연구인 Crystal(1987:116)에서는 텍스트의 하위 유형으로 에세이, 표지판, 광고 등을 제시하였고, 담화의 하위 유형으로는 인터뷰, 대화 등을 제시하였다.

마지막으로 담화를 텍스트보다 큰 단위로 설정하는 관점이 있는데(텍스트⊂담화), 대표적인 연구로는 Halliday & Hasan(1976: 1-2)이 있다. 이때 (14ㄷ)에서 텍스트(text)는 사실상 담화를 의미하는 것으로, 구어와 문어를 모두 포함하고 있으며, 문어 텍스트에 한정하는 텍스트와는 구분되는 개념으로 볼 수 있다. 이는 후에 Halliday(1976)의 후속 연구를 통해 '담화(discourse)'로 명명된다.

> (14) ㄱ. 문장, 절 이상의 더 큰 언어학적 단위로서, 발화된 대화나 쓰인
>   텍스트   (Michael Stubbs 1983:1)

ㄴ. 담화 분석은 자연적으로 발생하는 구어의 구조에 초점을 두며, 텍스트 분석은 문어의 구조에 초점을 둠

(David Crystal 1987:116)[26]

ㄷ. 텍스트는 '사용으로서의 언어'의 한 단위로 형태의 단위가 아니라 의미적 단위에 가까움. 절이나 문장과 같은 문법적 단위가 아니기 때문에 그 자체로서 정의될 수 없음.

(Halliday & Hasan 1976: 1-2)[27]

이러한 세 가지 관점을 살펴볼 때, '담화'에 대한 연구가 유독 난해하게 여겨지는 까닭은 담화에 대한 관점에 따라 연구 대상의 범주와 논의의 폭이 상당히 상이함에도 불구하고 후속 연구들이 이를 엄격한 구분 없이 무비판적으로 차용하고 있기 때문이라고 사료된다. 실제로 한국어에서 담화를 다루고 있는 연구들을 보면 이러한 문제가 더욱 선명하게 드러나는데, 그 중에는 구어 담화에 한정하여 연구하고 있음에도 그 연원을 텍스트언어학의 문어 담화 이론으로부터 가져온다든지, 연구의 대상이 문어 담화에 한정해 있음에도 구어 맥락 이론의 분석틀을 적용한다든지 등의 경향이 나타나고 있었다. 물론, 연구를 함에 있어 반드시 동일한 계보의 분석틀을 적용할 필요는 없으며, 경우에 따라서는 다른 계보의 방법론을 가져올 수 있지만, 그 경우에는 적용하는 관점과 그 연구의 차이를 명시하고, 그럼에도 불구하고 그러한 차용이 필요한 이유에 대해 계보적인 접근에서 밝혀야할 당위가 있

---

26) Discourse analysis focuses on the structure of naturally occurring spoken language, (interview, conversation,...) Text analysis focuses on the structure of written language (essay, notice, road signs...) (David Crystal 1987:116 원문 발췌)

27) A text may be spoken or written, prose or verse dialogue or monologue. A text is a unit of language in use. It is not a grammatical unit like a clause or a sentence, and it's not defined by its size. (중략) A text is best regarded as a Semantic unit: a unit not of form but of meaning. Thus it is related to a clause or sentence not by size but by Relation. Thus it is related to a clause or sentence not by size but by REALIZATION, the coding of one symbolic system in another. A text does not CONSIST OF sentences; it is REALIZED BY encoded in, sentences. (Halliday & Hasan 1976:1-2 원문 발췌)

다고 본다. 한국어교육의 담화문법 연구가 독립성을 인정받지 못하는 가장 큰 이유 중 하나는 바로 이러한 계보적인 불투명성에 있다고 판단된다. 이에 본 연구는 논의에 들어가기에 앞서, 선행 연구의 상이한 관점들을 정리하는 것이 중요하다고 보았다.

담화와 텍스트는 다음과 같은 점에서 차이가 있다. 첫째, 텍스트는 문자로 표현된 언어의 완성물을 가리키며, 담화는 문어와 구어를 포괄하여 산출된 언어 그 자체를 가리키는 개념이다. 따라서 텍스트는 문장 이상의 단위이지만, 담화는 경우에 따라서는 문장과 동의할 수도, 문장 이하의 단위로 나타날 수도 있으며, 비언어적인 표현으로 산출될 수도 있다.

둘째, 텍스트에서 언어 기능은 주로 담화 표지나, 쓰기 전략 등으로 나타나지만, 담화에서 언어 기능은 작게는 언어적인 전략에서 크게는 메타언어적인 전략까지를 아우를 수 있는 개념으로 사용된다. 즉, 담화 연구에서 기능은 의미 차원이라고 할 수 있는 '부드럽게 질문하기'와 같은 화자의 태도를 뜻하기도 하지만, 대화상에서 말차례 가져오기, 상대방의 발화 의도적으로 끊기 등 발화에 대한 상위인지적인 전략을 의미하기도 있다. 따라서 담화의 기능은 텍스트의 기능보다 많은 층위를 가지고 있기 때문에 이에 대한 개념의 정리가 요구된다고 하겠다.

셋째, 텍스트는 메시지의 발신자인 작가와 수신자인 독자를 상정하지만, 담화는 메시지의 발신자인 화자와 수신자인 청자, 그리고 수신자가 될 가능성을 지니고 있는 제3자를 전제로 한다. 따라서 담화에서의 청자와 텍스트에서의 독자는 동의한 개념이 아니며, 이러한 특징이 담화와 문법의 관련성을 분석하는 데에 주요하게 작용할 수 있기 때문에 담화 참여자를 면밀히 살피는 것이 보다 요구될 수 있다. 아래 〈그림 9〉는 담화 참여자에 대한 Clark(1996)의 제시를 시각적으로 표현한 것이다. 이 연구에서는 참여 당사자인 화자와 청자, 부차 참여자인 모든 참여자 외에 방청자와 몰래 엿듣는 사람을 포괄하여 담화 참여자의 범위를 제시하였다.

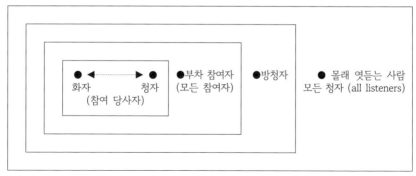

그림 9. 담화 참여자의 범위

본 연구는 담화 참여자의 범위를 참여 당사자인 화자와 청자, 모든 참여자인 부차 참여자, 제3자로서의 방청자까지를 포함하는 개념으로 사용하고자 한다. 말뭉치 분석에서 '몰래 엿듣는 사람'은 실질적으로 출현한 경우가 거의 나타나지 않았으므로 본 연구의 담화 참여자의 범위에서는 제외하기로 한다.

한편, Hymes(1968)은 담화를 채널(channel)[28]을 중심으로 문어와 구어로 구분하였는데, Celce-Murcia & Olshtain(2000:5)에서는 이를 아래 〈표 4〉와 같이 채널(channel)과 매체(medium), 문식성(literacy)의 상호작용 속에서 연속성을 가지고 구분되는 담화의 유형으로 제시하였다. 이에 따르면, 구어와 문어는 이분법적인 것이 아니라, 구서성(orate)과 문어성(literate)[29] 및 채널(channel)에 따라 연속체 안에서 구분되는 담화의 유형으로 볼 수 있다. 즉, 드라마 대본의 경우 채널(channel)에 있어서는 글로 된 문어에 해당한다고 볼 수 있지만, 발화를 전제로 하기 때문에 구어성(orate)이 매우 높은 문어에

---

28) 채널(Channel)이란, "사회언어학의 용어로서 어떤 메시지가 한 사람에게서 다른 사람으로 전달되는 방법이나 길을 의미한다. 의사소통의 가장 보편적인 두 가지 채널은 말과 글이다(박경자 외 2001)."

29) 학자에 따라서는 구어체와 문어체로 기술하는 경향성이 있으나, 본고는 Celce-Murcia & Olshtain(2000:5)의 연속체(continuum) 개념에 기대어 구어와 문어는 정도성에 따른 연속체의 성질의 차이라고 보아 이를 '구어성'과 '문어성'으로 명명하고자 한다.

해당한다고 하겠으며, 반대로 강의 및 설교 등의 담화는 채널(channel)은 말로써 행해진 구어에 해당하지만 지식의 전달을 목적으로 한다거나 논문 텍스트에 기반하고 있는 경우가 많기 때문에 상당히 문어성(literate)을 나타내는 담화라고 볼 수 있다는 것이다. 이때, 강의 및 설교 담화도 어린이를 대상으로 하는 담화인지, 성인을 대상으로 하는 담화인지 등 대상 혹은 주제 등에 따라 구어성의 정도가 다르게 실현될 것이기 때문에 담화에 대한 접근은 맥락과 분리하여 이루어질 수 없다고 하겠다.

표 4. 구어 문어의 연속체 (Celce-Murcia & Olshtain 2000)

문식성(literacy) \ 채널(channel)	구어(spoken)	문어(written)
구어성(orate)	대화 등	비공식 편지, 드라마, 시 등
문어성(literate)	강의, 설교, 연설 등	해설적 글, 기사 등

이러한 담화는 사용역(register)과 장르(genre)를 중심으로 구분되기도 하는데, 사용역(register)은 '특징적인 어휘와 문법 자질을 사용함으로써 특정 텍스트의 격식성(formality)과 비격식성(informality) 정도를 반영하거나 전문성(technical specificity)의 정도를 나타내는 것을 의미한다(Celce-Muicia 2000:241). 한편, 장르(genre)는 의사소통 목적에 따라 구분된 관습화된 양식의 일종을 의미한다(Swales 1981, 1985, 1990). 대개 사용역은 특징적인 어휘나 문법 자질을 사용함으로써 전문적인 속성을 나타내는 담화를 구분하기 위해 사용되기도 하지만, 본 연구에서는 담화가 지니는 격식성과 비격식성의 정도를 구분하는 선에서 이 용어를 사용하기로 한다.

본 연구에서는 기능주의적 관점인 '사용되고 있는 언어로서의 담화'에 집중하여, 담화를 '의사소통이 이루어지고 있는 상황과 그 상황으로 말미암아 발생한 언어 행위'로 정의하고자 하며, 구체적으로는 구어 담화상에서 발생하는 지시화행의 사용 양상을 분석하기 위해 구어성이 높은 준구어 자료인 드라마 담화를 분석 자료로 삼았다. 드라마 담화에서 나타나는 장면이 일상, 업무, 연설, 취재 등 공통된 의사소통 목적을 중심으로 구분된 것을 '장르'로 보았으며, 담화상에서 나타나는 장소의 격식성(formality)과 비격식성(informality), 주제의 공적(public) 속성과 사적(private) 속성을 '사용역'으로 기술하였다.

2) 담화의 단위

담화의 기본 단위에 대한 논의는 아래 〈표 5〉에서와 같이 정리할 수 있다. 대표적인 기본 단위인 문장(sentence)은 의미적, 구조적인 기준에 의해 설정된 것이며, 절(clause), t-unit은 구조적 기준에 입각해 설정된 것이고, 인지적인 차원의 기준이 고려된 개념에는 화제 단위(center of interest)가 있으며, 음향·청각적 기준을 반영하게 제시된 단위에는 라인(line), 억양 단위(intonation unit), 발화(utterance), 억양 그룹(tone group) 등이 있다.

표 5. 담화의 기본 단위 (B. Johnatone 2008:86 재인용)

담화의 단위	단위에 대한 정의	기준
문장 (sentence)	주어와 술어로 구성된 생각의 표현	의미적, 구조적
절 (clause)	주어+정동서+보어	구조적
t-unit (Hunt 1966)	주절+ 내포절 혹은 종속절	구조적
라인 line (Hyume 1968)	억양, 통사적 완전성, line-initial 표지를 통해 표시 됨.	음향·청각적, 의미적, 구조적, 기능적, 미학적
억양 단위intonation unit (Chafe 1994)	단일한 인지적 '의식 초점'을 표현하는 단어의 무리	인지적, 음향·청각적, 구조적
화제 단위 center of interest (Chafe 1994)	그 각각이 대략 하나의 술부에 해당되는 억양 단위들의 무리. 대개 문장과 유사한 형태이며, 종결억양을 가짐.	인지적, 구조적
발화 utterance (Crookes 1990)	단일 억양을 갖는 발화의 지속.	음향·청각적, 의미적
억양 그룹 tone group (Crystal 1976)	하나의 두드러지는 pitch nucleus와 하나 이상의 다른 음절로 구성된 발화의 지속.	음향·청각적

한편, Halliday(1985/2014)를 중심으로 한 체계 기능 문법에서는 담화의 가장 작은 구조를 발화 내의 기능 단위로 구분하고, 이들이 모여 하나의 기능에 따라 단계(step)을 구성하며 이들이 동일한 화제(small topic)를 중심으로 이동마디(move)를 구성한다고 보았다. 이때에 이동마디(move)는 일종의 문단 같은 개념이라고 볼 수 있으며, 이들이 모여 전체 담화(text)를 구성한다고 보았다.

(16) ㄱ. 연결사(connector), 주요 참여자(participant), 과정(process), 내용
       (How the main participant is defined or described)
    ㄴ. 단계(step)
    ㄷ. 이동마디(move)
    ㄹ. 담화(Text)

이 연구에서는 아래 〈그림 10〉과 같이 대화 기능을 유형화하면서 무브의 구성 요소를 구체적으로 시각화한 바 있는데, 아래에 따르면, 여러 순서교

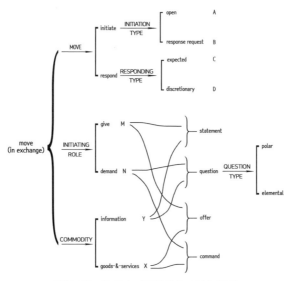

그림 10. Halliday(2014)의 무브 구성

대(turn-taking)로 구성된 단계(step)의 연속체가 동일한 화제, 즉 대화 기능으로 묶이는 단위인 '무브'를 구체적으로 기술하고 있다. 이에 따르면, 무브는 시작 발화와 응답 발화로 구성되며, 이는 시작의 역할이 수어하는 것인지 요구하는 것인지에 따라 구분되고, 또 그 내용이 정보인지, 재화 및 서비스인지에 따라 분류할 수 있다고 하였다.

무브를 구성하는 최초의 단위인 발화(utterance)에 관한 연구로는 대표적으로 아래 (17)과 같이 유필재(1984), 신지연(1998), 전영옥(2003), 김태경 외(2005), 조민하(2011), 이병규(2014) 등이 있다. 그 중 이병규(2014:127)에서는 발화가 문장, 단어, 형태소, 음운 등 랑그에서 다루는 추상적 개념과는 층위가 다른 것이라고 지적하며, 구체적 실재로서의 단위라고 주장하였다.

(17) 발화의 정의
　ㄱ. 음운론적으로 양 끝에 휴지를 가진 완결된 단위 (유필재 1994)
　ㄴ. 문종결 어미나 수행 억양으로 구분되고 의미상으로 한 덩어리의
　　생각을 표현하는 것 (신지연 1998)
　ㄷ. 전체적인 억양의 통일성을 가지고, 단위의 시작에서 기본 피치로
　　다시 시작 하며 휴지가 오고, 빠른 음절의 연쇄 현상이 나타나며
　　단위의 끝에는 장음이 오는 운율 단위 (전영옥 2005)
　ㄹ. 음성을 통한 언어 형식으로 의사소통 행위 가운데 실현되어 물리
　　적으로 존재하는 실체 (김태경 외 2005)
　ㅁ. 화자의 발화 의지 및 의도가 운율적으로 완료된 의사소통의 기능
　　단위 (안병섭 2008, 조민하 2011)
　ㅂ. 구체적 실재로서의 단위 (이병재 2014)

〈표 6〉은 전영옥(2006:294)에서 제시한 구어의 단위에 관한 것이다. 이에 따르면 구어의 단위는 억양 단위이며, 따라서 발화를 규정하는 가장 중요한 기준은 '억양'의 종결 의미에 있다고 하였다. 이때 억양 단위는 발화(utterance)에, 순서교대 단위는 말차례(turn-taking)에, 대응쌍은 단계(step)에, 화제 단위는 무브(move)에 대응한다고 볼 수 있다.

표 6. 구어의 단위 (전영옥 2006)

구어의 단위	– 발화의 단계	– 억양 단위
	– 상호작용의 단계	– 순서교대 단위
		– 대응쌍
	– 담화 구성의 단계	– 화제 단위

발화에 대한 선행 연구들이 공통적으로 합의하는 바는 발화가 추상적인 개념이 아니라 실재적인 것이므로, 이는 억양의 실현을 토대로 정의할 수 있다는 점이다. 그러나 본 연구는 말뭉치를 기반으로 지시화행에 접근하기 때문에 개별 발화의 모든 억양을 측정할 수 없다는 자료 차원의 현실적인 한계가 있다. 뿐만 아니라, 구어의 대화에서는 화청자 사이에 말차례 빼앗기나 겹침 등 발화를 '발화문'으로 정확하게 구분하기 어려운 사용 양상이 나타나기도 하기 때문에 이를 발화문의 정의를 토대로 구분하는 것은 또 다른 차원의 연구 과제라고 판단된다. 이에 대개 말뭉치를 기반으로 담화 분석을 하고 있는 한국어교육 연구들은 문장부호를 중심으로 발화문을 정의하는 경향성도 있으나(박지순 2015 등), 이러한 방식은 곧 '문장' 단위로의 회귀를 의미하는 측면이 있기 때문에 본 연구에서는 순서교대 즉 말차례 단위를 기본 발화의 단위로 삼아 분석의 대상으로 삼고자 한다.

3) 맥락의 정의 및 유형

'맥락'이 언어 연구에서 지니는 위상을 이해하기 위해서는 19세기 이후의 언어학 연구에 대한 전반적인 동향을 개괄적으로 살펴볼 필요가 있다. 20세기 초는 Bloomfield(1939)를 필두로 한 구조주의 언어학이 지배적이었던 시기로, 오직 문장 내의 단어와 형태소들의 실제 형식과 배열에 관한 엄격한 형식 문법이 선호되었다. 그러나 그 후 20세기 초에 들어서면서 여러 학문 분야에 걸쳐 구조주의 언어학의 영향을 받은, 혹은 그에 반하는 경향성의 이론들이 부각되기 시작한다. 크게는 Chomsky(1980)로 대표되는 변형 생성 문법과 Saussure(1916, 1968)의 구조주의 및 포스트모더니즘, 미국 사회언어학의 시초를 제공한 인류학자 Sapir(1921)의 언어 상대주의 이론 등을 들 수 있다. 블룸필드 학파가 대부분 행동주의적 방법론에 입각하여 구체적인 언어의 산출 자료를 분석하고자 하였다면, Chomsky(1980)는 인간이 선험적으로 지니고 있는 언어 능력에 관심을 두었으며, 보편적인 문법 규칙을 찾는 데에 방점을 두었다. 이러한 촘스키의 경향에 반하는 흐름으로 나타난 대표적인 연구가 Firth(1934)인데, 그는 블룸필드 구조주의의 영향을 받았음에도 불구하고 행동주의적 방법론의 한계를 지적하며, 최초로 '상황 맥락'을 언어 분석에 도입해야 할 필요성에 대하여 제기한 연구라고 할 수 있다.

아래 (18)은 인류학자인 Malinowski(1923)의 '상황 맥락(context of situation)'에 대한 기술이다. Firth(1951)을 통해 언어학에 처음으로 도입되는 이 개념은 훗날 60년대 이후 미국의 Halliday(1976) 체계기능문법의 탄생에 큰 영향을 주게 된다.[30]

(18) "모든 발화는 본질적으로 '상황적 맥락'과 '지향하는 목적'에 관련되어 있다. 그것이 대상의 움직임에 대한 간단한 기술이든, 주변 환경에 대한 언급이든, 행동, 명령의 말들, 행위 간 상관관계와 밀접하게 연관되는 감정이나 열정의 표현이든 모두 그러하다. 이 모든 언어 요소들의 체계는 언어 표현을 포함한 행위 과정과 불가분의 관계이자 상호의존적 관계이다. 그 특성에 의해 기술적으로 엄밀히 구분되어 쓰이는 특정 어휘의 경우, 그 의미는 행위에 비교적 덜 종속적이다."

Malinowski(1923:310-311, 필자 번역)[31]

---

30) Firth(1951)는 런던을 중심으로한 유럽권 학자였음에도 불구하고, 북미권의 Halliday(1976)에 큰 영향을 미쳤다. Halliday(1976)를 '신휘스주의자'라고 하는 경향도 있었으나, 추후 Halliday(1976)의 기능체계 문법이 구체화되면서, Firth(1951)과는 변별되는 기능문법의 시작이 도래하였다고 평가받고 있다.

31) "Each utterance is essentially bound up with the context of situation and with the aim

한편, 이러한 경향성과 별개로, 미국에서는 사피어(Sapor) 등의 상대주의적 언어관의 영향을 받아 60년대 초 Labov(1966)을 중심으로 사회언어학이 발달하기 시작하였다.32) 초기에는 인디언 언어 등 소수민족 언어에 대한 인류학적 관심으로부터 시작되었으나, Labov(1966)을 기점으로 하여 사회언어학은 계층, 성별, 출신지 등 여러 사회학적 요인들과 언어 사이의 상관관계에 대한 관심으로 이어지게 되었다. 물론, 사회언어학에서 방점을 두고 있는 맥락은 앞선 기능 문법론이나 의미론에서와 달리, 보다 거시적인 차원의 맥락, 즉, 이데올로기나 사회의 매커니즘에 대한 것인 경향성이 있지만 언어 사용을 언어 외부의 사회적 요인과 연관하여 분석하고자 하는 방향성을 지니고 있다는 점에서 앞선 연구들과 공통점을 지니고 있다고 할 수 있다.

특히 사회언어학의 여러 방법론 중 하나인 담화분석론에서는 앞선 기능 문법과 유사한 방식의 담화 기반 맥락 연구가 이루어지기도 하였다. 특히 Clark(1995), Fairclough(1995, 2003), Woadk(Fairclough and Wodak 1997; Woadk and Chilton 2005), van Dijk(2001), van Leeuwen(2008) 등에서는 사회언어학 연구의 일환으로 비평적 담화분석론을 발전시킨 대표적인 연구들로, 개인의 언어는 사회적 세계관을 반영하는 담화로서 나타난다고 보고, 개인의 사회적 정체성과 성별, 이념, 신분, 계층, 종교, 국적, 인종 등을 텍스트로 산출된 언어와의 관계 속에서 비판적으로 분석해 내고자 하였다. 이러한 비평적 담화 분석에서는 주로 질적인 연구 방법론을 적용한 사례가 많았는

---

of the pursuit, whether it be the short indications about the movements of the quarry, or references to statements about the surroundings, or the expression of feeling and passion inexorably bound up with behavior, or words of command, or correlation of action. The structure of all this linguistic material is inextricably mixed up with, and dependent upon, the course of the activity in which the utterances are embedded. The vocabulary, the meaning of the particular words used in their characteristic technicality is on less subordinate to action." (Kepa Korta 2008:1649:1650 재인용, 밑줄은 필자)

32) 사회언어학(Sociolinguistic)이란 용어가 처음 사용된 것은 Currie(1952)이다. 국내에서는 70년대 이후로 방언학을 중심으로 사회언어학적 관점이 나타나기 시작하였다.

데, 일기나 인터뷰 연구(Northon 2000; Motha 2006), 비판적 교육학적 교실 연구(Morgon 1994; Crookes and Lehner 1998; Benesch 2001), 비판적 담화 분석(Fairclough 1992, Van Dijk 2001, Blommaert 2005), 비판적 민족지학(Toohey 2000; Talmy 2005, 2008)에 이르기까지 다양한 연구의 양상을 보였고, 다양한 측면에서 거시적인 맥락을 담화 분석 연구에 적용하고 있었다.

그 중 대표적인 담화 분석 연구자인 Van Dijk(1995:113)는 2000년대에 이르러서는 비평적 담화분석에서 나아가 담화인지적 관점에 있어서도 심도 깊은 논의를 이루었는데, 아래 (19)는 Van Dijk(2006)에서 제시하고 있는 '맥락'에 관한 기술이다.

> (19) "그러나 이 발화의 다양한 '환경'에 대한 연구의 중요성, 예를 들어, 전통적으로 '맥락'이라고 불리는 사회적, 정치적, 제도적, 문화적 조건들과 중요성에 대해서 모두가 동의하지는 않는다. 언어학에서뿐만 아니라 담화분석이나 대화분석에 대한 많은 연구에서도 대화나 텍스트, 즉 언어 그 자체에 주로 집중해 오고 있는 경향이 두드러지게 나타났다. 이러한 독립적인 접근법은 방대한 연구 범위로 확산되거나 '맥락적 요소'의 연구 같이 끝과 경계가 없는 정도로 이어져 텍스타나 대화, 그 자체를 분석하고자 하는 주목적을 저해할 가능성이 있다"[33]. (Van Dijk 2006:160, 필자 번역)

또, Austin(1962), Searle(1979, 1992, 1996), Levinson(2000) 등 화용론(pragmatics) 이론가들 역시 언어 연구에서 '맥락'의 중요성을 강조하였는데, 이때의 맥락

---

[33] There is less agreement, however, about the importance of the study of the various 'environments' of this speech, for example, of the social, political, institutional or cultural conditions and consequences that are traditionally called its 'context'. In linguistics as well as in many directions of discourse and conversation analysis there has been a strong tendency to uniquely or primarily focus on language, talk or text 'itself'. Such 'autonomous' approaches are reluctant to open the floodgates or the possibly endless or boundless ways such 'contextual' studies may detract from the main task of describing text and talk 'in its own terms.'(밑줄은 필자)

은 문장을 벗어나 언어 사용에 작용하는 상황적 지식을 의미한다. 이들은 주로 통사론의 의미 단위인 문장이 의미를 나타내는 데에 완전하지 않음을 지적하는 데에 목적을 두었기 때문에, 아래와 같이 '대화'를 주요한 분석의 대상으로 삼았으며, 대화에서 나타나는 원리 및 규칙들에 관심을 두었다.

뿐만 아니라, 수사학적 전통에 기반하고 있는 텍스트언어학에서도 맥락에 대한 관심이 주요하게 다루어졌는데 특히 텍스트 내 맥락과 텍스트 간 맥락(상호텍스트성)에 대한 연구가 활발히 이루어졌다. 이들은 주로 문어 담화를 텍스트로 보았으며, 텍스트의 속성, 텍스트의 장르, 그리고 텍스트와 텍스트 간에 지니는 관련성 등에 대하여 분석하는 것을 목적으로 하였다. 아래는 텍스트언어학 중에서도 텍스트의 구조에 대해 정의를 내리고자 하였던 Zifonun(1986)의 맥락 발화에 기술 부분을 발췌한 것이다.

> (20) "사례 A에서 내적으로 다명제성을 지닌 단일-언표수행적 단위에 관한 것이 문제가 된다면, KOMA-위상을 개별명제들 간의 맥락 의미론적인 관계에서 전개시키는 것이 적절하다."
>
> (이희자 옮김 2002, 재인용)

그 밖에도, Hymes(1972)은 맥락을 '담화의 형식과 내용, 배경, 참여자, 목적, 음조, 커뮤니케이션 수단, 장르와 상호작용의 규칙'이라고 정의한 바 있으며, van Dijk(1995:113)는 '직관적으로 커뮤니케이션 상황이라고 할 수 있는 것의 추상화'라고 기술하였고, Lyons(1999)에서는 '커뮤니케이션 참여자의 지위, 언어활동의 시간과 공간, 상황의 공식성 정도, 커뮤니케이션 매체, 커뮤니케이션 주체의 담화와 언어활동의 주체 및 커뮤니케이션 상황의 적정성 정도를 포함하는 지식 체계'라고 정의하였다.

'언어 맥락'에 대한 이러한 분야별 연구는 90년대에 이르러 언어교육에서 의사소통 중심 교수법이 주도적인 영향력을 나타냄에 따라 언어교육학 안에서 조명되기 시작한다. 특히 미국의 SLA 연구에서는 Halliday(1976)의 기능 문법적 사고관의 영향을 받아 문법 교육에서의 맥락의 중요성에 대해 강조하는 연구가 활발히 논의되기 시작하였는데, 대표적으로 Celce-Murcia & Olshtain(2000)에서는 '사람이 말하고 쓸 때 주변에서 일어나는 사건 (Halliday 1991:5)'으로 맥락을 정의하며, 인간의 의사소통이 상황 맥락과 공유된 지식에 매우 의존하고 있음을 강조한 바 있다. 나아가 Hewing & Hewings(2005)에서는 맥락 변인이 그에 적절한 어떠한 언어 표현을 만들어 내는가(Hewings 2005:17)에 관심을 두었으며, 맥락의 유형을 아래 〈그림 11〉과 같이 제시하기도 하였다.

그림 11. Hewing & Hewings(2005:20)의 맥락 요인

이 연구에 따르면 발화를 둘러싼 맥락은 총 4개의 층위로 구분할 수 있는데, 좁은 언어적 맥락, 넓은 언어적 맥락, 좁은 상황적 맥락, 넓은 사회문화적 맥락이다. 좁은 언어적 맥락은 맥락 중 가장 명료한 맥락으로, 지시, 대용 등 언어적 형태를 통해 드러나는 문맥(co-text)을 의미한다. 이 좁은 언어적 맥락을 통해 텍스트의 응집성(coherence)과 응결성(cohesion)을 생성된다고 볼 수 있다.34)

넓은 언어적 맥락은 상호텍스트성(intertextuality)에 관한 것으로 텍스트와

텍스트간의 관계에 존재하는 맥락이다. 이것은 한 텍스트에 대한 지식이 다른 텍스트를 산출·이해하는 과정에 개입하는 것을 의미한다. 국내 연구에서는 문학이나 텍스트언어학, 또는 국어교육학에서 이러한 상호텍스트성에 대한 관심이 집중적으로 다루어져 오고 있다.

다음으로 좁은 의미의 상황적 맥락은 발화가 이루어지는 의사소통 상황의 요소들에 관한 것이다. 구체적으로는 발화 장소, 화자, 청자, 화자와 청자의 나이, 성별, 지위, 친소관계 등 대화 참여자와 그 조건을 구성하는 요소들을 포함하는 개념이라고 할 수 있다. 국내 연구에서는 이러한 상황적 맥락이 상대높임법 등의 문법 규칙을 연구하는 데에 활발히 적용되고 있다 (강현화 2012, 김강희 2013, 박지순 2015 등).

다음으로 넓은 사회 문화적 맥락은 정치 사회적 맥락으로, 의사소통이 이루어지고 있는 제도 담화에 대한 해석 등을 가능하게 하는 요인이다. 구체적으로는 비평적 담화분석에서 분석의 요인으로 적용되고 있으며, 작게는 제도적인 작용, 크게는 이데올로기 등을 아우르는 거시적 차원의 맥락으로 볼 수 있다. 대표적으로 Jane Hill(1998)에서는 ESL 교육의 교실 담화에서 인종이나 국적이 학습자의 학습 성취에 미치는 영향에 대하여 비평적으로 분석한 바 있으며, Lava(1991)에서는 '제도적으로 인정받지 못한 중간자적 공동체(institutionally disapproved interstitial community)'라는 개념을 제시하였고, 같은 맥락에서 Irvine and Gal(2000)도 이민자의 지위에 있는 학습자가 공공장소에서 보이는 행동 양식에 차이가 있음을 비판적 관점에서 분석하며 제도적으로 인정받지 못한 중간자적 지위의 언어 사용자에 대한 개념화를 시도하였다.

이렇게 언어교육에서는 문법 교육을 위해 문법 형태들에 영향을 미치는

---

34) 응집성(coherence)은 '개별 문장이나 발화가 서로 유의미한 형태로써 밀접한 연관성을 맺고 있는 것'을 의미하며, 응결성(cohesion)은 '지시, 반복, 대용 등을 통한 문법적 어휘적 관계'를 의미한다(Celce-Murcia & Olshtain 2000:235).

구체적인 맥락 요인에 관심을 두는 양상으로 맥락에 대한 관심이 심화되었다. 이에 Hewings(2005) 외에도 여러 언어교육 학자들이 교육적 가치를 지니는 요인을 변별해내거나 유형화하고자 하였으며, 그러한 시도들은 2000년대에 들어서며 국내 한국어교육 학계에도 상당한 영향을 미치기 시작하였다.

맥락에 대한 국내의 논의 역시 사회언어학, 텍스트언어학, 화용론, 국어교육 등 다양한 분야에 걸쳐 이루어져 오고 있으나, 본 항에서는 한국어 문법론을 중심으로 맥락이 주요하게 다루어진 연구들에 대해 살펴보고 그 쟁점을 진단하고자 한다. 맥락에 대한 연구는 사실상 한국어교육학에서보다 국어교육학에서 먼저 다루어진 경향이 있는데, 특히 문식력을 높이기 위한 텍스트 교육을 중심으로 맥락에 대한 관심이 반영되었다. 이러한 연구에는 전윤경(2004), 이창근(2012), 김은성(2012), 조진수(2013) 등이 있는데, 그 중 대표적인 연구라고 할 수 있는 전윤경(2004), 조진수(2013) 등에서는 읽기와 쓰기 텍스트에 초점을 두고 있어 사실상 국어교육에서 집중하고 있는 맥락은 문어 텍스트의 언어적 맥락에 국한되어 있는 측면이 있다고 볼 수 있다. 이창근(2012)은 맥락의 중요성을 언급하였고, 장르적 접근을 시도하였으나, 맥락 요인을 구체화하지 못하였다는 한계가 있다. 국어교육 분야에서 맥락을 정의한 바는 아래 (21)와 같다.

(21) 국어교육학 내에서의 맥락에 대한 정의
　　ㄱ. 언어 외적 상황 (권영문 1996, 장경희·최미숙 1999)
　　ㄴ. 언어행위가 이루어지는 과정이나 흐름 (김슬옹 1998)
　　ㄷ. 텍스트의 의미를 구성하는 비언어적 환경 (박태호 2000, 김정란 2007)
　　ㄹ. 언어와 언어, 혹은 언어와 상황이 맺고 있는 관계 (이주섭 2001)
　　ㅁ. 텍스트의 생산과 수용에 관여하는 물리적, 정신적, 사회·문화적 요소 (이재기 2006, 김재봉 2007, 박창균 2007, 한민경 2008, 황미향

2009, 신명선 2013)
ㅂ. 사회·문화적 요소 또는 관계. (임천택 2007, 김슬옹 2010, 강현주 2011)
ㅅ. 언어 사용자들과 이들이 사용하는 전제들 간의 관계. (진선희 2007, 전제웅 2011, 진선희 2013)
ㅇ. 환경 및 배경지식 (김유미 2013)
ㅈ. 텍스트 갈래에 대한 지식 중 하나 (이병규·신혜선 2014)

한편, 조민애(2016)과 한하림(2017)은 한국어교육 분야에서 나타난 연구지만, 조민애(2016)은 쓰기 텍스트에 국한하여 자료를 다루고 있어 국어교육에서의 연구들과 유사한 경향성을 보이고 있었으며, 한하림(2017)은 문법 항목에 대한 인식 조사를 토대로 맥락 문법 모형을 개발하였다는 점에서 기존의 논의들과는 차별점을 지니나 구체적인 맥락 요인의 설정은 다루지 않은 점이 있다. 그 외, 유민애(2017)은 담화문법과 맥락의 선행 이론들을 면밀히 검토하고 전반적인 논의를 정리하였으나, 한국어 능력 시험을 위해 산출된 작문 텍스트라는 시험 목적의 비실제적 작문 텍스트를 대상으로 하여 앞서 이론의 정리에서 논의한 것들을 충분히 반영하고 있지는 못하다는 아쉬운 점이 있었으며, 선행 연구에서 다루고 있는 담화의 개념과 분석 대상으로 다룬 담화(텍스트)가 과연 동일한 층위인지에 대한 의문이 남는다. 이는 맥락에 대한 국외 연구들의 계보가 학문 분야별로 차이가 있음에도 불구하고 이를 받아들이는 과정에서 계보에 대한 비판적 검토가 충분히 이루어지지 않아 발생한 문제인 것으로 사료된다.

물론, 맥락이 학제 간에 공통적으로 활발히 논의되어온 개념이라는 점에서 인접 분야의 선행 연구를 적용하는 것은 매우 의미가 있으나, 계보적 차이를 이해하고 이를 적용하는 것과 그렇지 못한 것에는 분명 큰 차이가 존재할 것이다. 연구의 계보가 분명히 드러나지 않을 경우, 번역된 개념들이 번역어로서는 동일한 대상을 지시하고 있음에도 불구하고 그 근본적인 의미에는 차이가 있는 경우가 나타날 수 있으며, 이는 오히려 담화 연구에 대한 혼란과 오해를 야기할 수 있기 때문이다. 담화기능, 의미기능, 화용적 기능, 용법, 양태의미 등 용어의 차이가 혼재되어 사용되는 양상 역시 이렇게 계보가 서로 다른 연구방법론을 혼합적으로 적용한 데에서 비롯된 문제라고 사료된다.

이렇게 맥락은 국어교육을 중심으로 주로 문어 텍스트에 집중하여 다루어져옴과 동시에 한국어교육학에서도 2000년대 후반에 이르러 활발히 논의되었다. 그 외에 특히 맥락의 고려가 중요한 영역인 공손성에 대한 연구들(전혜영 1995, 고인수 1995 등)과 쓰기 분야(홍혜준 2005 등)를 중심으로 맥락과 문법 형태의 연관성에 대한 연구가 꾸준히 이루어져 왔으나, 명시적으로 국외 맥락 이론을 적용한 맥락 문법(grammar in context) 연구의 필요성이 제기된 것은 강현화(2007)에 이르러서이다. 강현화(2007)에서는 맥락과 문법 형태의 유기적 연결 관계에 대해 강조하였을 뿐만 아니라, 개별 문법 형태의 사용에 작용하는 맥락 요인이 형태마다 상이함을 밝히고, 맥락 기반 분석법의 구체적인 방법론을 제시하였다는 점에서 한국어교육에서 맥락 연구가 나아가야할 방향성을 제시한 기념비적인 연구라고 할 수 있다. 아래 (22)는 한국어교육학에서의 맥락에 대한 정의를 정리한 것이다.

(22) 한국어교육학에서의 맥락에 대한 정의
　　ㄱ. 글이나 말, 상황을 관통하는 정서적, 인과적, 연관적 의미 관계
　　　　이자 의미 내용 (김수진 2009)
　　ㄴ. 문형이 사용되는 상황 맥락으로 장르, 사용역, 장소, 친소, 화청
　　　　자지위, 화청자관계 등 (강현화 2012)
　　ㄷ. 교육의 목표, 내용, 방법에 영향을 미치는 교육의 상황 (김진아
　　　　2013, 한하림·양재승 2014)
　　ㄹ. 단어와 단어, 구절과 구절, 문장과 문장 등이 이어지는 여러 층
　　　　위에서 실현될 수 있는 표현의 흐름 (김서형 2013)
　　ㅁ. 국제 결혼가정의 언어문화적 특성 (전은희 2013)

ㅂ. 일종의 담화 상황으로 의사소통이 이루어지는 역동적인 상황을 구성하는 요소들의 유기적 연결체 (김강희 2013)

ㅅ. 장소유형, 화자의 성별, 화자 연령, 청자 연령, 연령 차, 관계 유형, 지위 차, 만남 횟수, 친소 관계, 장르, 제3자 유무, 매체 (박지순 2015)

ㅇ. 쓰기 지식의 한 요소 (이수정 2015)

ㅊ. 쓰기 장르 (김정숙·백윤경 2017)

ㅋ. 화맥이자 대화 상황 (문금현 2018)

그 후 김유정(2008), 김수진(2009), 서정숙(2009), 윤현애(2011), 강현화(2012), 서지혜(2012), 이윤아(2012), 강현화·홍혜란(2013), 김강희(2013), 황성은·심혜령(2013), 강현화(2014), 나은미(2014), 박지순(2014), 한하림·양재승(2014), 박지순(2015), 이창봉(2017), 임효진(2017), 조민정(2017) 등 한국어 교육에서도 맥락에 따른 문법 형태의 사용을 분석하는 연구가 활발히 이루어지기 시작하였다.[35] 특히 박지순(2015)에서는 기존에 맥락 분석적 연구 방법론이 적용된 연구들을 아우르고 맥락 요인들을 아래 〈표 7〉과 같이 통합적으로 정리하여 맥락 분석 연구의 기틀을 마련하였다는 특징이 있다.

표 7. 박지순(2015)의 맥락 요인

영향요인			분류
상황적 요인	화·청자 요인	화·청자 개별 요인	1. 화자 성별 — 남성, 여성, 집단 화자, 미확인
			2. 화자 연령 — 10대, 20대, 30대, 40대, 50대, 60대, 70대, 집단 화자, 미확인
			3. 청자 성별 — 남성, 여성, 집단 청자, 미확인
			4. 청자 연령 — 10대, 20대, 30대, 40대, 50대, 60대, 70대, 집단 화자, 미확인
		화·청자 관계 요인	1. 성별 관계 — 남남, 남녀, 여남, 여여, 남집단, 남미확인, 여집단, 여미확인
			2. 연령 차 — +연령 차, -연령 차, 0연령 차, 집단 청자, 미확인

---

35) 제2언어교육에서 맥락 연구의 활발한 움직임과 더불어 국어교육 분야에서는 임유리(2015)가 구체적인 맥락 요인을 설정하고 이를 문법 연구에 적용한 사례로 나타난다.

상황적 요인		3. 지위 차	+지위 차, -지위 차, 0지위 차, 집단 청자, 미확인
		4. 친소 관계	친, 소, 집단청자, 미확인
		5. 만남 횟수	초면, 구면, 집단청자, 미확인
		6. 관계 유형	1차집단(친족) 2차집단(친분이 있는 사적 관계) 3차집단(친분이 있는 공적 관계) 4차집단(친분이 없는 낯선 관계) 집단 청자 미확인
	환경 요인	1. 장소 유형	실내사적, 실내공적, 실외사적, 실외공적
		2. 발화 장면	격식적, 비격식적
		3. 제3자 유무	있음, 없음
		4. 매체	면대면, 통신매체, 방송매체
사회문화적 요인	장르		일상대화, 강의 담화, 구매대화, 업무대화, 조사대화

그 외에도, 이동은·윤상석(2012), 서지혜·장채린(2012), 황주하(2015), 이은정(2016), 김정현(2016), 조영미(2017) 임효진(2017), 이시은(2017), 김유진(2017) 등 한국어교육에서 맥락에 따른 문법 형태 또는 문법 범주를 연구한 경우가 상당 수 증가하는 추세를 보였으나, 이들 연구들은 사실상 '맥락'을 주요하게 다루고 있음에도 불구하고 맥락 기반 말뭉치를 설계하는 데에 맥락 변인을 고정하지 못하였다는 한계를 보이고 있었다. 특히 의미·기능을 사용 빈도를 중심으로 분석하는 연구에서는 연령, 성별, 지위 등에 따른 고빈도 문형을 주요하게 다루기 때문에, 연령, 성별, 지위 등이 균형적으로 포함되어 있는 말뭉치를 사용해야 함에도 불구하고, 이를 고정시키는 것의 현실적인 어려움으로 인해, 대부분의 연구들이 드라마 대화 말뭉치를 원시 말뭉치 수준에서 사용하고 있어 맥락 기반 연구의 신뢰도에 의문이 제기될 수 있다고 보인다. 특히 드라마 말뭉치의 처리에 있어 동일한 드라마 자료를 연구 대상으로 선정하였음에도 어절이나 기타 제시 정보에 차이가 나타나는 것은, 맥락 기반 말뭉치를 설계함에 있어 연구자들의 정확한 처리와 처리 과

정의 명시적인 공유가 더욱 요구되는 지점이라고 판단된다.

또, 김정은(2008), 공윤희(2011), 정미진(2012), 신호철(2013), 신명선(2013), 김정은(2014), 심지영(2015) 등은, 상황과 맥락의 중요성을 인식하였으나, 구체적으로 맥락 요인을 분석하는 방법론으로까지 나아가지는 못하였으며, 최규홍(2009), 박서영(2014), 김진희(2015)은 맥락을 구체적으로 언급하지는 않았으나, 담화 기반, 사용 기반 문법에 대한 내용을 다루고 있었다. 이들 연구는 맥락 및 담화의 구체적인 분석의 틀을 마련하지는 않았으나, 문법이나 언어의 규칙이 사용의 차원에서 연구될 필요성을 드러내고 있다는 점에서 넓게는 맥락 연구의 일환으로 볼 수 있겠다.

마지막으로 최근 지현숙·오승영(2018)에서는 한국어교육학에서 이루어져 온 '맥락'과 관련한 연구를 정리하고, 각 연구가 한국어 교육 안의 세부 영역별(어휘 문법 교육론, 기능교육론, 다문화교육론, 문화문학 교육론, 한국어교재론, 교육과정론, 평가론 등)로 '맥락'의 의미를 다르게 사용하고 있음을 지적하였다. 그 중 '맥락'이 가장 활발히 도입되고 있는 분야는 어휘 문법 교육론이었다고 기술하였는데, 어휘 문법 교육론 내에서의 '맥락'의 의미역을 아래 〈그림 12〉와 같이 제시하였다.

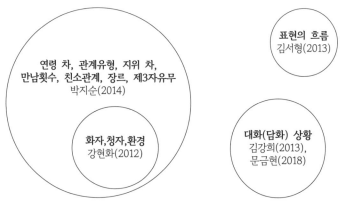

그림 12. 한국어교육 맥락의 의미역 (지현숙·오승영 2018)

종합해 보면, 국어교육에서 맥락에 관한 논의는 쓰기, 읽기 등의 문어를 대상으로 하는 경우가 많았으며, 화자의 심리적인 현상에 초점을 두는 경향성이 있고, 한국어교육학에서의 맥락 논의는 어휘문법과 관련하여 형태의 사용에 작용하는 요인들을 제시하는 데에 집중하고 있는 경향성이 있다고 판단된다. 본 연구는 후자의 관점에서 지시화행 발화에 작용하는 맥락 요인들을 정리하고 이에 따른 양상을 분석할 필요가 있다고 하겠다.

2. 화행과 기능

1) 지시화행에 관한 논의

지시화행에 대한 대표적인 논의는 아래 (23)과 같이 정리할 수 있다. 먼저 (23ㄱ,ㄴ,ㄷ)과 같이 지시화행의 정의 및 조건에 대해 다룬 연구들이 있다. 그러나 언어행위의 개념을 고안한 Austin(1962)은 수행동사와 언어행위를 일 대 일로 대응시켰다는 한계를 비판받고 있으며, 이를 보완하기 위해 고안된 Searle(1969)의 연구 역시 하나의 문장에 하나의 사례를 연결 짓고 있다는 한계가 있다. 이와 관련하여 지시화행의 하위 유형을 구분함으로써 개념을 구체화하고자 시도한 연구들이 있었는데 (23ㅁ)의 논의들이다. 한편, 지시화행을 공손성의 측면에서 다룬 연구도 이루어졌는데, 그 시발점은 (23ㄹ) Brown & Levinson(1978)이라고 할 수 있다. 이 연구에서는 요청의 행위가 체면위협행위(FTA)로 기능할 수 있기 때문에 요청은 간접적으로 이루어지는 경향성이 있다고 주장하였다. (23ㅂ)과 같이 요청을 전략적 측면에서 유형화하고 문화권별로 그 양상을 비교한 연구로는 Blum-Kulka (1984), Trosborg(1995) 등이 있다. 그러나 이러한 연구들은 Wierzbicka (1995)와 같은 상호문화연구자들로 하여금 개별 문화권의 특수성을 고려하지 못했다는 비판을 받기도 하였다. 마지막으로 지시화행의 형태적 구조에 천착하여 이를 유형화하고자 한 연구에는 (23ㅅ) 등이 있다.

(23) 지시화행에 관한 접근들
ㄱ. 행사적 발화의 정의 및 성격 (Austin 1962/1975 등)
ㄴ. 요청의 정의 및 조건 (Searle 1969 등)
ㄷ. 지시화행의 정의 및 성격 (Searle 1975, Tsui 1994 등)
ㄹ. 체면위협행위로서의 요청 (Brown & Levinson 1978 등)
ㅁ. 지시화행의 하위 유형 (Wunderlich 1976, Hindelang 1978/ 2000 등)
ㅂ. 요청의 전략에 대한 문화적 비교 (Blum-Kulka 1984, Trosborg 1995 등)
ㅅ. 지시화행의 형태적 구조 (Ervin-Tripp 1973)

그 중, Blum-Kulka(1984)의 연구는 지시화행에 대한 최초의 문화교차적 연구라는 점에서 상당히 많은 주목을 받았는데, 이 연구에서는 6개의 차원에서 지시화행의 양상을 분석할 수 있다고 보았다. 구체적으로는 아래 〈표 8〉에서와 같이 수신자 용어, 요청의 관점, 요청의 전략, 약화 장치, 강화 장치, 보조화행으로 구분하였는데, 유형에 따라 8개의 언어권 화자가 발화하는 지시화행 발화를 분석하고 그 차이를 기술하였다.

표 8. 지시화행에 대한 6가지 차원의 접근

차원	유형	내용
수신자 용어 (Address term)	-	청자를 부르거나 청자의 주의를 환기하는 말
요청의 관점 (Request perspective)	청자 지향적 관점	Could you ~?
	화자 지향적 관점	Do you think I could ~?
	화청자 지향적 관점	So, could we ~?
	불특정 행위주 관점	people, they, one, 피동표현 등
요청 전략 (Request strategy)	직접적 요청	
	관례적 간접 요청	〈표 9〉에서 상술
	비관례적 간접 요청	

		의문문의 사용
약화 장치 (Downgraders)	통사적 약화 장치	부정의문문의 사용
		과거 시제의 사용
		if 조건절의 사용
	화용적 약화 장치	상담 장치의 사용 Do you think~?
		축소 표지의 사용 a bit
		울타리 표현 사용 you did something
		거절 가능성 표지 사용 perhaps
강화 장치 (Upgraders)	강조/과장 표현	it's disgusting.
	욕설	bloody mess!
보조 화행 (Adjuncts to Heads act)	가능성 확인하기	너 그 동네 가니? 그럼 같이 가도 돼?
	미리 언지하기	부탁 좀 하고 싶은데, ~
	배경 및 이유 제시하기	내가 어제 수업을 못 들어가서, ~
	칭찬하기	너 진짜 글씨 잘 쓴다, ~
	무장해제 시키기	(거부감을 이미 알고 있음을 드러내기)
	비용 최소화하기	니가 만약에 나랑 같은 방향이라면 ~

이 연구 중 한국어 지시화행의 전략 연구에서 가장 많이 인용되어온 부분은 아래 〈표 9〉 요청의 전략에 관한 내용이다. 이 연구에 따르면 요청의 전략은 크게 3가지 차원으로 구분될 수 있는데, 직접적이고 명시적인 전략, 관례적으로 간접적인 전략, 그리고 비관례적으로 간접적인 전략이 이에 해당한다.

표 9. Blum-Kulka(1984:202) 요청의 전략

전략의 유형	용례
1. 서법적 실현 (Mood derivable)	좀 치워! Clean up this mess, please.
2. 명시적 수행동사의 사용 (Explicit performatives)	내가 너한테 지금 여기 주차하지 말라고 요청하고 있잖아. I'm asking you not to park the car here.
3. 약화된 수행문의 실현 (Hedged performatives)	저는 Tisma 선생님이 강의를 일주일 정도 일찍 해 주셨으면 좋겠습니다. I would like you to give your lecture a week earlier.

4. 특정 문형으로부터 실현 (Locution derivable)	저기요, 그쪽 차 좀 치워 주셔야겠는데요. Madam, you'll have to move your car.
5. 진술문의 범주에서 실현 (Scope stating)	나는 정말 네가 나 좀 그만 괴롭혔으면 좋겠어. I really wish you'd stop bothering me.
6. 제안성 어구로 실현 (Language specific suggestory formula)	이것 좀 치우는 게 어때? How about cleaning up?
7. 예비 조건에 대한 지시로 실현 (Reference to preparatory conditions)	저기, 차 좀 빼 주실 수 있을까요? Would you mind moving your car, please?
8. 강한 암시 (Strong hints)	니가 부엌을 엉망으로 만들었구나. You've left this kitchen in a right mess.
9. 약한 암시 (Mild hint)	나는 수녀야. (집요하게 구는 남자에게) I'm a nun. (in response to the persistent boy.)

앞선 연구들이 명령형과의 밀접한 연관성에서 벗어나지 못하듯, 한국어의 지시화행에 대한 연구도 대개 수행 형식인 명령형 종결어미 '-라'를 중심으로 이루어지는 경향성을 보였다. 장경희(2005:186)에서는 이것이 문법 범주의 유형화와 문장의 종결 기능이라는 통사적인 특성에 치중한 접근이었다고 비판하기도 하였으며, 홍승아(2016:4)에서는 지시화행에 대한 한국어 연구가 요청화행을 중심으로 이우러진 연구가 대다수이고 지시화행 전체를 다룬 연구의 수는 많지 않다고 지적하였다.

화행론의 관점에서 명령문에 접근하고자 하는 한국어 연구들은 1970년대 중반에 들어서면서부터 나타나기 시작했는데, 대표적으로 양인석(1976)에서는 Austin(1962)의 화행 분류 체계를 한국어에 적용하여 지시화행을 다루었으며, 채영희(1983, 1984, 1985), 최경자(1985), 박영준(1987), 박금자(1987), 조성훈(1988), 박영순(1992), 이정은(1997) 등에서도 지시화행과 요청·명령문에 대한 연구가 활발히 다루어졌다. 특히 박영준(1987)은 단정명령문(-어야한다), 어휘명령문(-라고 명령하다), 조건명령문(X하면 Y한다) 등을 설정하고, 담화 참여자의 관계를 고려하여 화행의 속성을 기술하였다는 특징이 있으며, 박영순(1992)에서는 요청의 정도성에 따라 한국어 요청문을 기술하고 분류하고자 하였다. 이정은(1997), 김영은(2003)에서는 요청과 수락/거절의 연쇄 양상을 유형별로 분석하여 화행이 사용되는 패턴을 제시하고자 하였다.

한편, 화행론의 등장과 함께 간접 화행(Indirect speech act)에 대한 관심도 활발히 이루어졌는데, 정민주(2003:89)에서는 Blum-Kulka 외(1989:279)에서 간접화행을 등급화한 것을 적용하여 한국어의 요청 화행의 유형을 아래 (24)와 같이 분류하였다.

(24) 한국어 요청 화행의 전략 (정민주 2003:89)
　　ㄱ. 직접적이고 명시적인 직접 요청 전략
　　　　① 명령문으로 수행하기
　　　　② 수행 동사로 요청하기
　　　　③ 약화된 수행문으로 요청하기
　　ㄴ. 관례적인 간접 요청 표현 전략
　　　　④ 당위적 진술문으로 요청하기
　　　　⑤ 제안하는 형식으로 요청하기
　　　　⑥ 예비 조건을 묻는 표현으로 요청하기
　　　　⑦ 허락을 묻는 표현으로 요청하기
　　　　⑧ 방법을 묻는 형식으로 요청하기
　　ㄷ. 비관례적인 간접 요청 표현 전략
　　　　⑨ 확실한 단서 제공하기
　　　　⑩ 가벼운 단서 제공하기

이에 장경희(2005:190)에서는 이러한 정민주(2003)의 등급화가 충분하지 못하며, '지시 강도'와 '화자의 지시 욕구 표명의 명료성의 정도' 등을 고려하여 연구될 필요가 있다고 주장하였다. 특히 이 연구는 아래 (25)와 같이 화자의 강요성이 표명되거나 법규에 의한 구속성도 나타나지 않지만 맥락에 의해 강요성이나 구속성이 주어져 강력한 지시가 수행될 수 있다고 지적하였다.

(25) ㄱ. 갑: 사람 살려.

　　　사람들: (사람들이 뛰어 나간다.)

　　ㄴ. 갑: 아버지 오셨다.

　　　을: (방으로 들어가 공부하는 척한다.)

　　ㄷ. 갑: 마감시간 다 됐어.

　　　을: (원서를 들고 뛰어 간다.)　　　　　(장경희:2005:203의 예문)

뿐만 아니라 아래 예문 (26)에서와 같이 (26ㄱ)은 (26ㄴ)에 비해 언어 표현만 보면 지시 강도가 약한 표현을 사용하였지만, 화자와 청자의 지위 관계를 고려할 때에 (26ㄱ)에서의 지시가 더 강력한 구속성과 강제성을 지 닐 수 있다고 주장하였다.

(26) ㄱ. (회장이 일하는 사람에게) 복도가 너무 지저분합니다.

　　ㄴ. (지나가는 사람이) 제발 복도 좀 치우세요. 너무 지저분해요.

　　　　　　　　　　　　　　　　　　　　　　(장경희:2005:204의 예문)

한편, 하길종(2001:13-16)에서는 언어 외적인 요소의 정도성을 모어 화자에 대한 설문조사로 측정하고자 한 연구이다. 이 연구에서는 아래 (27)의 예문 에서 '어머니의 표정'에 따라 해당 발화가 청유나 부탁이 되기도, 강력한 지시나 명령, 질책이 되기도 한다고 주장하며, 어머니의 표정이라는 언어외 적 요소에서 청자는 화자의 발화가 지니는 언어적 의미 이외에 언향적 의미 를 해석하게 된다고 하였다.

(27) (놀고 있는 자녀에게) 이안아 숙제를 하자. (하길종 2001:14 예문)

이 연구에서는 아래 〈표 10〉과 같이 초등학교, 중학교, 고등학교, 대학 생, 일반인을 대상으로 한 설문조사를 통해 청자가 수행하는 언향적 의미 해석에 작용하는 언어외적 요소를 분석하고, 청자에 따라 이들이 어떠한 순위로 작용하는가를 제시하였다. 이 연구는 언어외적요소를 분석함에 있

표 10. 수행문에 작용하는 언어외적 요소 (하길종 2001)

	언어외적 요소				
	초등학생	중학생	고등학생	대학생	일반인
1	화자와 청자의 사회적 관계	화자와 청자의 사회적 관계	화자와 청자의 사회적 관계	화자와 청자의 사회적 관계	화자와 청자의 사회적 관계
2	청자의 이익	청자의 이익	화자와의 친분성	화자와의 친분성	청자의 이익
3	발성의 정도성	청자와의 친분성	청자의 이익	청자의 이익	화자의 이익
4	화자와의 친분성	청자의 감정	청자의 감정	화자의 이익	화자와의 친분성
5	화자의 표정	발성의 정도성	화자의 표정	화자의 표정	화자의 표정
6	청자의 감정	화자의 표정	발화에 대한 청자의 수용력	청자의 감정	청자의 감정
7	발화에 대한 청자의 수용력	발화에 대한 청자의 수용력	화자의 이익	발화에 대한 청자의 수용력	발화에 대한 청자의 수용력
8			발성의 정도성	발화의 상황성	발화의 상황성
9				발화의 장소	발화의 장소
10				발화에 대한 청자의 경험	발화에 대한 청자의 경험

어 실제 모어 화자 1326명을 조사하였다는 점에서 의미가 있을뿐더러 작용하는 언어외적 요소의 작용 순위까지도 고려하였다는 점에서 언어의 수행과 맥락 요인이 밀접한 관계가 있다는 점을 보여주고 있는 연구라고 하겠다.

특히 이 연구에서 다룬 설문 결과를 보면, 동일한 발화일지라도 언어외적 요인에 따라 청자의 수행 초점, 즉 언향적 의미가 명령이 되기도, 청유가 되기도, 혹은 평서가 되기도 하였는데, 초등학생, 중학생, 고등학생, 대학생, 일반인 전 대상에 걸쳐 화자와 청자의 '연령'이 화〉청의 관계에서 발화된 지시화행적 발화는 대개 '명령'으로 해석된다고 판정하였다. 예외적으로 '청자의 이익'이 강조되는 행위에 대한 발화인 경우와 화자의 표정이 '부드러움'을 나타내는 경우, 그리고 청자가 발화를 수용할 능력이 있는 경우에는 연령 요인이 '화〉청'으로 성립하더라도 명령이 아닌 '청유'라고 판정하였는데, 이렇게 맥락 요인에 따라 화행의 의미가 역동적으로 다르게 나타남을 지적하였다는 점에서 본고의 관점과 입장을 같이 하는 측면이 있다. 즉, 이 연구에서는 지시화행이란 '화자가 청자로 하여금 어떤 행위를 하게 하는 것이며, 주로 연령이 높은 사람이 낮은 사람에게 발화할 수 있고, 청자가 해당 발화에 대하여 적극적으로 수용할 능력이 없을 경우에는 지시의 강제성이 높아짐'의 성격을 가지는 것으로 분석하였다고 볼 수 있다.[36]

한편, 이지수(2016)에서는 명령문 연구가 지시화행과 유리될 수 없다고 지적하며, 명령문 연구의 일환으로 지시화행을 다루었다. 이 연구는 지시화행의 '원형(prototype)[37]'에 의해 명령문의 범위를 설정하고 유형화할 수 있다고 보았는데, 구체적으로는 Takahash(2012:77)에서 제시한 명령문 원형의 기준인 '바람(desire), 능력(capability), 힘(power), 비용(cost), 이익(benefit), 의무(obligation)'[38]를 한국어 명령문에 적용하고자 하였으며, 이익(benefit)을 제외한 나머지 5개 기준을 중심으로 한국어의 명령문을 원형적 속성에 따라 아래 (28)과 같이 제시하였다.

(28) 명령문의 원형적 속성에 따른 제시(이지수 2016:121-125)
ㄱ. (엄마가 아들에게) 이번 시험만 잘 봐. 그러면 네가 바라는 건 뭐든 들어 줄게.   (명령, 7~8점)
ㄴ. (아들 잃은 아버지의 일인 시위) 요한을 살려 내라!   (요청, 4~5점)

---

36) 이 연구에서는 '이안아 내일 일찍 오도록 하자' 혹은 '이안 씨 내일 일찍 오시면 좋겠습니다'라는 청유문이 화자가 연상이라도 청자가 수용 능력이 있다면 적극적으로 화자의 발화에 수행을 하기 때문에 이 발화의 지시성이 높다고 볼 수 없으며, 따라서 [+발화수용력]의 조건에서는 '청유'의 문장으로 해석된다고 보았다. 하지만 청자가 이 발화에서 지시하는 내용을 수용할 수 있는 능력이 없을 경우에는 이 발화가 청자에게 부담이 되고, 따라서 청유문으로 실현되었을지언정 명령으로 받아들여져, 어쩔 수 없는 상황에서의 수행을 야기할 것이라고 지적하였다.

37) 원형(prototype)은 '어떤 범주를 대표할 수 있는 가장 전형적이고 이상적인 속성'이라고 정의할 수 있다. 이와 관련해서는 Langaker(1987), Kleiber(1990) 등을 참조.

38) Takahashi(2012)에서는 '지시의 힘 행사(force exertion)'와 '화청자 의미역'을 전형성의 척도로 삼고 있다.

ㄷ. (화장품 설명서의 안내문) 사용 전 충분히 <u>흔들어 주세요.</u>

(권고, 3점)

ㄹ. (손자가 조부모에게) 새해 복 많이 <u>받으세요.</u>   (진술·축원, 0~1점)

ㅁ. (농부가 이웃 농부에게) 어디 편하게 농사짓고 싶지 않은 사람 있으면 <u>나와 보라고 해.</u>

(경고, -1~0점)

ㅂ. (선생님이 싸움 한 학생들에게) 앞으로 한번 만 더 싸움질해라. 진짜 크게 <u>혼날 줄 알아!</u>

(경고, -1~0점)

ㅅ. (범인이 형사에게) 한 발짝만 더 <u>다가와 봐.</u> 확 뛰어 내려 버릴 테니까.

(위협, -4~-3점)

이지수(2016)의 원형적 속성에 따른 명령문의 분석은 명령문을 형태 외에 지시화행을 준거로 하여 정의하고자 하였다는 점에서 명령문을 사용의 관점으로 분석한 연구의 일환으로 볼 수 있다. 그러나 각 기준의 수치의 합으로 산출한 원형의 점수가 과연 실제 사용에서의 강제력과 일치하는지에 대해서는 더 논의가 필요하다고 판단된다. 뿐만 아니라 이 연구에서는 명령문의 범주를 연구 대상으로 삼았기 때문에 의문형이나 청유형 등 비명령형 종결어미의 지시화행은 분석에서 제외하였는데, 실제 의사소통 상황에서는 명령형 종결어미만으로 지시화행이 실현되지 않는다는 점을 고려할 때 아쉬움이 남는 지점이라고 하겠다.

한편, 한국어교육학 분야에서는 지시화행을 일종의 '기능(function)'으로 보고, 학습자의 문법 학습 단위가 되는 문형39)과 기능의 관계를 다루는 연

---

39) 강현화(2007)에서는 Norbert Schmit(2004)의 다단어 구성체(Multiword units, MWUs)의 정의를 빌려 이러한 다단어 구성체 중 어휘구(Lexical phrases 혹은 Lexical chunk), 즉 모어 화자가 높은 빈도로 사용하는 상투적인 언어표현을 '표현문형'이라고 정의하였다. 어휘구는 보통 심리언어학적으로 하나의 단위(Unit)로 저장되고 처리되는데, 보통 빈칸(Slot)을 가지고 있어서 상황에 따라 다른 단어로 대체되어 생산적으로 쓰이는 관습적 어휘패턴이 표현문형에 해당한다고 하였으며, 이들은 전형적으로 기능적 언어사용과 연관되는 화행적 기능을 가진다고 기술하였다(강현화 2007:4-5). 이와 관련하여 백봉자(1999)에서는 '통어적 구문'이라는 용어를, 이희자·이종희(1999)에서는 '관용표현'이라는 용어를, 이미혜(2002)에서는 '표현항목', 노지니(2003)은 '통어적 문법소', 방성원(2004)는 '통어적 구성', 박문자(2007)은 '의존구성', 유해준(2011)은 '문법적 연어', 손진희(2014)는 '복합구성'의 용

구가 이루어지기 시작하였다. 먼저, 김영란(1999)에서는 금지표현의 목록을 제시하고 이에 대한 교수 방안을 마련하였으며, 정민주(2003)에서도 등급화한 간접화행의 유형에 따라 자주 사용되는 표현을 목록으로 제시하였다. 그러나 구체적으로 한국어에서 지시화행의 성격을 정의하고, 각 교재에서 사용되고 있는 표현 문형들의 목록을 총 망라하여 제시한 것은 강현화(2007)에 이르러서이다.

강현화(2007)에서는 '±강제성, ±상하관계, ±화/청자도움'을 기준으로 하여 지시적 화행을 '명령, 권고, 요구, 부탁, 제안, 제의'로 구분하였으며, 말뭉치 분석을 통해 나타난 예문을 토대로 각각의 표현문형이 맥락에 따라 수행하는 지시화행들을 유형화하여 제시하였다. 분석 결과 교재에 나타난 문형 중 지시적 화행을 나타내는 항목은 총 67개에 해당하였는데, 아래 예문 (29)에서와 같이 유사한 메시지의 예문도 화자와 청자의 관계에 따라 각기 다른 기능으로 해석될 수 있다고 기술하였다.

(29) ㄱ. 집에 오면 전화 좀 해 줘. (친구간)　　　　　　　　부탁
　　　ㄴ. 새 물건이 오면 제게 전화해 주세요. (고객-점원간)　요구
　　　ㄷ. 지금 전화 좀 해 줘. (교수-학생간)　　　　　　　　명령

(강현화 2007:17 예문)

이 연구는 화행, 즉 담화 기능이 맥락에 따라 다르게 해석될 수 있다는 점을 지적하고, 표현과 기능이 일 대 일로 대응하는 것이 아님을 입증하였다는 점에서 의미가 있으며, 지시 화행 안의 여러 유사한 하위 기능들을 객관적인 기준을 근거로 하여 변별하였다는 점에서 한국어교육 담화 기능 연구사에서 일종의 전환점이 되는 연구라고 할 수 있다.

한편, 한국어교육 논의에서는 모어 화자와 학습자의 화행을 대조한 연구가 활발히 이루어졌는데, 조경아(2003), 수파펀 분릉(2007), 이선명(2009), 이

어를 사용하였다.

명희(2010), 이해영(2010), 이경숙(2012), 김지혜(2013) 등이 담화 완성 조사 (DCT)를 통해 특정한 언어권의 학습자와 모어 화자의 화행 사용 양상을 대조하였다. 그러나 이은희(2015:136)에서 지적하고 있는 바와 같이 외국어 교육에서 특정 화행의 교육 방안 마련을 위해서는 탄탄한 이론적 배경을 기반으로 모어 화자들이 수행하는 화행에 대한 기초 연구가 선행되어야 한다. 그럼에도 불구하고 한국어 교육학에서의 지시 화행 연구는 모어 화자의 사용 양상에 대한 기초 연구가 많이 부족한 실정이며, 이에 본 연구에서는 선행 연구들에서의 논의를 바탕으로 하여, 한국어 모어 화자들이 지시화행을 수행하기 위해 선택하는 문법 형태의 사용에 대한 기초 연구가 이루어질 필요가 있다고 보았다.

2) 언어교육과 담화 기능

언어교육에서 다루는 '언어 기능'은 기능(function)과 기술(skill)로 구분될 수 있는데 본 연구에서 초점을 두는 기능은 (30ㄱ)의 기능(function)에 해당한다. 즉 한국어교육에서 기능이란 어떠한 언어 사용 과제를 수행할 수 있는 목표 행위에 해당한다고 볼 수 있다.

(30) 기능과 기술의 차이
  ㄱ. 기능 교수요목(functional syllabuses): 식별하기, 보고하기, 기술하기, 고치기, 사람 만나기, 소개하기, 정보 찾기, 정보 알리기, 말 끼어들기, 주제 바꾸기, 작별하기 등 언어 표현 기능의 학습을 목적으로 구성되는 교육과정.
  ㄴ. 기술 교수요목(skills-based syllabuses): 요점 듣기, 중심 생각 듣기, 추론 듣기, 특정 정보에 대한 문단 읽기, 훑어 읽기, 자세히 읽기, 추론하여 읽기 등 언어 학습이나 학문 연구에 필요한 언어 기술을 학습하는 교육과정.

(J.D. Brown 1995:7, 민현식 2006 재인용)

이를 안경화 외(2000:80-81)에서는 학습자에 대한 설문조사를 토대로 한국어 교육에서 학습자가 자주 사용하도록 요구받거나 접하는 장면에서의 기능을 제시하였는데, 그 구체적인 내용은 아래 〈표 11〉과 같다. 먼저, 기능은 크게 '정보를 알리거나 구하는 표현', '지적인 태도를 나타내거나 알아내는 표현', '초대에 응하거나 감정을 알아내는 표현', '도덕성을 나타내거나 찾아내는 표현', '권고나 설득하는 표현', '대인관계와 관련한 표현' 등으로 구분되었고, 일반적으로 학습자들이 자주 접하는 장면의 기능과 고도의 기능이 필요한 장면으로 구분되어 제시되었다. 이러한 교육용 기능 목록은

표 11. 안경화 외(2001)의 한국어교육 기능 목록

한국어교육용 기능	일반 기능	고급 기능
정보를 구하거나 알리는 표현	확인하기, 요청하기, 설명하기, 비교/대조하기	정보를 재구성하기, 문제를 해결하기, 토의하기
지적인 태도를 나타내거나 알아내는 표현	동의/반대하기, 거절하기	기억이 있고 없음을 표현하고 묻기, 가능성이 있고 없음을 표현하고 묻기, 추론을 나타내거나 묻기, 허락을 하거나 받기
초대에 응하거나 감정을 나타내거나 알아내는 표현	즐거움/좋아함 나타내기, 불쾌함/싫음을 나타내기, 희망을 나타내기, 만족/불만을 나타내기, 걱정이나 두려움을 나타내기, 더 좋아함을 나타내기, 감사를 나타내기, 동정심을 나타내기, 의도/의지를 나타내기, 소원/바람을 나타내기	실망을 나타내기, 고통을 나타내기, 분노를 나타내기, 슬픔을 나타내기
도덕성을 나타내거나 찾아내는 표현	사과하기, 감사하기	용서하기, 인정 내지 찬성하기, 후회하기
권고나 설득하는 표현	제안하기, 요구하기, 설득하기	초청하기, 충고하기, 금지하기, 권유하기
대인 관계와 관련한 표현	인사하기, 사람들과 만나기, 소개하거나 받을 때 인사하기, 헤어질 때 인사하기, 음식을 권하고 받기	주의 끌기, 관심을 나타내기, 식사를 시작할 때의 표현

언어교육에서 기능이 교재의 과제와 밀접하게 연관되어 있으며, 목표 문형의 도입과도 연결되어 있음을 드러내고 있다고 할 수 있다. 그러나 기능들의 층위가 일관되지 못하고, 인접 개념인 의미 등과의 변별은 어떻게 되는지에 대한 고민이 요구된다고 할 수 있다.

이에 최근 Bunt(2011:230-231)에서는 기능을 일반적인 목적 기능과 다차원적 기능으로 구분하여 제시한 바 있는데, 구체적인 내용은 아래 〈표 12〉와 같다. 일반 목적 기능은 정보 알리기, 정보 묻기, 위임하기, 지시하기로 사실상 Searle(1975)의 화행 구분 체계와 유사한 구성으로 이루어져 있으며, 다차원 기능은 담화에 대한 상위인지적 능력을 중심으로 사용하는 담화 기능에 해당한다고 볼 수 있다.

표 12. 기능의 유형 (Bunt 2011)

일반목적 기능	다차원 기능
1) 정보 제공 기능 ① 정보 찾기 기능: 질문하기 ② 정보 제공 기능: 정보 알리기, 수사적인 기능으로 정보 알리기, 대답하기 2) 행위 기능 ① 위임 기능 ② 지시 기능	1) 과제/활동 기능 2) 자가 피드백 기능 3) 동료 피드백 기능 4) 말차례 관리 기능 5) 시간 관리 기능 6) 접촉 관리 기능 7) 자기 교정 기능 8) 대화상대자 완성 기능 9) 담화 구조 알리기 기능 10) 사회적 의무 기능

Halliday(2004:61)에서도 기능(function)을 다기능(multifunction)으로 보고, 기능의 분류를 아래 〈표 13〉과 같이 제시하였는데, 이는 절(Clause)을 분석하는 세 가지 차원의 기능으로, Halliday(2014:31)에서는 이를 정리하여 개념적 기능(ideational), 대인적 기능(interpersonal), 텍스트적 기능(texual)으로 구분하기도 하였다.

표 13. Halliday(1985/2014) 기능의 분류

다기능 Multifunction (technical name)	정의 (kind of meaning)	절 안에서의 지위 (Corresponding status in claus)	선호되는 구조의 유형 (Favoured type of structure)
경험적 기능 (experimental)	(constructing a model of experience)	clause as representation	segmental (based on constituency)
대인적 기능 (interpersonal)	(enacting social relationship)	clause as exchange	prosodic
담화구조적 기능 (textual)	(creating relevance to context)	clause as message	culminative
논리적 기능 (logical)	(constructing logical relations)	-	iterative

언어교육에서 기능은 문형뿐 아니라 학습자가 수행해야 하는 많은 과제들과 밀접한 연관을 맺고 있기 때문에 학습의 목적이나 숙달도에 따라, 혹은 교수자의 가치관에 따라 상당히 상이한 기능 목록이 제시될 가능성이 있다. 본 연구는 기능의 잉여적인 나열을 지양하기 위해서는 Halliday (1985/2014)에서 제시한 바와 같은 다차원적인 접근을 통한 기능의 분류가 필요하다고 본다.

3. 공손성 이론

1) 공손성의 원리

Yule(1996)은 화용론을 화자의 의미(speaker meaning), 문맥적 의미(contextual meaning)와 관련된 것이라고 기술하였다. 따라서 화용론 연구는 그 기저에 이미 맥락과 담화의 중요성을 전제로 하고 있다고 해도 과언이 아닌 분야라고 할 수 있다. 그 중, 특히 공손은 사회적 화합을 강화할 수 있는 의사소통 전략의 관습적 실현이나 지각, 또는 기대에 대해 다루는 영역으로 상당히 담화적인 항목이라고 할 수 있으며, 처음 언어를 습득할 때, 사람은 한 사회

의 사회적 화용 능력으로서 공손의 규칙을 습득하게 된다.

문화권에는 각기 다른 공손과 예의 바름에 대한 문화적인 기대가 존재하기 때문에 모어 화자로서의 직관이 부재하는 학습자들은 이러한 문화적인 예상에서 지각의 충돌을 경험하기도 하고, 경우에 따라서는 의사소통의 실패나 인간관계의 단절을 겪게 되기도 한다. 공손성(politeness)에 대한 개념을 최초로 정의하고자 한 것은 Lakoff(1979)인데 이 연구에서는 공손을 '담화 내에서 대립을 최소화하는 도구'라고 기술하였다. 이와 관련하여 구체적으로 체면(face)라는 개념을 언어학에 적용하여 이론적으로 정립하고자 한 연구에는 Brown & Levinson(1987)이 있다. Brown & Levinson(1987)은 공손성이 범언어권적으로 나타나는 보편 특성임을 강조하고 의사소통 상황에서 공손성이 지켜지지 않을 때에는 의사소통 참여자의 체면이 손상될 수 있음을 지적하였다. 이를 체면 위협 행위(FTA)라고 하였으며, 공손성이란 체면 위협 행위를 완화하고자 하는 노력의 일환이라고 기술하였다.

Leech(1983)는 공손 이론(politeness principle)을 통해 무례한 표현을 최소화하고 예의 바른 표현을 극대화해야 한다고 주장하며, 일본의 경우에는 다른 사람에게 선택의 자유를 주는 것이 존경을 표현하는 방법인데 반해, 유태인에게는 누군가에게 폐가 되더라도 연대감을 강화하는 행위가 더 중요하다는 점을 근거로 삼았다. 뿐만 아니라 예의에 대한 원리는 화행 이론의 범주화에 내재되어 있다고 보았는데, 화행을 표현하는 직접성의 정도가 공손성과 밀접하다고 기술하였다. 즉, 대부분의 언어는 강제성을 줄이기 위해 모든 언어는 덜 직접적인 방법으로 의사소통하는 것을 관습화한다는 것을 의미한다.

그러나 이러한 공손성의 정도는 문화권마다 차이를 지니고 있는데, 구체적으로 Brown & Levinson(1978)에서는 공손이 소극적 공손(negative politeness)과 적극적 공손(positive politeness)으로 구분되며, 사회적 거리감에 입각하여 타인의 자유를 유지하도록 고려하는 것은 소극적 공손으로, 사회적 거리감이 작은 것을 가치 있는 것으로 판단하는 것은 적극적 공손으로 나타 낼 수 있고, 이는 문화권과 각각의 맥락에 따라 다르게 작용할 수 있음을 지적하였다.

특히 모어 화자로서의 직관을 지니고 있지 않은 제2 언어 학습자에게 이러한 공손성의 척도는 학습을 통해 인지해야 하는 주요한 교육 항목이라고 할 수 있다. Beebe(1996)에서 지적한 것처럼, 제2 언어 학습자들은 목표어 화자와 의사소통을 할 때 이러한 공손성에 대한 지식의 부재로 인해 무례하거나 공격적인 행동을 경험할 수 있으며, 따라서 학습자들은 공손한 표현과 공손하지 않은 표현, 공손하게 받아들여질 표현과 공손하게 받아들여지지 않을 표현들에 대하여 고루 학습하여야 할 필요성이 있다.

Leech(1983)은 비용~이익 척도(cost-benefit scale)를 제시하여 화자가 청자에게 무례함을 범하면 큰 비용(부담)이 따르고, 화자가 예의를 지킬 때는 청자에게 큰 혜택이 돌아간다고 주장하였으며, 예의를 갖춘다는 것은 청자의 노력 비용을 최소화 시키는 것이고, 예의가 없다는 것은 그 반대로 청자의 노력 비용을 증가시키는 것이라고 보았다. 이에 Hijirida & Shon(1986)에서는 공손성을 측정하는 기준을 구체화하였는데, 이 연구에서는 나이, 지위, 성별 등을 주요한 요인으로 보았다.

그러나 공손성도 각각의 문화마다 서로 상이한 기준을 가지고 있을 수 있다는 주장이 Wierzbicka(1991)의 필두로 제기되었다. 이 연구에서는 각 문화권별로 '가치(value)'에 대한 기준이 상이하기 때문에 이에 대하여 기술하는 데에는 개별 문화권의 가치 판단을 중심으로 기술할 필요성이 있음을 질적으로 분석하였다. 이 논문에 따르면, 이름 대신 직함이나 지위를 호칭어로 삼는 것은 미국 등 서구 문화권에서는 격식성이 강조되고, 친밀함이 저하되는 행위이지만, 한국 등 동양 문화권에서는 호칭을 부르기까지 다양한 사회적 관계에 대해 고려했음을 드러내는 표지로 직함으로서의 호칭이 사용되기 때문에 오히려 친밀함을 강조하는 호칭 표현으로 해석할 수 있다고 하였다. 이와 유사한 맥락에서 Matsumoto(1988)에서도 '체면(face)'이라는 개념이 언어보편적이지 않다고 기술한 바 있다.

　공손성 이론에 대한 국내의 연구는 사회언어학적 관점에서 활발히 이루어졌다. 대표적인 논의로는 강길호(1992, 1994, 2004), 고인수(1994), 이원표(1996), 강길호·이지오(1998), 이정희(2004)등이 있다. 그 중, 이원표(1996)에서는 대학생의 칭찬 화행에 나타난 공손법을 분석하였는데, 칭찬 화행의 책략을 15가지로 구분하고, 사회적 관계를 선생, 친구, 후배로 구분하여 각각의 경우에 칭찬 화행 책략이 어떠한 분포로 사용되는가를 조사하였다.

　다음으로 강길호·이지오(1998)에서는 공손표현과 밀접한 관계를 갖는 친밀도를 두 사람이 자주 만나는 정도에 대한 친숙성(familiarity)과 감정적으로 몰입해 있는 정도를 나타내는 정리(relational affect)로 해석하였다. 이 연구에서는 '앞으로 인간관계에 미칠 영향'을 공손 표현의 중요한 요인으로 보고 이에 대한 지각 여부가 친밀도와 함께 상호작용하여 공손표현이 선택됨을 설문 조사를 통해 입증하고자 하였다. 아래 〈그림 13〉은 강길호·이지호(1998:29)에서 제시하고 있는 '지각된 변인으로서의 친밀성과 앞으로 인간관계의 중요성이 공손한 표현의 사용에 미친 효과'에 관한 것이다.

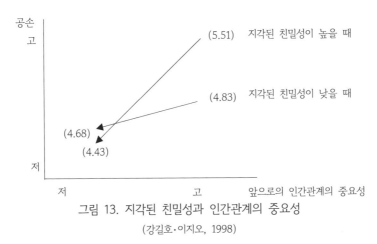

그림 13. 지각된 친밀성과 인간관계의 중요성

(강길호·이지오, 1998)

한편, 문법 연구에서는 상대높임법이나 경어법 연구에서 공손성에 대한 논의가 활발히 이루어졌는데, 이정복(1997, 2005, 2006), 홍민표(2002), 허상희(2010), 박지순(2015) 등이 있다. 그 중 홍민표(2002)에서는 '현대인의 경어의식이 상하경어의식에서 좌우경어의식으로 변화해 가고 있음'을 주장하였고, 이정복(2006)에서는 경어법에 대한 문법적 연구의 한계와 사회언어학적 관점의 도입이 필요한 까닭을 실제적 사례 분석 연구에 의해 기술하였으며, 허상희(2010)에서는 공손의 개념과 체계를 세우고, 그에 관여하는 요인으로 언어적 요인과 사회적 요인을 구분하였는데, 사회적 요인에는 화·청자 사이의 힘과 거리가 있고, 언어적 요인은 화자의 발화 의도로 실현된다고 보았다. 허상희(2010:61)의 요인에 따른 공손체계는 아래 〈표 14〉와 같다.

표 14. 요인에 따른 공손 체계 (허상희, 2010)

요인		공손체계
힘	±힘	위계공손체계
거리	+거리	상호공손체계
	-거리	유대공손체계
상황	공적	상호공손체계
	사적	유대공손체계

또 대화전략적 관점에서 공손성을 분석한 연구로는 전정미(2007)이 대표적인데, 이 연구에서는 요청화행을 수행할 때에 인간관계를 유지하고자 하는 목적을 수행하기 위해 사용되는 화용 전략을 공손 전략이라고 기술하였다.

마지막으로 화행의 실현에서 나타나는 공손성의 정도성을 측정하고자 한 연구에는 신정애(2008), 이은정(2015), 김강희(2017ㄱ) 등이 있다. 신정애(2008: 168)에서는 Hill et al(1986)의 인지된 거리감(perceived distance)이라는 개념을 적용하여 허락 요청 화행을 중심으로 청자 변인에 따른 표현 문형의 공손성을 측정하였다. 아래 〈표 15〉는 신정애(2008)에서 인용하고 있는 인지된 거리감의 지표이다.

표 15. 인지된 거리감 (신정애, 2008)

1	2	3	4	5
	가장 편함 (inhibition)		가장 조심스러움 (carefulness)	

이 연구에 따르면 허락 요청을 수행하는 표현 문형은 청자 변인에 따라
공손성의 순위를 위계화하여 나타낼 수 있다고 하였으며, 허락 요청 표현이
나타나는 맥락을 정리하여 아래 〈그림 14〉와 같이 제시하였다. 이러한 시
도는 표현 문형이 지니는 공손성이 맥락 요인에 따라 결정되는 점을 고려한

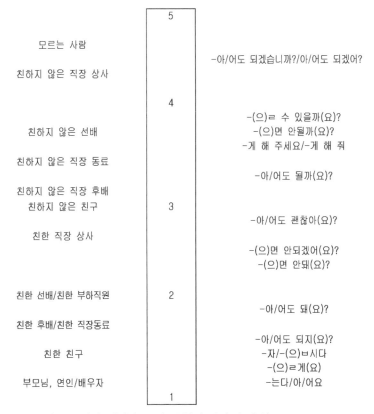

그림 14. 청자 변인과 표현 문형의 공손성 순위 (신정애, 2008)

것이라고 해석할 수 있으며, 문형의 사용 의미가 형태에 따라 고정된 것이 아니라 의사소통이 이루어지는 담화 차원에서 맥락에 의존적으로 변화할 수 있음을 보이고 있다는 점에서는 유의미하다고 할 수 있다. 그러나 각각의 표현 문형이 지니는 다의적 의미가 고려되지 못하였다는 한계가 있으며, 맥락 요인 역시 유대 관계 등에 따라 무수한 변수를 지니기 때문에 일반화의 오류를 야기할 수 있다는 한계가 있다고 판단된다.

이에 이은정(2015)에서는 Brown & Levinson(1987:76)을 적용하여 아래 〈표 16〉과 같이 공손성을 측정하고자 한 바 있다. 〈표 16〉의 '가'는 Brown & Levinson(1987:76)의 공식으로 요청 상황에서 부담의 크기와 체면 위협은 반비례함을 나타낸 것이고, 이를 참조하여 이은정(2015:60)에서 나타낸 상황 공손도는 '나'와 같이 정량적으로 표현할 수 있다고 하였다.[40] 이렇게 공손도를 수치화하는 것은 공손성을 구성하는 요인들을 객관적으로 반영하고자 하는 시도로 볼 수 있으나, 이 역시 일반화하기 어려운 측면이 있다는 점, 각 요인의 비중이 맥락에 따라 다르게 작용할 수 있다는 점의 한계가 있다.

표 16. 공손성 측정법 (이은정, 2015)

가. Wx= D(S, H), + P(S, H) + Rx ※W(weight), D(distance), P(power), R(rate of imposition)											
나. 상황 공손도에 대한 정량적 가정 ※자질이 -인 상황은 0점을, P=, D+, R+는 1점을, P+는 2점을 부여											
상황 1	상황 2	상황 3	상황 4	상황 5	상황 6	상황 7	상황 8	상황 9	상황 10	상황 11	상황 12
P-	P-	P-	P-	P=	P=	P=	P=	P+	P+	P+	P+
D-	D-	D+	D+	D-	D-	D+	D+	D-	D-	D+	D+
R-	R+	R-	R+	R-	R+	R-	R+	R-	R+	R-	R+
0	1	1	2	1	2	2	3	2	3	3	4

한편, Ide(1989)에서는 Brown & Levinson(1987)의 공손성 측정법이 보편

---

40) 필자 수정.

적이지 않음을 지적한 바 있는데, 김강희(2017ㄱ)에서는 종결어미 '-니'가 지니는 체면위협의 정도를 분석하는 데에는 Ide(1989)의 원리(discernment politeness)가 적용될 수 있다고 보고, 이를 근거로 하여 청자의 입장에서 체면위협의 정도에 대해 응답한 담화 인식 조사를 통해 종결어미 '-니'의 공손성을 분석하였다. 이 연구는 청자의 입장에서 체면 위협의 정도를 응답하게 하였다는 점에서 담화 참여자 중 화자에 집중해 오던 기존의 연구 동향과 차이를 지니고 있다고 할 수 있지만, 설문의 규모가 작아 이를 일반화할 수 있는지에 대한 문제가 제기된다고 하겠다.

공손성은 이렇게 비단 '예의'의 차원을 넘어 '인간관계를 증진시키기 위한 행위(Lakoff & Ide 2005:23)', '타인과 조화롭게 살기 위한 생존의 수단(조용길 2007:122)', '자신과 타인의 관심사의 효과적 조율을 위한 대화 능력(조용길 2007:123)' 등으로 확대되어 오고 있다. 즉, 상대방의 체면을 고려하는 행위뿐만 아니라 의사소통의 효율적인 성취를 위해 발화자가 담화 참여자 사이에서 고려하는 요소들이 넓은 의미에서는 공손성에 대한 고려로 해석될 수 있다는 것이다. 이에 전정미(2015:283)에서는 아래 (31)에서와 같이 주장하며, 공손 전략을 '불필요한 갈등을 지양하고, 의사소통 목적을 효과적으로 관철하기 위한 전략'으로 확대하여 기술할 필요성에 대하여 제기하였다.

> (31) "공손 전략이 단지 서로의 갈등을 해소하기 위해서라거나 상대방의
>   체면을 보호하기 위한 수단이라는 측면에 머무는 것만으로 봐서는
>   안 된다."   (전정미 2015:283)

본 연구에서는 이러한 광의의 공손성 개념을 적용하여, 발화자가 지시화행 발화를 산출함에 있어 갈등을 피하고 자신의 목적을 관철시키기 위해 고려하는 요소 및 전략들을 공손 기능의 일환으로 보고자 한다. 구체적으로는 이러한 공손성의 고려 속에서 지시화행 발화에 다양한 헤지(hedge)가 사용된다고 판단하였으며, 이를 헤지 이론에 입각하여 기술하고자 하였다.

2) 헤지 문형

'헤지(Hedge)'는 화자가 자신을 보호하기 위하여 사용하는 언어적 산출물을 의미하는 것으로 대개 '울타리 표현(이찬규·노석영 2012)', '완화 표지(신영주 2011)', '완곡 표현(고재필 2017)', '완충 장치(김정일 2010)', '완화 장치(이남경 2008)', '헤지 표현(신명선 2006)', '울타리어(정소우·김은주 2013)', '헤지(이윤진 2014)', '헷지(이은미 2014)' 등으로 기술된다. 이때의 헤지는 어휘적(lexical) 요소와 문법적 (syntactic) 요소를 모두 포함하는 개념으로 사용되지만, 특히 문법적 기능으로서의 헤지에 대한 논의는 주로 학술 텍스트를 중심으로 이루어져 왔다.

Myer(1985)에서는 학술 텍스트에서의 헤지가 '넓은 의미의 공손성 체계'에 해당한다고 주장하였으며, Hyland(1996)에서도 학술 공동체에서 사용되는 담화 기능으로서의 헤지에 관하여 기술하고 그 유형을 아래 〈표 17〉과 같이 제시하였다. 이에 따르면 헤지는 비사실적 진술, 즉 화자의 태도나 견해가 반영되는 진술에 나타나며, 명제 지향적 헤지, 필자 지향적 헤지, 독자 지향적 헤지로 구분될 수 있다고 하였다.

표 17. Hyland(1996)의 헤지 유형

비사실적 진술		
명제 지향적 헤지	필자 지향적 헤지	독자 지향적 헤지
정확성 지향적 헤지	-	-
상세화 헤지　　　　진실성 보호 헤지		

이와 관련하여 한국어 논의에서는 신영주(2011), 심호연(2013), 김유진(2017), 김강희(2017ㄴ,ㄷ) 등에서 헤지의 유형을 기술하였는데, 김강희(2017ㄷ:7-8)에서는 Hyland(1996)의 헤지 유형이 문어 담화에 특정하여 기술되고 있어 구어 담화에 충분하지 않다는 점을 근거로 하여 〈표 18〉과 같은 체계로 구어 담화에서의 헤지 유형을 제시하였다.

표 18. 김강희(2017ㄷ)의 헤지 유형

명제 지향적 헤지		화자 지향적 헤지		청자 지향적 헤지	
상세화 헤지	진실성 보호 헤지	화자 책임 강화 헤지	화자 부담 경감 헤지	청자 참여 유도 헤지	청자 체면 보호 헤지

이에 따르면, 명제 지향적 헤지는 명제의 내용을 더욱 상세하게 보여줌으로써 명제를 보호하고자 하는 상세화 헤지와, 명제의 진실성을 강조하여 참/거짓을 강화하는 진실성 보호 헤지가 있고, 화자 지향적 헤지는 화자의 헌신과 책임을 강화하여 화자의 권위를 보호해주는 화자 책임 강화 헤지와 화자가 틀릴 수 있음을 대비하여 부담을 완화시켜주기 위한 화자 부담 경감 헤지가 있으며, 마지막으로 청자 지향적 헤지에는 청자의 참여를 유도하는 청자 참여 유도 헤지와 청자의 체면 손상을 보호하기 위한 청자 체면 보호 헤지가 있다. 본 연구는 이러한 헤지 기능이 대화 상황에서 갈등이나 위협으로부터 보호하고자 하는 지향점에 따라 완화와 강조의 전략을 모두 포함하고 있다는 점에서, 지시화행의 사용 양상을 분석하는 데에도 용이하게 적용될 수 있으리라고 판단하였다.

Ⅲ. 연구의 설계

1. 연구의 대상

1) 지시화행의 정의

앞서 살펴본 바와 같이 대체로 기능주의적 관점의 연구들이 지니는 한계는 유사 기능들에 대한 정의 및 분류 기준이 모호하거나 자의적이라는 점이다. 따라서 보다 선명한 논의를 위해서는 연구에 들어가기에 앞서 본 연구에서 다루고자 하는 연구의 대상, 즉 '지시화행'을 정의하는 일이 선행될 필요가 있을 것이다.

지시화행의 조건에 대한 연구로는 Searle(1969)의 적절성 조건이 대표적이다. 이 연구에 따르면 모든 요청(Requesting)은 아래 (32)와 같은 조건을 충족시켜야 한다. 즉, 이에 따르면 명제의 내용은 '청자의 미래 행동 A'이되어야 하며, 예비 조건으로는 '화자는 청자가 행동 A를 할 수 있다고 믿을 것'과 '요청이 없으면 청자가 행동 A를 하리라는 것이 분명하지 않다는 것'이 충족되어야 하고, 성실 조건으로는 '화자는 청자가 행동 A를 하기를 원한다는 것', 본질 조건으로는 '청자로 하여금 행동 A를 행하게 하려는 시도로 간주된다는 것'을 갖는다고 기술하였다.

> (32) 요청의 조건
> ㄱ. 명제 내용: 청자의 미래 행동 A
> ㄴ. 예비 조건: ⅰ) 화자는 청자가 행동 A를 할 수 있다고 믿는다.
>   ⅱ) 요청이 없으면 청자가 행동 A를 하리라는 것이 분명하지 않다.
> ㄷ. 성실 조건: 화자는 청자가 행동 A를 하기를 원한다.
> ㄹ. 본질 조건: 청자로 하여금 행동 A를 행하게 하려는 시도로 간주
>   된다.   (Searle 1969:66/ 1975:71)

나아가 Searle(1980:92)에서는 아래 (33)과 같이 지시화행의 조건을 제시하였는데, 그에 따르면 지시화행은 첫째, 미래의 행위 A에 대한 화자의 언급이 있어야 하며, 둘째, 화자는 행위 A를 청자가 수행할 능력이 있다고 믿고 있어야 하고, 셋째, 실제로 청자가 행위 A를 수행하는 방향으로 대화가 협력적으로 이루어져야 한다는 조건에 의해 성립된다고 하였다.

> (33) 화자1이 지시화행 부류의 어떤 화행을 이행하면 그의 발화의 발화수
> 반행위 목적은 청자를 어떤 특정한 행위 X를 실행하도록 움직이는
> 데 있음. 지사화행에 의해 표현되는 심리적 상태는 화자2가 X를 수
> 행해야 하는 화자1의 바람이 다 사실은 말에 일치하게끔 변화된다.
>
> (Searle 1980:92)

또 이러한 Searle(1969/1972/1980)의 논의에서 나아가 Tsui(1994)에서도 아래 〈표 19〉와 같이 지시적 화행을 크게 요청과 지시로 구분하였는데, 그에 따르면 요청 화행은 부탁, 초대, 제공, 제의로 구성되며, 지시 화행은 명령과 권고(제안)로 구분할 수 있다. 그러나 이러한 분류 역시 유사한 세부 기능들을 변별하는 기준을 마련하지 않아, 실제 쓰임에서 이들이 작용하는 사용역을 정확히 파악하기 어렵다는 한계가 있다고 보인다.

표 19. Tsui(1994)의 지시화행 분류 (강현화 2007:10 재인용)

지시적 화행	요청	부탁, 초대, 제공, 제의	① 화자는 특정 행동이 수행되기를 진정으로 원하며 그 행동은 수행될 필요가 있다고 믿는다. ② 청자는 행동을 수행하거나 행동이 수행되도록 할 수 있으며 그 행동에 이의를 갖지 않을 것이라고 예측된다. ③ 청자가 요구된 행동을 수행할지는 분명하지 않다.
	지시	명령	화자에게 지시할 권한 또는 의무가 있는 것으로 청자가 수락이나 거절을 선택할 가능성이 희박하다.
		권고 (제안)	청자가 화자의 지시를 따라야 하는 의무가 없으며 부분적으로는 청자에게 이익이 된다고 생각하여 화자가 권고한 것으로 수락 여부는 전적으로 청자에게 달려 있다.

그 밖에 명령법(imperative)의 측면에서 의미적인 조건들을 설정하고자 한 연구들이 있다. 먼저, Pérez Hernández & José Ruiz de Mendoza(2002)에 서는 지시화행의 이상화된 의미 도식(ICM, Idealized cognitive model)을 제시하였는데, 아래 〈그림 15〉와 같이 명령과 요청, 간청(begging)을 구분하였다.

(27) 'The rest of you exit, *now*,' he ordered abruptly. 'Yes, sir' they replied all in one voice. (BNC)

Fig.1. Image-schematic representation of the an order, where S = Speaker, A = Addressee.

(29) 'Can you help your brother with his homework today?' 'No, I'm sorry, dad. I can't. I've got to go to the gym.' (BNC)

Fig. 2. Image-schematic representation of an unsuccessful instance of request, where 1 = Obstacle: Addressee's lack of ability to perform the requested action.

(33) 'I need you, I need somebody.' He clutched at her arms and she held him tightly like one holding a child. *'Don't leave me, Eva. Never leave me!! Promise me you won't. Promise me!'* he begged. 'I promise,' she whispered. 'If you leave me it's all over.' (BNC)

This example suggests that, on some occasions, the conceptualisation of the act of begging is linked to the force image-schema of ITERATION, which may be represented as follows:

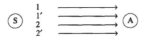

Fig. 5. Image-schematic representation of the act of begging.

그림 15. 지시와 요청의 의미 도식(Peréz Hernández 외 2002)

이에 따르면, 요청(request)과 명령(order)은 모두 화자에게 이익(benefit)이 있으며 청자에게는 비용(cost)이 발생하는 화행이다. 단, 요청은 높은 선택권(high optionality)을 가지며, 화자와 청자의 권력 관계가 중요하지 않다는 특징을 갖는 반면, 명령(order)은 낮은 선택권(low optionality)을 갖을뿐더러 화자가 청자보다 권력(powerful)을 가진 관계에 있다는 점에서 차이가 있다고 하였다. 따라서 〈그림 15〉에서 나타나듯, 명령은 행위 수행의 장애가 적은 반면, 요청은 거부될 수 있는 장애물을 갖기도 하고, 간청은 매우 많은 장애물에 봉착할 수 있다는 점에서 변별된다고 하였다.

같은 맥락에서 Pérez Hernández(2013:136)에서는 명령과 요청의 환유적 기제를 아래 〈그림 16〉과 같이 구체화하여 제시하였다. 이에 따르면 명령의 핵심 기제는 '지위(power)'로 요청의 핵심 기제는 '행위자의 수행 능력(capability)'인 것으로 파악할 수 있다.

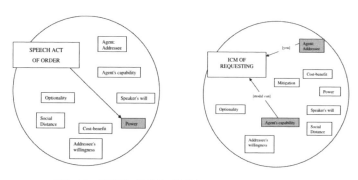

그림 16. 명령과 요청의 환유(Pérez Hernández 2013)

한편, 한국어에서도 지시화행을 정의하고자 하는 무수한 시도들이 이루어졌는데, 초기에는 주로 서법이나 문장종결법의 차원에서 명령법을 다룬 연구들이 주를 이루었다. 명령을 서법의 차원에서 접근한 연구로는 채영희(1983)이 대표적이다. 이 연구에서는 명령법의 핵심 의미를 '요구'로 정의하였으며, 아래 (34ㄱ-ㅅ)이 모두 '요구'의 뜻을 갖는 명령문이라고 보았고, 지시의 강도에 따라 (34ㄱ)은 기원, (34ㄴ)은 '청원', (34ㄷ)은 의뢰, (34ㄹ)은 제안, (34ㅁ)은 부탁, (34ㅂ)은 명령으로 구분할 수 있다고 기술하였다. 이에

따르면 지시화행은 일종의 층위를 가지고 있으며 요구의 하위 범주로 나타
날뿐더러, 명령표현은 이러한 요구의 하위 기능들을 '지시의 강도'에 따라
나타낼 수 있다고 해석할 수 있다.

(34) ㄱ. ⓐ 하느님 이들에게 은총을 내리소서.
　　　ⓑ 새해에는 만복이 깃들기를 기원하옵나이다.
　　ㄴ. ⓐ 독립 기념관 성금을 내주십시오.
　　　ⓑ 무허가 건물의 철거를 잠시 연기 해 주십시오.
　　ㄷ. ⓐ 독립기념관 성금을 내십시오.
　　　ⓑ 언어학 책 좀 빌려주십시오.
　　ㄹ. ⓐ 독립기념관 성금을 내자꾸나.
　　　ⓑ 이 방은 꽃을 좀 꽂는 게 좋을 것 같소.
　　ㅁ. ⓐ 독립기념관 성금을 내 주게나.
　　　ⓑ 자네, 원고 정서 좀 해 주게.
　　ㅂ. ⓐ 독립기념관 성금을 내시오.
　　　ⓑ 꽁초를 버리지 마시오.
　　ㅅ. ⓐ 독립기념관 성금을 내라.
　　　ⓑ 논문을 기일 내에 써 오너라.　　　　　　(채영희 1983:4-5)

또한 채영희(1983:7)에서는 아래 〈그림 17〉과 같이 명령, 요구, 부탁, 제
안, 의뢰, 청원, 기원을 분류하였는데, [신분의 높낮이]와 [명령의 힘]을 기준
으로 지시화행을 분류하였음을 확인할 수 있다.

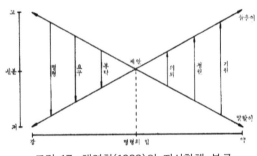

그림 17. 채영희(1983)의 지시화행 분류

다음으로 명령을 문장종결법의 관점에서 접근한 고성환(2003)에서도 Searle(1969)의 기준을 보완하여 조건을 제시하였는데, (35)에서와 같이 (35ㄱ) 예비 조건에 '화자의 권위'를 명시하였다는 점이 특징적이다. 이는 Searle (1969)에서도 지시화행의 하위 화행인 명령화행(command)을 기술할 때 언급된 바 있는 내용으로, 고성환(2003)의 명령문에 따른 화행은 Searle(1969)의 명령(command)에 한정한 것이라고 볼 수 있다.

(35) 명령문의 화용적 조건
  ㄱ. 예비 조건: 청자가 행위를 수행할 수 있음을 화자가 믿는다.
      또한 화자는 청자보다 권위가 있어야 한다.
  ㄴ. 진지성 조건: 청자의 장차 행위를 화자가 원한다.
  ㄷ. 명제내용적 조건: 청자의 장차 행위를 화자가 예견한다.
  ㄹ. 기본 조건: 청자가 행위를 하게끔 화자가 시도한다.

이러한 조건에 따르면 아래 (36)은 명령문에 포함되지 않는다. (36ㄱ)은 예비 조건과 진지성 조건을 충족하지 못하는 것으로, (36ㄴ) 역시 발화의 목적이 영어 광고에 있기 때문에 발화 내용에 대한 진지성이 충족되지 않는 것으로 보았고, (36ㄷ)도 진지성 조건에 위배된다고 보아 명령문에서 제외하였다.

(36) ㄱ. 철수야, 그럼 저 달을 따 와 봐. (2003:16)
  ㄴ. 모든 시험 ALL KILL하라!
  ㄷ. 더 이상은 말릴 수가 없구나. 네가 정 그렇게 원한다면
      그 사람과 결혼해라. (고성환 2003:16)

이와 달리, 한국어의 명령에 대해 화행의 관점에서 접근한 연구로는 정민주(2003)과 장경희(2005), 강현화(2007) 등이 있다. 명령을 화행의 관점에서 접근한 경우에는 대개 지시화행의 원형성이 나타나는 모든 형태를 연구의 대상으로 보기 때문에, 특별히 형태를 한정하지 않고 화행의 속성을 다루는

데에 집중하였다. 정민주(2003)에서는 명령을 요청 화행의 하위 기능으로 보아 명령의 전략을 직접적인 전략부터 간접적인 전략까지 정도성에 따라 배열하였으며, 장경희(2005)에서는 [지시강도]와 [화자의 지시 욕구 표명의 명료성]을 지시화행의 주요 조건으로 기술한 바 있다. 그러나 이러한 지시화행 연구들의 경향성과 달리, 강현화(2007)에서는 지시화행의 세부 유형을 구분하고 이에 따라 사용되는 문법 형태를 제시하였는데, 그 기준은 〈표 20〉과 같다.

이 연구에서는 지시화행의 세부 기능들을 변별 기준으로 '±강제성, ±상하관계, ±이익의 방향성, ±화자의 권리'를 제시하였다. 이때에 지시 화행의 하위 기능으로서의 (협의의) 명령화행은 '+상하관계'에서만 발생 가능한 기능으로 정의하였는데, 이는 곧 대화의 협력 원리가 지켜진다는 전제 하에, 화자가 청자보다 어리거나 지위가 낮을 때, 명령화행의 언어 사용은 수행되기 어렵다는 것을 의미한다고 해석할 수 있다. 본 연구에서는 '명령화행'을 정의함에 있어 앞선 논의들을 참조하여 기준을 세우되, 그간 지시화행으로 간주되었던 하위 기능들과 변별되는 준거를 마련하는 일이 이루어져야 한다고 보았다.

표 20. 지시적 화행의 분류 (강현화 2007:11)

+강제성	+상하관계	+화자도움		명령
	± 상하관계	+청자도움		권고
		+화자도움	+화자권리	요구
-강제성	± 상하관계	+화자도움		부탁
		+화/청자 도움		제안
		+청자 도움		제의

지시화행의 정의 및 범주에 대한 연구들은 대체로 이렇게 Austin(1962)와 Searle(1969)에 기대어 이루어져 왔다. 한편, Halliday(1985/2014:65)에서는 앞선 연구들과는 다른 측면에서 지시화행에 대한 분류를 시도하였는데, 이

연구는 힘(force), 권위(authority), 부담(loading)을 기준으로 힘, 권위, 부담의 중립은 시키다(tell), 힘 강화는 명령하다(order), 힘 약화는 요청하다(ask), 권위의 개인적 측면의 지위와 힘의 중립은 권고하다(urge), 개인적인 지위와 힘의 약화는 애원하다(implore), 권위의 제도적 지위와 힘 중립은 지시하다(instruct), 권위의 제도적 지위와 힘의 강화는 지령하다(command)와 금지하다(forbid)인 것으로 구분하였다. 이에 대한 내용은 아래 〈표 21〉과 같다.

표 21. 동사의 진행사태를 통한 분류(Halliday 1985)

힘	권위	부담	진행사태(Process)
중립 (1)	중립 (1)	중립 (1)	시킴 (tell)
강화 (2)	중립 (1)	중립 (1)	명령 (order)
약화 (3)	중립 (1)	중립 (1)	요청 (ask)
중립 (1)	개인적 (2)	중립 (1)	권고 (urge)
중립 (1)	제도적 (3)	중립 (1)	지시 (instruct)
강화 (2)	제도적 (3)	긍정적 (2)	지령 (command)
강화 (2)	개인적(2)/ 제도적(3)	부정적 (3)	금지 (forbid)
약화 (2)	개인적 (2)	중립 (1)	애원 (implore, beg)
강화 (2)	제도적 (3)	긍정적 (3)	요구 (require)

이 연구는 동사를 통해 실현되는 기능을 진행사태 혹은 과정(Process)으로 보고 이를 몇 가지 지시화행에 관한 수행 동사를 통해 유형화하려고 하였다는 점에서 앞선 연구들과 차이점을 지닌다. 구체적인 분류의 체계는 아래 〈그림 18〉과 같이 제시하였다.

Halliday(1985)의 지시화행에 대한 분류는 힘 외에 '권위'와 '부담'을 주요 분류 기준으로 삼고 있는데, 이때 '부담'은 청자에게서 발생하는 인지적 요소로, 앞선 화행 연구들이 주로 '화자'의 관점에서 지시화행을 정의하고자 하였다는 것과 구분되는 지점이라고 할 수 있다. 그러나 이는 인지적인 요소이기 때문에 발화된 언어의 결과물만으로는 분석하기 어려운 측면이 있으며, 따라서 대화의 무브 단위에서 상황 맥락을 토대로 청자의 부담감을 추정할 필요가 있다고 본다.

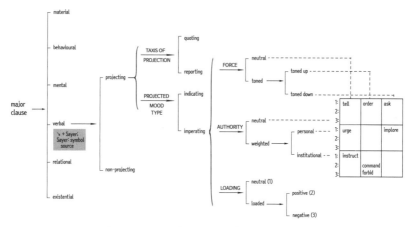

그림 18. Halliday(1985/2014)의 지시화행 체계

본 연구에서는 앞선 연구들이 제시하고 있는 의미적 기준을 참고하되, 말뭉치에 대한 귀납적 분석을 토대로 예문을 추출하여, 예문들이 사용되고 있는 담화적 환경에 따라 아래 〈표 22〉와 같이 지시화행의 하위 화행을 구분하였다. 구체적으로는, '강제성'을 기준으로 강제적 지시화행과 비강제적 지시화행으로 분류하였으며, 지시화행을 수행하는 다른 화행과 의미적인 속성은 차이가 있으나, 담화적으로 사용되는 양상은 유사한 허락화행을

표 22. 지시화행의 분류

지시화행								
강제적 지시화행				비강제적지시화행				준지시화행
명령	권고	요구	금지	요청	제안	제의	충고	허락
order command instruct ...	urge ...	demand ...	forbid ban ...	request ask ...	suggest offer ...	recommend ...	advise ...	permit ...

준(準) 지시화행에 분류하였다.

먼저 명령화행은 [+제도성], [+공적], [+업무성], [+지위], [+강제성]의 성격을 갖는 화행으로 아래 (37ㄱ)과 같이 교감과 평교사 등 화자와 청자의 지위가 차이가 있을 때 그 지위에 의해 지시화행을 강제적으로 수행하게끔 하는 화행이다.

다음으로 권고화행은 [+강제성]을 지니지만 화자와 청자 사이에 지위가 존재하지 않는 경우에도 나타날 수 있는 화행으로, 아래 (37ㄴ)과 같은 경우를 살펴볼 수 있다.

요구화행은 [+강제성]과 [+화자 권리]의 성질을 지니는 화행으로, 지시하는 내용에 대하여 화자가 발언하는 것이 당연한 권리라는 전제를 지닌다. (37ㄷ)와 같이 학부모가 학교 측에 발화하는 지시화행은 교육 서비스의 이용자로서 응당 원할 수 있는 '요구'에 해당한다고 하겠다.

다음으로 금지화행은 대개 지시화행의 모든 유형에 대한 '부정'의 형태를 취하는데, 금지라는 행위는 선험적으로 화자의 확고한 의지를 반영하기 때문에 강제적 지시화행의 체계 안에서 논의될 수 있다고 보았다.

(37) ㄱ. (명령) (교감이 평교사에게) (교무실에서)
　　　　 김준석 선생님, 저 3반 출석부 좀 줘 보세요.
　　 ㄴ. (권고) (학생끼리) (교실에서)
　　　　 야, 반장. 그렇게 걱정되면 니가 좀 챙겨. 불쌍하지도 않냐?
　　 ㄷ. (요구) (학부모가 교장에게) (교장실에서)
　　　　 자퇴든 강제전학이든 상관없습니다. 이 학교에서만
　　　　 내보내 주세요.
　　 ㄹ. (금지) (지도교수가 레지던트에게) (수술실에서)
　　　　 안에다 바늘 같은 거 남겨두지 말고.
　　 ㅁ. (요청) (피조사자가 조사자에게)
　　　　 한 피디, 내게 여섯 달, 아니 세 달만 시간을 줄 수 없겠습니까?

ㅂ. (제안) (친구에게)

　　잠깐 조용한 데 가서 얘기 좀 할까?

ㅅ. (제의) (애인에게)

　　오빠 이제 그만 가. 내일 출근해야지.

ㅇ. (충고) (선배가 후배에게)

　　잘 생각해라 동주야. 니 미래가 달렸어.

ㅈ. (허락) (피조사자가 조사자에게)

　　필요하시면 아내가 가져온 샘플도 공개하셔도 돼요.

한편, '요청, 제안, 제의, 충고는'는 [-강제성]을 공통분모로 지니되 [청자 행위]를 요구하는 지시화행이다. 먼저, 요청화행은 강제성이 없되 행위의 결과가 화자에게 주도적인 영향을 미치는 경우에 사용되는 화행으로 (37 ㅁ)과 같은 예시를 살펴볼 수 있으며, 이때 행위 수행의 능력 및 권한은 청자에게 있다는 점이 특징적이다.

제안화행은 행위주에 화자와 청자 모두를 포함하거나 행위의 결과가 화자와 청자 모두에게 영향을 미치는 경우에 사용되는 화행으로 (37ㅂ)과 같은 예시를 살펴볼 수 있다. 제의화행은 (37ㅅ)과 같이 행위의 결과가 청자에게 영향을 미치는 경우에 해당하는 화행이다. 충고화행은 (37ㅇ)과 같이 강제성이 없되, 화자로서는 청자에게 이익이 된다고 믿는 행위를 지시하는 화행을 의미한다.

마지막으로 허락화행은 엄밀히는 위임화행(또는 진술 및 선언화행)에 속하겠으나 허락화행이 결과적으로 청자의 행위를 야기한다는 점에서 준지시화행의 성격을 갖는다고 판단하였다.

이를 바탕으로 본 연구에서 다루고자 하는 강제적 지시화행의 정의는 아래 〈표 23〉과 같다. 먼저 강제적 지시화행의 (ㄱ)명제 내용은 청자로 하여금 행위 A를 실행에 옮길 것으로 하는 내용으로 이루어진다. 강제적 지시화행은 (ㄴ)과 같은 담화적 조건을 갖는데, 담화 상에서 화자의 발화는 청자

의 실제행위를 유발하는 정도가 매우 높으며, 본 연구에서는 실제행위로
이어질 경우 '유', 이어지지 않을 경우 '무', 거절이나 변명, 침묵 등이 나타
날 경우 이를 바탕으로 하여 강제적 지시화행과 비강제적 지시화행의 차이
를 구분하고자 하였다. 이러한 강제적 지시화행의 수행 양상은 (ㄷ)과 같이
이루어지며, 이에 따른 하위 유형은 (ㄹ) 명령화행, 권고화행, 요구화행, 금
지화행이 있다.

표 23. 강제적 지시화행의 정의

ㄱ. 명제 내용: 청자로 하여금 행위 A를 실행에 옮길 것을 내용으로 하는 발화.
ㄴ. 청자의 실제행위 유발의 정도: [유]의 빈도가 높음.
ㄷ. 수행 양상: 화자는 행위 A의 실행에 대한 [강한 바람]을 가지고 있으며, 청자는 행위
　 A의 실현에 대해 [부담감]을 가지고 있고, 이에 따라 청자는 높은 빈도로 실제로 행위
　 A를 수행하거나 거절하기 어렵다는 부담감을 느낌.
ㄹ. 하위 분류: 명령화행, 권고화행, 요구화행, 금지화행

다음은 본고에서 정의하고 있는 비강제적 지시화행의 체계이다. 〈표 24〉
와 같이 비강제적 지시화행은 (ㄱ)명제 내용에 있어서는 강제적 지시화행
과 차이를 보이지 않으나, (ㄴ)청자의 실제행위 유발의 정도에 있어서는 확
연한 차이를 드러낸다. 대개 비강제적 지시화행은 화자가 청자의 행위 수행
에 대한 구속력을 가지지 않기 때문에 청자가 행위 하지 않거나, 거절하는
반응으로 나타나는 경우가 많다. 이에 대한 하위 유형은 요청화행, 제안화
행, 제의화행, 충고화행이 있다.

표 24. 비강제적 지시화행의 정의

ㄱ. 명제 내용: 청자로 하여금 행위 A를 실행에 옮길 것을 내용으로 하는 발화.
ㄴ. 청자의 실제행위 유발의 정도: [무], [거절]의 빈도가 높음.
ㄷ. 수행 양상: 화자는 행위 A의 실행에 대한 [작은 바람]을 가지고 있으며, 청자는 행위
　 A의 실현에 대해 상대적으로 [작은 부담감]을 가지고 있기 때문에, 행위 A에 대한
　 지시를 거절하거나, 행동하지 않는 양상을 더 빈번하게 나타내는 경향이 있음.
ㄹ. 하위 분류: 요청화행, 제안화행, 제의화행, 충고화행

다음은 본고에서 정의하고 있는 준지시화행의 내용이다. 준지시화행은 사실상 하나의 범주로 묶일 만큼 공통적인 성격을 지니는 하위 화행들은 아니다. 그러나 앞선 지시화행과 사뭇 다른 양상으로 지시화행에 준하는 발화수반력을 지닌다는 점에서 본 연구에서는 아래 〈표 25〉와 같이 분류하여 그 내용을 다룰 필요가 있다고 보았다.

표 25. 준지시화행의 정의

ㄱ. 명제 내용: 청자로 하여금 행위 A를 실행에 옮길 것을 내용으로 하는 것에 준하는 발화.
ㄴ. 청자의 실제행위 유발의 정도: [유]에 가까움
ㄷ. 수행 양상: 화자가 행위 A를 실행에 옮길 것에 대한 주도적인 목적을 가지고 발화하지 않았으나, 결과적으로 청자로 하여금 행위 A를 수행하게 하는 양상을 나타냄. 허락화행의 경우 청자의 선요청에 대한 응답발화로만 나타난다는 특징이 있음.
ㄹ. 하위 분류: 허락화행

2) 지시화행 문형과 담화 기능

대개 기능 중심주의에 입각한 연구들에서는 전략 유형을 기준으로 지시화행을 다루고 있는데, 그 전략에 반드시 포함되는 요소는 명령형 종결어미의 사용이다. 이는 대개 범언어권적으로 지시화행에서 사용되는 전략인데, 명령문이 '시킴'의 언표적 의미를 갖는 기본적인 문장 유형에 속하기 때문으로 생각해 볼 수 있다. 이러한 이유 때문에 지시화행 논의에서 명령형 종결어미에 대한 논의는 배제될 수 없다.

다음으로는 의문문을 통한 지시화행의 수행이 있다. 의문문을 통한 지시화행의 수행은 범언어권적으로 빈번하게 나타나는 현상이며, 이를 Brown & Levinson(1978) 등에서는 체면 위협 행위(FTA)와 관련하여 기술한 바 있다. 그러나 이러한 공손 전략으로 사용되는 의문문, 수사의문문과 달리 부정의문문은 오히려 화자의 의지를 강조(toneup)하거나 언향적으로 '책망, 협박, 불평 기능' 등을 수행하기도 하는(Trosborg 1995) 다른 용법으로서의 지시화행 문형이라고 할 수 있다. 따라서 이러한 '안' 부정의문문과 '못' 부정의문문 등에 대한 논의도 이루어질 필요가 있다.

또 청유형의 종결어미도 지시화행을 수행하는 문형이다. 이는 청유문에서 나타나는 행위주의 유형에 따라 청자로 하여금 화자와의 유대를 강화하거나, 공통된 운명(shared fate)을 강조하는 효과를 가져오기도 한다.

다음으로 한국어 인용형이 수행하는 지시화행에 대해서도 분석할 필요가 있다. 한국어에서 인용형 종결어미들은 '불만'에 대한 발화효과적 행위를 수행하기도 하기 때문에 지시화행의 문형 안에서 분석될 필요가 있으며, 그 담화적 기능이 불만, 위협 등으로 작용하는 바에 있어서도 논의할 필요가 있다.

다음으로는 수행 동사를 통한 지시화행의 수행에 대해 생각해 볼 필요가 있다. 지시화행의 성립 자체가 수행 동사에 기대고 있기 때문에, 수행 동사를 통한 지시화행의 사용 역시 여러 선행 연구들에서 제시하고 있는 용법에 해당한다. 대개 Blum-Kulka(1984)를 필두로 한 요청 전략 연구들에서는 '수행 동사를 통한 지시화행의 사용이 직접적인 성격을 지닌다'고 기술해 오고 있는데 한국어에서는 오히려 수행 동사를 통한 지시화행의 사용이 '약화(tonedowner)'의 전략으로 사용되는 양상을 찾아볼 수 있다. 대개 한국어에서는 명령, 지시, 지령 등의 강제적 행위에서는 해당 화행에 대응하는 수행 동사를 사용하지 않으며, 오히려 약화된 의미의 수행 동사를 사용하여 청자의 체면을 보호하고자 하는 양상을 두드러지게 나타내기 때문에 이 역시 본 연구에서 함께 다룰 필요가 있다고 판단된다. 또, 그 밖에 평서형 종결어미와 결합하여 지시화행의 다양한 전략으로 사용되는 우언적 구성 등에 대해서도 말뭉치에 기반하여 살펴보고자 한다.

2. 연구의 방법 및 절차

1) 말뭉치 기반 연구 방법론

① 맥락 분석 말뭉치의 설계

본 연구에서는 맥락 분석적 연구 방법론을 적용하기에 앞서 변인으로 작용할 맥락 요인들이 균형적으로 갖춰져 있는 말뭉치를 구성하는 일이 선행되어야 한다고 보았다. 기존에 맥락 기반 연구에 주로 사용되어온 말뭉치로는 '드라마, 21세기세종계획, 연세구어 말뭉치' 등등이 있는데, 그 중에서도 최근 들어 가장 고빈도로 사용되고 있는 자료가 드라마 대본 말뭉치이다. 드라마 발화 말뭉치는 강현화(2012)에서 지적한 바 있듯, 실제 발화 자료가 아니라 각 작품 당 작가 1인 이상이 인위적으로 산출한 언어 자료라는 점에서 작가의 개별적 언어 습관이나 가치관에 따라 대사가 자연스럽지 못하게 산출되었을 가능성이 있음을 배제할 수 없는 준구어(semi-spoken)에 해당한다. 그럼에도 불구하고 맥락 기반 분석 연구에서 드라마 발화 말뭉치가 분석 자료로 선호되는 까닭은 다양한 장르와 화청자 관계를 포함할 뿐만 아니라, 가장 최근의 언어 사용 양상을 드러내고 있기 때문이다. 따라서 본 연구에서는 드라마 말뭉치를 기반으로 맥락 기반 말뭉치를 설계하되, 드라마 말뭉치가 지니는 한계들을 보완하기 위하여 다음과 같은 몇 가지 사항을 고려할 필요가 있다고 보았다.

첫째, 드라마 대본이 가지고 있는 형식적인 불균형성에 대한 고려가 필요하다. 드라마 대본은 작가 1인 이상이 산출한 조작적 텍스트로, 순구어는 아니지만, 발화를 염두에 두고 있기 때문에 구어성이 매우 높은 자료임에도 불구하고, 산출한 작가의 스타일에 따라 대본의 형식이 일관되지 못하다는 특징이 있다. 가령 드라마의 지시문, 대사, 비언어적 발화, 문장 부호, 촬영 부호 등을 처리하는 방식은 드라마에 따라, 혹은 동일한 드라마 내에서도 담당 작가에 따라 서로 상이하게 기술되고 있는 경향성을 확인할 수 있는데, 이러한 형식적인 불균형성이 일관되게 수정되어야만 신뢰도 있는 말뭉치로서 사용될 가치가 있으리라고 판단된다. 따라서 드라마 말뭉치는 분석 자료로 삼기에 앞서 원시 말뭉치를 균일한 형식으로 수정, 가공할 필요가 요구된다고 하겠다.

둘째, 말뭉치의 기본 단위의 설정에 대한 고민이 필요하다. 드라마 말뭉치는 문어로 산출됨에도 불구하고 발화될 것을 전제로 하기 때문에 상당히 구어성이 높은 자료이다. 따라서 통사론의 '문장'을 기본 단위로 생각할 때, 처리하기 어려운 형태들이 발화 곳곳에서 나타난다. 특히 아래 (38ㄱ)와 같이 상대방의 끼어들기(순서 가로채기)로 인해 종결어미 없이 문장이 불완전한 상태에서 마쳐진 경우, (38ㄴ)와 같이 비언어적 표현으로 발화가 이루어진 경우, (38ㄷ)과 같이 한 명의 화자가 한 번의 발화 차례에 두 사람 이상에게 연달아 발화하는 경우 등은 문장을 어디에서 마침으로 보아야 하는지에 대한 기준이 분명하지 못하기 때문에 '발화문(文)'을 정의하는 것은 또 다른 연구 과제라고 볼 수 있다.

> (38) ㄱ. 남규만: 미꾸라지 한 마리가 흙탕물 일으켜봤자... 손으로 한 번 휘져어 주면 끝나. 박 변이 뭘 하려고 하든... 나하고 아버지한테는
> 박동호: 두고 보시면 되겠네요. 지가 어디까지 흙탕물을 튀길지!
> ㄴ. 양복1: 허튼소리 하면.. 어떻게 되는지 알지?
> 정간: (긴장하는 눈빛으로 서정을 본다)
> ㄷ. 서정: 예! 선생님! (예씨! 하는 느낌으로 전화)
> 서정(다시): 여기 체스트 포터블 찍을 환자 있어요!

이에 본 연구에서는 임의로 '순서교대(turn-taking)'로 끊어지는 단위까지를 '발화'로 보고 이를 단위로 하여 말뭉치를 정비하고자 하였다.

셋째, 비언어적 표현을 어떻게 처리할 것인지에 대한 고민이 필요하다.

드라마에는 주로 괄호로 처리된 비언어적 표현들이 상당수 나타난다. 실제 의사소통 상황에서는 이러한 비언어적 표현들이 행동이나 표정을 통해 나타나지만, 대본상에는 활자로 기술되어 있기 때문에 이를 발화문으로 포함시킬지의 여부가 논의될 필요가 있다. 본 연구에서는 비언어적 표현은 의사소통의 단위로 보아 순서교대(turn-taking) 횟수에는 포함시키되, 발화문(文)으로는 보기 어렵다고 판단하여 어절의 계산에서는 제외하였다.

넷째, 등장인물의 균형성을 고려할 필요가 있다. 사실상 드라마 말뭉치가 맥락 분석 연구에서 활발하게 사용되는 까닭은 다양한 배경의 등장인물을 연구에 포함할 수 있기 때문임에도 불구하고, 실제 드라마 말뭉치를 사용하는 연구들이 이들의 균형성을 엄격하게 고정한 경우는 전무하다. 이 부분은 드라마라는 영상 매체가 주 소비층인 20대-50대를 타겟(target)으로 하고 있기 때문에 10대 미만, 60대 이상의 연령대를 소재로 삼은 작품이 적다는 현실적인 한계로부터 발생하는 측면이라고도 생각할 수 있다. 그럼에도 불구하고 맥락 분석의 변인이 되는 등장인물의 비중을 균일하게 조정하지 않는다면, 분석 결과의 신뢰도가 낮아지기 때문에, 이러한 측면에 대한 고려가 반드시 이루어져야 한다. 무수히 많은 요인들의 비중을 엄격하게 맞추는 것이 현실적으로 불가능하다면, 이를 비율로 환산하여 상대빈도로라도 그 분포를 균등한 차원에서 분석하고 이를 자세히 밝힐 필요가 있다고 본다.

다섯째, 다양한 장르가 섞일 수 있도록 구성할 수 있어야 한다. 앞선 연구들이 분석 자료로 삼고 있는 드라마들은 대개 20, 30대를 중심으로 구성된 연애 소재의 평일 드라마와 30, 40대를 중심으로 구성된 가족 소재의 주말 드라마가 주를 이루었다. 따라서 대부분의 드라마 분석 연구에서 말뭉치의 사용역이 비격식성이 높게 나타났으며, 일상대화를 많이 포함하고 있는 것으로 기술되었는데, 이는 드라마 자료 선정의 편중됨에서 비롯된 오류라고 사료된다. 가장 최근의 논의인 박지순(2015:66-69)에서도 동일한 문제의식에 대하여 언급한 바 있으며, 드라마 영화 30개 중 의료, 법률, 범죄, 예술, 요리 등의 특수 장르를 포함하여 말뭉치를 구성하였다. 그러나 다루고 있는 실제 반영 비율을 보면 5, 6편의 대본을 제외하고는 모두 일상 대화 및 연애 중심 서사로 구성된 작품을 선정하고 있어 드라마 자료가 장르에 따라 충분히 균형적으로 구성되는 일이 쉽지 않음을 가늠할 수 있다.

마지막으로, 드라마 말뭉치는 가급적 10년 이내의 최근 작품으로 구성할 필요가 있다. 다양한 변수를 고정하고 정제하는 작업이 필수적인 드라마 발화 말뭉치가 영구적으로 사용이 가능하다면 연구자의 입장에서는 매우 유용하겠으나, 10년 전에 유행했던 표현이 더 이상 사용되지 않고, 촌스럽게 여겨질 만큼 언어는 빠른 속도로 변화한다. 따라서 드라마 발화 말뭉치의 설계는 최근의 작품으로 구성할 수 있도록 고려할 필요가 있겠다.

② 분석 말뭉치의 구성

본 연구는 다음의 〈표 26〉과 같이 분석 자료를 구성하였다.[41] 말뭉치에는 총 13편의 드라마가 29 회차로 구성되었고, 성별 및 연령에 따른 순서교대의 횟수를 고려하여 선정하였다.

수집한 자료에서 등장인물의 성별과 연령을 균일하게 고정시키기 위하여 본 연구에서는 등장인물의 발화에 나타난 어절 수나 문장의 개수보다도 의사소통에 참여한 등장 횟수, 즉 순서교대(turn-taking)의 횟수가 중요한 기준이 된다고 보아, 순서교대 횟수에 따른 성별별, 연령별 대화 참여 횟수를 고르게 구성하였다. 어절의 수가 아니라 순서교대의 횟수를 기준으로 삼은 까닭은 어절은 발화자의 개인적인 특성에 따라 길고 짧음의 편차가 크게 나타날 수 있을 뿐만 아니라, 길게 발화한 대사와 짧게 발화한 대사의 중요도가 다르다고 판정할 근거가 부족하다고 보았기 때문이다. 따라서 본 연구

---

41) A: 가족의 탄생 2006, B: 그대를 사랑합니다 2009, C: 연애의 온도 2012, D: 아내의 자격 2012, E: 제보자 2014, F: 미생 2015, G: 후아유학교 2015, H: 리멤버 2012, I: 공항가는길 2016, J: 낭만닥터 2016, K: 솔로몬의 위증 2016, L: 황금주머니 2016, M: 김과장 2017

표 26. 준구어 말뭉치의 구성

	어절	순서교대	성별 대화 참여 횟수				연령별 대화 참여 횟수							
			여	남	복수	x	0	10대	20대	30대	40대	50대	60대	70대
A	6,339	1,185	702	453	0	0	19	28	690	176	195	19	0	0
B	4,795	959	366	576	8	5	0	2	6	12	0	0	728	7
C	5,040	967	397	552	0	0	0	0	81	737	83	40	5	3
D	4,353	795	438	340	5	0	0	63	0	291	329	27	68	0
E	3,794	560	79	475	5	1	0	6	0	359	72	110	2	6
F	7,571	1,068	208	1,386	19	1	1	0	858	304	381	43	0	0
G	5,351	841	406	430	2	0	0	481	1	166	77	111	0	0
H	8,286	1,225	436	2,008	0	2	0	4	828	670	638	198	106	0
I	7,379	1,488	902	579	3	0	0	82	36	1,278	28	0	34	1
J	11,696	2,739	796	1,897	38	0	0	6	160	1,315	604	531	24	27
K	6,352	1,070	606	413	0	8	0	618	0	155	109	90	48	0
L	5,794	840	525	313	0	0	0	0	33	471	0	302	13	19
M	3,650	626	187	415	24	0	0	0	155	292	125	9	21	1
총	160,800	14,363	6,048	9,837	104	17	20	2,082	3,847	6,226	2,641	1,480	3,047	118

는 순서교대의 횟수, 즉 대화 참여수를 기준으로 등장인물의 요인을 균형적으로 조율하고자 하였으며, 그 결과 대략 16만 어절 규모의 말뭉치에서 14,363 개의 순서교대가 이루어진 자료를 구축할 수 있었다. 이 자료에 포함된 지위(역할)은 아래 〈표 27〉과 같다.

표 27. 화자와 청자의 역할 구성

	어절	순서교대	직위(역할)
A	6,339	1,185	고등학교 1학년(13), 고등학교 2학년(7), 고등학생(8), 고물상 주인(10), 관광안내(187), 면접관(4), 무직(271), 분식집 주인(174), 빚쟁이(3), 스님(1), 양품점 주인(66), 없음(20), 정보없음(391)
B	4,795	959	간호원(3), 관리인(103), 동사무소직원(74), 문상객(13), 사진사(4), 없음(278), 우유 유통업체 배달원(354), 의사(4), 정보없음(61), 주인(32), 직원(24), 집단측정불가(5)
C	5,040	967	간부(5), 강사(2), 경찰(1), 계장(73), 과장(26), 대리(654), 대학생(43), 사원(14), 약사(2), 인턴(10), 임원(1), 점원(2), 점장(2), 정보없음(23), 종업원(2), 주인(1), 직원(13), 차장(73), 퀵 기사(2)

D	4,353	795	가사도우미(333), 강사(7), 경관(32), 기자(25), 변호사(135), 소장(36), 원장(19), 주인(3), 직원(55), 치과의사(89), 튜터맘(8), 학생(33)
E	3,794	560	PD(220), 교수(4), 국장(11), 국정원장(4), 기자(48), 목사(11), 박사(77), 비서(11), 사장(6), 사회자(1), 수의사(3), 스님(4), 앵커(1), 연구원(10), 운전기사(3), 원장(2), 의사(4), 장관(4), 정보없음(51), 조연출(31), 주인(2), 집단추정불가(3), 팀장(38), 판사(2), 피해자 유족(6), 학생(3)
F	7,571	1,068	공장부장(3), 공장장(9), 과장(349), 대리(219), 바둑사범(4), 부장(18), 비서(5), 사원(26), 사장(10), 신입사원(851), 인턴(3), 일용직(25), 전무이사(2), 점원(3), 정보없음(6), 직원(65), 직원들(6), 차 주인(1)
G	5,351	841	빈칸(62), 검사(8), 경찰관(12), 교감(22), 기자(3), 단속반(1), 배관공(20), 선생님(149), 안내음(1), 엄마(5), 이사장(45), 중계인(1), 코치(9), 학교폭력위원회(2), 학부모(8), 학생(483), 학생주임(7)
H	8,286	1,225	빈칸(156), 검사(576), 관리인(6), 매니저(6), 법의학자(2), 변호사(916), 부사장(2), 브로커(8), 비서실장(112), 사무장(20), 사장(124), 사형수(2), 수사관(6), 실장(4), 의뢰인(2), 의사(12), 전화부재음(2), 중학생(4), 판사(20), 피고인(2), 형사(76), 회장(106), 후계자(282)
I	7,379	1,488	건축가(39), 관장(3), 기장(176), 매듭장(1), 부기장(86), 부사무장 승무원(370), 비서(3), 사무장 승무원(173), 소목장인(24), 승무원(20), 시간강사(243), 시어머니(31), 운전사(2), 인턴(5), 정보없음(87), 주부(1), 주인(27), 집단측정불가(1), 체육강사(35), 카페주인(10), 학예사(132), 홈스테이 룸메이트(15)
J	11,696	2,739	119구조대(4), 119구조대원(3), 간호부장(157), 간호사(123), 간호원(2), 감사부(24), 경찰(7), 경호·잡무(8), 교통경찰(3), 교통사고가해자(6), 교통사고피해자(13), 구급대(1), 기자(4), 대부(27), 레지던트(1), 마취과 의사(77), 배달원(1), 범죄자(81), 병원직원(7), 보호사(3), 보호자(13), 소리샘(1), 없음(12), 외과과장(142), 원장(89), 응급의학과 인턴(2), 응급의학과 전문의(80), 의대 학생(3), 의사(1,494), 인턴·환자(36), 장비직원(1), 정보없음(16), 지배인(14), 직원(10), 집단측정불가(41), 책임간호사(17), 택시기사(3), 행정실장(136), 형사(4), 환자(10), 환자가족(32), 환자보호자(18), 환자아내(5)
K	6,352	1,070	경비원(8), 교감(16), 교장(37), 기자(55), 담임선생님(14), 법무팀장(58), 사장(14), 선생님(10), 에스피온(2), 이사장(3), 정보없음(63), 직원(2), 학부형(37), 학생(618), 학생주임(12), 형사(78)
L	5,794	840	정보없음(159), 간호사(1), 객원연구원(13), 계약직 PD(152), 비서(1), 사장(167), 손님(12), 수습PD(28), 아나운서지망생(36), 안

			주인(20), 외과의사(59), 원장(1), 의사(7), 차장(3), 크리에이티브 디렉터(69), 회장(13), 흉부외과의사(97)
M	3,650	626	검사(13), 경리부장(55), 과장(174), 군인(1), 대리(84), 대표(9), 대표이사(19), 면접관(5), 부하(1), 사원(53), 상무이사(23), 수사계장(3), 시원(9), 시큐(1), 시큐리티(9), 신입 수사관(9), 엘레베이터 안내원(3), 운영 본부장(2), 윤리경영실장(5), 의뢰인(15), 재무관리본부장(8), 재무이사(48), 정보없음(4), 주임(15), 직원들(22), 행동대장(1), 회계부장(14), 회장(21)
총	160,800	14,363	

본 연구에서는 아래 〈표 28〉과 같은 맥락 요인으로 맥락 분석 말뭉치를 구성하였다. 총 160,800 어절로 구성된 이 말뭉치는 순서교대 수가 총 14,363개로 이루어진 규모로, 화자의 수가 531명이라는 점을 고려할 때, 1인당 평균 28번의 대화참여가 이루어진 말뭉치라고 볼 수 있다. 연령은

표 28. 맥락 요인의 구성

	내용		
어절	160,800		
순서교대 수	14,363		
화자의 성별	여(990명), 남(1738명), 정보없음(4명)		
화자의 연령	10세 이하(1명), 10대(189명), 20대(310명), 30대(1098명), 40대(493명), 50대(366명), 60대 이상(227명), 정보없음(40명)		
직업	<표 27> 참조		
장르	30개		
장소의 격식성	격식적(1546개), 무표적(83개), 비격식적(1103개)		
주제의 격식성	공적주제(1511개), 사적주제(1221개)		
화자와 청자	연령	화>청 (1258개), 화=청 (653개), 화<청(634개), 판정불가(187개)	
	지위	화>청 (1028개), 화=청 (1292개), 화<청(385개), 판정불가(27개)	
	친소	친(1743개), 소(589개), 초면(272개), 적대(85개), 판정불가(43개)	
	성별	여여(408개), 여남(541개), 남녀(693개), 남남(872개) 판정불가(29개)	
	관계	상사_부하(318개), 연인(188개), 선배_후배(184개), 친구관계(184개), 지인관계(97개), 동기(94개), 의사_간호사(82개), 동료관계(82개), 가족관계(397개) 등	

30대 이하 284명, 40대 이상 334명 정도로 구성하였고, 성별은 여성 190명, 남성 281명으로 구성하였다. 성별 수는 다르지만, 대개 여성 화자의 발화 길이가 더 길다는 점을 고려할 때, 적당한 구성이라고 판단하였다. 장소는 총 1023개로 이루어졌는데, 장소의 격식성(formality)와 비격식성(informality), 주제의 공적 속성(publicity), 사적 속성(privacy)을 구분하여 구성하였다는 특징이 있다.

③ 파일럿 테스트

본 연구에서는 말뭉치의 분석에 들어가기에 앞서 구축한 맥락 분석 말뭉치를 1/2 규모로 축소하여 지시화행 발화에 유의미하게 작용하는 맥락 변인을 검증하고자 하였다. 검증의 방법으로는 로지스틱 회귀 분석(Logistic Regression)을 사용하였는데, 이는 Y 종속변수가 범주형 데이터(binary)인 경우에 종속 변수와 설명 변수가 간의 관계를 확인하는 것으로 구체적인 수식은 아래 (39)와 같다.

$$(39) \quad P(Y=1|x_1, ..., x_m) = \frac{\exp(\beta_0 + \beta_1 x_1 + \beta_2 x_2 + \cdots + \beta_m x_m)}{1 + \exp(\beta_0 + \beta_1 x_1 + \beta_2 x_2 + \cdots + \beta_m x_m)}$$

이때, Y가 1일 확률을 계산하고, 이때의 β 값들을 추정하여 변수들 간의 관계를 확인하는 것을 로지스틱 회귀분석법이라고 하는데, 파일럿 테스트 결과, 지시화행 발화에서 연령 관계와 성별 관계, 장르는 0.05보다 큰 값이 도출되어 유의미한 변인에서 제외하기로 하였다.

2) 맥락 분석적 방법론

① 맥락 분석의 기준

본 연구에서 다룬 맥락 요인은 아래 (40)과 같다.

(40) ㄱ. 지위 관계
ㄴ. 유대 관계
ㄷ. 격식성
ㅁ. *연령 관계·성별 관계·장르42)

먼저, (40ㄱ,ㄴ) 화자와 청자의 연령 및 성별을 태깅할 때에는 1차적으로 제시되어 있는 등장인물 정보에 입각하여 입력하였고, 명시적인 정보가 제시되지 않은 경우에는 연기한 배우의 연령을 찾아 '몇 세 추정'으로 입력하였다. 집단 화자나 정보 확인이 불가능한 경우는 '정보없음'으로 처리하였다. 〈표 29〉의 연령 변인 처리 기준에 관한 것이다.

표 29. 화청자의 연령 변인 처리 기준

10대 미만, 10대, 20대, 30대, 40대, 50대, 60대, 70대 이상, 정보없음

(40ㄷ) 격식성(formality)은 크게 장소의 격식성과 주제의 격식성으로 구분하였다. 격식성은 [+국가 관련], [+청중 대상(집단성)], [+제도성], [+업무성(과제성)]을 기준으로 판정하였으며, '거리, 등굣길, 하굣길, 버스정류장' 등 격식성 여부를 판정하게 어려운 임시적 거처로서의 장소는 '무표'라고 표시하였다. 또, 격식적 장소, 비격식적 장소에 도달하기 위한 예비 장소로서의 공간들이 존재했는데, '회사 로비, 회의실 앞, 검찰청 화장실'등이 이에 해당하였다. 이들 장소는 [+국가관련], [+청중 대상], [+제도성], [+업무성]의 핵심 자질이 이루어지는 격식적 장소의 근방이거나, 그곳으로 이동하기 위해 거쳐 가야 하는 공간들일 경우 '격식적'에 태깅하였고, 반대로 비격식적 장소에 도달하기 위한 예비 장소들, '아파트 단지 부근, 집 앞 놀이터' 등은

---

42) 본 연구에서는 파일럿 테스트에서 로지스틱 회귀 분석을 통해 말뭉치에서 나타난 지시화행 용례들에 연령 관계와 성별 관계가 유의미한 변인으로 작용하지 못함을 확인하여 본 분석에서는 연령 관계와 성별 관계를 변인에서 제외하였다.

'비격식적'에 포함하였다.

한편, 발화의 주체가 누군가에 따라서 장소의 성격이 격식적/비격식적으로 바뀔 수 있는 공간들이 있는데, 미용실, 카페, 음식점 등과 같은 소비의 장소들이 이에 해당한다. 이들은 발화의 주체가 미용실 주인이라면, 미용실은 직장이 되기 때문에 격식적 담화에 해당할 수 있으나, 발화의 주체가 미용실 고객이라면, 미용실이라는 장소는 취미 생활 혹은 소비 생활을 위한 비격식적 담화에 해당하게 된다. 이렇게 소비가 이루어지는 장소로 주체가 누구냐에 따라 격식적/비격식적이 교체되는 장소들은 발화한 주체를 중심으로 '격식적', '비격식적'으로 태깅하였다. 주제 역시 동일한 기준을 적용하여 태깅하였으며, 이와 같은 기준에 입각하여 정리한 본 연구의 격식성 맥락 요인은 〈표 30〉과 같이 정리할 수 있다.

표 30. 격식성 변인 처리 기준

장소의 격식성	←	격식적 무표적 비격식적	→
주제의 격식성	←	공적　　　　사적	→

다음으로 (40ㄹ)의 지위 요인은 아래 〈표 31〉과 같이 정리하였다.

표 31. 지위 변인 처리 기준

화>청, 화=청, 화<청, 정보없음

(40ㅁ)의 유대 관계는 아래 〈표 32〉와 같이 나타내었는데, 드라마 말뭉치의 특성상 다양한 유대 관계가 나타남에도 불구하고 친/소라는 이분법적 틀로는 다양한 인물 관계의 유대(solidarity)를 포괄할 수 없다고 보았다. 유대(solidarity)는 본래 Brown & Gilman(1960)에서 지위(power)에 대비되는 요소로 제시한 개념으로, 친밀함(intamacy), 가까움(closeness), 공유된 운명(shared fate)을 포괄하여 이들의 합으로 수치화할 수 있는 개념이다. 구면은 소, 친

으로 구분하여 태깅하였고, 적대는 단순한 '소'와 달리 상대방에게 해를 가할 의지와 악감정을 지니고 있는 경우를 구분하기 위해 설정하였고, 처음 만난 사이는 '초면'으로 태깅하였다.

표 32. 유대 관계 변인 처리 기준

←	적대	초면	소	친	→

다음 〈그림 19〉는 본 연구의 입력 예시이다. 본 연구는 파일럿 테스트를 통해 제외한 장르, 연령, 성별도 1차 입력에 포함하여 말뭉치를 구축하였으며, 화자와 청자의 소속, 화자와 청자의 관계명 등을 같이 입력하였다.

화자의	청자	실제형	화자 나	화자	화자	소속	관	청자	청자.성	나이차	지위차	초면/친	장르	location	장소의	주제의
1	1	유	30대 추정	남성	정보없	정보없음		한상수	남성	화=청	없음	초면	일상	건물안,밖	예비공적	공적
2	2	무	30대 추정	남성	PD	방송국		지호	여성	화=청	화>청	진	일상	한상수의	사적	사적
2	2	무	30대 추정	남성	PD	방송국		지호	여성	화=청	화>청	진	일상	한상수의	사적	사적
2	0	반	30대 추정	남성	연구원	연구원		김미현	여성	화=청	화=청	진	일상	종합병원	공적	사적
1	0	미	30대 추정	여성	연구원	정보없	심민	심민호	남성	화=청	화=청	진	일상	종합병원	공적	사적
2	2	유	40대 추정	남성	팀장	방송국		김이슬	여성	화>청	화>청	진	업무	NBS방송극	공적	공적
2	2	유	40대 추정	남성	팀장	방송국		이성호	남성	화<청	화<청	진	업무	NBS방송극	공적	공적
2	2	유	40대 추정	남성	팀장	방송국		김이슬	여성	화>청	화>청	진	업무	NBS방송극	공적	공적
2	2	유	30대 추정	남성	PD	방송국		한상수	남성	화<청	화<청	진	업무	심민호의	예비사적	공적
2	2	유	30대 추정	남성	PD	방송국		심민호	남성	화=청	없음	진	업무	심민호의	예비사적	공적
2	2	유	30대 추정	남성	PD	방송국		김이슬	여성	화>청	화>청	진	업무	심민호의	예비사적	공적
1	0	미	30대 추정	남성	PD	방송국 선배	김이슬		여성	화>청	화>청	진	업무	NBS 방송	공적	공적
2	2	유	30대 추정	남성	PD	방송국 선배	김이슬		여성	화>청	화>청	진	업무	NBS방송극	공적	공적
1	1	유	40대		남성	팀장	방송국 선배	한상수	남성	화>청	화>청	진	업무	방송국 앞	예비공적	공적
2	2	유	30대 추정	남성	PD	방송국 선배	김이슬		여성	화>청	화>청	진	업무	NBS 방송	공적	공적

그림 19. 본 연구의 입력 예시

② 맥락 요인에 대한 검증

㉠ 카이제곱 검정

본 연구에서는 각각의 맥락 요인이 화행과 맺는 관계를 검증하기 위하여 카이제곱 검정(chi-square)을 시행하였다. 카이제곱 검정은 명목 자료의 빈도를 계산하고 자료에서 관찰되는 빈도와 두 변수가 독립적인 시행의 결과라는 가정 하에 기대되는 빈도를 비교하여, 각각의 맥락 요인과 화행을 독립

됩 집단으로 보고 유의미성(significance)을 평가하는 방식이다. 이 경우 빈도 중 5 이하의 수치가 포함되게 되면 피셔의 정확성 검정을 하는 것이 원칙인 데, 피셔 검정 결과 p-value가 유의 수준 0.05보다 작은 값이 나오게 되면 두 변수가 독립적이라는 귀무가설을 기각할 수 있다. 본 연구는 4장에서 다루는 화행의 유형들에 대하여 카이 검정을 시행하여 그 검정 결과를 제시 하고자 한다. 카이제곱 검정의 예시는 아래 〈표 33〉과 같다.

표 33. 카이제곱 검정의 예시

		격식성						합계	X_squared	df	p_value	fisher_test
		격식적·공적	격식적·사적	무표적·공적	무표적·사적	비격식적·공적	비격식적·사적					
화행	명령	549 (0.63%)	94 (0.11%)	4 (0%)	7 (0.01%)	34 (0.04%)	177 (0.2%)	865				
	권고	122 (0.29%)	60 (0.14%)	4 (0.01%)	7 (0.02%)	11 (0.03%)	220 (0.52%)	424				
	요구	101 (0.36%)	50 (0.18%)	4 (0.01%)	11 (0.04%)	12 (0.04%)	102 (0.36%)	280				
	금지	64 (0.28%)	52 (0.23%)	0 (0%)	3 (0.01%)	12 (0.05%)	96 (0.42%)	227				
	요청	62 (0.32%)	41 (0.21%)	1 (0.01%)	8 (0.04%)	13 (0.07%)	67 (0.35%)	192	376.1048	40	3.18E-56	0.0005
	제안	65 (0.22%)	61 (0.21%)	1 (0%)	14 (0.05%)	12 (0.04%)	140 (0.48%)	293				
	제의	59 (0.24%)	51 (0.21%)	1 (0%)	12 (0.05%)	9 (0.04%)	114 (0.46%)	246				
	충고	37 (0.3%)	31 (0.25%)	0 (0%)	4 (0.03%)	5 (0.04%)	48 (0.38%)	125				
	허락	14 (0.38%)	6 (0.16%)	0 (0%)	1 (0.03%)	2 (0.05%)	14 (0.38%)	37				
합계		1073	446	15	67	110	978	2689				

Ⓛ 다중대응분석

본 연구에서 사용한 대응분석 방법은 분할표 자료의 행과 열범주를 저차 원 공간상의 점들로 동시에 나타내어 그들의 관계를 탐구하려는 탐색적 자 료 분석 기법이다. 대응 분석도는 가중(weighted) 유클리드 공간에서 정의되 는 행좌표점과 열좌표점들을 각각 저차원 공간상에 투영시켜 표현한 그림으로서 나타낼 수 있으며, 이를 통하여 균일한 속성을 지닌 요소들을 범주화 할 수 있다는 특징이 있다. 대응분석 방법은 저차원 공간상에 범주 간 카이제곱 거리를 표현함을 통하여 좌표간의 거리는 해석하지 않고 방향성만을 해석한다는 점에서 완벽하게 범주화를 할 수 있는 방법론이라고 하기에는 무리가 있으나, 군집들의 유사성에 대한 경향성을 측정할 수 있는 도구이기 때문에 본 연구에서는 개별 화행 및 문형들의 담화적 유사성에 대한 경향성을 측정하기 위해 다중대응분석 방법을 사용하고자 한다.

Ⅳ. 지시화행의 유형

1. 강제적 지시화행

1) 명령화행

　명령화행이란 지시화행 중 가장 높은 강제력을 가지고 있는 화행으로 대개 '화자와 청자 사이에 수직적 지위 관계가 있는 것'이 주요한 특성으로 제시되어 왔다. 본고에서는 명령화행이 사용되는 담화적 조건을 말뭉치의 용례를 통해 분석하였는데, 이로 말미암은 구체적인 명령화행의 담화적 정의는 아래 〈표 34〉와 같이 나타낼 수 있다.

표 34. 명령화행의 담화적 정의

ㄱ. 강제성이 높은 지시를 시킬 권한이 있는 화자가 청자로 하여금 행위 A를 수행하라는
　　내용의 명제를 발화하는 것
ㄴ. 명제 내용: 미래에 청자가 수행하게 될 A
ㄷ. 의미 특성: 1) 화자는 청자가 행위 A를 수행함에 대하여 [강한 바람]을 가짐.
　　　　　　　 2) 화자는 청자에게 행위 A를 해야 할 [의무]가 있다고 생각함.
　　　　　　　 3) 청자는 행위 A에 대한 수행의 [부담]을 크게 가지고 있음.
ㄹ. 담화 특성: 1) 화자의 명령은 청자의 [실제 행위]로 이어지는 경향이 높음.
　　　　　　　 2) 화자는 행위 A를 강제할 [권한]을 지니고 있음.([+지위])
　　　　　　　 3) 화자와 청자는 [친]의 유대 관계를 맺고 있는 경우가 많으나, [소],
　　　　　　　　　[적대], [초면]의 관계에서도 나타날 수 있으며 후자인 경우에는 [공적]
　　　　　　　　　인 내용에 관한 지시를 하는 경향성이 있음.

　명령화행은 담화 상에서 청자로 하여금 지시한 행위 A가 청자의 실제 행위로 이어지는 경향성이 타 기능에 비해 두드러진다는 특징을 가지고 있다. 〈표 35〉는 대화 순서교대(대화이동, 무브)[43]가 이루어지면서 나타나는 명령화

---

43) 박용익(2001:245-246)에서는 시작 대화이동의 구조와 반응 대화이동의 구조, 피드백 대화
　　이동의 구조를 아래와 같이 나타내고 있다.
　　시작 대화이동의 구조 = (신호) + (도입) + 핵심 + (종료) + (선택)

행 연속체의 구조를 시각화한 것이다. 이에 따르면 시작 무브에서 수행된 협의의 명령 발화는 반응 무브에서는 '실행'으로 연결되는 양상을 보이고 있다.

표 35. 명령화행 연속체의 구조

시작 무브		반응 무브		피드백 무브
저기 그 사람 좀 밖으로 내 보내요 당장!	명령	(경찰 둘과 함께 재빨리 바이커1을 바깥쪽으로 데리고 나간다)	실행	

말뭉치 상에서 명령화행에 따라 실제행위가 나타날 가능성은 매우 높은 것으로 나타났는데 아래 〈그림 20〉에서와 같이 실제행위가 발생한 경우가 75.72%로 가장 높았고, 사과하거나 침묵한 경우가 각각 0.80%, 3.69%로 나타났으며, 행위가 나타나지 않거나 명령에 대해 거절한 경우가 각각 9.13%, 9.02%로 조사되었다.

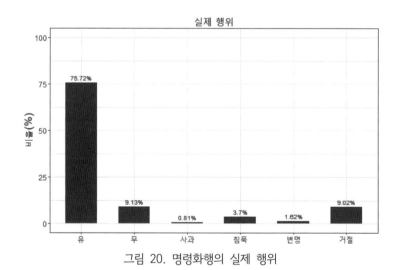

그림 20. 명령화행의 실제 행위

반응 대화이동의 구조 = (도입) + 핵심 + (종료)
피드백 대화이동의 구조 = (도입) + 핵심 + (종료)

아래 (41)은 명령화행에 대한 청자의 실제 행위 여부를 나타내고 있다. 먼저, 말뭉치 상에서 명령화행에 대한 청자의 반응으로 가장 높은 비율을 보인 것은 (41ㄱ)과 같이 실제 행위 [유]인 경우이다. 아래 (41ㄱ)은 [사장과 비서] 사이의 대화로, [+지위]의 화자가 청자에게 [나가다]라는 행위를 시키고 있는 장면이다. 이처럼 명령화행에서는 화자의 지시화행 발화에 따라 청자가 실제 행위를 수행하는 경우가 빈번하게 나타났다.

한편, (41ㄴ)과 같이 명령화행에 대한 청자의 반응이 뚜렷하게 나타나지 않은 경우가 있었는데, 본 연구에서는 이를 [무]라고 표기하였다. (41ㄴ)은 [형사와 범인]의 관계로 범죄 행위에 대해 명령할 업무적 권한을 가지고 있는 화자가 명령화행의 발화를 수행하고 있는 장면이다. 그러나 본 용례에서와 같이 화자와 청자의 관계가 [적대적]인 경우에는 청자의 실제 행위를 보이지 않는 경우가 더러 나타났으며, 이밖에도 '대강 하다', '조금만 더 참다' 등 상태성이 강조되는 행위에 대해 명령화행을 수행할 경우 실제 행위로 구현하는 것이 어려운 지시 내용인 관계로 실제 행위가 [무]로 나타나는 경향이 조사되었다.

(41) 명령화행에 대한 청자의 반응
   ㄱ. 사장: 나가 봐요.   명령
      비서: (나간다)   유
   ㄴ. 형사: 지금 수술실 밖은 이미 포위돼 있거든요.
            흉기 내려놓고 천천히 밖으로 나오세요.   명령
      범인: 이씨! 누가 신고한 거야! (계속 나가지 않음)   무
   ㄷ. 교사: 자자 옆 자리, 좀 깨워라.   명령
      학생: 그냥 해요, 쌤. 자는 애들 깨우다간 진도 못 나가요.

                                                                거절
   ㄹ. 경비: 당장 따라 나와요!   명령
      직원: 아 진짜예요. 인사팀에 연락해 보라구!   변명

ㅁ. 누나: 야, 저리 가.   명령
　동생: 아아 누나 미안. 나 알잖아 맨날 실수하는 거.   사과
ㅂ. 간부: 파일 확인 후부터는 각별히 입 조심하고
　　기밀 유지해.   명령
　부하: ...   침묵

한편, (41ㄷ)에서는 [교사와 학생]의 대화가 이루어지고 있는 수업 담화
의 용례로, [옆 자리를 깨우다]라는 행위에 대한 명령화행 발화에 대하여
청자인 학생이 '거절'의 반응을 나타내고 있는 장면이다. 이러한 경우는 실
제 말뭉치 상에서 9.02% 정도밖에 나타나지 않았는데, 위와 같이 화자와
청자가 매우 [친밀한] 관계를 가지고 있거나, 청자가 화자에게 [적대감]을
가지고 있는 경우에만 한정하여 이러한 반응이 나타났다.

또, 대개 명령화행은 약 77% 이상이 실제행위로 이어지기 때문에 그 밖
에 청자가 지시된 행위를 수행하기 어려운 경우에는 (41ㄹ)과 같이 변명하
거나 행위를 수행할 수 없는 이유를 상술하였고, (41ㅁ)과 같이 사과로 이
어지는 경우가 0.81% 나타났으며, (41ㅂ)과 같이 침묵하는 경우도 3.7%
정도로 조사되었다. 침묵한 경우들은 사실상 청자의 응답이 무의미할 정도
로 강제성이 요구되는 맥락이거나 혹은 담화적으로 [협박하기] 등의 기능이
수행되고 있는 맥락인 것으로 나타났으며, 이는 명령화행이 지시에 대한
강제력을 매우 높게 수행하는 것임을 입증하는 자료라고 할 수 있다.

한편, 명령화행은 대개 '상하관계'의 지위에서 사용된다고 기술되고 있는
것에 비하여[44] 실제 말뭉치 상으로는 반드시 [화〉청]의 맥락에서만 나타나
는 것이 아니라, [화〈청]의 경우, [화=청]의 경우에도 맥락에 따라 사용되는
양상이 나타났다. 구체적인 지위 관계에 대한 분포 결과는 아래 〈그림 21〉
과 같다.

---

44) 표준국어대사전의 의미 기술에 따르면 '명령은 윗사람이나 상위 조직이 하위 조직이 무엇
　을 하게 함'의 뜻을 지닌다.

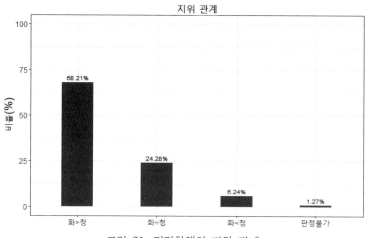

그림 21. 명령화행의 지위 관계

명령화행이 사용된 발화에서 화자와 청자의 지위 관계는 청자에게 행위를 수행하게끔 강제할 수 있는 [화〉청]의 경우가 68.21%로 가장 높게 나타났지만, 그 외에도 [화=청]의 경우가 24.28%, [화〈청]의 경우가 6.24% 등으로 나타났다. 지위 관계가 [화〉청]이 아닌 경우에 명령화행이 사용되는 맥락은 아래 (42)와 같이 정리할 수 있는데, 먼저 공적인 지시와 관련하여 업무의 성격상 지위가 낮거나 동등함에도 해당 업무 행위를 지시할 권한이 서로에게 있는 경우거나 공적으로는 수직 관계임에도 사적으로 유대관계가 매우 친밀하여 사적인 영역에서는 명령의 권한이 서로에게 있는 경우이다.

(42) 명령화행에서 지위 변인이 [화<청] 또는 [화=청]인 경우

　　ㄱ. 업무 담화 상황에서 업무적인 지시의 권한이 서로에게 있는 경우

　　　　01 S: 잠깐!

　→　02 S: (옆으로 스윽 가서 보더니)

　　　　　　이 환자 밥 먹이세요.　　　　　　　　　　명령

　　　　03 L: 네?

　　　　04 S: 이 환자 밥 먹이라구요.

05 L: 수간호사 선생님, 그게 지금 무슨..

06 S: (확신으로) 절 믿으세요 강쌤.

07 S: 밥이에요, 밥.

Ⓐ 08 L: (박간이 밥과 숟가락을 가져와 환자에게 주는 것을 용인한 채 기다
린다)

ㄴ. 공적으로는 수직관계지만, 사적으로는 친밀한 수평관계로
사적인 대화 중인 경우

01 H: 여기 치킨 왔습니다.

→ 02 S: 김사부, 니가 계산해!　　　　　　　　　　　　　　명령

Ⓐ 03 L: (씩 웃으며 계산하고 치킨을 올려 놓는다)

(42ㄱ)에서는 S(수간호사)와 L(레지던트)의 대화가 이루어지고 있다. 이때,
오더를 내리는 위치는 L(레지던트)이기 때문에 지위 면에 있어 L(레지던트)〉S
(수간호사)의 관계를 형성하고 있다고 볼 수 있으나, 이들이 환자 케어라는
업무와 관련된 부분에서는 서로에게 지시를 할 수 있는 업무적 권한을 가지
고 있기 때문에 지위 [화〈청] 또는 [화=청]임에도 명령화행이 수행될 수 있
다고 해석할 수 있다. 또, (42ㄴ)은 공적 관계와 사적 관계가 복합적으로
얽혀있는 참여자 간의 대화로, 공적 세계에서는 병원 원장(L)과 소속 의사
(S)지만, 사적인 내용(둘만의 간식 시간)에 대하여 발화할 때에는, 사적 관
계 변인이 더 우선적으로 작용하여 나타난 예외적 현상이라고 해석할 수
있다.

따라서 명령화행에 작용하는 화청자의 지위 관계는 지시 행위 S에 대해
지시할 권한이 화자에게 있으며, 이때의 권한은 사회적 직위만을 의미하는
것이 아니라 지시 내용에 있어 화자가 지니는 '권한 및 책임'을 포함한다고
해석할 수 있다. 즉, 지위 관계 [화〉청]이 성립하기 위해서는 '지위'의 영역
이 '지시된 행위의 결과에 대한 책임의 소재'로 확대되어야 함을 의미한다고
하겠다.

한편, 명령화행은 화청자의 유대 관계에 따라서도 다양한 담화적 사용의 양상을 보였는데 먼저, [친]의 유대관계에서 자주 사용되는 양상을 보였으며, [초면]이거나 안면은 있되 가깝지 않은 [소]의 유대관계에도 사용되는 양상을 나타냈다. 구체적인 사용의 분포는 아래 〈그림 22〉에서와 같이 [친]의 관계에서 66.01%로 가장 많이 쓰이는 양상을 보였고, [소]의 관계에서 20.35%, [초면]의 관계에서는 8.67%, [적대] 관계에서는 3.93% 정도의 분포를 나타냈다.

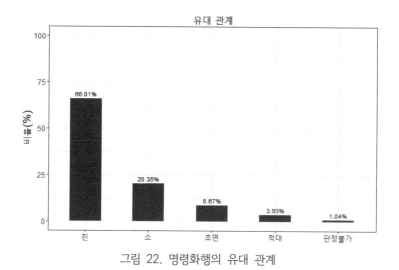

그림 22. 명령화행의 유대 관계

명령화행이 [친]의 유대 관계에서 사용될 경우에는 (43ㄱ)과 같이 공적이되 [친]인 관계와 (43ㄴ)과 같이 사적이되 [친]인 관계에서 모두 나타났는데, 그 비율은 66%로 가장 높았다. 아래 (43ㄱ)은 10년 넘게 함께 근무하며 [친]의 관계를 맺되 나이에 있어서도 [화〉청]을 나타내는 사이에서 이루어진 명령화행이다. (43ㄴ)은 사적인 관계에서 [친]인 경우 이루어진 명령화행이고, (43ㄷ)은 [소]의 관계에서 명령화행이 사용되고 있는 경우이며, (43ㄹ)은 [초면], (43ㅁ)은 [적대] 관계에서 명령화행이 쓰인 경우에 해당한다.

(43) 명령화행의 사용에 작용하는 화청자의 유대 관계

    ㄱ. [친]의 관계 –공적

        경리: 되게 오래된 책 같은데 어떻게 할까요?   **명령**

        과장: 버려.

        경리: (툭 버려지는 책)

    ㄴ. [친]의 관계–사적

        이모: 채현아, 이리 와.   **명령**

        조카: (채현, 이모 쪽으로 간다.)

    ㄷ. [소]의 관계

        검사: 아, 예. 들어오라고 해요.   **명령**

        직원: (나가서 피의자를 부른다.)

    ㄹ. [초면]의 관계

        손님: 앞에 승용차 따라 가세요.   **명령**

        기사: (앞 승용차 따라 간다.)

    ㅁ. [적대]의 관계

        친구: 당신 아들, 여기로 내려 보내.   **명령**

        원수: (쳐다본다.)

유대 관계 요인에 있어 명령화행은 특별한 제약을 보이지는 않았지만, [친]은 공적, 사적인 관계에 모두 걸쳐 사용되는 반면, [소]나 [초면]의 관계에서는 주로 공적인 내용과 관련한 명령화행이 이루어지는 경향성이 나타났다.

구체적으로 명령화행의 격식성 요인을 살펴본 바, 명령화행은 주로 격식적인 장소에서 공적인 내용과 관련하여 발화되는 경향성이 말뭉치 상에서 높게 나타났다. 아래 〈그림 23〉은 명령화행이 사용된 장소와 명령화행이 지시하는 주제의 격식성에 관한 것이다. 이에 따르면 장소의 격식성 [격식적]과 지시내용의 격식성 [공적]의 경우에 명령화행이 실현되는 비율이 64.47%로 가장 높았고, 장소의 격식성 [비격식적]과 지시내용의 격식성 [사적]의 경우가 20.46%로 나타났으며, 장소의 격식성은 [격식적]인 반면 지시

내용의 격식성은 [사적]인 경우가 10.87%로 나타났고, 장소의 격식성은 [비격식적]이되 지시내용의 격식성은 [공적]인 경우가 3.93%로 조사되었으며, [무표적]인 장소에서 [사적]의 내용으로 발화된 경우가 0.81%, [무표적] 장소에서 [공적]인 내용으로 발화된 경우가 0.46%로 매우 낮게 나타났다.

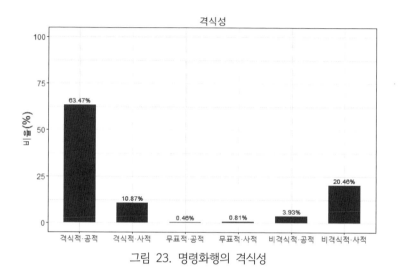

그림 23. 명령화행의 격식성

명령화행의 분포가 말뭉치 상에서 이렇게 격식적이고 공적인 영역에서 활발히 나타난 까닭은 사실상 명령이 지니는 강제성이 사적인 관계에서는 [부모와 자식]과 같은 양육 관계를 제외하고는 발생하기 어려운 수직성을 지니고 있기 때문인 것으로 보인다. 명령화행의 격식성에 대한 구체적인 용례는 아래 (44)와 같다.[45]

---

45) 목표 화행이 실현되는 발화에는 기호 '→'를 표기하였으며, 지시화행이 실제 행위로 실현된 순서에서는 Act의 약자를 의미하는 기호 Ⓐ를 표시하였음.

(44) 명령화행의 사용역

ㄱ. 격식적인 장소, 공적인 내용

→ 01 S: (교무실) 김준석 선생님, 저 3반 출석부 좀 줘 보세요.
                                                                    명령

02 L: 저희반 출석부는 왜..

03 S: 이사장님이 가져오라십니다.

04   주세요.

Ⓐ 05 L: (의아한 표정) (같이 앉아 상의 중이던 3반 보조교사가 출석부를
        건네준다)

ㄴ. 비격식적인 장소, 사적인 내용

01 S: (집 마당) 누가 보면 이산가족 상봉한 줄 알겠다.

→ 02   다 따라 들어와!   **명령**

Ⓐ 03 L: (겁먹은 얼굴로 마주보는 김추자와 두나, 설화. 괜찮다는 듯 안으며
        안으로 들어간다.)

위 (44)에서는 명령화행이 수행되는 다양한 맥락에 대해 격식성의 관점
에서 용례를 제시하고 있는데, (44ㄱ)은 [격식적인 장소에서 공적인 내용]에
대해 명령화행이 이루어진 경우이다. (44ㄱ)의 교감(S)의 발화에 따라 05줄
B에서는 3반 담임과 보조교사인 두 사람이 함께 보고 있던 출석부를 건네
주는 행위가 실현된다. 이는 '교무실'이라는 [격식적]인 장소에서 '출석부'라
는 업무 내용에 관한 [공적] 내용의 지시가 이루어진 명령화행의 사례라고
볼 수 있다.

한편, [비격식적인 장소의 사적인 내용]에 대한 명령화행도 찾아볼 수 있
는데 (44ㄴ)에서는 아버지(S)가 나머지 가족 구성원(L)에게 명령화행의 내
용을 발화하고 있다. 아버지와 나머지 가족 구성원의 경우 사회적인 지위의
수직 관계는 아니지만, 가족 제도 안에서 상하관계로 이루어지거나 혹은
어른으로서의 권한을 지니고 있기 때문에 명령화행이 실현될 수 있는 맥락
적 조건을 충족하고 있다고 볼 수 있다. 이때에 '집 안 마당'이라는 [비격식

적] 장소에서 '집으로 들어오다'라는 [사적]인 내용의 지시가 명령화행으로서 나타나고 있다.

그 밖에, 장소의 격식성과 지시내용의 격식성이 일치하지 않는 경우도 있었는데, 구체적인 용례는 아래 (45)와 같다. (45ㄱ)은 [격식적인 장소에서 사적인 내용]에 대한 지시가 이루어지는 경우이다. (45ㄱ)는 은행직원(A)와 은행직원(B) 사이의 대화로 이 두 사람은 오랜 시간 지내온 선후배 관계라는 점에서 유대 관계[친]의 사이를 맺고 있다. 장소는 '은행 복도'라는 [격식적] 장소에서 이루어지고 있는 발화이지만, 지시의 내용은 '솔직하게 말하다'라는 [사적]인 내용에 해당하고 있으며, 화제 역시 A의 사내 연애 루머에 관한 것이기 때문에 이때의 명령화행은 [격식적인 장소에서 사적인 내용]에 대해 이루어지고 있다고 해석할 수 있다. 한편, (45ㄴ)은 '차안'이라는 [비격식적] 장소에서 업무 관련자인 '박 변과 석 사장을 부르다'라는 [공적]인 내용을 지시하고 있기 때문에 [비격식적인 장소에서 공적인 내용]에 대해 수행된 명령화행이라고 볼 수 있다.

   (45) 명령화행의 사용역2
      ㄱ. 격식적인 장소, 사적인 내용
   → 01 S: (은행 복도) 짜증나게 굴지 말고 솔직히 말해.
            이동희가 그래?   **명령**
  Ⓐ 02 L: 그런 게 아니라 진짜...   **변명**
      03 S: 내가 왜 싸이코야? 내가 언제 스토커짓을 했어?
             내가 무슨 히스테리를 부렸는데?

      ㄴ. 비격식적인 장소, 공적인 내용
   → 01 S: (차 안) 뭐 하냐. 빨리 박 변하고 석 사장 불러.   **명령**
  Ⓐ 02 L: 응. 알았어..

그 밖에도, 말뭉치 상으로 빈도는 미비하였으나, 나타나고 있는 것은 [무표적] 장소에서의 명령화행이다. 무표적 장소란 격식적/비격식적의 구분이 모호한 도로, 정류장 등 공공시설 및 이동의 단계에 해당하는 장소를 의미하는데, 아래 (46ㄱ)에서와 같이 [무표적 장소에서 공적인 내용]에 대해 명령화행이 수행되는 경우가 있었다. 이 경우는 길에서 우연히 마주한 응급상황에 대해 의사(S)가 피해자 가족(L)에게 [공적]인 내용을 지시하고 있는 상황에 해당한다. 다음으로 (46ㄴ)은 '버스 정류장'이라는 [무표적] 공간에서 '비키다'라는 [사적]인 내용의 지시를 발화하고 있는 장면으로 이는 [무표적 장소에서의 사적인 내용]에 대한 명령화행의 수행이라고 볼 수 있다.

(46) 명령화행의 사용역3
    ㄱ. 무표적 장소, 공적인 내용
   → 01 S: (도로 갓길) 일단 골반부터 고정합시다!
          시트하고 이비도 같이 주세요.   **명령**
  Ⓐ 02 L: (옆에서 시키는 대로 하며 기다린다.)

    ㄴ. 무표적 장소, 사적인 내용
   → 01 S: (버스 정류장에서) 비켜!!   **명령**
  Ⓐ 02 L: (비켜선다)

이렇게 명령화행의 격식성은 다양한 양상으로 나타났는데, 말뭉치 빈도상으로는 [격식적 장소의 공적 내용]에 대한 명령화행과 [비격식적 장소의 사적 내용]에 대한 명령화행이 많은 비중을 차지했으나, 장소의 격식성과 주제의 격식성이 반드시 일치하는 것은 아님을 확인할 수 있었다.

명령화행에 대한 말뭉치 분석 결과를 종합하면, 명령화행이 사용되는 담화적 환경에는 청자의 실제 행위 발생 여부, 화청자의 지위 관계, 화청자의 유대 관계, 장면의 격식성에 따라 다양한 양상이 나타났는데, 이에 대한 카이제곱 검정의 결과는 〈표 36〉과 같다. 맥락 요인들에 대한 명령화행의 카이제곱 검정 결과 유의확률이 모두 유의수준 0.05보다 작은 값이 산출되어 '두 변수가 독립적이다'라는 귀무가설을 기각할 수 있으므로, 두 변수 즉

표 36. 명령화행에 대한 카이제곱 검정 결과

맥락 요인	자유도	유의확률	FISHER TEST
실제 행위 여부	40	3.57E-63	0.0005
지위 관계	32	2.62E-104	0.0005
유대 관계	40	7.05E-12	0.0005
장면의 격식성	40	3.18E-56	0.0005

이들 맥락 요인에 따른 값과 명령화행은 관련이 있다고 해석할 수 있다.

즉, 명령화행은 담화적으로 청자의 실제 행위가 [유]로 나타나는 경향성이 강하며, [친]의 유대 관계에서 사용되는 비율이 높은 경향성을 나타냈고, [소]의 유대관계에서는 [격식적인 장소 공적인 내용]을 지시하기 위한 경우가 빈번하였으며, [+지위]의 화자에 의해 발화되되, 그 '지위'는 사회적 지위에서 나아가 '지시로 인해 수행된 행위의 결과에 대한 책임의 소재'까지를 포함하는 것으로 기술할 수 있다.

2) 권고화행

권고화행은 강제성을 갖는 지시화행에 속하며, '화자가 청자로 하여금 행위 A를 하도록 권함'의 뜻을 가지고 있다. 권고화행은 명령화행에 비하여 지시의 강제적인 속성이 약하고, '화〉청'뿐만 아니라 '화〈청'이나 '화=청'의

표 37. 권고화행의 담화적 정의

ㄱ. 화자가 강한 바람을 가지고 청자로 하여금 행위 A를 하라는 내용의 명제를 발화하는 것
ㄴ. 명제내용: 미래에 청자가 수행하게 될 A
ㄹ. 의미 특성: 1) 화자는 청자가행위 A를 수행함에 대하여 [강한 바람]을 가짐.
              2) 청자는 행위 A에 대한 수행의 [부담]을 가지고 있음.
ㅁ. 담화 특성: 1) 화자의 명령은 청자의 [실제 행위]로 이어지는 경향성이 있음.
              2) 화자와 청자 사이에 지위 관계에 대한 제약이 없기 때문에 다양한 지위 관계, 유대 관계에서 나타나며 격식성에 있어서도 상대적으로 골고루 분포하는 경향성을 가지고 있음.

지위 관계에서 자주 사용된다는 특징이 있다. 권고화행의 담화적 사용 양상은 〈표 37〉과 같이 정리할 수 있다.

권고화행은 연속체 구조로 시각화 하면 아래 〈표 38〉과 같이 나타낼 수 있다. 아래 〈표 38〉에서는 부상으로 의지를 상실한 학생에게 평소 유대관계가 있던 교사가 병원 치료와 훈련 재기를 권고하는 장면이 예시로 사용되고 있다. 권고화행은 행위 A를 청자가 수행해야 한다는 화자의 바람이 강하다는 점에서 강제적 지시화행에 속하지만 명령화행에 비해 강제성이 약하기 때문에 화자의 발화에 대해 청자의 반응이 반드시 실제행위 [위]로 실현되는 것은 아니지만, 타 기능에 비해서는 행위 A에 대한 화자의 강한 지시 의도를 반영하기 때문에 연속체 안에서 권고가 반복적으로 이루어지는 양상이 자주 나타나는 것으로 조사되었다.

표 38. 권고화행 연속체의 구조

시작 무브		역시작무브		재시작 무브	
너 이 자식, 왜 병원 안 가? 내가 매일 학교 앞으로 찾아와서 소리 질러야 말 들을래?	권고	마음 정리할 시간을 좀 주세요.	요구	정리는 무슨! (중략) 오늘부터 당장 시작해. 알겠어?	재권고

권고화행 발화에 따른 청자의 반응은 아래 〈그림 24〉와 같이 조사되었다. 먼저, 청자가 화자가 지시한 행위를 실제 행위로 옮기는 [위]의 경우는 61.08%로 가장 높게 나타났고, 명시적으로 거절하는 경우가 19.34%로 나타났으며, 청자의 반응이 나타나지 않은 [무]는 16.98%, [침묵]한 경우는 1.65%, [사과]한 경우는 0.24%, [변명]한 경우는 0.71%로 나타났다.

아래 (47)은 권고화행에 대한 청자의 반응을 나타내고 있는 용례이다. 먼저 (47ㄱ)은 손녀와 할아버지의 대화로, 손녀는 할아버지에게 좋아하는 할머니에게 가서 고백할 것을 권고하고 있다. 이때 지시된 행위 '말하다', '뻔뻔스럽게 하다', '고백하다'는 청자가 거절할 수 있는 가능성이 열려있을

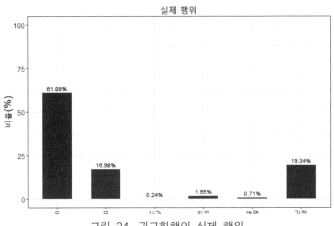

그림 24. 권고화행의 실제 행위

뿐더러 화자가 청자보다 지위 관계에 있어서도 아랫사람이기 때문에 명령화행이라기보다는 권고화행이라고 볼 수 있으며, 청자는 수행할 의무가 없음에도 불구하고 화자의 권고를 수행에 옮기는 [유]의 반응을 보이고 있다. 다음으로 (47ㄴ)은 두 노인의 대화에 관한 것으로 화자의 발화에 대해 청자가 반드시 수행해야할 의무가 없기 때문에 명령이라고 볼 수 없으나, 화자는 청자가 반드시 수행하기를 원하고 있다는 점에서 강제적 지시화행의 일환인 권고화행에 해당한다고 볼 수 있다. 이때 화자의 권고에 대한 청자의 반응은 나타나지 않는 [무]로 실현되고 있다.

(47) 권고화행에 대한 청자의 반응

　　ㄱ. 손녀: 당장 가서 말하세요.

　　　　　평소 하던 대로 뻔뻔스럽게 하세요. 　　　　　권고

　　　　조부: 뭐라고 말해?

　　　　손녀: 사랑한다고요. '당신을 사랑합니다.' 하고 고백하세요.

　　　　조부: (웃는다 → 장면 이동 후 고백) 　　　　　　　　유

　　ㄴ. 노인: 일어나. 어서 나가자. 　　　　　　　　　　　권고

　　　　친구: (눈을 감은 채 움직이지 않음) 　　　　　　　　무

ㄷ. 버스 기사: (늘 태우던 승객에게 손짓하며) 안 타세요?　　　권고

　　　수아: 죄송합니다. 먼저 가세요.　　　　　　　　　　　사과

　ㄹ. 과장: 잘 준비해서 꼭 붙으라고.　　　　　　　　　　　권고

　　　인턴: (침묵)　　　　　　　　　　　　　　　　　　　침묵

　ㅁ. 선배: 한 잔 해라.　　　　　　　　　　　　　　　　권고

　　　후배: 병원에 다시 가봐야 합니다.

　　　　　수술한 환자 때문에...　　　　　　　　　　　　변명

　ㅂ. 애인: (우유 건네며) 마셔.　　　　　　　　　　　　　권고

　　　애인: 됐어.　　　　　　　　　　　　　　　　　　　거절

　한편, (47ㄷ)는 출퇴근 버스의 운전자가 승객에게 하는 발화로 승객의 탑승이 선택적인 것이 아니라 고정적으로 이루어져야 하는 것임을 고려할 때 질문이 아닌 권고화행임을 확인할 수 있다. 즉 버스 기사는 '안' 부정 의문문을 통해 '타다'의 행위를 권고하고 있는 것으로 볼 수 있으며, 이에 대하여 청자는 [사과]를 통해 권고된 행위를 거절하고 있음이 나타나고 있다. (47ㄹ)은 [상사와 부해의 대화로 정규직 채용 시험에 꼭 붙으라는 권고의 발화에 대하여 청자는 [침묵] 하고 있다. 청자가 [침묵]을 하는 경우의 권고화행들은 대개 즉각적으로 수행할 수 없는 행위이거나 청자로 하여금 생각을 시간을 필요로 하는 내용인 경우인 경향성이 있다. (47ㅁ)과 (47ㅂ)는 모두 '마시다'의 행위를 권고하는 권고화행에 해당한다. 이에 대하여 (47ㅁ)에서는 지위 관계를 고려한 [변명]이, (47ㅂ)에서는 유대 관계를 고려한 [명시적 거절]이 청자로 하여금 실현되고 있다. 이렇게 권고화행은 화자의 소망이 분명하다는 점에서는 강제적 지시화행의 범주에 속한다고 볼 수 있으나 청자가 의무적으로 행할 필요가 없다는 점에서는 명령화행에 비해 강제력이 적은 특성을 보이는 화행이다.

　이러한 권고화행의 지위 관계는 말뭉치 상에서 〈그림 25〉와 같이 조사되었는데, 화=청의 관계에서 약 49%로 가장 높게 분포하였으며, 화〉청의 관계에서 31.37%, 화〈청의 관계에서 18.37%로 사용되는 양상을 나타냈다.

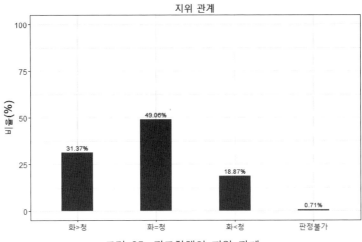

그림 25. 권고화행의 지위 관계

이는 앞선 명령화행의 지위 관계 양상과는 사뭇 다른 분포로, 권고화행이 지니는 담화적 특성을 잘 드러내는 결과라고 할 수 있다. 권고화행의 지위 관계에 대한 구체적인 용례는 아래 (48)과 같다. 먼저, (48ㄱ)은 말뭉치에서 나타나는 권고화행 중 많은 비중을 차지하고 있는 경우로, 지위 관계 [화=청]이거나 [화<청]인 경우에 해당하고, (48)은 지위 관계 [화>청]의 경우이다.

(48) 권고화행의 지위 관계
　　ㄱ. 권고화행에서 지위 변인이 [화=청], 또는 [화<청]인 경우
　　　　01 L: 그럼 갈라서자구. 어? 아예 도장을 찍어.　　　　요구
　→　02 S: 목소리 좀 낮춰.　　　　　　　　　　　　　　　　권고
　Ⓐ　03 L: 입 다물란 얘기야 지금? 왜! 아예 죽으라 그러지. 거절

　　ㄴ. 권고화행에서 지위 변인이 [화>청]인 경우
　　　　01 S: 은별아!
　　　　02 L: (돌아보면)
　　　　03 S: (안타까운 얼굴로 보며) 강소영 통영에서 너 괴롭혔다던 그

　　　　　　　　애 맞지?

04 L: (놀라는) 엄마...

05 S: (부들부들 떨리는) 그런 애랑 너랑 한 교실에 있을 생각하니까 소름끼

06 　　치고 무섭다.

→ 07 　　괜한 감정싸움할 것도 없어. 얼른 이사하고 학교 옮기자.　　　　　　권고

Ⓐ 08 L: 응, 그런데 엄마. 그 전에 나 꼭 해야 될 일이 있어.

→ 09 S: 무슨 일인데? 전학 가서 해.　　　　　　재권고

Ⓐ 10 L: 아니, 여기서... 지금 아니면 안 되는 일이야.　　거절

　　(48ㄱ)은 [남편과 아내]의 대화로 지위가 대등한 관계이다. 이때 01줄에서 아내(L)의 요구가 이루어지는데, 02줄 남편(S)는 아내의 요구 내용과 무관한, 상대 발화의 목소리에 대하여 소리를 낮출 것을 권고하고 있다. 이때 '목소리를 낮추다'의 행위는 반드시 화자인 남편(S)이 결과를 책임져야 하는 것도 아니고 그 행위의 이익이 남편 혹은 아내에게 있는 것이 아니기 때문에, 요구나 제안으로 보기도 어려우며, 청자인 아내(L)가 반드시 수행해야 할 의무가 있는 것이 아니므로 명령에 해당하지도 않는다. 권고화행은 이렇게 화자의 소망이 강하게 반영되어 있되, 의무가 책임의 소재는 적은 강제적 지시화행의 하위 유형이라고 할 수 있으며, 지위 관계가 [화=청]이거나 [화<청]인 경우에도 활발히 나타나는 것으로 조사되었다. (48ㄴ)은 지위 관계 [화>청]으로, [엄마와 딸]의 대화이다. 이때 엄마는 '학교를 옮길 것' 즉 전학에 대한 권고를 수행하고 있으며, 화자(S)는 강한 소망을 가지고 있으나 청자(L)로 하여금 쉽게 거절될 가능성을 가지고 있는바, 명령보다는 강제력이 약한 화행에 해당한다고 볼 수 있다.

　　한편, 권고화행은 말뭉치의 유대 관계 분포에 있어 [친]의 관계가 70.52%, [소]의 관계가 15.57%, [초면]의 관계가 11.58%, [적대] 관계가 1.65% 등으로 나타났다. 구체적인 내용은 아래 〈그림 26〉과 같다. 강제적

지시화행의 하위 유형인 권고화행은 명령화행과 함께 청자의 체면을 손상시킬 위험을 가지고 있기 때문에 상대적으로 유대 관계 [친]의 관계에서 부담없이 사용될 수 있다는 특징이 있다. 권고화행이 명령화행과 보이는 다른 경향성은 [초면]인 관계에서의 사용 비율이 조금 더 높게 나타난다는 점이었는데, 권고화행이 명령화행에 비하여 청자가 지니는 의무가 적다는 점을 고려할 때 이러한 사용 양상을 해석할 수 있다. 즉, 화자와 청자가 [초면]인 경우에는 업무적인 내용의 명령이 아닌 이상, 행위를 강제할 만큼의 유대를 형성하기 어렵기 때문에 권고화행이 주로 사용된다고 분석할 수 있겠다.

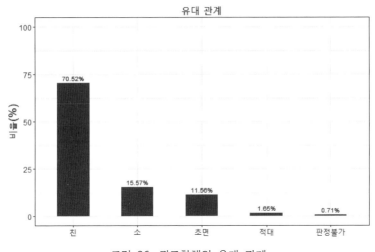

그림 26. 권고화행의 유대 관계

아래 (49)는 유대 관계에 따른 권고화행의 사용 양상을 나타낸 용례이다. 먼저, 권고화행은 (49ㄱ)과 같이 [친]의 유대 관계에서 가장 두드러지게 사용되는 양상을 보였다. (49ㄱ)은 교실 담화의 예시로 잘못을 한 학생이 앞에 나와 사과한 것에 대하여 다음 무브에서 교사가 학생들 전원을 청자로 하여 '민준이가 잃고 싶지 않았던 것은 친구'라는 사실을 잊지 말 것을 권고하고 있다. 다음으로 (49ㄴ)는 사무실 인턴들의 대화로 [소]의 관계에 있는 두 사람이 부탁-거절 화행의 수행 후 '다른 분께 말씀할 것'을 권고하고 있음이 나타나고 있다. (49ㄷ)은 [초면]의 관계인데 동생과 결혼하게 될 예비 올케에게 예비시누가 '앉아 있을 것'을 권고하는 장면이다. (49ㄹ)은 이혼 소송 중인 부부의 대화로 '어른들의 결정을 받아들일 것'에 대하여 남편이 권고화행을 수행하고 있다.

(49) 권고화행의 사용에 작용하는 화청자 유대 관계
  ㄱ. [친]의 관계
    학생1: (학생들에게) 정말 미안하다. 비겁한 짓해서..
           그리고 더 일찍 말하지 못해서.. 내가 지금 얼마나 부끄러운지, 얼마나 후회되는지, 이 마음 절대로 잊지 않고 살게...
    교사: (학생들에게) 너희들에게 용서를 강요할 수 없단 걸 안다. 근데 민준이가 점수를 잃을지언정 마지막까지 잃고 싶지 않았던 거.. 그 중 하나가 바로 너희들, 친구 란 거, 잊지 말았으면 좋겠다.   권고

  ㄴ. [소]의 관계
    인턴1: 전화 좀... 전화가 왔는데 제가 못 알아 들어서요...
    인턴2: 저도 영업 3팀 일은 잘 몰라요.
           다른 분께 말씀하세요.   권고

  ㄷ. [초면]의 관계
    예비올케: (일어나 도와주려고 한다.)
    예비시누: 됐어요. 앉아 계세요. 먼 길 오셨는데.   권고

  ㄹ. [적대]의 관계
    이혼 소송 중인 남편: 받아들여. 어른들 결정이야.   권고
    이혼 소송 중인 아내: 안돼!!!

이렇게 권고화행은 명령화행에 비해서는 청자의 행위에 대한 강제력이

없으며, 충고화행보다는 강한 화자의 소망을 반영하고 있어, 다양한 유대 관계에서 골고루 분포하며, 특히 [초면]의 관계에서는 명령화행에 비해 자주 나타나는 양상을 보였다.

다음으로 권고화행은 격식성에 있어서 아래 〈그림 27〉에서와 같은 담화적 사용 양상을 나타냈다. 〈그림 27〉에 따르면 권고화행이 가장 고빈도로 사용된 사용역은 비격식적·사적 담화였는데, 51.89%의 분포를 나타내었다. 명령화행에서는 가장 높은 비중을 차지했던 격식적·공적 담화에서 권고화행에 발생한 비율은 28.77%에 그쳤고, 격식적 장소·사적 내용에 대해 발생한 비율은 14.15%, 비격식적·공적 담화의 비율은 2.59%, 무표적·공적 담화는 0.94%, 무표적·사적 담화는 1.65%로 조사되었다.

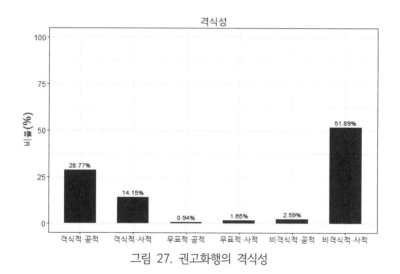

그림 27. 권고화행의 격식성

아래 (50ㄱ)은 어머니(H)와 아들(S), 아버지(L)의 대화로, 며느리와 아들의 이혼 문제로 흥분한 어머니(H)와 어머니를 말리는 아들(S)의 대화가 01줄에서 06줄까지 나타나고 있다. 그러나 흥분을 가라앉히지 않는 어머니에 대해 아들(S)는 또 다른 담화 참여자인 아버지(L)에게 07줄에서 '엄마를 말릴 것'의 행위를 권고하고 있다. 이 행위는 아버지에게 의무로 작용하는 것이 아니나, 화자는 청자가 이 행위를 수행하기를 강하게 바라고 있다는 점에서 명령화행과 구분되는 권고화행이라고 볼 수 있다. 이에 아버지(L)는 08-09줄에서는 어머니에게 '충고'하고 10줄에서 아들(S)에게 '사위에게 전화해서 이 일을 맡길 것'을 권고하고 있다. 이 역시 아들이 반드시 그대로 수행해야할 의무를 가지고 있는 것이 아니기 때문에 명령화행이라고 볼 수 없으며, 화자가 청자의 수행을 강하게 바라고 있다는 점에서 권고화행에 해당한다고 볼 수 있다.

(50) 권고화행의 사용역

    ㄱ. 비격식적 장소, 사적인 내용 (차 안)

        01 H: (화나서 날뛰며) 놔! 내 가서 쫓아내고 만다. 드러워서 한 시도 더 놔

        02 둘 수가 없어! (후략)   요구

        03 S: 엄마! 이 상태로 가 봤자 엄마만 더 흥분해. 그뿐이야? 나한테 힘까지

        04 쓴 거 보면 엄마한테두 그러지 말란 법 없어. 내가 말했잖아. 나 밀어

        05 가지구 넘어지는 통에 엉치뼈 어떻게 된 거 같다구.

        06 H: 나까지 당하구, 그 그 뭐니, 상해죄까지 엮자!   제안

→   07 S: 아빠, 엄마 좀 말리세요.   권고

        08 L: (H에게) 거 참 앉아서 처리할 생각을 해야지. 수치를 모르는 인간들은

        09 공연히 상대할 거 없어. 법이 젤이야.   충고

→   10 L: (S에게) 너 빨리 전화해. 조서방한테 맡기자.   권고

    ㄴ. 격식적인 장소, 공적인 내용 (병실)

→   01 S: 그럼 천천히 드세요.   권고

  Ⓐ 02 L: (천천히 물을 마시다 트림을 한다)

또 (50ㄴ)은 의사(S)와 환자(L)의 의사소통 장면으로 격식적인 장소에서 의사는 오래 굶고 실려 온 환자에게 01줄에서 '천천히 물을 마실 것'의 행위를 권고하고 있다. 이는 환자의 상태에 대한 공적인 내용에 있어서의 지시이지만, 환자가 반드시 '천천히' 마셔야 하는 의무를 지니고 있지는 않다는 점, 그러나 화자는 청자가 해당 행위를 수행하기를 강하게 바라고 있다는 점에서 권고화행에 해당한다고 할 수 있다.

권고화행에 대한 말뭉치 분석 결과를 종합하면, 권고화행이 사용되는 담화적 환경에는 청자의 실제 행위 발생 여부, 화청자의 지위 관계, 화청자의 유대 관계, 장면의 격식성에 따라 다양한 양상이 나타났는데, 이에 대한 카이제곱 검정의 결과는 아래 〈표 39〉와 같다. 맥락 요인들에 대한 명령화행의 카이제곱 검정 결과 유의확률이 모두 유의수준 0.05보다 작은 값이 산출되어 '두 변수가 독립적이다'라는 귀무가설을 기각할 수 있으므로, 두 변수 즉 이들 맥락 요인에 따른 값과 명령화행은 관련이 있다고 해석할 수 있다.

표 39. 권고화행에 대한 카이제곱 검정 결과

맥락 요인	자유도	유의확률	FISHER TEST
실제 행위 여부	40	3.57E-63	0.0005
지위 관계	32	2.62E-104	0.0005
유대 관계	40	7.05E-12	0.0005
장면의 격식성	40	3.18E-56	0.0005

즉, 권고화행은 강제적 지시화행의 일환으로 담화적으로 청자의 반응이 [유]의 실제 행위로 나타나는 경향성이 높으나, 명령화행에 비하여 [거절]이나 [무]의 반응이 허용되는 경향이 있었으며, [친], [소]의 관계에서 모두 활발히 사용되나, [초면]의 관계에서도 명령화행에 비해 잘 사용되는 경향성을 보이고 있다. 또, [비격식적인 장소에서 사적인 내용]에 대한 사용의 비중이 높은 경향성을 보였다.

3) 요구화행

요구화행은 강제적 지시화행의 하위 화행으로, 화자가 청자에게 화자 자신의 이익과 관련되거나 응당 권리를 주장할 수 있는 범위에서 행위 A를 하라는 내용의 명제를 발화하는 것을 의미한다. 요구화행의 담화적 정의는 아래 〈표 40〉과 같다.

표 40. 요구화행의 정의

> ㄱ. 화자가 청자로 하여금 화자에게 권리가 있는 행위 A를 하라는 내용의 명제를 발화하는 것
> ㄴ. 명제내용: 미래에 청자가 수행하게 될 A
> ㄷ. 의미 특성: 1) 화자는 청자가 행위 A를 수행함에 대하여 [강한 바람]을 가짐.
>   2) 화자는 행위 A에 대한 [권리 및 이익]이 자신에게 있다고 생각.
>   3) 청자는 행위 A의 수행에 대한 [부담]을 가지고 있음.
> ㄹ. 담화 특성: 1) 화자의 명령은 청자의 [실제 행위]로 이어지는 경향성이 있으나 화자의 이익과 관련한 행위라는 점에서 청자로 하여금 [거부]되는 경향성도 다른 강제적 지시화행에 비해 강하게 나타남.
>   2) 유대 관계 [친]의 관계에서 사용되는 비중이 가장 높으나 화자의 권리나 이익과 관련되어 있다면 [초면]의 관계에서도 사용이 무방함.

요구화행의 연속체 구조를 시각화하면 아래 〈표 41〉과 같이 나타낼 수 있다. 아래 〈표 41〉에서는 돈을 주고 상견례 아버지 역할을 하기로 한 아르바이트생에게 돈을 준 사람이 상견례를 하고 가라고 요구하는 용례가 나타나 있다. 이때 화자는 청자에게 금액을 지불하였기 때문에 응당 지시할 권리를 가지고 있으며, 따라서 화자의 [권리 및 이익]에 해당하는 행위 [상견례 참여함]을 요구하는 것은 [강제성]을 지닌다고 할 수 있다.

표 41. 요구화행의 연속체 구조

시작 무브	반응 무브		피드백 무브
어디 가세요? 상견례 하셔야죠.	환기 **요구**	(상견례 장에 같이 들어간다)	실행

이때, 화자의 지시는 [화자의 권리]가 인정되는 영역이기 때문에 실제 행위로 이어지는 경우가 많은 것으로 조사되었다. 구체적인 청자 실제행위 여부는 아래 〈그림 28〉과 같다. 이에 따르면 실제 행위로 이어진 [유]의 경우는 53.21%에 해당하였고, [거절]한 경우가 24.29%, 행위가 나타나지 않는 [무]가 19.84% 정도에 해당하였다. [침묵]은 2.5%, 변명은 0.38% 정도의 비중으로 나타났다.

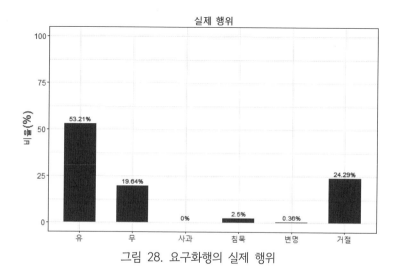

그림 28. 요구화행의 실제 행위

아래 (51)은 요구화행에 대한 청자의 반응을 나타낸 것이다. 이에 따르면, (51ㄱ) 01줄은 환자가 보험이 되지 않는 치료에 대해 수행해 줄 것을 의료진에게 요구하고 있으며, 02줄에서와 같이 이 요구의 내용인 치료는 진행되기 때문에 청자가 실제 행위로 옮겼다고 볼 수 있다. 한편, (51ㄴ)는 [고객과 고물상 주인]의 대화로, 물건에 대한 일정한 권한이 고객에게도 있기 때문에 01줄 고객의 발화는 요구에 해당하며, 02줄 고물상 주인은 [거절]하는 양상으로 대화가 진행되고 있다.

(51) 요구화행에 대한 청자의 반응

　ㄱ. 비싼 치료에 대한 선택의 권리는 환자에게 있음.

　　→ 01 환자: 해 주세요, 그 치료.　　　　　　　　　　　　　요구

　　Ⓐ 02 의사: (고개를 끄덕이며) 최선을 다할게요.　　　　　유

　ㄴ. 고물상에 물건을 판 원래 주인으로 물건에 대한 권한이 있음.

　　→ 01 고객: 어쨌든 도로 줘요.　　　　　　　　　　　　　요구

　　Ⓐ 02 고물상: 이 아저씨 말 듣고 보니까 더 못 드리겠는데요? 거절

　　　03 고객: 얼마 드리면 되나요?

　　　04 고물상: 어허.. 값으로 매길 수 없는데...

　　→ 05 고객: 아저씨, 죄송한데 그냥 도로 주세요.

　　　　　제 거잖아요　　　　　　　　　　　　　　　　재요구

　ㄷ. 상대가 주장하는 정보에 대해 알 권리가 있음.

　　　01 환자보호자: 니들! 내가 보건복지부에 있는 저 윗분한테 전

　　　　화 한 통화만

　　　02 하면 니들 (모가지 자르는 시늉해 보이며) 다 이거야.

　　　03 알기나 해?

　　→ 04 간호사: 그렇군요, 그럼, (전화기 쿵 내려놓으며)

　　　　　　　한번 걸어보시죠.　　　　　　　　　　　　요구

　　Ⓐ 05 환자보호자: 뭐?　　　　　　　　　　　　　　　무

　　→ 06 간호사: 보건복지부든 어디든 전화 걸어서

　　　　　　저 좀 바꿔 주시라고요!　　　　　　　　　　재요구

　　Ⓐ 07 환자보호자: (뭐 이런 미친년이 하는 표정으로 본다)　　무

　ㄹ. 감사로서 알 권리가 있음.

　　　01 감사: 얼마 전에 손목 자상을 입었다고 돼 있는데, 그건 무슨

　　　　사고였습니까?

　　　02 의사: (침묵)(점점 코너에 몰리는 기분)

　　　03 감사: 어쩌다 일어난 거죠?

　　　04 의사: (대답하지 못한다, 불안한 시선으로 녹취 기계를

　　　　　　힐끗 한번 본다.)

　　→ 05 감사: 중요한 문젭니다. 대답해 주세요, 윤서정 선생. 요구

Ⓐ 06 의사: (다시 고개 들어 본다. 불안한 시선) **침묵**

한편, (51ㄷ)와 (51ㄹ)는 화자가 자신의 알 권리에 입각하여 청자에게 정보를 요구하는 장면인데 이때 정보를 공개하는 것이 곤란할 경우 청자의 반응은 [무]나 [침묵]으로 나타났다.

권고화행이 사용되는 담화의 지위 관계에 있어서는 아래 〈그림 29〉와 같은 양상이 조사되었는데, [화=청]의 관계가 약 70%로 가장 높은 분포를 보였고, [화<청]이 15.43%, [화>청]이 12.5% 등으로 조사되었다.

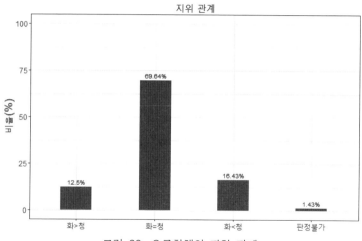

그림 29. 요구화행의 지위 관계

아래 (52)은 요구화행의 지위 관계에 대한 말뭉치의 용례를 나타낸 것이다. 이에 따르면 지위 변인이 [화=청]인 경우는 (52ㄱ)과 같이 행위를 시킬 권한이 화자에게 있는 경우와 (52ㄴ)과 같이 행위 A로 인한 결과가 화자의 이익에 영향을 미치는 경우로 나타났다.

(52) 요구화행에서 지위 변인이 [화=청]인 경우
　　ㄱ. 행위 A를 시킬 권한이 화자에게 있는 경우

→ 01 S: (화난) 대체 아이템은 왜 확인 안 하는 겁니까?　　요구

Ⓐ 02 L: 지금 보러 가는 길이었어요.

　　　　근데 진짜 여긴 웬일이에요?　　　　　　　　변명

→ 03 S: 세 개 보냈습니다. 빨리 확인해 주세요.　　재요구

ㄴ. 행위 A가 화자의 이익에 영향을 미치는 경우

→ 01 S: 무슨 얘기했어? 말실수한 거 없지?

　　　　기억나는 대로 다 말해.　　　　　　　　　요구

Ⓐ 02 L: 걱정 안 해도 돼 주리야. 형사님이 되게 잘 해 주셔.

위 (52ㄱ)은 동료 사이의 대화로 팀 발표 기획서를 보낸 작성자가 팀원으로 하여금 '보낸 내용을 확인할 것'을 요구하고 있는 장면이다. 이때, 두 사람은 업무적으로 공통의 과제를 수행해야 하는 목적을 가지고 있기 때문에 화자가 청자로 하여금 기획서를 확인하도록 지시하는 것은 화자가 응당 지닐 수 있는 권리라고 할 수 있다. 한편, (52ㄴ)은 친구 사이의 대화로 죄를 지은 화자가 자신의 잘못을 친구가 발설했을 것을 걱정하여 친구에게 '말한 것을 다 말할 것'을 요구하고 있는 장면이다. 두 사람은 친구 사이인 데다가 서로의 과오를 덮어주고 비밀을 지키기로 암묵적으로 합의된 관계이기 때문에 해당 요구는 화자의 이익에 영향을 미칠 뿐 아니라 화자의 권리라고 해석할 수 있다.

한편, 요구화행은 유대 관계에 있어 [친]의 관계에서 47.86%로 가장 활발히 나타났고, [소]의 관계 27.6%, [초면] 18.57%, [적대] 3.93% 등으로 나타났다. 이는 역시나 강제적 지시화행이 청자의 체면을 손상시킬 가능성을 가지고 있다는 점에서 [친]의 관계에서의 사용이 가장 선호되는 것과 연계하여 생각할 수 있으나, 앞선 명령화행, 권고화행에 비하여 [소]의 관계나 [초면]의 관계에서 더 활발히 나타나는 특징을 드러내고 있어 명령, 권고에 비해서는 강제성이 약하거나 처음 만난 사이에서도 상대적으로 큰 부담 없이 사용할 수 있는 화행인 것으로 해석할 수 있다. 〈그림 30〉이 요구화행의

유대 관계에 관한 말뭉치의 분포를 나타낸 것이다.

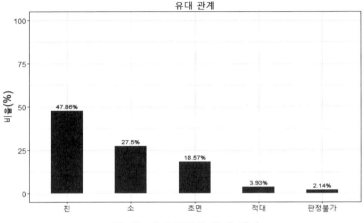

그림 30. 요구화행의 유대 관계

요구화행의 용례는 아래 (53)과 같은데 (53ㄱ)은 제3자인 좌중이 있는 장면에서 국민의 알권리를 대변하는 취재 기자(S)가 연구 조작 혐의를 지니고 있는 교수(L)에게 질의하는 장면으로 구성되어 있다. 이때, 01줄 S의 발화에는 제안이라는 메타용어가 사용되고, 또 03줄 S 발화에서는 허락이라는 어휘가 사용되어 마치 허락 구하기의 형식을 취하고 있으나 실제로 어떤 행위를 화자가 할 것을 허락받기 위함이 아니라, 대조 여부를 밝히라는 지시의 성격을 지니기 때문에 이는 지시화행으로 볼 수 있으며, 지시 내용이 [화자의 권리]에 대한 행위라는 점에서 요구화행이라고 분석할 수 있다. 즉, 이 대화는 [초면]의 관계에서 수행된 요구화행의 예시이다.

(53ㄴ)은 자식의 일로 이사장을 만나고자 하는 학부모(S)와 그를 만류하는 교감(L)의 대화로, 03줄 S의 발화를 통해 '-을 수 있을까요?'라는 가능성 표현이 사용되었으나, 04줄의 내용으로 볼 때, 청자의 동의 여부와 무관하게 지시 내용을 관철시키려고 한다는 점에서 실제 가능 여부를 질의했다기

보다는 가능성 표현을 빌려 요구화행을 수행하고 있다고 분석할 수 있다. 즉, 이 대화는 [소]의 관계에서 요구화행이 수행되는 양상을 나타내는 용례라고 할 수 있다.

(53) 요구화행의 유대 관계

　ㄱ. [초면]의 관계: 기자와 인터뷰이

　　01 S: 그럼 이런 제안은 어떻습니까?

　　02　　모든 의혹을 불식시키기 위해 줄기세포 DNA를 논문과 대조할 수 있게

　→ 03　　허락해 주시겠습니까?　　　　　　　　　　　요구

　　04 H: (좌중이 모두 이민석 박사를 쳐다보면)

　　05 L: 당연히.. 당연히 그렇게 해드려야죠.

　ㄴ. [소]의 관계: 학부모와 이사장

　　01 L: 어떻게 오셨습니까?

　　02 S: 저 2학년 3반 강소영 엄마 되는 사람인데요.

　→ 03　　이사장님 좀 뵐 수 있을까요?　　　　　　　　요구

　　04　　(이사장실, 노크 소리 들리고, 소영모와 말리는 교감이 들어선다)

　Ⓐ 05 L: 아니 막무가내로 이러시면 안 됩니다.

　　06　　사전 약속도 없이 이사장실로 들어가는 경우가 어딨습니까?

　ㄷ. [친]의 관계: 애인 사이

　　01 S: 내 태도가 어떤데?

　　02 L: 니 태도? 지금 몰라서 묻는 거니?

　　03 S: 나 몰라.

　　04 L: 진짜?

　→ 05 S: 알려 줘.　　　　　　　　　　　　　　　　요구

　　06 L: 너 상엽이 형이랑 술 몇 번이나 마셨어?

　　07 S: 왜 이러니 진짜.

　Ⓐ 08 L: 아니 내 말은. 니가 상엽이 형이랑 술을 몇 번 먹든 그건

괜찮아. 근데 왜 니가 술값을 내니? 선배랑 마시면서 니가
왜? 오지랖만 넓어 갖구..
09 S: 됐다. 그만 하자. 그게 내 태도가 이상한 거야?
그게 문제였어?

한편, [친]의 유대 관계의 일종인 [애인과 애인] 사이에서 이루어지는 요구
화행의 예시로 (53ㄷ)을 볼 수 있다. 여기에서는 갈등 상황에서 애인이 자
신에게 가지고 있는 불만의 문제를 알고자 '말해 줄 것'을 요구하는 화자의
발화가 05줄을 통해 나타나고 있다. 이는 애인 사이에서 응당 주장할 수 있
는 알 권리에 해당하기 때문에 요구화행을 수행하는 발화라고 볼 수 있다.
다음으로 요구화행은 사용역 면에서 격식과 비격식, 공적과 사적 영역에
모두 골고루 분포하는 것으로 나타났는데, [비격식적 장소의 사적인 내용]
에서의 비중이 36.43%, [격식적 장소의 공적인 내용]이 36.07%로 거의 유
사한 비율로 나타났으며, [격식적인 장소의 사적인 내용]이 17.86%, [비격식
적 장소의 공적인 내용]이 4.29%로 나타났고, [무표적·사적] 3.93%, [무표
적·공적]이 1.42%의 비중을 차지하는 것으로 나타났다. 그러나 말뭉치 구

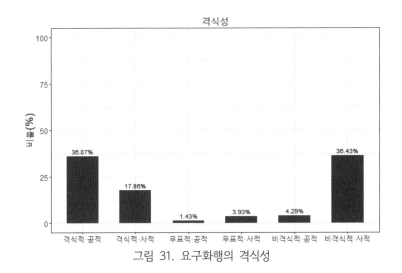

그림 31. 요구화행의 격식성

성 자체에서 무표적인 공간이 적음을 감안할 때, 요구화행은 사용역에 크게 제약 없이 골고루 사용된다고 기술할 수 있을 것이다.

아래 (54)는 요구화행의 사용역에 관한 것이다. 요구화행은 격식적/비격식적, 공적/사적에 제약 없이 골고루 사용되는 양상을 보였는데, 대표적으로 (54ㄱ)은 [격식적인 장소에서 공적인 내용]에 대해 요구화행이 이루어지고 있는 장면이다. [동사무소직원과 고객]의 대화로, 01줄에서 화자인 동사무소 직원은 '주민등록증을 줄 것'에 대해 요구하고 있다. 이에 청자의 반응이 없자 03줄에서 'N이요'의 형태로 다시 재요구하는 행위를 하고 있는데, 요구화행에서 물건이나 메뉴, 명시적인 장소나 방향이 요구의 내용이 되는 경우에는 이렇게 'N이요' 문형 등을 통해 나타나기도 하는 양상을 보였다.

(54ㄴ)은 [비격식적인 장소에서 사적인 내용]에 대해 요구화행을 수행하는 대표적인 사례로 [세 친구]가 담화 참여자로 나타나며, 서로 친구로서 알권리에 입각하여 '말해줄 것'을 요구하고 있다. 01줄에서 화자는 청유형 종결어미인 '-자'를 사용하여 발화하고 있지만, 결합한 용언 '묻다'는 1인칭 주어를 지니며, 묻는 행위의 주체는 화자 자신이 되기 때문에 청유가 아니라 간접화행을 통해 '대답할 것'을 요구하고 있는 발화라고 볼 수 있다.

(54) 요구화행의 사용역

　ㄱ. 격식적인 장소, 공적인 내용

→ 01 S: (동사무소에서) 할머니, 우선 주민등록증 주세요.　　　**요구**

Ⓐ 02 L: (머뭇)

→ 03 S: 주민등록증이요.　　　　　　　　　　　　　　　**재요구**

Ⓐ 04 L: 없어요...

　ㄴ. 비격식적인 장소, 사적인 내용

→ 01 S: (와인바에서) 그럼 나도 하나만 묻자.　　　　　**요구**

　　02 H: (두 사람의 눈치를 보며 안절부절 못하는)

　　03 S: 넌 친구가 사람을 죽였으면 판사로 재판할래 아니면

친구로 숨겨 줄래?

Ⓐ 04 L: 판사라면 죄를 정확하게 물어야 하고, 친구라면 더더욱
숨겨서는 안 되겠지. 그게 결국 친구된 도리야.

그 밖에도 '차 안', '도로', '길거리', '시장 한복판' 등 [무표적]인 장소에서
도 공적·사적인 내용의 요구들이 말뭉치 상에서 사용되고 있음을 확인할
수 있었다. 요구화행은 행위 A의 속성이 화자의 권리 및 이익과 관련이 있
다는 전제 하에 다양한 사용역에 제약 없이 사용되는 화행이라고 해석할
수 있겠다.

요구화행에 대한 말뭉치 분석 결과를 종합하면, 요구화행이 사용되는 담
화적 환경에는 청자의 실제 행위 발생 여부, 화청자의 지위 관계, 화청자의
유대 관계, 장면의 격식성에 따라 다양한 양상이 나타났는데, 이에 대한 카
이제곱 검정의 결과는 아래 〈표 42〉와 같다. 맥락 요인들에 대한 요구화행
의 카이제곱 검정 결과 유의확률이 모두 유의수준 0.05보다 작은 값이 산출
되어 '두 변수가 독립적이다'라는 귀무가설을 기각할 수 있으므로, 두 변수
즉 이들 맥락 요인에 따른 값과 요구화행은 관련이 있다고 해석할 수 있다.

표 42. 요구화행에 대한 카이제곱 검정 결과

맥락 요인	자유도	유의확률	FISHER TEST
실제 행위 여부	40	3.57E-63	0.0005
지위 관계	32	2.62E-104	0.0005
유대 관계	40	7.05E-12	0.0005
장면의 격식성	40	3.18E-56	0.0005

즉, 요구화행은 담화적으로 청자의 실제 행위가 [유]로 나타나는 경향성
이 있었으며, [거절]이나 [무]도 명령, 권고화행에 비해서는 비교적 더 나타
나는 경향성을 가지고 있고, [친]의 유대 관계에서뿐만 아니라 [초면]이나
[소]의 관계에서도 비교적 선호되는 양상을 보이고 있었다. 지위에 있어서

도 [화=청]인 경우가 많았고, [화⟨청]이나 [화⟩청]모두 제약없이 사용되며, 격식적/비격식적 장소, 공적/사적 내용에 대해 특별한 제약없이 선택되는 것으로 조사되었다. 즉, 지시된 행위 A를 시킬 권리의 소재가 화자에게 있거나 행위 A의 결과가 화자의 이해관계와 밀접한 관련을 맺고 있을 때, 요구화행은 사용역에 구애 없이 쓰이는 것으로 해석할 수 있겠다.

4) 금지화행

금지화행은 지시화행에 대한 부정의 의미를 갖는 것으로, 부정 표현 '-지 말다', '-지 않다', '-지 못하다'가 사용된 발화에 국한하여 보는 좁은 의미의 접근이 있는가 하면, 이은희(2014:15)에서와 같이 금지화행을 '화자가 청자에게 어떠한 행위를 못 하게 하는 발화 행위'로 넓게 정의하는 접근도 있다. 본 연구에서는 금지화행을 '화자가 청자로 하여금 행위 A를 하지 못하게 지시하는 것'으로 보되, 으로 '걱정하다', '슬퍼하다', '괴로워하다' 등 심리를 묘사하는 동사와 결합하여 사용되는 쓰임은 실제 행위를 금지하기보다는 친교 행위의 일환으로, 지시화행으로서의 성격이 약화된 관용적 사용이라고 보고 본고의 금지화행에서는 제외하였다. 금지화행에 대한 담화적 사용 양상을 토대로 한 정의는 아래 ⟨표 43⟩과 같다.

표 43. 금지화행의 정의

ㄱ. 화자가 청자로 하여금 행위 A를 하지 말라는 내용의 명제를 발화하는 것
ㄴ. 명제내용: 미래에 청자가 수행하지 말아야할 행위 A
ㄷ. 의미 특성: 1) 화자는 청자가 행위 A를 하지 않는 것에 대한 [강한 바람]을 가지고 있음.
　　　　　　 2) 청자는 행위 A를 하지 에 대한 수행의 [부담]이 청자에게 있음
ㄹ. 담화 특성: 1) 화자의 명령은 청자의 실제 행위로 이어짐
　　　　　　 2) 화자는 행위 A를 강제할 권한을 지니고 있음.

금지화행의 연속체 구조를 시각화하면 아래 ⟨표 44⟩와 같이 나타낼 수

있는데, 시작 무브에서 나타난 금지화행에 따라 이어지는 반응은 '행위 A 하지 않음'의 수행으로 이루어진다. 이때 '행위 A 하지 않음'을 수행함에 대하여 청자의 선택권이 있는 경우와 청자의 선택권이 없는 경우가 있는데, 청자의 선택권이 없는 경우는 강제적 지시화행에 대응하며, 청자의 선택권이 있는 경우는 비강제적 지시화행에 대응하는 경향성이 있으나, 대개 화자가 [강한 소망 및 의지]를 가지고 있다는 점에서 금지화행은 강제적 지시화행의 하위 범주에서 논의할 수 있다.

표 44. 금지화행의 연속체 구조

시작 무브		반응 무브		피드백 무브
너 면접 보지 마.	금지	그래 세나야.. (면접을 보지 않는다)	실행	

이때, 청자로 하여금 선택권이 인정되는 금지화행의 경우 시작 무브에서 나타난 금지화행에 대하여 청자가 반대되는 의사를 보이거나 거부하는 행동을 할 수 있는데, 이때에는 화자와 청자의 대화 연속체가 아래 〈표 45〉와 같이 여러 차례의 번복 과정을 나타내기도 한다.

표 45. 금지화행의 연속체 구조 2

시작 무브		부정적 반응 무브		재시작 무브	
다시는 연락하지 마세요!	금지	(따라가며) 선생님, 저기요!!	재 권고	(창문을 닫고 외면한 채 가버린다)	금지

금지화행은 아래 (55ㄱ)과 같이 '-지 말다' 문형이나 (55ㄴ)과 '-으면 안 되다' 문형을 통해 실현되는 경우가 있었고, (55ㄷ)과 같은 수사의문문이나 (55ㄹ) 안/못 부정의문문을 통해 간접적으로 실현되기도 하였으며, (55ㅁ)처럼 '시끄럽다' 등의 진술을 통해 간접화행으로 실현되었고, (55ㅂ)처럼 어휘 '그만'이 사용되어 실현되기도 하는 양상을 보였다.

(55) ㄱ. 너 따라오지 마.

ㄴ. 안 돼! 그럼 우리 학교 망 해.

ㄷ. 왜 시키지도 않은 일을 하고 그럽니까?

ㄹ. 조용히 하지 못 해요?

ㅁ. 시끄러워.

ㅂ. 그만 좀 하지.

금지화행에 대한 말뭉치 분석 결과, 금지화행 발화에 대한 청자의 실제 행위는 아래 〈그림 32〉와 같이 [유]가 46.26%로 가장 높았고, [무]가 28.19%, [거절]이 18.06%, [침묵]이 4.4.1%, [변명]이 2.64%, [사과가 0.44 의 비중으로 나타나고 있었는데, 대개 수사의문문이나 부정의문문을 통해 수행된 금지화행에 대한 반응은 [무], [침묵], [사과]로 이어지는 경향성이 있었다.

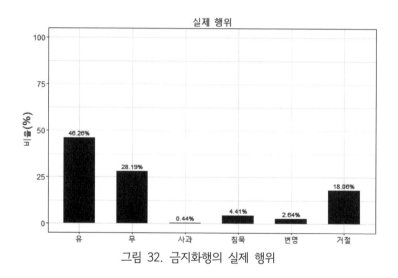

그림 32. 금지화행의 실제 행위

아래 (56)은 청자의 선택권이 있는 금지에 해당한다. 아래 대화에서는 [동생과 언니]가 대화 참여자로 나오는데, 동생이 같은 회사에 면접을 보러 오게 된 언니에게 집안의 사정이 알려질 것을 우려하여 '면접을 보지 말 것'을 지시하고 있다. 즉, 01줄 동생의 발화는 면접 보는 행위에 대한 금지 화행을 수행하고 있다고 할 수 있다. 이때, 화자인 동생에게는 해당 금지화행을 강제할 권한이나 권리가 없으며, 지위 및 나이 관계에서도 수직적 힘을 갖는 관계가 아니기 때문에, 이 금지화행은 청자로 하여금 거절되거나 실제 행위로 이어지지 않아도 되는 발화에 해당한다. 그러나 10줄에서와 같이 청자는 화자에게 이유에 대해 질의하는 과정을 통해 화자가 금지화행의 발화를 수행한 이유를 듣고 '면접을 보지 말 것'의 행위를 실제로 수행에 옮기게 된다. 이는 14줄에 이르러 담화 상에서 구체화되고 있다.

(56) 청자의 선택권이 있는 금지

→ 01 동생: 너 면접 보지 마.   금지

02 언니: 왜 그래 세나야..   질의

03 동생: 면접관들이 물어 봐. 자매 이름이 두나, 세나인데 왜 중간에 낀 딸 이름이 설화냐고. 두나 설화 세나... 언니가 생각해도 이상하지 않아?   이유제시

04 언니: 설마 이번에도 물어볼까.. 안 물어볼 거야. 또 물어보면 뭐 잘 둘러대면 되지.   설득

05 동생: 뭐라고! 제가 원래 셋째라 이름이 세나고 금설화는 밖에서 낳아온 배 다른 자매랍니다. 그래서 혼자 이름이 튀어요. 그래?   반박

06 언니: 세나야...   안쓰러움 표현

07 동생: 아나운서는 이미지가 생명이야. 모르지? 너 때문에 면접 갈 때마다 얼마나 마음 졸이는지. 난 이제 정말 마지막인데. 하필이면 왜 여기야.   타박

08 언니: 세나야   호명

09 동생: 왜!   대답

前Ⓐ 10 언니: 너는 왜 아나운서가 되고 싶어..?   질의

11 동생: 뭐라는 거야. 지금 남 속상해 죽겠는데.   거부

12 언니: 말 해 봐. 왜 그렇게 간절하게 되고 싶은지..   권고

```
13 동생: 몰라! 그냥 하고 싶어. 그럼 안 돼?
         별걸 다 물어.                              대답
Ⓐ 14 언니: .. 그래. 너 해. 넌 잘 할 거야.
          들어가, 면접 늦겠다.                      수락
15 동생: 언니는..?                                 질의
16 언니: 난 그냥 재미삼아 넣어 본 거야. 서류 됐다니까
         와 본 거고.. 지금 다니는 제작사도 좋아.
         일도 재밌고.                              대답
17 동생: 정말이야? 정말 면접 안 볼 거야?             확인
18 언니: 그래. 그러니까 어서 가.                    권고
19 (눈물 자국 닦아 주며) 얼룩졌다.
   면접장 들어가기 전에 거울 한번 보고.             권고
20 동생: (침묵)                                    수락
21 언니: 어서!                                     재권고
```

즉, 금지화행이 실제 행위 [유]로 실현되는 데에는 화자와 청자의 지위 관계가 반드시 제약을 갖는 것은 아니라는 것을 확인할 수 있다. 한편, (57)과 같이 실제행위가 [거절] 등으로 나타나는 경우도 두드러졌는데, (57ㄱ)은 동급생끼리의 대화로 02줄의 금지화행에 대한 반응이 부인(03줄)과 변명(04줄)으로 나타났으며, (57ㄴ)은 직원(S)과 대리(L)의 관계로 금지화행에 대한 반응이 거절(02줄)로 나타났다.

```
(57) 금지화행에 대한 청자의 반응
    ㄱ. [동급생끼리의 대화]
       01 S: 그런 거 아니거든?
     → 02    자꾸 딴소리 하지 마.                  금지
    Ⓐ 03 L: 그런 거 아냐.                          부인
    Ⓐ 04    그냥 니 마음 다 알 것 같아서..          변명

    ㄴ. [직원과 대리의 대화]
     → 01 S: 아 진짜 따라오지 마요!!                금지
```

Ⓐ 02 L: (달려서 따라간다)   거절

이때, (57ㄱ)과 같이 '딴소리를 하다, 작게 말하다, 시끄럽게 하다, 화를 내다, 퉁명스럽게 말하다, 오해하다' 등 태도와 관련한 금지화행은 상대적으로 [거절]되거나 [무로 나타나거나 혹은 [사과]의 반응을 이끌어내는 경우가 많은 경향성이 나타났고, (57ㄴ)과 같이 '오다, 먹다, 쓰다, 보내다, 옮기다' 등 실제적으로 구체화된 행위에 대한 금지는 상대적으로 [거절]되거나 [무로 나타나지 않으며, 그러기 위해서는 청자의 체면을 보호하기 위한 맥락 요인에 요구되는 양상을 보였다.

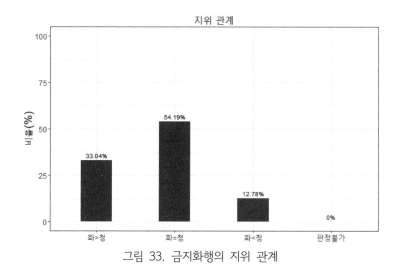

그림 33. 금지화행의 지위 관계

〈그림 33〉은 금지화행의 지위 관계 양상을 정리한 것이다. 말뭉치 상에서 금지화행은 [화=청]의 관계에서 51.19%로 가장 높은 사용의 양상을 보였고, [화〉청]의 관계에서 33.04%, [화〈청]의 관계에서는 12.78%의 비중을 보였으며, 특정한 제약은 없는 것으로 나타났다.

이는 금지화행이 지시화행 하위 화행들에 대한 부정의 역할을 함으로써, 강제적 지시화행부터 비강제적 지시화행까지 다양한 화행들에 대응하기 때

문에 나타나는 양상으로 볼 수 있다. 지위 관계에 따른 구체적인 용례는 아래 (58)과 같다.

(58) 금지화행이 실현되는 지위 맥락
　　ㄱ. 사회적 지위는 낮지만 행위 A에 있어 더 전문지식을
　　　　가지고 있는 경우
　→　01 S: 여사님 움직이시면 안 돼요.　　　　　　　　　금지
　Ⓐ　02 L: 아 놀래라. (거울보며 자세 고정한다)
　　　03　　더 빵빵하게 올려.
　　　04　　절대로 안 꿀리게 힘 빡 줘야 돼.

　　ㄴ. 사회적 지위는 무관하지만 행위 A에 대해 요구할 권리를
　　　　가지고 있는 경우
　　　01 S: 그 새긴 살인마라니까!
　→　02　　절대 치료해 주지 말라구 그딴 자식은!　　　　금지

　　ㄷ. 사회적 지위가 낮지만 금지화행을 수행한 경우
　→　01 S: 형 하지 마. 참아.　　　　　　　　　　　　　금지
　Ⓐ　02 L: (뿌리친다)

먼저, (58ㄱ)은 사회적 지위가 [화<청]이지만, '머리 손질 행위'에 있어 고객에게 발화할 권한을 가지고 있는 화자(미용사)가 청자에게 '움직이지 말 것'을 지시하고 있는 경우이다. (58ㄴ)은 사회적 지위는 무관하지만 치료를 하려는 의사에게 '범죄자를 치료하지 말 것'을 지시하는 경우에 해당하고, (58ㄷ)은 직장 선후배 사이의 대화로 지위 관계 [화<청]임에도 화자의 의지와 소망에 입각해 금지화행이 수행되고 있는 경우가 나타나고 있다.

한편, 금지화행은 유대관계 면에서 아래 〈그림 34〉와 같은 분포를 나타냈는데, 구체적으로는 '[친] 58.59% 〉 [소] 26.43% 〉 [초면] 9.69% 〉 [적대] 3.96%' 순으로 조사되었다.

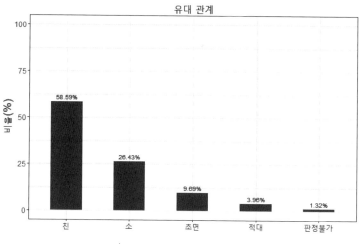

그림 34. 금지화행의 유대 관계

금지화행의 유대 관계에 대한 사용의 용례는 아래 (59)와 같다. 먼저, (59ㄱ)은 [친]의 관계로 지위에 대한 큰 제약 없이 금지화행이 사용되는 양상이 나타났으며, (59ㄴ)과 같이 [소]의 관계, (59ㄷ) [초면]의 관계, (59ㄹ) [적대]의 관계에서 모두 금지화행의 사용 양상이 나타났다.

(59) 금지화행의 유대 관계

    ㄱ. [친]의 관계

    → 01 후배: 형 하지 마. 참아.   **금지·권고**

    Ⓐ 02 선배: (대답 없이 뿌리친다)   **거절**

    ㄴ. [소]의 관계

    01 교감: 아니 막무가내로 이러시면 안 됩니다.

            사전 약속도 없이 이사장실로

    → 02   쳐들어 가는 경우가 어디 있습니까..   **금지**

    Ⓐ 03 학부모: 너무 급해 연락드리는 걸 깜박했네요.   **변명**

    ㄷ. [초면]의 관계

    → 01 운전기사: 거 같은 국민끼리 그러지 맙시다.   **금지**

02   그 죄를 어떻게 받으려고...   **충고**

Ⓐ 03 피디: (대답 없이 택시 문을 쾅 닫는다)   **거절**

ㄹ. [적대]의 관계

→ 01 의사: 그만하지 못 해! 어디서 병명을 함부로 말해?

촬영하러 왔으면 촬영이나 할 일이지 어디서 의사 흉내야?

여기가 당신 놀이터야?   **금지**

Ⓐ 02 피디: (깜짝 놀라 본다)

한편, 금지화행은 격식성에 있어서도 유표적인 특징을 지니지 않는 것으로 나타났는데 구체적인 말뭉치 조사 결과는 아래 〈그림 35〉와 같다. 이에 따르면 [비격식적 장소에서 사적인 내용]의 금지가 수행된 경우가 42.29%로 가장 높았고, [격식적 장소에서 공적인 내용]의 금지가 28.19%, [격식적·사적] 금지가 22.91%, [비격식적·공적] 금지가 5.29%, [무표적·사적] 금지가 1.32%로 비중을 나타냈다.

아래 (60)는 금지화행의 사용역에 따른 용례이다. 금지화행은 지시화행의 하위 유형들에 대응하기 때문에 그 범위가 넓고, 격식적/비격식적 장소

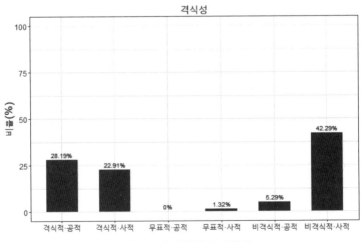

그림 35. 금지화행의 격식성

와 공적/사적 주제에 있어서도 특별한 제약 없이 고루 사용되는 양상을 보였다. (60ㄱ)은 '집'이라는 [비격식적] 장소에서 '농담'이라는 [사적] 주제에 대해 03줄에서 금지화행이 이루어지고 있으며 04줄에서는 아빠(S)의 장난어린 행동 '주먹으로 코 쥐며'에 대해 금지화행이 이루어지고 있다. (60ㄴ)은 비서실에서 비서(S)와 불청객(L), 사장(H)이 담화 참여자로 구성되고 있는데, '비서실'이라는 격식적 장소에서 '방문'이라는 공적 주제에 대해 금지화행이 이루어지고 있는 장면이다. (60ㄷ)은 '은행'이라는 격식적 장소에서 '사내연애'에 대한 사적 주제에 대해 잡담이 이루어지는 과정에서 나타난 금지화행이며, (60ㄹ)은 '공원'이라는 비격식적 장소에서 '취재'라는 공적 주제에 대해 금지화행이 수행된 경우이다.

(60) 금지화행의 사용역

    ㄱ. 비격식적인 장소, 사적인 내용
       01 S: (집에서) 이 녀석이?
       02 L: 농담한 거야. 그 사람이 하도 이상하게 굴어서.
   → 03 S: 장난으로라도 그런 농담 하지 마.
          (주먹으로 코 쥐며) 알았어?   금지
   → 04 L: 아야, 그만, 그만해 아빠! (웃음)   금지

    ㄴ. 격식적인 장소, 공적인 내용
   → 01 S: (비서실에서) 이러시면 안 됩니다!!   금지
  Ⓐ 02 L: (밀치고 집무실로 뛰쳐 들어가면)   거절
      03 H: (S에게) 나가 봐요.   명령
      04 S: (H에게 인사하고 나간다)   수행

    ㄷ. 격식적인 장소, 사적인 내용
      01 S: (은행에서) 연애하는 건 좋은데, 사람은 패지 마.
   → 02 내가 겁나서 출근을 못 하겠어.   금지
  Ⓐ 03 H: (사람들, 웃는다)

ㄹ. 비격식적인 장소, 공적인 내용

    01 S: (공원에서) (우뚝 멈춰 서고)

    02 L: 정국고 파수꾼이 후속 취재 주인공이야. 어떻게 생각해?

    03 S: (표정 굳고, 뒤 돌아서면)

    04 L: 흥미롭더라고. 금수저 천지인 명문고에서 위선과 허영을

    05   폭로하면서 정의를 수호하는 가면의 SNS 계정이 있다는 게.

    06 S: (성큼성큼 공격적으로 다가서서) 하나도 흥미롭지 않아요.

→   07   관심 갖지 마세요. 취재도 하지 마세요.   금지

금지화행에 대한 말뭉치 분석 결과를 종합하면, 금지화행이 사용되는 담화적 환경에는 청자의 실제 행위 발생 여부, 화청자의 지위 관계, 화청자의 유대 관계, 장면의 격식성 등이 다양하게 작용하는 것으로 나타났는데, 이에 대한 카이제곱 검정의 결과는 아래 〈표 46〉과 같다. 맥락 요인들에 대한 금지화행의 카이제곱 검정 결과 유의확률이 모두 유의수준 0.05보다 작은 값이 산출되어 '두 변수가 독립적이다'라는 귀무가설을 기각할 수 있으므로, 두 변수 즉 이들 맥락 요인에 따른 값과 금지화행은 관련이 있다고 해석할 수 있다.

즉, 금지화행은 소극적으로는 부정 표현이 사용된 발화부터 적극적으로는 청자의 행위를 막는 모든 발화를 포함하는 개념으로 사용되고 있으며, 부정의문문이나 수사의문문을 통해 실현되는 간접적인 금지화행은 대개 핀잔이나 타박, 위협의 담화 기능을 수반하기 때문에 [사과]나 [변명], [침묵]의 반응을 이끌어내기도 하였고, 지위에 있어서도 큰 제약 없이 사용되는 것으

표 46. 금지화행에 대한 카이제곱 검정 결과

맥락 요인	자유도	유의확률	FISHER TEST
실제 행위 여부	40	3.57E-63	0.0005
지위 관계	32	2.62E-104	0.0005
유대 관계	40	7.05E-12	0.0005
장면의 격식성	40	3.18E-56	0.0005

로 나타났으며, 청자에게 행위 수락에 대한 선택권이 큰 경우에는 곧바로 행위가 이어지지 않고 금지하는 이유를 묻거나, 권고를 통한 설득 행위가 이어지는 등의 과정이 나타나는 특징이 있었다. 격식성 면에서도 특별한 제약 없이 고루 사용되는 양상을 보였다.

2. 비강제적 지시화행

1) 요청화행

요청화행은 화자에게 이익이 되는 일을 청자로 하여금 해 줄 것을 지시하는 화행으로, '청하다, 부탁하다, 빌다, 애원하다' 등을 포괄하는 화행적 개념이라고 할 수 있다. 요청화행으로 인해 실현되는 행위 A는 화자에게 도움이 되는 결과를 야기한다는 점에서 특징이 있으며, 그 구체적인 정의는 〈표 47〉과 같이 나타낼 수 있다.

표 47. 요청화행의 정의

ㄱ. 화자에게 이익이 되지만 화자는 할 수 없고 청자에게만 실현의 권한이 있는 행위 A를 해줄 것을 지시하는 내용의 발화를 하는 것.
ㄴ. 명제 내용: 청자로 하여금 행위 A를 실행에 옮길 것을 내용으로 하는 발화.
ㄷ. 행위 A의 특성: 미래에 청자가 하게 될 행위 A의 결과는 화자에게 도움이 됨.
ㄹ. 의미 특성: 1) 화자는 청자가 행위 A를 하면 좋겠다는 [강한 소망]을 가짐.
　　　　　　　 2) 화자는 행위 A실현에 대한 [능력과 권한이 청자]에게 있음을 앎.
　　　　　　　 3) 행위 A에 대한 수행의 [부담]이 청자에게 있음.
ㅁ. 담화 특성: 1) 청자는 실제로 행위 할 수도 있고, 그렇지 않을 수도 있음.
　　　　　　　 2) 부탁을 나타내는 '-어 주다', '제발', '좀' 등이 나타나는 경향.

요청화행의 연속체를 시각화하면 〈표 48〉과 같이 나타낼 수 있다. 〈표 48〉에서는 엄마에게 자신의 정체를 모르는 척 해 줄 것을 부탁하는 아들의 발화가 시작 무브로 나타나고 있고, 이에 대해 엄마는 부정적 무브의 단계로 아들의 부탁을 간접적으로 거절하고 있다. 요청화행에서는 행위 A를 실

표 48. 요청화행의 연속체 구조

시작 무브		부정적 반응 무브		피드백 무브	
내가 이 병원에서 촬영하고 있더라도 모른 척 해달라고.	요청	잘 됐네. 이번 참에 니가 누군지 다 말하고 그만두게 해야지.	다짐 (거절)	엄마!	이의 제기

현할 능력과 권한이 청자에게 전적으로 있기 때문에 화자는 주로 '-어 주' 구성을 사용하여 완곡하게 지시화행을 수행하는 것으로 나타났다.

　요청화행은 강제성이 없는 비강제적 지시화행에 속하기 때문에 청자가 실제행위를 할 수도, 하지 않을 수도 있는 가능성이 열려 있는 화행이다. 따라서 앞선 강제적 지시화행에 비해 거절의 빈도가 높게 나타난다는 특징이 있다. 〈그림 36〉에 따르면, 청자의 실제 행위로 이어진 [유]의 경우는 41.67%, 행위가 나타나지 않은 [무]의 경우는 28.65%였으며, 명시적 [거절]이 나타난 비율은 24.48%로 높게 나타났다. 그 밖에 침묵 4.17%, 변명 1.04% 정도의 사용 양상을 확인할 수 있다. 거절에 대한 보조화행으로 사과가 나타난 경우는 있었지만 요청에 대한 반응으로서 주화행이 [사과]로 나타난 경우는 없었다.

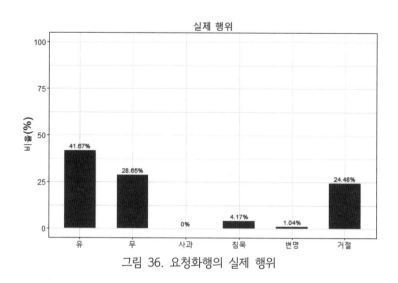

그림 36. 요청화행의 실제 행위

요청화행은 행위 A를 할 수 있는 능력에 화자에게는 없고 청자에게만 있기 때문에, 청자에게 결정권이 있으므로 명시적으로 [거절]을 하거나 수행하지 않는 [무]의 경우도 강제적 지시화행에 비해 높은 빈도로 나타났다. 요청화행에 대한 청자의 반응의 구체적인 용례는 아래 (61)과 같다. (61ㄱ)에서는 친구 사이인 [미래와 소장]이 대화하고 있으며 01줄에서 화자인 미래가 청자인 소장에게 '시간을 끌다'의 행위를 요청하고 있다. '시간을 끌다'는 일회적인 행위가 아니라 시간의 지속적 구간을 갖는 행위인데, 04줄에서 06줄에 이르기까지 소장은 '시간을 끌다'의 행위를 수행하고 있다. 즉, 청자가 화자의 요청에 지시된 행위를 수행한 [유]의 사례라고 볼 수 있다.

한편, 아래 (61ㄴ)은 청자가 [무]로 반응한 경우로, [애인 사이]의 두 사람이 대화 중 경석이 05줄에서 '놔 줄 것'을 요청하고 있지만, 그에 대한 구체적인 행동이 말뭉치 상에서 나타나지 않고 있다. 이는 '놔 주다', '이해해 주다', '배려해 주다', '생각 좀 해 주다' 등과 같이 추상적이고 심리적이어서 행위로 구체화되기 어렵거나 오랜 시간에 걸쳐 수행될 수 있는 행위를 요청했을 때에 나타나는 반응이라고 볼 수 있다.

(61ㄷ)은 청자의 반응이 [거절]로 나타난 경우이고, (61ㄹ)은 [변명], (60ㅁ)은 [침묵]으로 나타난 예시이다.

> (61) 요청화행에 대한 청자의 반응
>> ㄱ. 청자의 반응이 실제 행위 [유]로 나타난 경우
> → 01 미래: 시간, 시간 좀 끌어 줘. 5분, 아, 아니 10분.　　**요청**
>> 02 소장: 야, 야!
>> 03 미래: (튀어 나간다)
> Ⓐ 04 소장: (문밖의 사람들에게) 무슨 일이에요 경관님들?　　　유
>> 05 경관: 어, 어 차 소장.
>> 06 소장: 우리 사무실 뒤지러 온 거 아냐?
>>　　　　　우리 이제 불체자 없어요!

ㄴ. 청자의 반응이 실제 행위 [무]로 나타난 경우

    01 채현: 난.. 이기적인 사람들이 무서워.

    02 경석: (침묵)

    03 채현: 그래, 내가 겁이 많아서 그래. 혼자 남는 거 무서워서.

    04   그래서 이리저리 헤픈거야. 됐어?

→ 05 경석: 그럼... 차라리 날 놔 줘.   요청

Ⓐ 06   (경석, 채현의 팔을 더 꼭 잡고 있다.)   무

    07 채현: (채현, 그런 경석의 팔을 본다.)

    08   (버스가 도착하고 채현이 버스를 탄다.)

    09 경석: (채현을 따라 버스에 탄다.)

ㄷ. 청자의 반응이 [거절]로 나타난 경우

→ 01 만석처: 여보 밥상 좀 같이 듭시다.   요청

Ⓐ 02 만석: 이 여편네가! 무거우면 하나씩 들고 옮기면

         될 거아니야!   거절

ㄹ. 청자의 반응이 [변명]으로 나타난 경우

→ 01 동희: (전화로) 나 너무 아파서 그러는데 잠깐만

         와 줄 수 있어?   요청

    02 효선: (침묵)

    03 동희: 효선아, 왜 이렇게 시끄러워? 야, 효선아!

    04 효선: 지금 여기 무슨 연예인 왔나 봐!! 애들 난리났어.

Ⓐ 05 오빠 내가 나중에 전화할게. (전화 끊는다)   변명

ㅁ. 청자의 반응이 [침묵]으로 나타나는 경우

→ 01 형철: 누님, 누님들! 나 한 번만 봐 주라.   요청

    02 다 우리가 착해서 그런 거잖아.

Ⓐ 03 누님들: (침묵)   침묵

    대개 화자가 요청하는 내용이 청자에게 부담을 주거나 수행하기 곤란한 상황일 경우 청자의 반응은 [침묵]을 하거나 [변명]을 하거나 보조화행의 [사과]와 함께 [거절]하는 것들로 나타났다.

또 요청화행은 지위 면에서 강제적 지시화행과 명시적인 차이를 보였는데, [화〉청]에서보다 [화〈청]의 관계에서 고빈도로 사용된다는 점이다. 아래 〈그림 37〉에 따르면 [화=청]의 지위관계에서 요청화행이 사용된 비율이 54.69%로 가장 높았고, [화〈청]의 비율이 29.17%로 높게 나타났으며, [화〉청]의 비율은 15.1%로 나타났다. 대개 강제적 지시화행의 지위관계에서 [화〉청]인 경우의 분포가 [화〈청]인 경우의 분포보다 높았던 것과 대조되는 지점이라고 할 수 있다.

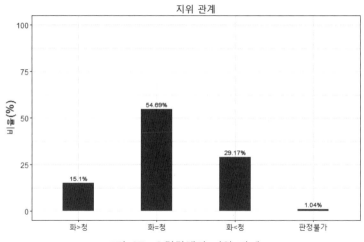

그림 37. 요청화행의 지위 관계

요청화행의 지위 관계에 대한 용례는 아래 (62)와 같다. 먼저, (62ㄱ)에서는 [화=청] 관계로 [연인 사이]의 대화가 제시되고 있다. 01줄 S에서는 전략적 공감의 발화를, 02줄 S에서는 근거의 제시를 하고 있으며, S가 결혼에 매달리는 상황에서 03줄 [봐 주다]의 행위는 [화자 이익]을 위한 것인 동시에, 화자가 수행할 수 없고, 수행의 능력이 오직 청자에게 있다는 점에서 요청화행이라고 할 수 있다. 06줄에서는 행위 수행에 대한 능력과 권한이 전적으로 청자에게 있다는 점이 나타나고 있다.

한편, (62ㄴ)은 [화〉청] 관계인 [선배 레지던트와 후배 레지던트]의 대화 장면이다. 01줄에서 화자는 '-어 줄래요?'라는 표현을 사용하여 요청화행을 수행하고 있으며, 03줄에서는 청유형 종결어미 '-자'를 사용하였고, 또 '부탁'이라는 어휘를 사용하여 요청화행을 수행하고 있다. 이때 청유형이 사용되었지만, 행위 A를 수행하는 주체는 화자를 배제한 청자로, 오직 청자만이 이 행위를 수행할 능력과 권한을 가지고 있다는 점에서 이 발화는 비강제적 지시화행의 일환인 요청화행이라고 하겠다.

다음으로 (62ㄷ)은 [화〈청] 관계인 [방송국 피디와 방송국 사장] 사이의 대화에 해당한다. 화자(S)인 피디는 방송 불가 처분이 내려진 프로그램에 대하여 '방송 허락'을 요청하고 있다. 행위 '방송 허락'은 화자가 직접 수행할 수 없고 청자에게만 권한과 능력이 있다는 점에서 요청화행에 해당한다고 하겠다.

(62) 요청화행의 용례

　　ㄱ. 지위 [화=청]의 관계에서 사용의 예시

　　　　01 S: 자기 기분 알아.

　　　　02 다 아는데 우리 엄마 알면 절대로 결혼 못 해.

　→　　03 오죽 했으면 이런 짓을 했을까 봐 주면 안 돼?　　　요청

　Ⓐ　04 L: 싫어.

　　　　05 난 안 해.

　　　　06 S: 안 하는 거지 못 하는 건 아니잖아!

　　ㄴ. 지위 [화〉청]의 관계에서 사용의 예시

　→　　01 S: 도인범 선생, 컴프레션 좀 해 줄래요?　　　요청

　　　　02 내가 손목을 다쳐서 그래.

　　　　03 부탁 좀 하자.

　Ⓐ　04 L: (안 내키지만 자켓 벗어던지고 손목 걷어 올린 뒤 시작한다.)

　　ㄷ. 지위 [화〈청]의 관계에서 사용의 예시

01 S: 사장님, 방송 허락해 주십시오. 저희는 방송을 하고

→ 02   판단은 국민의 몫입니다. 제발 부탁드립니다.   요청

Ⓐ 03 L: (긴 한숨을 쉰다.)

다음으로 요청화행은 말뭉치 상에서 아래 〈그림 38〉과 같은 유대 관계 사용을 나타냈다. 이에 따르면, [친]의 관계에서 요청화행이 나타난 비율은 58.85%, [소]의 관계에서 요청화행이 나타난 비율은 23.44%, [초면]의 관계에서 요청화행이 나타난 비율은 10.94%, [적대] 관계에서 요청화행이 나타난 비율은 4.17%에 해당하는 것으로 조사되었다.

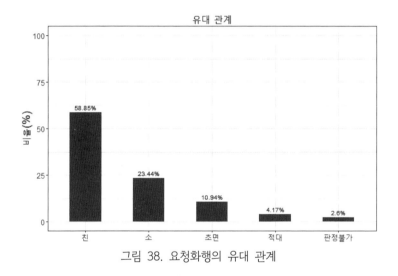

그림 38. 요청화행의 유대 관계

유대 관계에 따른 요청화행의 용례는 아래 (63)과 같다. 먼저, 아래 (63ㄱ)은 [친]의 관계로 [친구 사이]의 대화 장면이다. 화자가 의사인 친구에게 '힘 좀 써 줄 것'을 요청하고 있다. 이는 화자가 수행할 수 없는 행위로서, 청자에게 권한과 능력이 있다고 화자가 믿고 있다는 점에서 요청화행을 수행한 것이라고 볼 수 있다. (63ㄴ)은 [주지배인과 담당의새의 관계로, 화자는 주지배인, 청자는 주지배인이 모시는 상사인 회장의 담당 의사이다. 아

래에서는 문형 '-으시지요'를 사용하여 [소]의 관계에 있는 두 사람 사이에서
'얘기하다'에 대한 요청화행이 수행되고 있다.

한편, (63ㄷ)은 [초면]인 남자(S)와 그 남자를 아내의 불륜 상대로 오해한
남편(L) 사이의 대화로 남자가 청자로 하여금 '멱살을 놓을 것'에 대하여 요
청하고 있다. 이 행위는 화자의 이익을 향하는 행위로 청자만이 수행할 수
있기 때문에 요청화행에 해당한다고 할 수 있다. (63ㄹ)은 [적대] 관계에
있는 [아내와 남편]의 대화로, '손으로 찌르지 말고 말로 이야기할 것'에 대
해 요청화행을 수행하고 있다고 볼 수 있다.

> (63) 요청화행의 유대 관계
>> ㄱ. [친]의 관계
>> → 01 S: 정말 방법이 없겠냐? 니가 힘 좀 써 봐.　　　　요청
>> Ⓐ 02 L: 나 같은 일개 의사가 뭔 힘이 있겠냐..
>>
>> ㄴ. [소]의 관계
>> → 01 S: 잠깐 얘기 좀 하시죠, 김사부.　　　　요청
>> Ⓐ 02 L: (도마질을 하다 멈춘다.)
>>
>> ㄷ. [초면]의 관계
>> → 01 S: 왜 이래! 놔요 이거!　　　　요청
>> Ⓐ 02 H: 어머머 미쳤어. 여보 오해야!
>>
>> ㄹ. [적대]의 관계
>> 01 L: (손끝으로 가슴 찌르는 듯 미는) 야 이 미친년아.
>> → 02 S: (뒤로 밀리는) 말로 해 줘.　　　　요청

다음으로 요청화행은 사용역에 따라 〈그림 39〉와 같은 말뭉치 분포를
나타냈는데, 가장 높은 비중을 차지하고 있는 것은 [비격식적 장소의 사적
내용]에 대한 요청으로 34.9%로 나타났다. 다음으로는 [격식적 장소의 공적
내용]에 대한 요청화행이 32.28%로 조사되었고, [격식적 장소의 사적 내용]

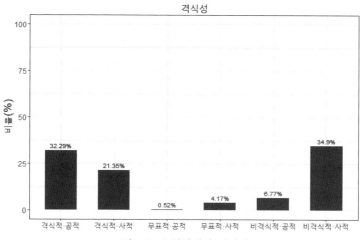

그림 39. 요청화행의 격식성

에 대한 요청이 21.36%, [비격식적 장소의 공적 내용]에 대한 요청이 6.77%, [무표적 장소의 사적 내용]에 관한 요청이 4.17%, [무표적 장소의 공적 내용] 요청이 0.52%로 나타났다.

먼저, [비격식적 장소에서 사적인 내용]에 대한 요청화행의 예시는 (64 ㄱ)과 같다. 아래 01줄에서는 '여행 중 기차 좌석'이라는 비격식적인 장소에서 '뜨개질을 잡아 주다'라는 사적인 내용의 행위를 요청하는 장면이다. (64 ㄴ)은 [격식적인 장소의 공적인 내용]에 대한 요청의 예시인데, 03줄에서와 같이 '애 좀 써 줄 것'을 요청하는 내용이 발화되고 있다. (64ㄷ)에서는 '사무실'이라는 격식적인 장소에서 '친구를 소개해 주다'라는 사적인 내용의 요청이 이루어지고 있는 장면이고, (64ㄹ)에서는 '침실'이라는 사적인 장소에서 '업무적으로 앞으로도 잘 도와줄 것'에 관한 공적 요청이 이루어지고 있다.

(63) 요청화행의 사용역

ㄱ. 비격식적인 장소, 사적인 내용

→ 01 S: (기차에서) 이거, 잠깐만 좀 잡아 주세요.　　　　요청

Ⓐ 02 L: 예? (잡아 준다)

03 S: 고마워요.

ㄴ. 격식적인 장소, 공적인 내용

01 S: (사무실 전화 통화 중) 이 정도 실수는...

02 L: (말뭉치 상에 나타나지 않음)

→ 03 S: 네네, 알겠습니다. 그래도 애 좀 써주십시오.
　　　부탁드립니다 부장님.　　　　　　　　　　　　　요청

ㄷ. 격식적인 장소, 사적인 내용

→ 01 S: (사무실에서) 이 변, 나도 친구 좀 소개시켜 줘.　요청

Ⓐ 02 H: (등짝 때리며) 이 인간이! 나이 차이가 몇 살인데
　　　말이 되는 소릴 해.

ㄹ. 비격식적인 장소, 공적인 내용

01 S: (침실에서) 여경아, 아깐 땡큐. 역시 검사 동생이
　　　좋긴 하네. 앞으로도

→ 02 잘 부탁한다.　　　　　　　　　　　　　　　　　요청

Ⓐ 03 L: (기분 나빠하며) 내가 니 죄 어디까지 덮어줘야 하는데?

요청화행에 대한 말뭉치 분석 결과를 종합하면, 요청화행이 사용되는 담화적 환경에는 청자의 실제 행위 발생 여부, 화청자의 지위 관계, 화청자의 유대 관계, 장면의 격식성 등이 다양하게 작용하는 것으로 나타났는데, 이에 대한 카이제곱 검정의 결과는 아래 〈표 49〉와 같다. 맥락 요인들에 대한 요청화행의 카이제곱 검정 결과 유의확률이 모두 유의수준 0.05보다 작은 값이 산출되어 '두 변수가 독립적이다'라는 귀무가설을 기각할 수 있으므로,

표 49. 요청화행에 대한 카이제곱 검정 결과

맥락 요인	자유도	유의확률	FISHER TEST
실제 행위 여부	40	3.57E-63	0.0005
지위 관계	32	2.62E-104	0.0005
유대 관계	40	7.05E-12	0.0005
장면의 격식성	40	3.18E-56	0.0005

두 변수 즉 이들 맥락 요인에 따른 값과 요청화행은 관련이 있다고 해석할 수 있다.

즉, 요청화행은 화자가 청자에게 지시하는 행위 A를 수행할 능력이나 권한이 청자에게만 있기 때문에 화자가 청자에게 저자세로 요청해야한다는 점에서 비강제적 지시화행에 포함되며, 화자가 청자보다 하위에 있는 권력 관계가 형성된다는 특징이 있다. 요청화행은 유대 관계 [친]에서 가장 많은 사용을 보였으나, [소], [초면], [적대]에 모두 제약 없이 사용될 수 있으며, 사용역에 있어서도 [격식적/비격식적/무표적] 장소와 [공적/사적] 내용에 대해 모두 선호되는 양상을 보였다. 단, 요청화행은 청자가 화자에 비해 하위에 있는 권력 관계가 형성된다는 점에서 전략적으로 다양한 문형이 사용되고 있어, 이에 대한 분석이 요구된다고 하겠다.

2) 제안화행

다음으로 제안화행은 화자가 화자와 청자 모두에게 이익이 되는 행위 A를 청자로 하여금 행위 할 것을 지시하는 내용의 발화를 하는 것을 의미한다. 제안화행의 정의 및 조건은 아래 〈표 50〉과 같다.

표 50. 제안화행의 정의

ㄱ. 화자와 청자 모두에게 이익이 되는 행위 A를 청자로 하여금 할 것을 지시하는 내용의 발화를 하는 것.
ㄴ. 명제 내용: 미래에 청자가 수행하게 될 A
ㄷ. 행위 A의 성격: 행위 A의 결과가 화청자 모두에게 도움이 되는 내용.
ㄹ. 의미 특성: 1) 화자는 청자가 행위 A를 수행함에 대하여 [소망]을 가지고 있음. 2) 화자는 행위 A의 결과가 [자신을 포함한 화자와 청자 모두에게 이익을 가져올 것이라는 믿음]을 가지고 있음. 3) 행위 A에 대한 수행의 [부담]이 청자에게 있음.
ㅁ. 담화 특성: 1) 반드시 실제행위로 이어질 필요가 없으며, 청자는 거절할 수 있음.

제안화행의 연속체 구조를 시각화하면 〈표 51〉과 같이 나타낼 수 있다.

표 51. 제안화행의 연속체 구조

시작 무브		반응 무브		피드백 무브	
내일 저녁 같이 먹을까?	제안	좋아. 내일은 누나가 쏜다.	수락 선언	(웃음)	수락

제안화행은 비강제적일 뿐더러 행위 A의 성격이 화자와 청자 모두에게 도움이 되는 것이라는 특성이 있기 때문에 상대적으로 반응 무브에서 청자의 반응이 호의적인 경우가 많고, 청자의 부담 역시 강제적 지시화행에 비해 상대적으로 낮은 것으로 조사되었다. 아래 대화는 친구 사이의 대화로 저녁을 같이 먹자는 제안에 대해 친구가 수락하는 반응을 보이는 연속체 구조를 보이고 있다.

한편, 청자의 부담이 강제적 지시화행에 비해 적은 편이기 때문에 아래 〈표 52〉와 같이 부정적 반응 무브를 통해 거절되거나 실현되지 않는 경우도 나타났다. 아래 대화는 신고자와 형사가 현장을 덮치기 위해 상의하는 장면으로, '문을 임의로 따고 들어가자'는 제안화행에 대해 거절이 이루어지고 있는 연속체 구조이다.

표 52. 제안화행의 연속체 구조 2

시작 무브		부정적 반응 무브		피드백 무브	
따고 들어 갑시다.	제안	안 되죠.. 영장이 없는데	거절 이유	(다시 벨을 누른다)	수용

제안화행에 대한 청자의 반응은 말뭉치 상에서 〈그림 40〉과 같이 나타났다. 먼저, 청자가 제안화행을 통해 지시된 행위를 실제 행위로 옮기는 [유]의 경우는 40.61%로 가장 높게 나타났고, 행위로 옮기지 않는 [무]의 경우는 36.18%, [거절]하는 경우는 20.48%로 나타났으며, [침묵]하는 경우는 2.05%, [변명]하는 경우는 0.34%, [사과]의 경우는 0.34% 정도로 조사되었다.

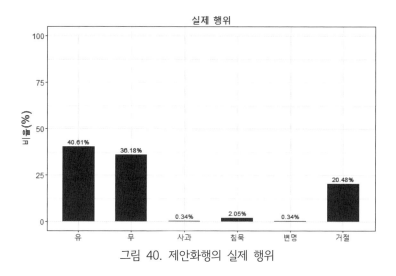

그림 40. 제안화행의 실제 행위

이에 대한 말뭉치 상의 용례는 아래 (65)와 같다. (65ㄱ)은 화자의 제안화행 발화에 대한 청자의 반응이 실제 행위 [유]로 이어지는 경우이다. (65ㄴ)은 말뭉치 상에서 청자의 반응이 유보적이거나 뚜렷하게 나타나지 않는 경우에 해당하는데, 즉각적인 행위가 불필요하거나 청자가 의사결정을 유보하고자 하는 상황에서 많이 나타났다. (65ㄷ)은 명시적으로 [거절]의 반응을 보이는 경우에 해당하는데, 제안화행에 대한 반응으로 꽤 이러한 유형이 나타났다. 이는 제안화행에서 청자가 행위의 수행에 대해 지니는 부담이 다른 화행에 비해 낮기 때문인 것으로 해석할 수 있다. (65ㄹ)는 [침묵], (65ㅁ)은 [변명]의 반응이 나타난 경우에 해당한다.

(65) 제안화행에 대한 청자의 반응
　　ㄱ. 학생: 쌤, 뭐 고민 있으세요?
　　　　선생님: 너는?
　　　　학생: 서로 하나씩 얘기할까요?　　　　　　　제안
　　　　선생님: 그래. 나 먼저?　　　　　　　　　　유
　　　　학생: (끄덕 끄덕)

ㄴ. 인턴: 헤이, 영이 씨. 빨리 제출합시다.　　　　　제안
　　　　당신하고 나밖에 안 남았어.
　　영이: (당황해서 보면)　　　　　　　　　　　　　무

ㄷ. 은비: 산책 갈래?　　　　　　　　　　　　　　제안
　　이안: (외면한다.)　　　　　　　　　　　　　　거절

ㄹ. 경석: 우리 그만 하자.　　　　　　　　　　　제안
　　채현: (침묵)　　　　　　　　　　　　　　　　침묵

ㅁ. 영이: 이따 끝나고 밖에서 같이 밥 먹을까?　　　제안
　　동희: 나 몇 시에 끝날지 잘 모르겠는데..　　　변명
　　　　전화하자.　　　　　　　　　　　　　　　제안
　　　　나 갈게.　　　　　　　　　　　　　　　인사

　한편, 제안화행은 지위 관계에 있어서는 아래 〈그림 41〉에서와 같이 지위 [화=청]의 관계에서 64.16%로 가장 높은 비중으로 사용되는 양상을 보였고, [화〉청]의 관계에서는 21.16%, [화〈청]의 관계에서는 13.31%, [적대]에서는 1.37% 정도로 나타났다.

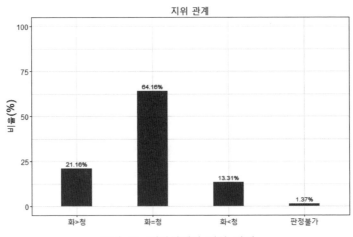

그림 41. 제안화행의 지위 관계

제안화행의 지위 관계는 구체적으로 아래 (66)과 같은 용례를 통해 살펴볼 수 있다. 우선 가장 고빈도로 나타나고 있는 [화=청]의 관계는 (66ㄱ)과 같이 [인턴과 인턴] 등 사회적 지위가 같은 관계 속에서 화자가 판단할 때, 서로에게 이익이 될 것이라는 믿음으로 지시하는 행위에 해당한다. 아래에서는 '커피 한 잔 할 것'에 대한 제안이 이루어지고 있다. (66ㄴ)은 [화〉청]의 관계에서 이루어지는 제안화행으로 [엄마와 아들]의 대화이다. 이 경우는 상명하복이 이루어지는 직장 내 수직 관계는 거의 나타나지 않았고, 상대적으로 청자에게 선택권이 생길 수 있는 관계 중 친족이나, 친목회의 상하 관계에서 [화〉청]의 경우에도 제안화행이 사용되는 경향성이 나타났다. (66ㄷ)은 [화〈청]의 관계에서 이루어지는 제안화행으로 이 경우에는 '-으시지요', '-으실까요?' 등과 같이 높임의 선어말어미 '-시-'가 결합한 형태의 문형이 자주 사용되는 양상을 보였고, 명령형 종결어미는 거의 사용되지 않는 경향성을 보였다.

(66) 제안화행의 지위 관계

　　ㄱ. [화=청]의 경우

　　　　01 S: 장그래 씨?

　　　　02 L: (놀라서 보면) 아, 안영희 씨.

　→　03 S: 커피 한 잔 해요. 　　　　　　　　　　　제안

　Ⓐ　04 L: (옥상으로 이동하는 두 사람)

　　ㄴ. [화>청]의 경우

　→　01 S: 얘기 좀 하자. 집에 가서 딱히 할 거 없잖아. 　제안

　Ⓐ　02 L: (같이 이동)

　　ㄷ. [화<청]의 경우

　→　01 S: 과장님 2차 가시죠. 저 집에 안 갈게요. 가요. 　제안

다음으로 제안화행은 유대 관계에 있어서는 아래 〈그림 42〉과 같은 사용 양상을 나타냈다. 먼저 [친]의 유대관계에서 68.26%로 가장 높은 사용 비중을 보였고, [소]의 관계에서 21.16%, [초면] 4.44%, [적대] 2.05% 등으로 사용 양상이 나타나고 있다. 이 역시 제안화행의 지시 내용이 되는 행위 A의 속성이 화청자 모두에게 이익이 되는 것이라는 점을 고려할 때, 대체로 화자와 청자가 이미 공유된 지식 및 경험을 지니고 있는 구면의 관계인 경우일 것이라고 해석할 수 있겠다.

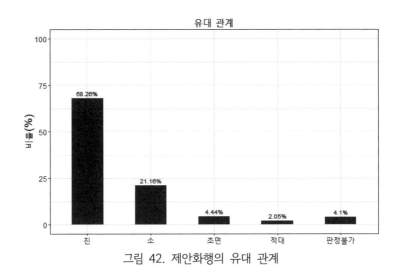

그림 42. 제안화행의 유대 관계

아래 (67)은 제안화행의 유대 관계에 관한 용례이다. 먼저, (67ㄱ)에서는 [학급 친구] 사이인 화자가 청자에게 '앞으로 학교 같이 갈 것'을 제안하고 있다. 이 행위는 화자와 청자 모두에게 이익이 되는 것임을 화자가 믿고 있다는 점, 청자에게 특별한 의무나 강제력이 없다는 점에서 제안화행에 해당한다고 볼 수 있다. (67ㄴ)에서는 [소]의 관계에 있는 [인턴과 인턴]의 대화로, '함께 같은 팀이 되어 의기투합할 것'을 제안하고 있다. 이는 화자와 청자 모두에게 이익을 주는 내용이되, 청자에게 선택할 권한이 매우 크게 있다는 점에서 비강제적 지시화행의 일환인 제안화행으로 볼 수 있다. 한편, (67ㄷ)는 여러 청중 앞에서 발표를 하고 있는 장면으로 '-으시지요' 문형의 사용이 이루어지고 있다. (67ㄹ)은 적대 관계에서 이루어지는 제안 화행에 관한 것이다.

(67) 제안화행의 유대 관계
　　ㄱ. [친]의 관계
　→　01 S: 너 앞으로 나랑 학교 같이 가.　　　　　　　　제안
　Ⓐ　02 L: (다음 날 함께 등교한다.)

　　ㄴ. [소]의 관계
　　　01 S: 한참 찾았네.
　　　02 L: (뭐야? 하는 눈빛으로 쳐다보면)
　　　03 S: 내 동기가 전번도 몰랐더라구요.
　　　04 L: (뭐야? 하듯 보면)
　→　05 S: 파트너 아직 못 구했죠? 나랑 해요.　　　　　제안
　　　06 L: (깜짝) 뭐요?
　→　07 S: 우리 의기투합 한번 해 봅시다.　　　　　　　제안

　　ㄷ. [초면]의 관계
　→　01 S: (피피티 화면을 가리키며) 보시죠.　　　　　　제안
　Ⓐ　02 L: (본다)

　　ㄹ. [적대]의 관계
　　　01 S: 얼마만이지 이게?
　　　02 L: 우리가 그런 인사 나눌 사인 아닌 것 같은데.
　→　03 S: (쎄한 미소로) 잠깐 조용한 데서 얘기 좀 할까.　제안

　　다음으로 〈그림 43〉에서와 같이 제안화행은 [격식적/비격식적] 장소, [공적/사적]인 내용에 대해서 모두 사용되는 것으로 나타났고, 특히 [비격식적 장소에서의 사적인 내용]에 대하여 가장 높은 사용 비중을 보이고 있는 것

으로 조사되었다. [비격식·사적]의 비율은 47.76%였고, [격식적·공적]은 22.18%, [격식적·사적]은 20.32%, [무표적·사적]은 4.78%, [무표적·사적]은 4. 78%, [비격식적·공적]은 4.1%, [무표적·공적]은 0.34%의 사용 비중을 나타냈다.

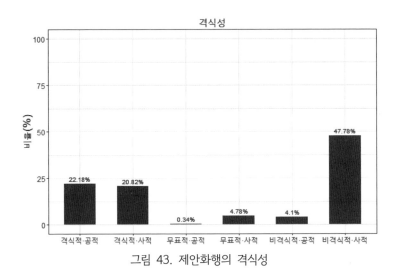

그림 43. 제안화행의 격식성

제안화행의 사용 용례는 아래 (68)과 같다. 제안화행은 격식성/비격식성, 공적/사적에 모두 걸쳐 사용될 수 있는데 (68ㄱ)에서는 '-으면 안 되나' 혼잣말 형식으로 실현된 허락구하기 표현으로 제안 기능이 수행되고 있었고, (68ㄴ)에서는 '-어 주셔야겠습니다'라는 평서형 표현을 통해 실현되고 있었으며, (68ㄷ)는 청유형 종결어미 '-자'를 통해, (68ㄹ)는 '-어야 되지 않겠습니까?'라는 복합 의문형 표현의 사용을 통해 수행되고 있는 양상이 나타났다.

(68) 제안화행의 사용 양상

　　ㄱ. 격식적 장소, 사적 내용 (병원, 연애)

　　　　01 L: (병원에서) 여기 병원이다.

　　　　02 　: 함부로 멜로 찍지 마라.

→ 03 S: 멜로 찍으면 안 되나 우리? 제안

Ⓐ 04 L: (흔들릴 뻔 하다 이내) 지랄이 천 씨씨다.

ㄴ. 격식적 장소, 공적 내용 (이사장 집무실, 의료장비 구매)
01 L: (이사장실에서) 뭐냐 이건?
02 S: 응급실에서 쓸 초음파 기계 한 대 더 추가하고,
→ 03 씨티도 좀 바꿔 주셔야겠습니다. 제안

ㄷ. 비격식적 장소, 사적 내용 (학교 휴게실, 가방선물)
01 L: (학교 휴게실에서) 이게 뭐야?
02 S: 이시진, 너 수학여행 때 우리만 가방 맞춰서 섭섭했지?
→ 03 이제 셋이 똑같은 거 생겼으니까 절대 셋이 같은 날 들지
는 말자? (농담) 제안

ㄹ. 비격식적 장소, 공적 내용 (교무 휴게실, 사교육)
01 S: (휴게실에서) 민준이 어머니 소식 들으셨죠?
02 이게 다 사교육이 과열돼서 생긴 일이라 학교 차원에서도
→ 03 대책을 강구해야 되지 않겠습니까? 제안
Ⓐ 04 L: 그렇죠.
05 학생들 수요가 다양한데 학교에서 다 소화해 주지 않으면,
06 애들이 어디 가서 배우겠어요?
07 H: 그러게요..

제안화행에 대한 말뭉치 분석 결과를 종합하면, 제안화행이 사용되는 담화적 환경에는 청자의 실제 행위 발생 여부, 화청자의 지위 관계, 화청자의 유대 관계, 장면의 격식성 등이 다양하게 작용하는 것으로 나타났는데, 이

표 53. 제안화행에 대한 카이제곱 검정 결과

맥락 요인	자유도	유의확률	FISHER TEST
실제 행위 여부	40	3.57E-63	0.0005
지위 관계	32	2.62E-104	0.0005
유대 관계	40	7.05E-12	0.0005
장면의 격식성	40	3.18E-56	0.0005

에 대한 카이제곱 검정의 결과는 〈표 53〉과 같다. 맥락 요인들에 대한 제안화행의 카이제곱 검정 결과 유의확률이 모두 유의수준 0.05보다 작은 값이 산출되어 '두 변수가 독립적이다'라는 귀무가설을 기각할 수 있으므로, 두 변수 즉 이들 맥락 요인에 따른 값과 제안화행은 관련이 있다고 해석할 수 있다.

즉, 제안화행은 화자가 화자와 청자 모두에게 이익이 있다고 생각하는 행위 A를 수행할 것을 지시하는 화행이며, 경우에 따라서는 수행의 주체가 '화자와 청자' 모두를 포함하기도 한다는 점에서 특징이 있다. 제안화행의 사용에서 청자는 강제적 지시화행과 달리 화자의 제안을 거절할 수 있는 선택권을 크게 가지고 있기 때문에, 이러한 청자를 설득하기 위해 화자는 다양한 문형들을 선택하여 제안화행을 수행하게 된다. 또, 지위 관계나 장소 및 내용의 사용역에 있어서도 다양한 문형이 사용되는 양상이 나타났는데, 이는 더 효율적이고 적절한 문형을 선택하고자 하는 화자의 의도가 반영된 결과라고 할 수 있다.

3) 제의화행

제의화행은 청자에게 도움이 되는 행위 A를 할 것을 청자에게 지시하는 내용의 발화에 관한 것이다. 이 화행은 비강제적 지시화행의 일환으로, 청

표 54. 제의화행의 정의

ㄱ. 청자에게 이익이 되는 행위 A를 청자로 하여금 할 것을 지시하는 내용의 발화를 하는 것.
ㄴ. 명제 내용: 미래에 청자가 수행하게 될 A
ㄷ. 행위 A의 성격: 행위 A의 결과가 청자에게 도움이 되는 내용.
ㄹ. 의미 특성: 1) 화자는 청자가 행위 A를 수행함에 대하여 [소망]을 가짐.
            2) 화자는 행위 A의 결과가 [청자에게 이익을 가져올 것이라는 믿음]을
              가지고 있음.
            3) 행위 A에 대한 수행의 [부담]이 청자에게 있음.
ㅁ. 담화 특성: 1) 반드시 실제행위로 이어질 필요가 없으며, 청자는 거절할 수 있음.

자로 하여금 화자의 제의를 거절할 수 있는 선택권이 있다는 점이 특징적이다. 제의화행의 담화적 정의는 〈표 54〉와 같이 나타낼 수 있다.

제의화행은 연속체 구조로 시각화하면 아래 〈표 55〉와 같이 표현할 수 있다. 아래 〈표 55〉에서는 엄마에게 신발을 주며 '새 신발을 신을 것'을 지시하는 딸의 발화가 시작 무브에 나타나고 있다. 이때 '새 신발을 신을 것'의 행위는 청자에게 도움이 되는 [청자 이익]의 성격을 지니는 행위로, 이 지시는 강제성을 지니지 않기 때문에 비강제적 지시화행에 속하며, 그 하위 화행인 제의화행이라고 볼 수 있다.

표 55. 제의화행 연속체 구조

시작 무브		반응 무브		피드백 무브	
엄마 이거 신어.	제의	응? 웬 신발?	질문	아빠가 엄마 다 떨어진 신발 신고 다닌다고 해서.. 얼마나 걱정했는 줄 알아?	대답

말뭉치 분석 결과 제의화행은 청자가 실제로 제의받은 행위를 수행에 옮기는 [유]의 정도가 수행에 옮기지 않을 [무]의 정도, [거절]할 정도와 유사하

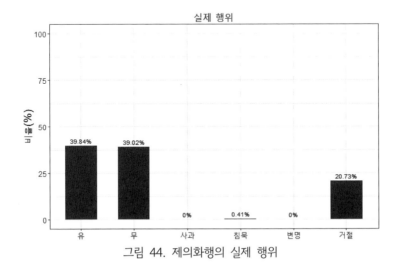

그림 44. 제의화행의 실제 행위

게 나타났다. 〈그림 44〉와 같이 청자의 반응이 실제 행위로 이어지는 [유]의 경우는 39.84%, [무]의 경우는 39.02%, [거절]의 경우는 20.73%, [침묵]의 경우는 0.41%로 조사되었다.

제의화행에 대한 청자의 반응은 아래 (69)와 같이 나타났다. 먼저 (69ㄱ)은 젊은 인턴과 5,60대 직원들 사이의 대화로, 젊은 인턴이 '말을 놓을 것'에 대해 제의하며, 술을 따르고 '드실 것'을 제의하는 과정이 나와 있다. 이에 술을 받은 직원이 술을 마심으로써 '드세요'의 제의화행을 통해 지시된 행위를 실제 행위에 옮기고 있다고 할 수 있다. 이때, '술을 드시는' 행위는 청자에게 전혀 강제되지 않는 것으로, 청자의 이익을 지향하고 있기 때문에 제의화행에 해당한다고 볼 수 있다. (69ㄴ)은 '샌드위치를 먹을 것'에 대한 제의가 이루어지고 있으나 청자가 반응하지 않는 [무]로 이어지고 있고, (69ㄷ)에서는 며느리가 시아버지에게 '식사하다'의 행위를 제의하고 있으며, [거절]의 반응이 이어지고 있다. 이때 '먹다', '식사하다'의 행위는 청자를 위한 것이되 강제력이 없는 비강제적 지시에 해당하기 때문에 제의화행이라고 볼 수 있다. 한편, (69ㄹ)은 '결혼에 대해 생각해 볼 것'을 제의하고 있는데, 불편한 주제에 대해 청자가 [침묵]으로 반응하고 있다.

(69) 제의화행에 대한 청자의 반응

ㄱ. 인턴: 아들 뻘이구만 말씀 편하게 하시라니까요?

　　　석율아, 해보세요.　　　　　　　　　　　제의

　　직원들: 하하하하　　　　　　　　　　　　　　무

　　인턴: 자 드세요 드세요 석율이가 한 잔 올립니다~　제의

　　직원: (술잔을 들어 마신다)　　　　　　　　　유

ㄴ. 인턴: (샌드위치를 건네며) 먹어요.

　　　아까 보니까 점심도 거르던데.　　　　　　제의

　　　그래: (멍하니 본다)　　　　　　　　　　　무

　　인턴: (안 받자 그래 책상 위에 올려 둔다.)

ㄷ. 며느리: 아버님 식사하세요, 된장 끓였어요.   제의
　　시아버지: (돌아보지도 않고 고개 저으며 간다.)
　　안 먹는다.   거절

ㄹ. 영이: 그래서 말인데.. 우리 결혼하는 게 어떨까?
　　동희: (긴장한 기색이 역력하고 침묵)
　　영이: 싫으면 말구. 그냥 당장하자는 게 아니라
　　　한번 생각해보라구.   제의
　　동희: (침묵)   침묵

　다음으로 제의화행이 사용되는 맥락에서 지위 관계의 분포는 아래 〈그림 45〉와 같이 나타났다. 먼저, 지위 [화=청]의 관계가 62.2%로 가장 높은 비중을 차지했고, [화〉청]의 관계가 19.51%, [화〈청]의 관계가 17.07%로 유사하게 나타났다.

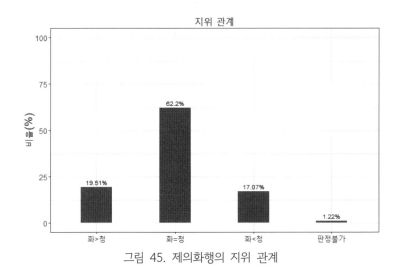

그림 45. 제의화행의 지위 관계

　제의화행은 아래 (70)과 같은 지위 관계에서 사용되는 양상을 보이고 있다. 먼저, (70ㄱ)은 [연인 사이]로 지위 관계 [화=청]인 담화 참여자 사이의

대화이다. 이때 화자는 05줄에서 '기분이 안 좋을 때 물어볼 것'을 제의하고 있다. 한편, (70ㄴ)은 [선배와 후배] 사이로 지위 관계 [화〉청]인 담화 참여자 사이의 대화인데, 03줄을 통해 화자는 '캐비넷의 특정 칸을 쓸 것'을 청자에게 제의하고 있다. 후행하는 보조화행 발화를 통해 화자가 제시하고 있는 칸이 청자에게 좋은 칸임을 알 수 있으며, 이로 말미암아 이 발화가 제의화행이었음을 해석할 수 있다. 마지막으로 (70ㄷ)은 지위 관계 [화〈청]인 담화 참여자 사이의 대화로, 직장 부하인 화자(S)와 상사 부부(L, H)가 나타나고 있다. 이때 01줄에서 화자가 제의하는 행위 '옷 한 벌 사주다'의 수혜 대상은 청자(L)의 아내(H)임을 담화 맥락을 통해 확인할 수 있다. 만약 이때 '옷 한 벌 사주다'의 수혜 대상이 화자였다면, 01줄의 발화는 요청이나 요구가 될 수도 있었겠지만, 맥락을 통해 수혜 대상이 제3자이고, 그가 청자와 혼인 관계에 있으며, 01줄 발화의 이익이 간접적으로 청자에게 있음이 드러남으로써 이 발화가 제의화행을 수행하였음을 분석할 수 있다.

(70) 제의화행의 지위 관계

   ㄱ. [화=청]의 관계

      01 L: 난 뭐예요?

      02 S: (생각하더니) 그 대답 지금 듣고 싶어요?

      03 L: 대답할 건 있어요?

      04 S: 물론. 언제든 대답할 순 있는데, 언제든 정말 기분 안 좋을 때, 미치게 우울할 때 물어봐요. 기분 완전 업 시킬 수 있으니까. (미소)   제의

  Ⓐ 05 L: (잠깐 생각하더니 미소) 이미 대답 됐어요.

   ㄴ. [화〉청]의 관계

      01 S: 인범아 왔냐?

      02 L: (캐비넷 쪽으로 오며) 어떤 거 쓰면 돼요?

  → 03 S: 이거 니가 써. 여기가 자리가 좋아.   제의

  Ⓐ 04 L: (인수선배가 열어준 캐비넷 안에 짐을 넣는다.)

ㄷ. [화<청]의 관계

→ 01 S: 부장님이 옷 한 벌 사 주세요.　　　　　　　제의

　　02 H: 자기 들었지?

Ⓐ 03 L: 뭐 하러 또 사? 지금 이것도 예뻐.

제의화행의 유대 관계에 따른 사용 양상은 아래 〈그림 46〉과 같다. 먼저, 유대 관계에서 가장 큰 비중을 차지하고 있는 것은 [친]의 관계로 69.92%에 해당하였고, [소]의 관계가 18.29%, [초면]의 관계가 8.54%, [적대] 관계가 2.03%로 나타났다.

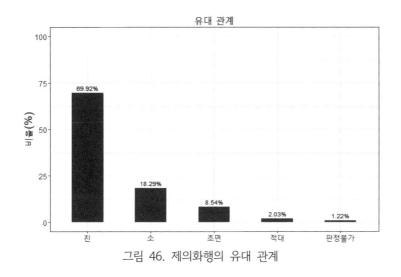

그림 46. 제의화행의 유대 관계

제의화행이 유대 관계에 따라 나타나는 구체적인 사용의 예시는 아래 (71)과 같다. (71ㄱ)은 선후배 레지던트 사이의 대화로 문형 '-으세요'와 '-든가'를 사용하여 01줄과 02줄에서 제의화행을 사용하고 있다. '잠이나 쳐 자다', '밥 한 숟갈이라도 떠 먹다'의 행위는 모두 청자에게 도움이 되는 [청자 이익]의 행위이고, 이러한 지시는 청자에 대해 [-강제성]을 지니기 때문에 제의화행으로 수행되었음을 확인할 수 있다.

(71ㄴ)에서는 유대관계 [소]에 해당하는 소속 의사(S)와 병원 관계자(L) 사이의 대화로, 01줄의 '-으셔도 됩니다'를 사용한 발화는 허락화행처럼 보이기도 하나, 해당 대화에서 청자(L)가 화자(S)를 병원에 붙잡고 싶어 하며, '사표를 찢음'의 행위가 [청자 이익]이라는 맥락적인 정황을 고려할 때, '사표를 찢음'의 행위는 허락이라기보다는 청자의 뜻대로 자신을 병원에 더 있게 하라는 제의화행을 수행하고 있다고 해석하는 것이 적합하다고 판단된다.

또 (71ㄷ)은 유대관계 [초면]에 해당하는 대화로, 01 줄의 발화는 길에서 만난 초면의 청자로 하여금 [청자 이익]의 행위인 [가던 길을 그냥 갈 것]을 지시하되, [-강제성]을 띄기 때문에 제의화행에 해당한다고 하겠다.

(71) 제의화행의 유대 관계

   ㄱ. [친]의 관계
   → 01 S: 그럴 시간 있으면 잠이나 쳐 주무세요.   제의
   → 02   밥 한 숟갈이라도 떠 먹든가.   제의
   Ⓐ 03 L: 같이 하면 되겠네요.
      04   밥두 같이 떠 먹구.
      05   잠도 같이 쳐 자구.

   ㄴ. [소]의 관계
   → 01 S: 만약 닥터 부용주가 김사부라면 그 사표 찢으셔도
          됩니다.   제의
      02 L: 찢어도 된다는 것은 우리 병원에 남겠다는 뜻?
      03   혹시 그런 뜻으로 해석해도 되는 겁니까 강동주 선생?
      04 S: 김사부가 진짜로 닥터 부용주라면요!
   Ⓐ 05   (꿀꺽, 구미가 당기는 눈빛으로 강동주와 사표를 쳐다본다)

   ㄷ. [초면]의 관계
   → 01 S: 그냥 가던 길 가세요, 괜히 남의 일에 휘말리지 말고.
                               제의

한편, 제의화행은 사용역 면에서는 아래 〈그림 47〉과 같이 [격식적/비격식적] 장소와 [공적/사적] 주제에 제약 없이 골고루 사용되는 양상을 보이는 것으로 조사되었다. 먼저, 장소의 격식성은 격식적 장소와 비격식적 장소에 사용된 비중이 45% 대 50%로 거의 유사하였으나, 주제의 격식성과의 관계를 고려하였을 때에는 [비격식적인 장소의 사적 내용]에 대한 제의화행 비중이 46.34%로 가장 높게 나타났고, [격식적인 장소의 공적 내용]에 대한 제의화행 비중이 23.93%, [격식적인 장소의 사적 내용]에 대한 제의화행이 20.73%, [무표적 장소의 사적 내용]에 대한 제의화행이 4.88%, [비격식적 장소의 공적 내용]에 대한 제의화행이 3.66%, [무표적 장소의 공적 내용]에 대한 제의가 0.41%로 나타났다.

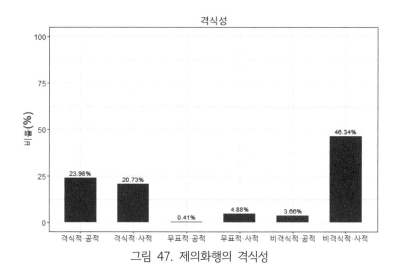

그림 47. 제의화행의 격식성

제의화행의 격식성에 대한 구체적 사용의 용례는 아래 (72)와 같다. 이에 따르면 (72ㄱ)은 [비격식적·사적] 사용역에 해당하는데, 화자(S)가 01줄 발화를 통해 집까지 데려다 준 친구(L)과 후배(H)에게 두 사람은 '술 한 잔 하고 올 것'을 제의하고 있다. (72ㄴ)은 [격식적·공적] 사용역에 해당하는데,

화자(S)가 업무 전화상으로 '다시 전화할 것'을 제의하고 있으며, (72ㄷ)은 [격식적·사적] 사용역의 대화로 '은행'이라는 직장에서 '연애'에 대한 사적인 잡담이 이루어지고 있는 장면이다. 이때에는 03줄에서 제의화행이 수행되고 있으며, 04줄에서 청자는 이에 대한 부정적 반응을 보이고 있다. (72ㄹ)은 [비격식적·공적] 사용역으로 '식당'이라는 비격식적 공간에서 '인턴 스터디'라는 공적 주제에 대해 발화하는 상황이다. 01 줄에서 지시되고 있는 행위 '스터디에 나오다'는 [청자 이익]에 [-강제력]의 속성에 의해 제의화행임을 확인할 수 있다.

(72) 제의화행의 사용역
    ㄱ. 비격식적인 장소, 사적인 내용
→ 01 S: (집 마당에서) 거기 싱글 두 분, 근사한 데서
           술 한 잔 하고 오십쇼.   제의
Ⓐ 02 L: 무슨 술이야,   거절
    03   늦었어, 가 봐.

    ㄴ. 격식적인 장소, 공적인 내용
    01 S: (업무 전화상으로) 오 과장님이요? 내일 들어오셔요.
    02   아, 수요가 측에서 다음 달 최초 선적으로 물량 요청한다
        는데 얼마나 가능할까요?
→ 03 L: (말뭉치에 나타나지 않음)
Ⓐ 04 S: 아, 예, 그럼 다시 전화 주십쇼.   제의

    ㄷ. 격식적인 장소, 사적인 내용
    01 S: (은행에서) 이 대리, 장영 씨도 남자친구랑 헤어진 거 알아?
    02 L: 허허 그래요?
→ 03 S: 이 기회에 둘이 잘 해 봐.   제의
Ⓐ 04 L: 에이 됐어요. 징그럽게 사내에서 연애하는 거
          난 진짜 별루더라.   거절

ㄹ. 비격식적인 장소, 공적인 내용

→ 01 S: (식당에서) 장그래 씨, 인턴 스터디 모임에 나오세요.

제의

　　02 H: (일동, 당황해서 S를 본다.)

Ⓐ 03 L: 아.. 네.. 전.. 뭐..

제의화행에 대한 말뭉치 분석 결과를 종합하면, 제의화행이 사용되는 담화적 환경에는 청자의 실제 행위 발생 여부, 화청자의 지위 관계, 화청자의 유대 관계, 장면의 격식성 등이 다양하게 작용하는 것으로 나타났는데, 이에 대한 카이제곱 검정의 결과는 아래 〈표 56〉과 같다. 맥락 요인들에 대한 제의화행의 카이제곱 검정 결과 유의확률이 모두 유의수준 0.05보다 작은 값이 산출되어 '두 변수가 독립적이다'라는 귀무가설을 기각할 수 있으므로, 두 변수 즉 이들 맥락 요인에 따른 값과 제의화행은 관련이 있다고 해석할 수 있다.

표 56. 제의화행에 대한 카이제곱 검정 결과

맥락 요인	자유도	유의확률	FISHER TEST
실제 행위 여부	40	3.57E-63	0.0005
지위 관계	32	2.62E-104	0.0005
유대 관계	40	7.05E-12	0.0005
장면의 격식성	40	3.18E-56	0.0005

즉, 제의화행은 화자가 청자에게 이익이 있다고 생각하는 행위 A를 수행할 것을 지시하는 화행이며, 이때의 지시는 비강제성을 지니기 때문에 상대적으로 청자는 화자의 제의를 거절할 수 있는 선택권을 가지게 된다. 특히 행위 A가 청자에게 이익이 된다는 믿음은 화자의 믿음이기 때문에 이에 동의하지 않을 경우 청자가 부담 없이 제의를 거절하거나 유보할 수 있다는 특징이 있다.

4) 충고화행

마지막으로 충고화행은 '청자에게 말로 깨우쳐 도움을 주거나 행위의 방향성을 제시하는 것'으로 '조언, 귀띔, 언질' 등을 포함하는 언어행위를 의미한다. 이는 비강제적 지시화행의 하위 화행으로 [청자 이익]에 해당하는 특성을 지니며, 청자의 행위가 즉각적으로 일어날 것으로 기대되지 않는다는 점에서 앞선 화행들과 차이를 지닌다. 이에 대한 정리는 〈표 57〉과 같다.

표 57. 충고화행의 정의

ㄱ. 청자의 권리를 적극 고려하여 청자에게 이익이 된다고 생각하는 행위 A를 청자로 하여금 할 것을 지시하는 내용의 발화를 하는 것.
ㄴ. 명제 내용: 청자가 미래에 수행하게 될 A
ㄷ. 행위 A의 성격: [청자만의 이익]
ㄹ. 의미 특성: 1) 화자는 청자가 행위 A를 수행함에 대하여 [소망]을 가지고 있음.
　　　　　　 2) 화자는 청자가 행위 A를 수행하는 것이 [청자에게 도움]이 된다고 믿음.
　　　　　　 3) 화자는 [행위 A에 대한 결정권이 청자에게 있음]을 알고 있음.
　　　　　　 4) 청자는 행위 A에 대한 수행의 부담이 거의 없음. ([-부담])
ㅁ. 담화 특성: 1) 화자의 충고화행에 대한 청자의 반응은 담화 상에서 즉각적으로 일어나지 않는 [무]로 실현되는 경향성이 있음.
　　　　　　 2) 화자는 청자에게 자유롭게 의사를 개진할 수 있는 [화=청]의 관계인 경우가 많으며, [화>청]이거나 [화<청]인 경우도 나타남.
　　　　　　 3) 유대 관계에서도 [친]의 관계에서 사용되는 비중이 가장 높으나 [소], [초면], [적대]의 관계에서 모두 제약 없이 사용됨.
　　　　　　 4) 충고화행은 담화상에서 구체적 근거를 제시하는 보조화행과 자주 함께 나타남.

충고화행의 연속체 구조를 시각화하여 나타내면 아래 〈표 58〉과 같다. 아래는 직장 내 정치에 대한 조언을 하는 선배의 발화가 시작 무브를 통해 제시되고 있다. 이때 '잘 생각하다'의 행위는 화자의 이익은 배제한 [청자

표 58. 충고화행 연속체 구조

시작 무브		반응 무브		피드백 무브
잘 생각해라, 동주야.	충고	(잠시 멈췄다가 방문을 열고 나간다)	신중함 표명	

이익]만을 고려한 행위이며 강제성을 지니지 않기 때문에 비강제적 지시화행에 속한다. 또 화자는 지시하는 행위가 청자에게 [도움]이 된다는 믿음을 가지고 있으며, 이 행위가 반드시 즉각적으로 시행되어야 한다는 기대를 갖고 있지 않다는 점에서 충고화행에 해당한다고 할 수 있다. 이때 충고의 내용이 되는 행위는 연속체 구조에서 즉각적으로 실행될 필요가 없는 경우가 많기 때문에 반응은 뚜렷하게 나타나지 않는 [무]인 경우가 많으며, 감사를 표명하거나, 추가 질문을 하는 경우도 있으나, 〈표 58〉에서는 [잠시 멈춤]의 비언어적 표현을 통해 신중함을 표명하는 기능의 반응 무브가 나타나고 있다.

충고화행은 화자가 청자로 하여금 해당 행위가 즉각적으로 수행될 것을 기대하지 않고 발화한다는 특징으로 인하여 아래 〈그림 48〉에서와 같이 청자의 행위가 담화상에서 즉각적으로 나타나지 않는 [무]로 실현 경우가 54.4%로 가장 많았고, 충고화행을 통해 지시된 행위를 실행에 옮긴 경우인 [유]가 26.4%, 명시적인 [거절]이 나타난 경우가 16%, [침묵]과 [사과]가 각각 1.6% 정도로 나타났다.

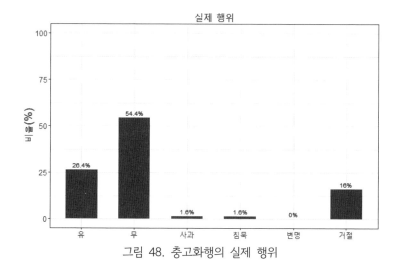

그림 48. 충고화행의 실제 행위

구체적인 충고화행에 대한 청자의 반응의 용례는 아래 (73)과 같다. 먼저, (73ㄱ)은 [후배와 선배] 사이의 대화로 선배가 하고자 하는 '수술을 포기할 것'을 충고하고 있다. 그 구체적인 근거로 '형이 다치게 될 것, 도윤완이 무슨 짓이든 할 것'을 제시하고 있다. 대개 충고화행이 지시하는 행위는 즉각적으로 수행하지 않아도 되는 행위인 경우가 많은데, '수술을 포기하는 것' 역시 현재 대화 상황에서 즉각적으로 수행할 것이 요구되거나 기대되지 않는 행위이기 때문에 담화상에서는 청자의 반응이 구체적인 실행으로 나타나지 않고 [무]에 그치는 양상이 나타났다.

다음으로 (73ㄴ)은 [아빠와 아들]의 대화로 '오늘은 일찍 잘 것'에 대한 충고가 이루어지고, 구체적인 근거 '피곤할 것이다'가 보조화행으로 제시되고 있다. 이에 아들(청자)는 실제 행위로 충고의 내용을 수행하는 [위]의 반응을 보이고 있다.

(73ㄷ)은 징계위원회 회부를 앞두고 [직장 동료] 사이에서 '전무를 찾아갈 것'을 충고하고 있는 장면이다. 오상식(청자)가 거절의 반응을 보이고 있지만, 고과장(화자)는 재차 구체적 근거를 제시하며 충고화행을 강화하고, 이에 대해 오상식(청자)는 재차 거절의 의사를 표명하고 있다.

(73) 충고화행에 대한 청자의 반응
　ㄱ. 후배: 웬만하면 그 수술 그냥 포기해요.　　　　　　**충고**
　　　　　안 그러면 형만 또 다친다니까.
　　　　　그 수술 못하게 하려고 무슨 짓이든 할 사람이라구요,
　　　　　도윤완 그 인간!　　　　　　　　　　**(구체적근거)**
　　　　　선배: (본다)　　　　　　　　　　　　　　　**무**

　ㄴ. 아빠: 지훈아!
　　　아들: (보면)
　　　아빠: 오늘은 일찍 자. 피곤할 텐데.　　**충고·(구체적근거)**
　　　아들: (아빠가 그러는 이유 알고 있다. 미소)

　　　　　　　네, 일찍 잘게요.　　　　　　　　　　　　　　　　유

ㄷ. 고과장: 오 과장아, 그러지 말고..
　　　　　　　(눈치 보며) 전무 한 번 찾아가.　　　　　　　충고
　　오상식: 뭐? (씩씩 대며 노려보는)　　　　　　　　　　　거절
　　고과장: 뭐가 뭐가 뭐야. 왜 지름길 알면서 돌아가?
　　　　　　　징계위원회, 전무 말 한 마디면 없던 일
　　　　　　　될 수 있는 거 잘 알잖아.　　　　　　　(구체적근거)
　　오상식: (인상 확 쓴 얼굴로) 야! 고과장!　　　　　　　거절

　한편, 충고화행은 지위 관계에 있어서는 말뭉치상에서 아래 〈그림 49〉와 같은 양상을 나타냈는데, 지위 관계 [화=청]이 53.6%로 가장 높게 나타났고, [화〉청]의 관계가 38%, [화〈청]의 관계가 10.4% 정도로 조사되었다.

　지위 관계에 따른 충고화행의 용례는 아래 (74)와 같다. (74ㄱ)은 지위가 동등하다고 볼 수도, 무관하다고 볼 수도 있는 [주지배인과 병원 원장]이 나누는 대화로, 주지배인(S)가 병원 원장(L)에게 청자의 권리와 입장을 적극 고려하여, [청자 도움]의 행위를 했으면 [소망]하는 마음을 발화하는 충고

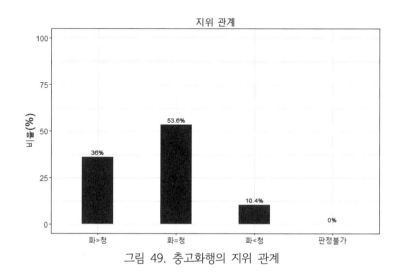

그림 49. 충고화행의 지위 관계

화행을 수행하고 있다. 이에 청자는 04줄에서 충고의 내용을 거절하는 발화를 하지만, 장면이 많이 지나고 회장과 병원 원장의 만남 장면에서 병원 원장은 A의 충고 내용에 따라 회장에게 자신의 포부를 밝히는 모습을 나타낸다. 충고화행은 이렇게 기능 연속체 구조로는 그 반응을 즉각적으로 파악하기 어려우나, 청자의 권리를 적극 고려하여 조언하되, 대화 장면에서 즉각적으로 수행하지 않아도 된다는 충고화행의 특성상 시간의 폭을 가지고 장면이 바뀐 이후에 충고의 내용이 수행될 수도 있다는 특징을 보이며, 이는 청자에게 수행에 대한 부담이 거의 없음을 반증하는 것이라고 할 수 있다. 한편, (74ㄴ)은 지위 [화>청]의 관계에서 이루어진 충고화행의 예시인데, 이 경우에도 청자가 즉각적인 수행을 보이지 않는다는 점에서 청자의 부담은 다른 지시화행을 수행하는 기능들에 비해 매우 약하다는 것을 확인할 수 있다. (74ㄷ)은 동생(H)와 매제(S)가 매형(L)의 안위를 걱정하여 하는 충고로, 03줄 '조심할 것'의 행위 역시 즉각적으로 구체적인 행위로 실현되기는 어려운 속성을 가진다는 특징이 있다.

(74) 충고화행의 지위 관계
　　ㄱ. 지위 관계 [무관], [화=청]
　　　　01 S: 그리고 싶은 그림이 있다면서요.
　→　02　　　그럼 적어도 회장님만은 김사부 편으로 만들어 둬야죠.
　　　　　　　　　　　　　　　　　　　　　　　　　　　　　　충고
　　　　03　　　세상 사람 다 적으로 만들어 놓구 어떻게 큰 그림을
　　　　　　　그리려고 그래요?
　　　　04 L: 기면 기구 아니면 아닌 거지, 굳이 니 편 내 편까지 만들려고
　　　　05　　　애쓰고 용쓰고 그런 거 안 합니다 나는.
　　(중략)
　Ⓐ 06 S: (회장을 찾아가 그리고 싶은 그림이 있다고 이야기함)

　　ㄴ. 지위 관계 [화>청]
　→　01 S: 어떤 게 진짜고 어떤 게 썩은 동아줄인지 잘 구별하라고.

어?   충고

ⓐ 02 L: (생각한다)

ㄷ. 지위 관계 [화<청]
    01 H: 오빠 집으루 바로 가.
    02 L: 알았어.
→ 03 S: 조심하시라구요...   충고
ⓐ 04 L: 알았다구..

충고화행은 말뭉치 상에서 아래 〈그림 50〉과 같은 유대 관계에서의 분포를 보였다. 먼저, [친]의 관계에서 가장 높은 비중이 나타났으며, 60.7%로 해당하였다. 다음으로는 [소]의 관계에서 29.6%의 비중을 보였고, [초면] 5.6%, [적대] 4% 등으로 나타났다.

유대 관계에 따른 충고화행의 말뭉치 용례는 아래 (75)와 같다. 먼저 (75 ㄱ)은 [대리와 과장] 사이의 대화로 두 사람은 10년째 같은 은행에서 근무해 오고 있는 [친]의 유대 관계를 맺고 있다. 이때 대리(S)는 또 회사에서 잠을 잔 과장(L)에게 03줄에서와 같이 '찜질방에라도 가서 잘 것'을 충고하

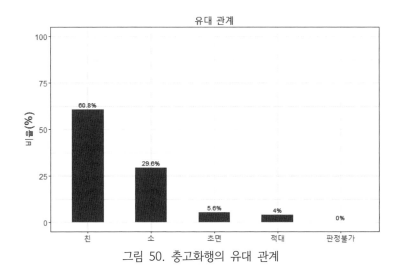

그림 50. 충고화행의 유대 관계

고 있으며 나아가 05줄에서 '사모님께 싹싹 빌 것'을 충고하고 있다. 이 두 행위는 모두 [청자 도움]이 되는 성격으로, 지시가 강제성을 지니지 않는다는 점, 행위 선택에 대한 적극적인 권한이 청자에게 있다는 점에서 충고화행에 해당한다고 할 수 있다.

(75ㄴ)은 [인턴과 인턴]의 대화로 인턴1(S)가 긴장해서 윗옷도 벗지 않고 있는 인턴2(L)에게 01줄에서 '양복 윗옷을 벗을 것'을 충고하고 있다. 이는 '-어도 되다'라는 허락 문형으로 실현되었지만, 허락의 권한이 화자에게 없으며, 맥락상 화자가 허락을 해야 하는 상황도 아니기 때문에, 충고화행을 수행했다고 해석할 수 있다.

(75ㄷ)은 병원에서 처음 만난 [초면]의 사이에 이루어지는 대화로, 병원에 잠시 들른 기자(S)가 우연히 한 환자(L)을 보고 '검사를 더 받아볼 것'을 충고하는 장면이다. 이때 화자(S)의 지시는 청자(L)에게 강제력을 지니지 않으며, 청자에게 [도움]이 되는 행위이고, 선택의 권한이 전적으로 청자에게 있다는 점에서 충고화행이라고 볼 수 있다.

(75) 충고화행의 유대 관계
　　ㄱ. [친]의 관계
　　　　01 S: 집에 또 안 들어가신 거예요?
　　　　02 L: (한숨만 쉬는 김 과장)
　　→　03 S: 아니 찜질방에라도 가시든지요..
　　　　　　　왜 매번 여기서 주무세요.　　　　　　　　　　충고
　　Ⓐ 04 L: 그것도 하루 이틀이지 돈이 얼마나 깨지는데...　변명
　　→　05 S: 뭔진 몰라도 그냥 사모님께 싹싹 비세요.
　　　　　　　무슨 생고생이에요.　　　　　　　　　　　　　충고

　　ㄴ. [소]의 관계
　　→　01 S: 근데.. 긴장 많이 하셨나 봐요? 양복 윗옷은
　　　　　　　벗으셔도 돼요.　　　　　　　　　　　　　　충고
　　Ⓐ 02 L: 네? 아.. (주변을 둘러보면 모두 와이셔츠 차림.)

03   아.. 제가.. 그랬나 보네요.

ㄷ. [초면]의 관계
   01 S: 잠깐만요!
   02 L: 네?
   03 S: 턱이 언제부터 아팠어요?
   04 L: 어제.. 아니 그젠가?
   05 S: 그럼 턱도 아프고 가슴도 아프셨던 거예요?
   06 L: 예.. 가슴보다는 턱이.. 근데 왜요? 의사예요?
→ 07 S: 그건 아닌데.. 검사 다시 한번 받아 보세요.   충고
Ⓐ 08 L: 아니.. 의사도 아니면서 무슨 검사를 받으라고..
   09 S: 급성심근경색일지 모르니까 검사 받아 보세요 아저씨.
                                            (구체적근거)·충고
Ⓐ 10 L: 아니 이 아가씨가. 병원에서 퇴원하라는데 아가씨가
   11   뭐라고 검사를 받으래? 가슴 아픈 거 다 나았다니까 그러네.

다음으로, 충고화행은 아래 〈그림 51〉과 같은 사용역에서 사용되는 양상
을 보였다. 먼저, 말뭉치에서 충고화행이 가장 높은 비중으로 나타난 것은

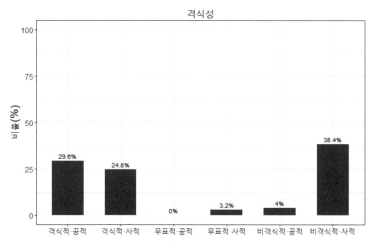

그림 51. 충고화행의 격식성

[비격식적 장소의 사적 내용]에 대한 것으로 38.4%에 해당하였고, [격식적인 장소의 공적 내용]에서의 충고가 29.6%, [격식적 장소의 사적 내용]에 대한 충고가 24.8%, [비격식적 장소의 공적 내용]에 대한 충고가 4%, [무표적 장소에서의 사적 내용]에 대한 충고가 3.2%로 나타났다.

충고화행의 사용역에 대한 구체적인 용례는 아래 (76)과 같다. 먼저, (76ㄱ)은 '집'이라는 비격식적인 장소에서 '아들이 자리를 박차고 나간' 사적인 내용에 대하여 대화가 이루어지고 있으며, 사과하는 아들(L)에게 아버지(S)가 05줄의 발화를 통해 '얼굴을 펼 것' 즉 미안해하지 않을 것을 충고하고 있다. 06줄에서는 화자가 구체적 근거를 제시하는 보조화행을 통해서 자신의 충고를 강화하고 있다.

(76ㄴ)은 '방송국 사무실'이라는 격식적인 장소의 '업무'에 대한 공적 내용에 대한 대화로 01줄에서 '분위기 파악을 할 것'에 대한 충고를 하고 있다. 02줄에서는 구체적인 근거가 보조화행으로 제시되면서 01줄의 충고를 강화하는 기제로 사용되고 있다.

(76ㄷ)은 '사무실'이라는 격식적인 장소에서 '몸싸움'에 대한 '사적' 주제에 대해 교수가 레지던트에게 '사적인 조언'을 해주고 있는 장면으로, '발로 걷어찰 것'의 행위가 [청자 도움]의 자질이며, 강제력을 지니지 못한다는 점에서 충고화행으로 실현되었음을 해석할 수 있다.

(76ㄹ)은 [인턴과 인턴]의 대화로 '휴게실'이라는 비격식적 장소에서 '업무를 좀 쉴 것', 즉 업무와 관련한 공적 내용에 대해 충고하는 장면이다.

(76) 충고화행의 사용역
　　ㄱ. 비격식적인 장소, 사적인 내용
　　　　01 L: (집에서) 아버지 많이 실망하셨죠?
　　　　02 S: 근데 대체 무슨 일이야?
　　　　03 L: 모르겠어요.. 친구한테 급한 일 생겼다는 얘기 듣고.. 그냥
　　　　04 　　아무 생각도안 났어요. 죄송해요.

→ 05 S: 죄송은! 뭔진 모르지만 세상 안 끝났다. 얼굴 펴! **충고**

Ⓐ 06 L: (침묵)

07 S: 너 아직 열여덟 살이야 임마.

다른 놈들처럼 기분 틀어지면 사고도 치고

08 　앞뒤 생각 없이 들이받기도 하고, 그땐 그럴 수 있어.

(구체적근거)

09 L: (고마워서 피식 웃는) 아부지는..

ㄴ. 격식적인 장소, 공적인 내용

→ 01 S: (방송국 사무실에서) 분위기 파악 좀 해라.

02 　너 같으면 줄기세포 검증에 응하겠니? 저쪽에선

아주 이번에 끝내 버릴 기세로 덤비고 있어. 　**충고**

Ⓐ 03 L: (깊이 한숨 쉰다.)

ㄷ. 격식적인 장소, 사적인 내용

→ 01 S: (사무실에서) 정 줘 패고 싶은 놈이 있으면 그냥 발로

걷어 차. 　**충고**

Ⓐ 02 L: (듣고 있다.)

ㄹ. 비격식적인 장소, 공적인 내용

→ 01 S: (휴게실에서) 앉아서 좀 쉬어요.

보니까 하루 종일 혼자 정신없대요? 　**충고**

Ⓐ 02 L: 괜찮아요. (나간다)

충고화행에 대한 말뭉치 분석 결과를 종합하면, 충고화행이 사용되는 담화적 환경에는 청자의 실제 행위 발생 여부, 화청자의 지위 관계, 화청자의

표 59. 충고화행에 대한 카이제곱 검정 결과

맥락 요인	자유도	유의확률	FISHER TEST
실제 행위 여부	40	3.57E-63	0.0005
지위 관계	32	2.62E-104	0.0005
유대 관계	40	7.05E-12	0.0005
장면의 격식성	40	3.18E-56	0.0005

유대 관계, 장면의 격식성 등이 다양하게 작용하는 것으로 나타났는데, 이에 대한 카이제곱 검정의 결과는 아래 〈표 59〉와 같다. 맥락 요인들에 대한 충고화행의 카이제곱 검정 결과 유의확률이 모두 유의수준 0.05보다 작은 값이 산출되어 '두 변수가 독립적이다'라는 귀무가설을 기각할 수 있으며, 빈도 5 이하의 변수가 포함되어 있어 피셔 검정을 시행한 결과 유의수준 0.05보다 작은 값이 산출되었다. 즉, 두 변수 '맥락 요인에 따른 값'과 '충고화행'은 관련이 있다고 해석할 수 있다.

충고화행은 화자가 청자에게 도움이 될 것이라고 생각하는 행위 A를 수행할 것을 지시하는 화행이며, 강제력을 전혀 지니지 않고, 행위에 대한 선택권이 적극적으로 청자에게 있을뿐더러, 화자는 청자가 즉각적으로 행위를 수행할 것을 기대하지 않는다는 점에서 충고화행에 대한 청자의 반응은 담화상에서 바로 구체화되지 않는 경우가 많다는 특징을 보였다. 또, 화자가 보조화행으로 구체적인 근거를 제시함으로써 자신의 충고를 강화하고자 하는 전략을 사용하고 있음이 담화적으로 드러나는 경향성이 있었다.

3. 준지시화행

1) 허락화행

허락화행은 서법적 차원에서는 종결어미 '-으렴, -으려무나'를 중심으로 명령문 범주 안에서 다루어지는 반면, 화행론적 차원에서는 위임화행의 범주 안에서 논의되는 이중적인 양상을 보이는 화행이다. 본 연구에서는 허락화행이 지시화행에 준하는 준(準)지시화행에 속하는 것으로 보았는데, 까닭은 청자의 요청에 의한 발화임에도 불구하고 담화적으로 청자의 실제행위 수행과 높은 연계성을 보이고 있기 때문이다. 허락화행의 정의는 〈표 60〉과 같다.

표 60. 허락화행의 담화적 정의

ㄱ. 청자에게 이익이 되는 행위 A를 청자로 하여금 할 것을 지시하는 내용의 발화를 하는 것.
ㄴ. 명제 내용: 미래에 청자가 수행하게 될 A
ㄷ. 행위 A의 성격: 청자의 요청에 의해 '선제시' 된 내용
ㄹ. 의미 특성: 1) 화자는 행위 A의 수행에 대한 결정권을 지님.
　　　　　　2) 청자는 자신이 행위 A를 수행하고자 하는 [소망]을 가짐.
ㅁ. 담화 조건: 1) 대개 반응 무브에서만 나타남.

허락화행의 연속체 구조를 시각화 하면 아래 〈표 61〉과 같이 나타낼 수
있다. 허락화행은 아래 〈표 61〉과 같이 대체로 다른 요구나 제의, 제안, 부
탁 등의 기능에 대한 '반응 무브'로 나타나는 경향성이 있으며, 행위 A의 수
행에 대한 결정의 권한을 청자에게 위임하는 성격을 가지고 있다. 비록 허락
화행은 앞선 지시화행과는 담화적으로 실현되는 자리에 큰 차이를 보이지
만, 결과적으로 청자에게 청자수행의 행위 A를 하게 한다는 점에서 지시화
행의 성격과 유사한 속성을 부분적으로 드러내는 화행이라고 할 수 있다.

표 61. 허락화행 연속체 구조

시작 무브		반응 무브		피드백 무브
결혼식이며 예단이며 아직 논의도 못했는데..	주제 도입	너 하고 싶은 대로 해 그럼.	허락　(추진한다)	실행

허락화행은 말뭉치 상으로 실제행위 [유]로 이어지는 경우가 78.32%로
가장 높았고, 행위가 나타나지 않는 [무]의 경우가 13.51%에 해당하였으며,
[거절]의 경우가 5.41%, [침묵]이 2.7%로 나타났다. 구체적인 내용은 〈그림
52〉와 같다.

다음은 허락화행에 대한 청자의 반응은 구체적으로 아래 (77)과 같이 살
펴볼 수 있다. 먼저, (77ㄱ)은 [변화사와 판사] 사이의 대화로, 변호사가 '스
크린 확인'에 대해 선요청한 내용에 대하여 판사가 '스크린 확인할 것'을 허
락하고 있다. 이는 앞서 밝힌 바와 같이 다른 지시화행과 달리 지시화행에

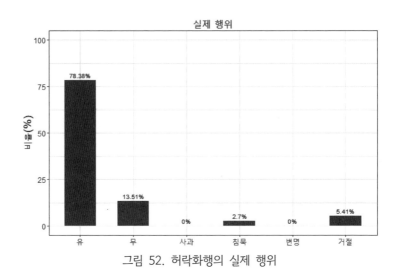

그림 52. 허락화행의 실제 행위

대한 응답 발화, 즉 반응의 무브로 실현된다는 점에서 일반적인 지시화행과는 크게 다른 점을 가지고 있다. 그러나 허락화행 발화로 인해 청자(변호사)의 행위가 수행된다는 점에서는 담화적으로 지시화행과 유사한 발화효과를 가져오기 때문에 지시화행에 준하는 성격을 일부 가지고 있는 것으로 볼 수 있다. (77ㄴ)에서도 선위협 발화에 대해 '한번 해볼 것'을 허락하는 허락화행 발화가 나타나고 있으며, 이 경우에는 행위의 속성상 말뭉치에서 즉각적으로 행위가 나타나지는 않는 [무]로 실현되고 있다. (77ㄷ)은 청자가 요청한 사실이 없지만, 화자가 서로 공통적으로 지니고 있는 배경적 정보에 입각하여 '정보 공개'의 행위를 허락하는 발화를 하고 있다.

(77) 허락화행에 대한 청자의 반응

　　ㄱ. 변호사: 재판장님, 지금 검찰의 수사발표를 스크린으로
　　　　　　　확인해도 되겠습니까?　　　　　　　　　　선요청
　　　　판사: (고심하더니) 그렇게 하세요.　　　　　　　　허락
　　　　변호사: (자신의 휴대폰과 스크린을 연결한다)　　　　유

ㄴ. 과장: 각오하시는 게 좋을 거예요, 닥터 부용주.

　　의사: 한번 해 보든지.　　　　　　　　　　　**허락** 과장 무

ㄷ. 제보자: 지금 피디님도 별다른 방법이 없으시잖아요.

　　　　　필요하시면 아내가 가져온 샘플도 공개하셔도 돼요. 아

　　　　　내도 그러라고 했고, 저희 부부는 어떤 희생도 감수할

　　　　　준비가 됐습니다. 이미 각오한 일이기도 하고요. **허락**

　　피디: 아니에요. 그렇게까지 안 하셔도 됩니다. 이미 두 분 많은

　　　　　희생하셨고, 나머진 다 제 몫입니다.　　　　　　　**거절**

허락화행의 지위 관계는 말뭉치상에서 아래 〈그림 53〉과 같이 나타났는
데, 지위 관계 [화=청]이 64.86%로 가장 높았고, [화〉청]의 관계가 24.32%,
[화〈청]의 관계가 10.81%로 조사되었다.

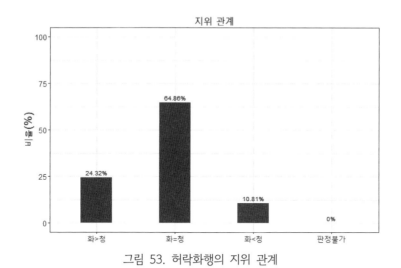

그림 53. 허락화행의 지위 관계

허락화행의 지위 관계에 대한 용례는 아래 (78)에서 제시하였다. (78ㄱ)
에서는 [아내와 남편]의 대화로 남편(L)이 아내(S)에게 08줄에서 '아들 준상
이에게 회사 자리를 하나 줄 것'에 대해 제안하고 있으며, 이러한 선제안의

반응으로 11-12줄에서 허락화행의 발화를 나타내고 있다. 실제 이 상황에서는 허락화행에 따른 행위가 직접 구체적으로 나타나지는 않았지만, '아들 준상이에게 회사 자리를 하나 주는' 행위의 권한을 남편(L)에게 위임하고 이로 인해 미래에 해당 행위가 수행될 가능성을 제공하였다는 점에서 준지시화행의 성격을 가지고 있다고 해석할 수 있다.

(78) 허락화행의 지위 관계

ㄱ. 지위 관계 [무관]이거나 [화=청]

01 L: 이것도 좀 먹어 봐요. 맛있네.

02 S: 어머님 병원에 계신데 우리끼리만 이런 데 오고 죄송해요.

03 L: 건강검진인데 뭐.. 워낙 당신이 잘 해다 드려서 불편 없이 계시잖아. 당

04 　 신이 고생이 많아서 식사하자고 한 거예요.

05 S: (미소 짓고) 이번에는 엄살이 좀 오래 가시네요, 어머니가.

06 L: 애들 때문이지. 겁줘서 집에 들이려고. 그래서 말인데..

　 (침묵)

07 S: (보면)

08 L: 준상이 말이야, 회사에 자리 하나 줄까 하는데 어때요?　　　　　선제안

09 S: 그 말이 하고 싶어서 오늘 나오라고 했어요?

10 L: 아니에요 그런 건.. 겸사겸사..

11 S: (포크 내려놓으며) 내가 어머님 뜻 거스를 수 있는 사람이에요?

→ 12 　 두 분 마음대로 하세요.　　　　　　　　　　　　　　허락

13 L: 왜 말을 그렇게 해.

14 S: 내 위치가 그렇잖아요. 준상이 친모면 당신이나 어머니가 매번 빙빙 돌려서 이런 말을 하겠어요?

　(78ㄴ)은 지위 관계가 [화〉청]인 경우의 용례로, 과장(S), 대리(L), 인턴(H)이 담화 참여자로 나타나고 있다. 이때, 대리(L)의 선제의가 01줄에서 나타

나고 있으며, 이에 대한 응답발화로 허락화행의 화자(과장, S)가 02줄에서 '점심 칼국수로 할 것'을 허락하고 있다. 이때 '칼국수로 예약하는 주체'에 화자가 포함되지 않음에도 불구하고 화자는 청유형 종결어미인 '-자'를 사용하고 있는데, 이는 화자와 청자의 유대관계를 강조함으로써 점심식사 예약의 지시행위를 통한 청자의 체면 손상을 고려하고 있는 것으로 해석할 수 있다. 02줄 허락화행 발화에 따라 05줄과 같이 허락의 내용이 실제 행위로 구체화되는 것을 확인할 수 있다.

(78) 허락화행의 지위 관계2
　　ㄴ. 지위 관계 [화>청]
　　　　01 L: 점심 칼국수 하실 거지요?　　　　　　　　　　제의
→　　02 S: 그러자. 근데 8명이면 예약해야 하지 않아?　허락·명령
　　　　03 H: 오씨네랑 씨알면옥 예약해 뒀는데 어디로 하시겠습니까?
　　　　　　　　　　　　　　　　　　　　　　　　　　　　질의
　　　　04 S: (어? 하며 놀란 듯 보면)
　Ⓐ　05 H: 아침에 말씀하시는 거 듣고 일단 잡아 놨습니다.
　　　　　　　정하시면 한 쪽 캔슬하겠습니다.
　　　　06 S: 하~ 장백기. 너 사회생활 진짜 잘하겠다.
　　　　　　　인턴PT 꼭 통과해서 우리 팀 꼭 와라.　　　　권고
　　　　08 L: (웃는)

　다음으로 허락화행은 말뭉치상에서 아래 〈그림 54〉와 같은 유대 관계를 나타내고 있었다. 먼저, [친]의 관계에서의 사용이 56.76%로 가장 높게 나타났고, [소]의 관계가 24.32%, [초면]의 관계가 13.51% 정도로 나타났다.
　아래의 (79)는 유대 관계별로 나타나는 허락화행의 예시를 제시한 것이다. (79ㄱ)은 01줄에서 아내(L)가 인터뷰를 하고자 선언한 것에 대하여 반응 무브로 02줄 허락화행을 수행하는 남편(S)의 발화이다. 02줄에서와 같이 허락화행은 주로 앞선 발화의 반응으로 나타나는 경우가 많기 때문에 '그렇

게'와 같은 대용 표현이 활발하게 사용되는 양상을 보인다.

(79ㄴ)에서도 '-어도 되-' 표현을 사용한 허락화행이 수행되고 있는데, 앞선 맥락이 존재한다는 점에서 허락화행은 특정 주제의 요구에 대한 반응으로 나타난다는 특징이 있다고 기술할 수 있다. 또, (79ㄷ)은 업무상 처음 만난 관계에서의 대화를 다루고 있는 것으로, 01줄의 선요청에 대해 02줄에서 '아들의 DNA를 채취함'의 행위를 할 수 있도록 청자에게 권한을 위임하는 허락화행을 수행하고 있음을 확인할 수 있다.

(79) 허락화행의 사용 예시
　ㄱ. 유대관계 [친]
　　　01 L: 나가서 당신이 얼마나 무능한 가장이고 파렴치한 사람인
　　　　　지 밝히려고. 선언
　→ 02 S: 그렇게 해, 원망 안 할 테니까..　　　　　　　　허락

　ㄴ. 유대관계 [소]
　→ 01 S: 필요하시면 아내가 가져온 샘플도 공개하셔도 돼요. 허락

　ㄷ. 유대관계 [초면]

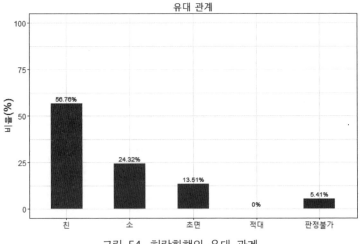

그림 54. 허락화행의 유대 관계

01 L: 우선 아드님 DNA를 먼저 채취하고 싶은데요.　　**요청**

(중략)

→ 02 S: 그렇게 하시죠.　　　　　　　　　　　　　**허락**

허락화행의 사용역은 아래 〈그림 55〉와 같이 조사되었다. 이에 따르면 허락화행은 격식적/비격식적 장소, 공적/사적 주제에 대해 특별한 제약 없이 고루 사용되는 양상을 보이고 있다. [비격식적·사적]과 [격식적·비격식적] 장면이 37.84%로 동일하게 나타났고, [격식적·사적]이 16.22%, [비격식적·공적]이 5.41%, [무표적·사적]이 2.7%로 나타났다.

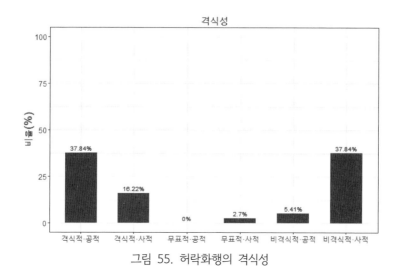

그림 55. 허락화행의 격식성

사용역에 따른 허락화행의 사용 양상은 큰 제약이 없었으며, 구체적인 내용은 아래 (80)과 같다. 먼저, (80ㄱ)은 '수술실'이라는 격식적 장소에서 이루어지고 있는 허락 및 금지 화행이 나타나고 있으며, 02 줄의 발화를 통해 청자가 행위를 수행할 권한을 획득하였음을 확인할 수 있다. (80ㄴ)은 '집'이라는 비격식적 장소에서 '흡연'이라는 사적인 내용에 대해 이루어지는 대화의 장면으로, 집주인인 화자가 '담배 피우는' 행위에 대한 권한을 가지고 있으며 02줄의 허락화행을 통해 청자가 담배를 계속 피울 수 있는 권한을 위임받게 되었음을 확인할 수 있다. 이에 청자가 계속 담배 피우는 행위를 수행함으로써 허락화행이 청자의 수행을 야기함이 드러나고 있다. (80ㄷ)는 '길거리'라는 무표적 장소에서 화자가 허락화행을 통해 청자로 하여금 쓴소리를 할 수 있는 권한을 주고 있음을 확인할 수 있다.

> (80) 허락화행의 사용역
> ㄱ. 격식적인 장소, 공적인 내용
> 01 L: (수술실에서) 나라도 나서서 저 놈 죄 값 받아내야 하지 않겠습니까?
> 02 S: 그럼 그렇게 <u>하세요</u>. 대신 내 수술이 끝나기 전에는 안 됩니다.　　　　　　　　　　　　　　　허락·금지
>
> ㄴ. 비격식적인 장소, 사적인 내용
> 01 L: (집에서) 담배 안 피시나요? 저기, 죄송해요. 끌까요?
> → 02 S: 아녜요, <u>피세요</u>.　　　　　　　　　　　허락
>
> ㄷ. 무표적 장소, 사적인 내용
> 01 L: (길에서) 좋다. 내가 진짜 이런 얘긴 안 할려고 했는데.
> → 02 S: <u>얘기해</u>.　　　　　　　　　　　　　　허락
> Ⓐ 03 L: 너 너무 헤퍼.

허락화행에 대한 말뭉치 분석 결과를 종합하면, 허락화행이 사용되는 담화적 환경을 청자의 실제 행위 발생 여부, 화청자의 지위 관계, 화청자의 유대 관계, 장면의 격식성 등으로 살펴보았으나, 앞선 지시화행에 비하여 담화적 제약이 비교적 나타나지 않을뿐더러, 화자의 발화 이전에 청자가 요청, 요구, 제안, 협박 등의 선행 발화를 수행하였다는 점에서 허락화행은 앞선 지시화행들과 차이가 있다. 그러나 담화적으로 청자 수행의 행위를 야기한다는 점에서는 지시화행과 유사하며, 행위 A 수행에 대한 권한을 청자에게 위임한다는 점에서 준지시화행의 성격을 지닌다고 보았다. 허락화

표 62. 충고화행에 대한 카이제곱 검정 결과

맥락 요인	자유도	유의확률	FISHER TEST
실제 행위 여부	40	3.57E-63	0.0005
지위 관계	32	2.62E-104	0.0005
유대 관계	40	7.05E-12	0.0005
장면의 격식성	40	3.18E-56	0.0005

행에 대한 카이제곱 검정의 결과는 〈표 62〉와 같이 나타났는데, 빈도 5 이하의 값이 있으므로 피셔 검정을 추가적으로 시행하였다. 그 결과 맥락 요인들에 대한 허락화행의 유의확률이 모두 유의수준 0.05보다 작은 값이 산출되어 '두 변수가 독립적이다'라는 귀무가설을 기각할 수 있으며, 맥락 요인에 따른 값과 허락화행 사이에 관련성이 있다고 해석할 수 있다.

허락화행은 화자가 청자에게 행위 A의 수행 권한을 위임하는 것으로, 도움이 될 것이라고 생각하는 행위 A를 수행할 것을 지시하는 화행이며, 강제력을 전혀 지니지 않고, 행위에 대한 선택권이 적극적으로 청자에게 있을뿐더러, 화자는 청자가 즉각적으로 행위를 수행할 것을 기대하지 않는다는 점에서 충고화행에 대한 청자의 반응은 담화상에서 바로 구체화되지 않는 경우가 많다는 특징을 보였다. 또, 화자가 보조화행으로 구체적인 근거를 제시함으로써 자신의 충고를 강화하고자 하는 전략을 사용하고 있음이 담화적으로 드러나는 경향성이 있었다.

4. 소결: 개념적 기능으로서의 화행

본 장에서는 지시화행을 강제성 유무에 따라 강제적 지시화행과 비강제적 지시화행으로 분류하고, 담화상에서 이들 화행이 나타나는 양상을 맥락 요인과 대화 연속체 구조를 통해 제시하였다. 구체적으로는 명령화행, 권고화행, 요구화행, 금지화행을 강제적 지시화행으로, 요청화행, 제안화행, 제의화행, 충고화행을 비강제적 지시화행으로 보았으며, 허락화행을 준지시화행에 두고 분석하였다.

그 결과, 명령화행은 청자가 실제 행위 [위]로 수행하는 경향성이 매우 높았으며, [화〉청]의 지위 관계를 지닌 맥락에서 고빈도로 사용되고 있었고, [격식적·공적] 담화에서의 사용 빈도가 높게 나타났다. 권고화행 역시 청자의 실제 행위로 이어지는 빈도가 명령화행과 유사하게 높은 빈도로 나타났으나 명령화행에 비해서는 청자가 [거절]하는 비중이 높은 것으로 나타났고, 지위 관계도 [화=청]의 빈도가 가장 높게 나타났으며, 격식성에 있어서도 [비격식적·사적] 담화에서의 사용 빈도가 가장 높게 나타났다. 요구화행은 실제 행위나 지위 관계 등은 권고화행과 유사한 양상을 나타냈으나, [격식적·공적]담화와 [비격식적·사적]담화에서 모두 고루 높은 사용이 나타났다는 특징이 있었으며, [초면] 관계에서도 비중 있게 사용되는 양상을 나타냈다. 금지화행은 하위 화행들에 대한 부정의 값을 지니기 때문에 맥락 요인에 있어서도 골고루 나타나는 양상을 보였다.

한편, 비강제적 지시화행의 하위 유형인 요청화행, 제안화행, 제의화행은 청자의 실제 행위로 이어지는 비중이 낮고, 지위 관계에 있어서도 [화=청]이나 [화〈청]의 관계가 높게 나타난다는 특징이 있었으며, 격식성에 있어서도 유표적인 특징을 드러내지 않았다. 충고화행은 청자의 실제 행위가 야기되지 않는 [무]의 비중이 가장 높게 나타났다는 특징이 있었다. 그러나 실제 의사소통 상황에서 지시화행 발화는 여러 맥락의 복합적인 작용 속에 이루어지기 때문에 개별 맥락에 따른 기술은 지시화행 사용의 실체를 기술하는 데에 한계가 있다고 사료된다.

이에 본 연구에서는 앞서 살핀 맥락 요인들에 따라 지시화행의 하위 화행들이 어떠한 좌표로 발생하는지를 분석할 필요가 있다고 보고 이를 다중대응분석표로 시각화하였다. 그 결과 지시화행의 하위 화행들은 〈그림 56〉에서와 같은 담화적 출현의 경향성을 나타내는 것으로 조사되었다.

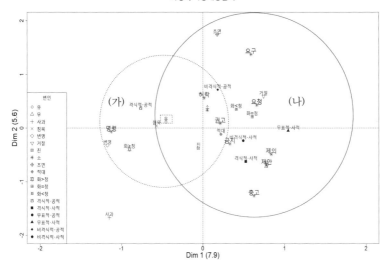

그림 56. 지시화행의 담화적 사용에 대한 종합적 접근

　다중대응분석표의 경향성은 크게 (가) 영역과 (나) 영역으로 구분할 수 있는데, (가) 영역은 지위관계 [화〉청]에서 사용역 [격식적장소], [공적내용]에 대한 것으로, 명령화행이 가장 근접한 사용을 보이는 것으로 나타났다. 또 이 경우에는 청자가 명령된 내용을 실제 행위로 옮기는 경향이 매우 높은 것으로 나타났으며, 그렇지 않을 경우 사과하거나 변명하거나 혹은 침묵하는 경우가 잦은 것으로 조사되었다. 명령화행보다는 거리가 멀지만 허락화행도 (가) 영역 안에서 사용됨이 확인되고 있다.

　다음으로 (나) 영역은 지위관계 [화=청], [화〈청]에 유대관계 [친], 사용역 [비격식적장소], [사적내용]인 맥락으로 나타났으며, 제안화행, 제의화행, 권고화행, 금지화행, 허락화행 등이 가까운 위치에서 분포하고 있는 것으로 나타났다. 한편, 요구화행과 충고화행은 (나) 영역 안에서도 다른 화행들과 떨어져 있어 동일한 군집 안에서도 정도성의 차이가 있음을 가늠해 볼 수 있다.

이렇게 담화상에서 화행은 맥락에 따라 정의될 수 있고 맥락에 의해 사용되기 때문에 해당 발화가 지니게 되는 언표내적 의미인 화행은 담화상의 '개념적 기능'의 역할을 수행한다고 할 수 있다. 즉, 해당 발화가 실제 사용으로서 지니게 되는 기본적인 사용 의미를 '개념적 기능'이라고 정의할 수 있으며, 본 장에서는 지시화행이 담화의 개념적 기능으로서 해석될 수 있음을 말뭉치의 실제적 용례 분석을 통해 제시하였다고 할 수 있다.

V. 지시화행 발화의 문형 및 담화 기능

1. 명령형 종결 문형

지시화행 발화의 유형 중 가장 대표적인 형태는 명령형 종결어미를 사용하는 것이다. Jesperson(1954:468)에서 기술한 것과 같이 명령문은 대부분의 언어에서 나타나는 기본 서법 중 하나이기 때문에 명령형 종결어미의 사용은 요청의 발화수반력을 명시적으로 드러내는 통사적 표지로 기능할 수 있으며, 대개 [지위 관계] 변인의 영향을 많이 받는 것으로 받아들여지고 있다. 그러나 맥락 분석 말뭉치에 대한 다중대응분석 결과, 명령형 종결어미 아주높임 격식체에 해당하는 '-으십시오'는 오히려 담화적 유사성의 범주 밖에 분포(※)하고 있어 그림 상에 나타나지 않았고, 예사높임에 해당하는 종결어미 '-으세요' 역시 비격식체 종결어미에 비해 낮은 빈도로 유대관계 [소]의 사용역 [격식적장소] [공적내용]의 영향권 안에 있음이 나타났다.

오히려 비격식체 종결어미들은 [화〉청]의 지위 변인이 작용하는 영향권 안에서 많이 분포하고 있었는데, 이는 기존에 명령형 종결어미를 통해 실현되던 수직적 명령의 의미를 비격식체 종결어미들이 대체하고, 기존의 격식적 명령형 종결어미들은 제한적인 사용역에서만 선택적으로 사용되는 양상을 보이고 있는 결과라고 해석할 수 있다. 본 연구는 다중대응분석표에서 고빈도로 나타나는 문형과 함께 분석표 상에 포함되지 않은 '-으십시오'를 포함하여 이들의 용례를 분석하고, 이들을 맥락 요인에 따른 담화적 사용 양상에 따라 재분류해보고자 한다. 구체적인 다중대응분석의 결과는 아래 〈그림 57〉과 같다.

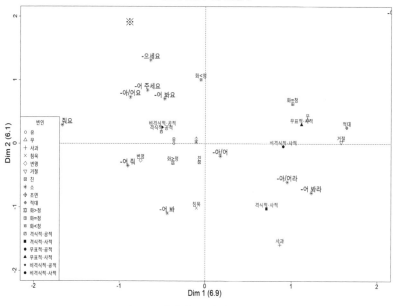

그림 57. 명령형 문형의 담화적 분포

다음은 명령형 종결 문형이 말뭉치 상에서 나타난 횟수를 빈도와 백분율로 나타난 것이다. 이에 따르면 '-아/어'가 가장 고빈도로 나타나고 있었고, 10% 미만이라는 수치로 '-으세요', '-아/어요', '-아/어라', '-어 봐' 등이 사용되고 있었다. 대표적인 명령형 종결어미인 '-거라/너라', '-게/게나', '-으오' 등은 1% 미만의 출현 빈도를 보이고 있어 20대부터 50대의 분포가 큰 말뭉치 안에서 잘 사용되지 않음이 나타났다. 구체적인 내용은 아래 〈표 63〉과 같다.

표 63. 명령형 문형의 말뭉치 빈도

	문형	빈도	백분율	누적빈도	누적 백분율
1	-아/어	670	24.52%	670	25%
2	-으세요	204	7.47%	874	32%
3	-아/어요	113	4.14%	1125	41%
4	-아/어라	99	3.62%	1224	45%
5	-어 봐	91	3.33%	1315	48%
6	-지 마	85	3.11%	1400	51%
7	-어 주세요	81	2.96%	1481	54%
8	-어 줘	44	1.61%	1689	62%
9	-어 봐 구성	21	0.77%	2015	74%
10	-어 보세요	19	0.70%	2074	76%
11	조건문 구성	16	0.59%	2140	78%
12	-어 봐요	14	0.51%	2169	79%
13	-어 줘요	14	0.51%	2183	80%
14	-지 마라	14	0.51%	2225	81%
15	-지 마세요	14	0.51%	2239	82%
16	-어 주십시오	11	0.40%	2311	85%
17	-으십시오	11	0.40%	2333	85%

1) 문형 '-으십시오', '-어 주십시오'

먼저 다중대응분석표의 영역 내에 출현하지 않은 '-으십시오'는 아래 (81)과 같이 [격식적·공적]인 사용역에서 [초면]이거나 [소]의 관계에서 [공적]인 내용을 발화할 때 사용되는 양상을 나타냈다. 아래는 기자와 인터뷰이의 대화로, 지위관계는 [화=청]이지만, 화자가 청자에게 인터뷰를 하는 공적인 상황일뿐더러 [인터뷰]라는 매체 담화의 형식에 따라 03줄과 같이 '-으십시오'가 사용되고 있는 양상을 볼 수 있다. 이에 대한 청자의 반응은 04줄과 같이 침묵으로 나타나고 있어 03줄 화자의 발화는 강제력이 없는 것으로 나타났다.

(81) '-으십시오', '-어 주십시오'의 사용 예시
- ‣ 장소: 학교 건물 앞 ‣장소 사용역: 격식적 ‣주제 사용역: 공적
- ‣ 대화 참여자 관계 유형: 기자_인터뷰이 (제3자: 기자들과 불특정 다수 관계자)
- ‣ 화자(S): 기자(30대, 남성) ‣청자(L): 이사장(60대, 남성)
- ‣ 제3자(H): 다른 기자들과 불특성 다수 관계자
- ‣ 유대관계: 초면
- ‣ 지위관계: 화=청
- ‣ 청자의 실제행위(A): 침묵

01 H1: 일 년 전 정수인 학생 사건을 이사장님 지시로 모두 은폐했다
　　　 는 게 사실입니까?
02 H2: 사망 시간을 조작했다는 의혹에 대해 어떻게 생각하십니까?
→ 03 S: 이사장님, 한 말씀만 해 주십시오!　　　　　　　　　요청
Ⓐ 04 L: (이사장 대답 않고 빠르게 걸음을 옮긴다. 불쾌감을 감추고 겨우 차에
　　　 오르는)

　다음으로 '-으십시오'는 화자와 청자가 [구면]인 관계에서도 사용되었는데, 아래 (82)와 같이 친분이 있는 검사가 피의자를 구속하는 장면이다. 이때에도 화자는 업무적인 내용의 지시를 위해 '-으십시오'를 사용하고 있으며, 공권력이 적용된 맥락 속에서의 지시임에도 불구하고 청자의 반응은 08줄과 같이 거절로 나타나고 있다.

(82) '-으십시오', '-어 주십시오'의 사용 예시
- ‣ 장소: 집무실 ‣ 장소 사용역: 격식적 ‣ 주제 사용역: 공적
- ‣ 대화 참여자 관계 유형: 검사_피의자 (제3자: 피의자의 비서와 수사관들)
- ‣ 화자(S): 검사(30대, 여성) ‣ 청자(L): 피의자(30대, 남성)
- ‣ 제3자(H): 피의자의 비서(40대, 남성)와 수사관들
- ‣ 유대관계: 소(구면)
- ‣ 지위관계: 화=청
- ‣ 청자의 실제행위(A): 거절

01 H: 채 검사, 이게 무슨 짓입니까?
02 S: (구속영장 보이며) 송하영 강간치상 및 마약 투약 혐의로
       남규만 사장
03   님에게 구속영장이 발부됐습니다.
04 L: (피식 웃으며) 뭐? 나한테 구속영장이 떨어졌다고?
05   채 검사, 이거 아침부터 조크가 너무 심하잖아?
06 S: 회사에 보는 눈들이 많습니다.
→ 07   조용히 사장님 모시고 갈 수 있게 <u>협조해 주십시오</u>.   명령
Ⓐ 08 L: (헛웃음) 협조? 니가 지금 나한테 협조라고 했어?
       나 남규만이야!   거절

그 외에도 '-으십시오'는 아래 (83)과 같은 [격식적·공적] 담화에서 사용되는 양상이 있었는데 [초면]인 관계에서 엘리베이터 안내원과 탑승객 사이에서 이루어지는 대화이다. 이때 화자는 03줄에서 '-어 주십시오'를 사용해 지시화행을 수행하지만 이 발화는 04줄 청자로 인해 '거절'되기에 이르고 화자는 05줄과 같이 재차 발화하지만 08줄에서 결국 청자가 화자의 지시내용을 따르지 않음을 확인할 수 있다. 즉, '-으십시오'를 통해 아래 담화에서 발화된 지시화행 발화는 강제력이 매우 낮음을 파악할 수 있다.

(83) '-으십시오', '-어 주십시오'의 사용 예시
   ‣ 장소: 회사 엘리베이터 ‣장소 사용역: 격식적 ‣주제 사용역: 공적
   ‣ 대화 참여자 관계 유형: 엘리베이터 안내원_엘리베이터 이용자
   ‣ 화자(S): 엘리베이터 안내원(20대, 여성)
   ‣ 청자(L): 엘리베이터 이용자(30대, 남성)
   ‣ 제3자(H): 다른 탑승객(이사, 50대, 남성)
   ‣ 유대관계: 초면
   ‣ 지위관계: 없음
   ‣ 청자의 실제행위(A): 거절
   01 L: (엘리베이터에 타려 하면)
   02 S: (막으며) 죄송합니다. 이 엘리베이터는 임원용입니다.

일반 사원과 방

→ 03　문객은 (두 손을 뻗어 가리키며) B 게이트 쪽 엘리베이터를 <u>이용해</u>
　　　　<u>주십시오.</u>

Ⓐ 04 L: 사람도 없구만.. 두 층만 올라가면 돼요. (타려하면)

→ 05 S: 안 됩니다.
　　　　B 게이트 쪽 엘리베이터를 <u>이용해 주십시오.</u>　　　　권고

06 H: (서율이 엘리베이터 앞으로 걸어온다)

07 S: (서율에게) 안녕하십니까 이사님.
　　　　첫 출근에 모시게 돼서 영광입니다.

Ⓐ 08 L: (이 틈을 타서 엘리베이터에 탑승한다.)

　이렇게 '-으십시오'는 지시화행 발화에서 사용될 경우 사용역 [격식적장소], [공적내용]에서, 주로 유대관계 [소] 혹은 [초면]인 경우에 사용되는 제한적인 사용의 양상을 보였다. 이 경우도 부탁의 보조용언 '-어 주'와 결합하여 쓰이는 경우가 많았고, 그렇지 않은 경우는 매체 담화나 토론·토의의 진행, 제도적 성격이 강한 담화 등에서 공적인 사용역을 강조하기 위한 의도로 사용되는 경향성이 있었으며, 실제 면대면 대화이거나 [비격식적·사적] 담화에서는 명령화행을 비롯한 강제적 지시화행으로는 거의 사용되지 않는 경향을 보였다.

　그 밖에 아래 (84ㄱ, ㄴ)과 같이 부탁, 애원하는 상황에서 화자가 청자를 의도적으로 높이고 격식적인 부탁임을 강조하고자 하는 의도로 '-으십시오'가 사용되거나, (84ㄷ, ㄹ)와 같이 '믿다', '걱정하다' 등 심리 동사 등과 결합하여 사용되는 경우가 나타났다.

(84) ㄱ. 제발 저에게 한번만 기회를 <u>주십시오.</u>
　　　ㄴ. 제발 한번만 <u>도와 주십시오.</u>
　　　ㄷ. 저를 좀 <u>믿어 주십시오.</u>
　　　ㄹ. 걱정 <u>마십시오.</u>

문형 '-으십시오'는 이렇게 보조용언 '-어 주'와 결합하여 [격식적·공적]인 사용역에서 [-유대]의 요인에 의해 나타나는 양상을 보였으며, 지위나 나이와는 크게 상관성을 보이지 않았고, 오히려 사용역 종속적인 담화적 분포를 드러내는 것으로 나타났다. 특히 '-으십시오'는 명령형 종결어미임에도 불구하고 명령화행에서는 거의 사용되지 않으며, 격식성 및 공적인 속성을 강조하기 위한 의도로만 주로 사용되기 때문에 사용역 종속적인 발화수반력 제시장치(IFID)로 그 사용의 외연이 축소되는 과정에 있다고 해석할 수 있다. 아래 〈그림 58〉은 말뭉치상에서 문형 '-으십시오'가 사용된 화행의 비중에 관한 것이다.

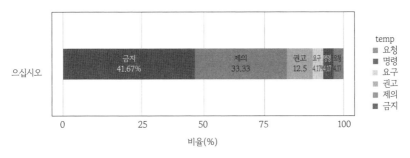

그림 58. 문형 '-으십시오'의 말뭉치 분석 결과

이에 따르면 문형 '-으십시오'는 말뭉치상에서 '요청화행'으로 사용된 경우가 41.67%로 가장 높게 나타났고, 제의화행 33.33%, 권고화행 12.5%, 요구화행, 명령화행, 금지화행이 각각 4.17%인 것으로 나타났다. 이러한 결과는 앞서 '-으십시오'가 격식적·공적 담화의 사용역을 드러내는 표지로 역할이 축소되고 있다고 기술한 바에 대한 근거로 삼을 수 있을 것이다.

2) 문형 '-아/어'

(가) 영역은 지위 관계 [화〉청]의 작용이 큰 범주로, 대개 유대 관계 [친]

인 사이에서 이루어지는 경향이 있었고, '-아/어', '-어 봐', '-아/어라', '-어 봐요', '-아/어요' 등의 문형이 자주 사용되는 것으로 나타났다. 이 경우 대개 청자가 지시 받은 내용을 실제 행위로 옮기는 [유]의 반응이 나타났는데, [격식적장소], [공적내용]의 사용역일 경우 청자는 실제로 수행하는 [유]의 반응을 가장 빈번하게 나타냈고, 명시적으로 거절할 수 없기 때문에 청자가 부담을 느끼는 경우에는 [침묵]하거나 [변명]하는 반응을 보이는 것으로 나타났다. (가) 영역에 대한 구체적인 예시는 아래 (85)와 같다.

(85) '-아/어', '-아/어 봐'의 사용의 예시
  ‣ 장소: 사무실 ‣ 장소 사용역: 격식적 ‣ 주제 사용역: 공적
  ‣ 대화 참여자 관계 유형: 상사_부하 (제3자: 통화 상대, 부하)
  ‣ 화자(S): 과장(상식, 40대, 남성)
  ‣ 청자(L): 인턴(그래, 20대, 남성)
  ‣ 제3자(H): 부하직원
  ‣ 유대관계: 친
  ‣ 청자의 실제행위(A): 유
     01 L: 과장님!
  → 02 S: 줘 봐.   명령
  Ⓐ 03 L: (서류 봉투 건넨다.)
     04 S: (꺼내 보고)
     05   됐어. 너 창고 가서 (울리는 핸드폰. 보고, 받는다.)
     06   쾌속선 됐대?
     07 H: (전화 음성) 네! 섭외 됐답니다.
            원산지 증명서만 시간 내에 맞추면 되겠어요.
     08 S: 알았다. (전화 끊고 그래에게)
  → 09 S: 창고 가서 자료 좀 찾아 봐. 최근 3년치 자료면
            다 찾아와.   명령
  Ⓐ 10 L: 네! (나가서 창고로 간다.)

지위 관계 [화〉청]에, [격식적 장소], [공적 내용]의 사용역이 맥락에서는

시도의 보조용언 결합형인 '-어 봐'가 쓰일 경우에도 청자가 03줄의 반응과 같이 실제로 지시받은 행위를 수행하는 경향성이 매우 높은 것으로 나타났다. 즉, 아래 02줄과 09줄의 발화는 청자로 하여금 거부할 수 있는 여지가 허락되지 않기 때문에 '명령화행'으로 볼 수 있다. 대개 업무에 관한 내용을 다루는 공적 담화에서는 09줄에서와 같이 경제적으로 업무 내용을 지시하기 위해 보조화행 발화가 나타나지 않고 주화행 발화만으로 지시화행을 실현하거나, 거듭 지시화행 발화를 연달아 지시의 내용을 나열하는 방식으로 발화가 나타나는 경향이 강하게 나타났다.

이러한 맥락에서 문형 '-아/어'는 말뭉치 분석 결과, 아래 〈그림 59〉와 같은 화행별 사용의 분포로 조사되었다. '-아/어'는 명령화행으로 사용된 경우가 66.67%로 가장 높았고, 요구화행으로 사용된 경우가 33.33%로 나타났는데, 이는 비격식체 명령형 종결어미 '-아/어'가 [격식적·공적]담화에서 명령화행을 수행하는 문형으로 사용되는 경향성이 높다는 것으로 해석할 수 있겠다.

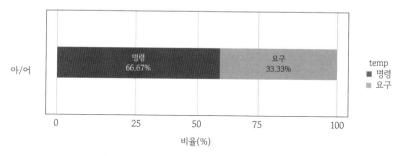

그림 59. 문형 '-아/어'의 말뭉치 분석 결과

한편, '-아/어'는 [비격식적장소], [사적내용]의 사용역에서도 자주 나타나는 양상을 보였는데, 지위 관계 [화〉청], [화=청]인 관계에서는 '-아/어', '-아/어라', '-아/어 봐'를 비롯해 부탁의 뜻을 지닌 보조용언 '-어 주-'가 결합한 '-어 줘', '-어 줘라' 등과 금지 표현 '-지 마' 등이 고빈도로 사용되고 있었다.

이 경우, 청자가 지시받은 행위를 실제행위로 행한 [유]의 경우와 지시된 행위를 실행하지 않은 [무]의 경우가 모두 나타났으나 지위변인 [화〉청]의 관계일 경우 [유]의 반응이, [화=청]의 관계일 경우 실제행위로 옮기지 않은 [무] 반응이 더 많이 나타나는 것으로 조사되었다. 또, 유대 관계 [소]에서는 '-아/어요' 역시 높은 비중으로 사용되는 것으로 나타났다. 아래 (86)은 [비격식적장소], [사적내용]의 사용역에서 지위 관계 [화〉청]의 참여자 사이에서 나타나는 지시화행 발화의 예시이다.

(86) 사용역 [비격식적장소] [사적내용]에 관한 예시
- ▸ 장소: 집 거실 ▸ 장소 사용역: 비격식적 ▸ 주제 사용역: 사적
- ▸ 대화 참여자 관계 유형: 아빠_딸 (제3자: 엄마)
- ▸ 화자(S): 아빠(서연부, 40대, 남성)
- ▸ 청자(L): 딸(서연, 10대, 여성)
- ▸ 제3자(H): 엄마(서연모, 40대, 여성)
- ▸ 유대관계: 친
- ▸ 청자의 실제행위(A): 유
- ▸ 상황 설명: 학교에서 일어난 사건과 관련하여 딸이 아빠에게 의견을 묻고 있다.

    01 S: 노코멘트.
→ 02   (안방쪽으로 걸어가며) 아빠 이제 쉴 거야.
      너도 이제 <u>공부해</u>.   명령
前Ⓐ 03 L: 네.
    04   (뒤에 대고) 아빠 근데..
    05 S: (보면)
    06 L: 고발장을 나한테만 보냈다는 건 어쨌거나 이 사람이 날 믿고 부탁한 거 아냐?
    07   진실을 밝혀 달라고?
    08 S: 서연아. 그건 어른들 몫이야. 경찰이 할 일이고.
Ⓐ 09 L: 응.. 알았어요. (다시 공부방으로 향하는 서연)

문형 '-아/어요'는 말뭉치 분석 결과, 아래 〈그림 60〉과 같은 화행별 사용의 분포를 나타냈다. '-아/어요'는 '-지 말'과 결합하여 금지화행으로 나타난 비율이 33.33%, 권고화행으로 사용된 경우가 25%, 명령화행으로 사용된 경우가 16.67%, 그 외 충고, 요청, 요구화행으로 사용된 경우가 8.33%로 나타났다. 이는 '-아/어요'가 [비격식적·사적] 담화에서 강제적 지시화행으로 사용되는 비중이 크다는 것을 의미하는 것이라고 해석할 수 있겠다.

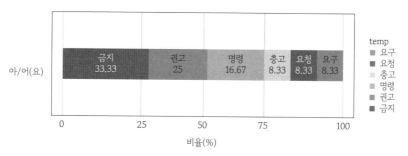

그림 60. 문형 '-아/어요'의 말뭉치 분석 결과

3) 문형 '-으세요'

다음으로 문형 '-으세요'는 [공적내용]에 대하여 유대 관계 [소] 혹은 [적대]의 상황에서 고빈도로 사용하는 경향성이 나타났다. 지위 관계는 [화〈청]과 [화〉청]이 유사한 비중을 차지하는 것으로 조사되었는데, 아래 (87)에서는 상사가 부하 직원인 경비원을 혼내는 장면에서 '-어 보세요'가 사용되고 있으며, 이에 대한 청자의 반응은 05줄에서와 같이 [사과]로 표현되고 있다.

(87) '-어 보세요'
　　▸ 장소: 교무실　▸장소 사용역: 격식적　▸주제 사용역: 공적
　　▸ 대화 참여자 관계 유형: 상사_부하 (제3자: 통화 상대, 부하)
　　▸ 화자(S): 교장(60대, 남성)　▸ 청자(L): 경비원(60대, 남성)
　　▸ 제3자(H): 교사들 (집단청자)

‣ 유대관계: 소

‣ 청자의 실제행위(A): 사과

　01 S: 당신이 아니었음 일어나지도 않았을 일인데!

　　　　이걸 어떻게 책임질 거예요?

　02　　응?

　03 L: (침묵)

→ 04 S: 어떻게 책임질 거냐고 글쎄.

　　　　입이 있으면 말을 좀 해 보세요!　　　　　　**명령**

Ⓐ 05 L: (고개를 더 숙이며) 죄송합니다.　　　　　　**사과**

물론, 아래 (89)와 같이 지위 관계 [화〈청]의 맥락에서도 '-으세요'의 문형이 불쾌감을 전하지 않고 쓰이는 경우도 있었는데, 01줄에서는 청자인 시어머니를 위해 직접 끓인 차를 권하는 발화에서 '-으세요'가 사용되고 있다. 이렇게 무표적으로 단순한 행동을 지시하는 발화에서 '-으세요'가 사용된 경우에는 화자와 청자 간의 관계가 [친]인 경우에도 제약이 생기지 않는 것으로 나타났다. 교실에서 교사가 학생에게 행위 [책을 펴대를 지시하거나 방문한 손님에게 [앉대를 지시하는 등, 단순한 행위의 지시에는 '-아/어요', '-으세요'가 무표적으로 사용되지만, 그렇지 않은 경우 지위 관계 [화〈청]의 맥락에서는 명령형 문형이 잘 나타나지 않는 것으로 조사되었다.

(88) '-으세요'

　‣ 장소: 병실 ‣ 장소 사용역: 비격식적 ‣ 주제 사용역: 사적

　‣ 대화 참여자 관계 유형: 며느리_시어머니

　‣ 화자(S): 며느리(60대, 여성) ‣ 청자(L): 시어머니(80대, 여성)

　‣ 지위관계: 화<청

　‣ 유대관계: 친

　‣ 청자의 실제행위(A): 유

　→ 01 S: 어머니, 차 드세요.　　　　　　　　　　**제의**

　Ⓐ 02 L: 오, 그래. 고맙다.

아래 〈그림 61〉은 문형 '-으세요'의 말뭉치 분석 결과에 따른 것이다. 이에 따르면, '-으세요'는 명령화행으로 사용된 비중이 26.73%로 가장 높았고, 권고화행으로 사용된 비중이 17.92%, 제의화행 14.47%, 요청화행 13.52%, 요구화행 12.26%, 금지화행 5.03%, 충고화행 4.4%, 제안화행 2.83%, 허락 0.23%로 나타났다. 즉, 문형 '-으세요' 역시 강제적 지시화행의 일환으로 사용되는 경향성이 있음이 말뭉치를 통해 조사되었으며, 이때 '-으세요'는 주로 [소]의 [공적] 담화에서 활발히 사용되는 것으로 나타났다. 한편, [친]의 관계에서는 지위 관계 [화〈청]에서 거의 사용되지 않는 양상을 나타냈고, 예외적으로 청자에게 도움이 되는 제의화행 등의 비강제적 지시화행에서 일부 사용되는 용례가 있는 것으로 나타났다.

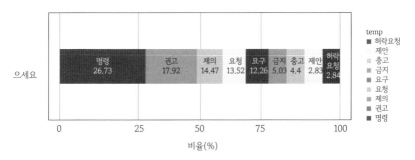

그림 61. 문형 '-으세요'의 말뭉치 분석 결과

4) 조건문으로 실현되는 명령형 문형

한편, 명령형 문형이 조건문의 형태로 발화된 경우들이 나타났는데, 대표적으로는 아래 (89)와 같이 '-으면'이 사용된 조건절과 함께 쓰인 용례가 있다. 이렇게 조건절과 함께 공기할 경우 명령형 문형은 '고지(알림)'으로서의 담화 기능을 수행하기 때문에 명령화행일 경우 강제성이 약화된다는 특징이 있다. '-거든'을 통한 조건절과 함께 공기하는 경우에도 이와 유사한 사용 양상이 나타났다.

(89) '-으면' 조건절과 실현된 명령형 문형
　▸ 장소: 사무실 ▸장소 사용역: 격식적 ▸주제 사용역: 사적
　▸ 대화 참여자 관계 유형: 인턴사원_인턴사원(동료지간)
　▸ 화자(S): 인턴사원(20대, 여성)　▸ 청자(L): 인턴사원(20대, 남성)
　▸ 지위관계: 화=청
　▸ 유대관계: 소
　▸ 청자의 실제행위(A): 무

　　01 S: (웃으며) 그냥 말씀드리고 싶었어요. 장그래 씨가 알고 있는
　　　　　그런 나쁜 의미로 같이 하자고 했던 건 아니었어요.
　　02 L: 미, 미안
　　03 S: 아뇨, 그만 두세요.
　　04 L: (당황해서 보면)
　→　05 S: <u>사과는 합격하면, 그때 해 주세요.</u>　　　고지하기 기능
　Ⓐ　06 L: ...(웃는다)
　　07 S: (웃는다)

　한편, 시간 표현인 '-기 전에'가 마치 조건절과 유사한 성격으로 담화 상에서 나타나는 경우가 있었는데, 대표적인 용례는 (90)과 같이 나타났다. '-기 전에'는 아직 일어나지 않은 반사실적 명제와 결합하여, 화자가 경고하고자 하는 말로 청자에게 위협이 되는 내용이 올 때 사용되는 경향을 보였다. '-지 않으면', '-지 않거든'도 이와 교체하여 화자가 청자에게 어떠한 내용을 경고하거나 위협하고자 할 때 명령형 문형과 공기하여 사용되는 것으로 나타났다.

(90) '-기 전에'와 실현된 명령형 문형
　▸ 장소: 병실 ▸ 장소 사용역: 격식적 ▸ 주제 사용역: 공적
　▸ 대화 참여자 관계 유형: 환자가족_의사
　▸ 화자(S): 환자가족(30대, 남성)　▸ 청자(L): 의사(30대, 여성)
　▸ 지위관계: 없음

‣ 유대관계: 적대
‣ 청자의 실제행위(A): 거절

01 S: <u>과잉진료로 고소하기 전에 당장 중지해!</u> 협박하기 기능
02 L: 보호자분, 말씀이 좀 지나치십니다.

이렇게 조건문으로 명령형 종결어미가 명령화행을 수행할 경우에는 대개 개념적 기능은 '명령화행'에 해당하지만 담화적으로 '고지하기, 협박하기' 등의 담화 기능을 수행하는 양상이 조사되었다.

5) 조건절로 기능하는 '−어 봐' 문형

한편 조건절과 공기하여 나타나는 명령형 문형과는 조금 다른 차원에서 명령형 문형이 쓰인 발화가 담화상으로 조건절의 역할을 기능하는 경우도 있었는데, 이때 사용되는 문형으로는 '-어 봐(요)' 등이 있었다. 구체적인 용례는 (91)과 같다. 먼저, (91ㄱ)은 '-기만 해 봐' 문형이 사용된 용례로, 후행 발화인 '너 죽어'에 대한 조건절의 기능을 하고 있다. 즉, '니가 오면, 너 죽어'의 의미를 지닌다고 할 수 있는데, '오지 말라'는 금지화행을 간접적으로 수행하고 있는 발화라고 해석할 수 있다. 이렇게 '-기 만 해'는 결합하는 명제에 대한 금지화행을 수행하는 문형으로 사용되는 양상이 나타났다. 같은 맥락에서, (91ㄴ)는 문형'-기만 해 봐'에 결합한 명제인 '질질 끌다'에 대한 금지화행을 수행하고 있다고 기술할 수 있다. 이들은 개념적 기능으로서는 '금지화행'을 수반하고 있지만, 담화상에서 '협박하기'의 담화 기능을 발화 효과로서 수반하고 있다고 볼 수 있다.

다음으로 (91ㄷ)은 문형 '-어 보세요'가 화자의 발화 안에서 후행하는 발화에 대한 조건절의 역할을 수행하고 있는 경우이다. 이때, '-어 보세요'는 '만약'이나 '만에 하나', '만일' 등의 부사와 공기하여 쓰일 수 있으며, 일어나지 않은 사태에 대한 가정의 기능을 함으로써, 후행하는 발화와 함께 '경고'

와 '위협'의 발화효과를 수행하는 문형이다. 이는 문형의 축자적 의미나 개념적 기능만으로는 해석될 수 없는 발화효과의 영역이며, 담화 기능의 차원에서 해석할 수 있는 사용 의미에 해당한다. 즉, 화자가 자신의 지시화행의 영향력을 강화할 담화적인 의도를 가지고 청자가 두려워할 사태에 대해 가정함으로써, 청자로 하여금 경각심을 갖도록 유도하는 맥락에서의 쓰임이라고 할 수 있다. 즉, 이때의 '-어 봐'는 지시화행을 수행하면서 나타나는 강조 기능으로서의 담화 기능을 수행하고 있다고 하겠다. 마지막으로 (91ㄹ)도 협박하기의 강조 기능을 수행하는 '-어 봐'의 후행 발화가 생략된 경우에 해당한다.

(91) 조건절로 기능하는 '-어 봐' 문형
 ㄱ. 오기만 해 봐. 너 죽어.   협박하기 기능
 ㄴ. 질질 끌기만 해 봐. 합의는 개뿔.   협박하기 기능
 ㄷ. 만에 하나 이런 일이 외부에 알려지기라도 해 보세요.
   이거야 말로 병원 폐쇄의 이유가 될 수도 있어요!
               경고하기 기능
 ㄹ. 누구라도 손끝 하나라도 움직여 봐! 협박하기 기능(강조)

2. 연결어미의 종결어미화 문형

한국어에서 지시화행을 수행할 때, 명령형 종결어미의 명시적인 언표적 의미를 약화하기 위해 전략적으로 사용되는 문형이 바로 종결어미화된 연결어미 문형이다. 대표적인 문형으로는 '-고(요)', '-든가(요)' 등이 있는데, 이 두 문형은 연결어미에서 비롯하였다는 공통점이 있지만, 종결어미로서 지니는 지위나 사용면에서도 차이가 상당하다. 먼저, 아래 〈표 64〉와 같이 '-고요'는 이미 종결어미로서의 쓰임을 인정받고 있는 형태이다. 〈표준국어대사전〉과 〈기초한국어사전〉에서는 연결어미 '-고'에서 굳어진 종결어미로

표 64. 종결어미 '-고'의 사전적 정의

유형	내용
표준국어대사전	-고26 2) (동사 어간이나 어미 '-으시-' 뒤에 붙어) 해할 자리에 쓰여, 또 다른 명령 표현이 뒤 절로 올 것을 생략한 듯한 여운을 둠으로써 부드럽게 명령의 뜻을 나타내는 종결 어미.
기초한국어사전	-고2 2) (두루낮춤으로) 뒤에 올 또 다른 명령 표현을 생략한 듯한 느낌을 주면서 부드럽게 명령할 때 쓰는 종결 어미.
한국어교육문법	-고(요) 1) 완곡하게 명령하기 상대방에게 완곡하게 명령할 때 사용한다.

서의 '-고'를 표제어 번호를 달리하여 하나의 문항으로 제시하고 있다. 이때 종결어미 '-고'는 '부드럽게 명령하기'의 뜻을 지니는 것으로 제시되고 있다. 한편, 강현화 외(2017)의 〈한국어교육 문법〉에서는 종결 문형 표제어 '-고(요)'의 첫 번째 의미항목으로 '완곡하게 명령하기'를 제시하고 있다.

이와 관련하여 김강희(2017ㄷ)에서도 종결어미 '-고(요)'가 공적 담화에서 완곡하게 명령하기의 기능으로 사용됨을 제시한 바 있으며, '-고(요)'를 공적 담화에서 사용되는 헤지 문법 항목으로 볼 수 있다고 주장하였다. 아래 (92)는 사전에서 제시하고 있는 종결어미화 된 문형 '-고(요)'의 용례이다.

(92) ㄱ. 자, 이제 자네는 가고. (표준국어대사전)
     ㄴ. 다른 절차는 필요 없으니까 연락이 올 때까지 기다리고.
        (기초한국어사전)
     ㄷ. 이쪽으로 오시고요. (한국어교육 문법)

한편, 문형 '-든가(요)'는 '-고요'에 비해 종결어미로의 지위를 인정받지 못한 측면이 있다. 아래 〈표 65〉에서와 같이 현행 사전류에서는 '-든지/-든가'를 연결어미로만 기재하고 있다.

표 65. 연결어미 '-든가'의 사전적 정의

유형	내용
표준국어대사전	-든지 1) 나열된 동작이나 상태, 대상들 중에서 어느 것이든 선택될 수 있음을 나타내는 연결 어미. 2) 실제로 일어날 수 있는 여러 가지 중에서 어느 것이 일어나도 뒤 절의 내용이 성립하는 데 아무런 상관이 없음을 나타내는 연결 어미.
기초한국어사전	-든가 1) 두 가지 사실 가운데 어느 하나를 선택함을 나타내는 연결 어미. 2) 여러 사실 중에 어느 것을 선택해도 상관이 없음을 나타내는 연결 어미.
한국어교육문법	1) 선택 2) 상관없음

유현경(2003)에서는 '-든지'는 '-거든'이 종결어미로 굳어진 것과 달리, 연결어미와의 연관성이 남아 있어 종결어미적 쓰임을 동형어로 분리할 수 있을지가 의문이라고 지적한 바 있으며, 고바비(2013)에서는 종결어미 '-든지/-든가'가 후행 동사 없이 단독으로 쓰이는 경우를 들어 이들을 반말체 종결어미로 볼 수 있다고 제시한 바 있다.

문숙영(2015:18)에서는 이를 Evans(2007:370-374)의 탈종속화의 개념으로 보아 미래의 사건과 결합하는 '-든가'는 명령의 뜻을 지니는 종결어미로, 과거의 사건과 결합하는 '-든가'는 약한 명령이나 표현의 의미를 지니는 종결어미로 간주할 수 있다고 기술하였다. 그러나 이지수(2016:33-34)의 논의에서는 그럼에도 불구하고 '-든가'가 종결어미화했거나, 종결어미화하는 과정 중에 있다고 하는 것을 인정할지라도, 이를 명령문 종결어미에 포함하는 데에는 한계가 있다고 주장하였다.

아래 (93)은 선행 연구들에서 제시하고 있는 '-든지/든가'의 예문이다. 앞선 논의들을 종합하면, 첫째, (93ㄱ,ㄷ)은 '타박'의 의미를 지니기 때문에 지시화행보다는 정표화행(expressive)에 가깝다는 것이고(이지수 2017:35), 둘째, (93ㄴ)은 미래 사실에 결합한 것으로 부정소의 결합이 '아니'나 '못'이 아닌

'말-'이라는 점에서 명령문의 범주에 들어올 통사적 근거가 마련되지만, '-을 것'이나 기타 형태들이 지니는 명료한 '지시화행'의 원형적 의미가 이 '-든지/든가'에는 나타나지 않기 때문에 이를 명령형 종결어미로 인정하기에는 무리가 있다는 것이다(이지수 2017:35).

(93) ㄱ. 못 오면 못 온다고 전화를 해 주든지. (유현경 2003:124)
ㄴ. 일찌감치 장가나 가든지. (이지수 2017:34)
ㄷ. 미리 말을 해 주든가. (이지수 2017:34)

본 연구에서는 첫째, (93ㄱ)이 '타박 혹은 비난'이 될지, '명령'이 될지는 '-든지'의 언표적 의미가 아니라 담화적 차원에서 전후의 대화 연속체를 분석할 때에야 판단할 수 있는 언표내적·언향적 요소라고 보았고, 둘째, 이지수 (2017:35)에서 주장하고 있는 원형적 의미는 발화수반력이나 발화효과와는 다른 언표적 의미에 해당하는 것이기 때문에, 원형적 의미의 '지시'적 속성이 필요한 '명령문 종결어미'의 범주와 달리, 발화수반력의 차원에서 다루어지

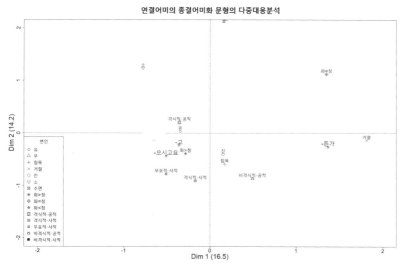

그림 62. 종결어미화 된 연결어미 문형의 담화적 분포

는 '지시화행'의 범주 안에는 포함될 수 있는 성질의 것이라고 본다. 종결어미화 된 연결어미 문형에 대한 담화적 분포는 〈그림 62〉와 같다.

이때, '-(으시)고(요)'는 지위 관계 [화〉청]의 맥락에서 자주 나타나는 분포를 보였고 대개 청자의 반응이 실제 행위 [유]로 이어지는 양상을 나타낸 반면, '-든가'는 '-(으시)고(요)'에 비해 [거절]의 반응으로 이어지는 경향성이 있음이 나타났다. 종결어미화된 연결어미 문형의 말뭉치 빈도는 〈표 66〉과 같다.

표 66. 종결어미화 된 연결어미 문형의 빈도

	문형	빈도	백분율	누적빈도	누적 백분율
1	-고	36	1.32%	1851	0.68%
2	-지 말고	20	0.73%	2055	0.75%
3	-든가	17	0.62%	2091	0.77%
4	-고요	7	0.26%	2436	0.89%
5	-으시고요	7	0.26%	2464	0.90%
6	-는데	6	0.22%	2483	0.91%
7	-지 않고	6	0.22%	2495	0.91%
8	-는데요	4	0.15%	2528	0.93%
9	-어 주고	4	0.15%	2536	0.93%
10	-든가요	3	0.11%	2582	0.95%
11	-어서요	3	0.11%	2618	0.96%
12	-지 마시고요	3	0.11%	2624	0.96%
13	-던가	2	0.07%	2633	0.96%

1) 약화의 단서 문형 '-고(요)'

종결어미 '-고요'는 본래 연결어미 '-고'가 문장 말미에서 굳어진 것으로, 지시화행을 수행함에 있어 '약화'의 단서가 되는 문형으로 볼 수 있다. 다중 대응분석 결과에 따르면 '-고'는 대개 지위 변인 [화〉청]의 관계에서 사용되는 경향성이 높고, '-고요'는 [격식적장소], [공적내용]의 사용역에서 자주 사용되는 양상이 있는 것으로 나타났다.

아래 (94)는 문형 '-고'가 사용된 예시이다. 엄마와 아들의 대화에서 보면 01줄부터 03줄은 만두를 보낸 엄마의 행동에 대한 무브를 형성하고 있다. 그 후 04줄에서 청자인 아들의 발화는 말뭉치 상에 나타나지 않으나 05줄 '알았다'는 화자의 반응으로 볼 때 만두를 보낸 행동에 대한 아들의 잔소리, 즉 01줄의 내용이 반복되고 있을 가능성이 높다고 판단된다. 그러나 05줄에서 알았다는 응답 뒤에 나오는 '밥 잘 챙겨 먹고'는 앞선 만두를 보내는 행위에 대한 내용과는 또 다른 차원의 화제이다. '-고'가 만일 앞선 발화에 대한 추가 진술을 의미하는 것이라면, 01줄-04줄에서는 밥을 잘 챙겨먹는 행위에 대한 화제가 나왔어야 하지만, 앞선 대화의 내용과 '밥을 잘 챙겨먹다'라는 행위를 지시하는 05의 화자 발화는 동일한 화제에 관한 것은 아님을 확인할 수 있다. 즉, 이때 '-고'는 '밥 잘 챙겨 먹어/먹어라/먹어야지'에서 나타나는 언표적 의미의 명령을 약화시키는 기능을 하는 문형이라고 볼 수 있다. '-고'를 사용함으로써 화자는 청자가 '밥 잘 챙겨먹다'의 행위를 지시받는 것을 부담스럽게 하지 않으면서도, 지시화행 발화를 약화하여 수행하고 있는 것으로 해석할 수 있다.

(94) '-고'의 사용 예시
▸ 장소: (전화 통화) ▸ 장소 사용역: 사적 ▸ 주제 사용역: 사적
▸ 대화 참여자 관계 유형: 엄마_아들 (가족지간)
▸ 화자(S): 엄마(60대, 여성) ▸ 청자(L): 아들(20대, 남성)
▸ 지위관계: 화>청
▸ 유대관계: 친
▸ 청자의 실제행위(A): 유
▸ 상황 설명: 엄마가 빚은 만두를 두고 가서 이를 발견한 아들이 전화함.

01 L: 힘들게 그런 거 뭐 하러 보내세요?

02 S: 힘들기는 뭐, 내가 하는 게 있다구..

　　　만두 만들어 파는 거야 이제 워낙

03　　이골이 나서 눈 감구두 한다 이제.

04 L: (뭐라고 하는지 나타나지 않으나 발화)

→ 05 S: (웃으며) 으응 알았어. 밥 잘 챙겨 먹구. 응?　　　권고

Ⓐ 06 L: 그럴게요.

　한편, 아래 (95)의 '-고'는 [격식적장소], [공적내용]의 사용역에서 업무적인 대화를 나누고 있는 상황에서 사용되고 있다. 먼저 화자인 박 회장은 01줄의 발화에서 서 이사의 부임과 그에게 역할을 배당할 것임을 '공지'하고 있다. 이때 청자는 제3자인 임원일동으로 볼 수 있다. 그에 대한 반응으로 일동은 침묵하고 '고지-침묵'의 대화 후 화자인 박 회장은 추가적으로 서 이사에 대한 화제에서 나아가 본부장에게 서 이사를 잘 도울 것을 지시하고 있다. 이때 03줄 발화의 청자는 '본부장'이 되기 때문에 01줄 발화와 03줄 발화는 동일한 화자가 발화하고 있을지라도 담화적으로 분리된 단위의 개별 발화에 해당한다. 그럼에도 불구하고 문형 '-고'를 사용한 것은 03줄의 지시내용이 꼭 앞선 내용에 이어지는 화제인 까닭이 아니라, 자칫 청자의 체면이 손상될 수도 있는 지시 상황에서 '본부장은 잘 서포트해/하세요/하십시오/해라'보다 지시화행의 속성을 약화시켜 전달하기 위함인 것으로 해석할 수 있다.

　　　(95) '-고'의 사용 예시
　　　　▸ 장소: 대회의실　▸ 장소 사용역: 공적　▸ 주제 사용역: 공적
　　　　▸ 대화 참여자 관계 유형: 상사_부하
　　　　▸ 화자(S): 회장(60대, 남성)　▸ 청자(L): 본부장(40대, 남성)
　　　　▸ 제3자: 임원 일동
　　　　▸ 지위관계: 화>청
　　　　▸ 유대관계: 소
　　　　▸ 청자의 실제행위(A): 유

‣ 상황 설명: 회장이 간부급 임원들에게 회의에서 새로 부임한
  서 이사를 소개하고 있다.

   01 S: 앞으로 회계와 투자 관련 업무는 전적으로 서 이사가
         맡아서 할 거야.
   02 H: (침묵)
→ 03 S: 본부장은 잘 <u>서포트 하고</u>.　　　　　　　　**명령**
Ⓐ 04 L: 성심을 다해 서포트하겠습니다.

다음은 문형 '-고요' 사용된 경우이다. 아래 (96)에서는 70대 노인이 사진
관에서 민증 사진을 촬영하고 있는 상황이다. 사진사와 고객의 관계는 서비
스 제공자와 소비자라는 점에서 [화〈청]의 지위관계를 가지고 있다고 볼 수
있다. 이때, 화자는 01줄에서와 같이 '-고요'를 사용하여 청자에게 '이쪽을
보다'라는 행위를 지시하고 있다. 그리고 이러한 행위는 02줄 청자의 실제
행위 [위]를 통해 실현되는 것으로 나타난다. 이때, '-고요'를 사용한 것은
비록 화자가 한꺼번에 지시화행 발화를 연달아 하는 상황은 아니지만, 맥락
상 지속적으로 이것저것 청자에게 지시해야 하는 상황이기 때문에 연속적
으로 지시화행을 발화하는 가운데에서 사용한 것으로 추정할 수 있다.

(96) '-고요' 사용의 예시
   ‣ 장소: 사진관　‣ 장소 사용역: 공적　‣ 주제 사용역: 공적
   ‣ 대화 참여자 관계 유형: 사진사_고객
   ‣ 화자(S): 사진사(40대, 남성)　‣ 청자(L): 고객(70대, 여성)
   ‣ 제3자(H): 고객의 동행인(80대, 남성)
   ‣ 지위관계: 화<청
   ‣ 유대관계: 초면
   ‣ 청자의 실제행위(A): 유
   ‣ 상황 설명: 할머니가 증명사진을 찍으러 사진관에 방문함.

→ 01 S: 자 할머니 이쪽을 <u>보구요</u>.　　　　　　　　**명령**
Ⓐ 02 L: (고개 돌린다)

03 S: (셔터를 누른다) 네네, 그렇게 웃어 주세요. 좀 더..
04   네네, 영정사진일수록 웃는 게 좋죠?
05 H: 뭐 임마? 영정사진? (확 째려본다.)
06 S: (순간 움찔)

약화의 단서가 되는 문형 '-고(요)'는 연결어미 '-고'가 지니는 선행절에 이은 나열의 의미가 담화 차원으로 확대되어, 화자 자신의 말이나 청자의 말에 연이어 추가적으로 어떤 행위를 지시하고자 할 때 쓰이며, '-어요'를 비롯한 명령형 종결어미가 지니는 언표적 의미를 약화시키는 효과가 있기 때문에, 청자로 하여금 그 약화의 단서로 '-고'를 인식하여 체면이 보호되는 효과를 야기할 수 있다.

아래 〈그림 63〉은 문형 '-고요'가 말뭉치상에서 나타난 화행의 비중에 관한 것이다. 먼저, '-고요'는 명령화행으로 사용된 경우가 42.31%로 가장 높게 나타났고, '-지 말고(요)'의 형태로써 금지화행으로 사용된 경우가 25.64%, 권고화행 14.1%, 제의화행 5.13%, 요구화행 5.13%, 허락화행, 요청화행, 충고화행, 제안화행이 각각 5% 미만의 비중으로 조사되었다. 이는 문형 '-고(요)'가 강제적 지시화행에서 사용되는 경향성이 있음을 보이는 결과라고 하겠다.

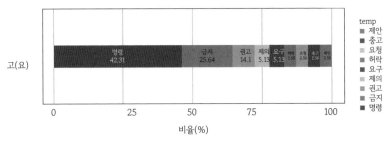

그림 63. 문형 '-고요'의 말뭉치 분석 결과

2) 책임 회피의 단서 문형 '-든가(요)'

문형 '-든가'는 지시발화에서 책임을 회피하고자 하는 태도의 단서가 되는 문형이다. 아래 (97)에서는 03줄의 발화에서 화자가 변호사를 처리해버릴 것을 지시하는 내용에서 '-든가'를 사용하고 있다. 연결어미로서 '-든가'의 언표적 의미는 '선택의 제공'이기 때문에 '-든가'를 이용해 지시화행을 수행할 경우, 강제성이 높은 명령화행을 수행할지언정 언표적으로 나타나는 명령의 의미가 매우 약화되기 때문에 화자는 책임을 회피할 수 있게 된다. 아래의 대화에서 청자는 04줄에서 [변명]의 반응을 보이고 있으나 05줄을 통해 화자는 03줄에서 '-든가'를 통해 발화했던 앞선 내용이 청자에게 선택지를 제안하는 것이 아니라 '발목 잡힐 것 같으면 잘라 버려야 한다'는 강한 의지를 가지고 지시한 것이었음을 확인할 수 있다. 05줄은 모호했던 03줄 지시화행에 대한 보조화행의 성격을 갖는다고 하겠다.

(97) '-든가'의 사용 예시
- ▸ 장소: 저택 ▸ 장소 사용역: 사적 ▸ 주제 사용역: 공적
- ▸ 대화 참여자 관계 유형: 아버지_아들
  (동시에 사업적 상사와 부하)
- ▸ 화자(S): 아버지(60대, 남성) ▸ 청자(L): 아들(30대, 남성)
- ▸ 지위관계: 화>청
- ▸ 유대관계: 친
- ▸ 청자의 실제행위(A): 변명
- ▸ 상황 설명: 사업적으로는 상사와 부하의 관계에 있는 아버지와 아들이 집에서 은밀하게 업무적인 내용에 관해 대화하고 있음.

01 S: 어린 놈의 변호사한테 놀아난 게 벌써 몇 번째야?
02 L: (무릎 꿇고) 죄송합니다 아버지.
→ 03 S: 자꾸 걸리적 거리면 처리해 버리든가.　　　　　　　　　명령
Ⓐ 04 L: 근데.. 아버지 걔가 너무 유명해져서요..　　　　　　　　변명

05 S: 발목 잡힐 거 같으면 발목을 잘라 버려야 한다.
06 L: (두려움에 잠기며)

한편, 아래 (98)의 대화는 시어머니와 며느리의 대화 상황으로 며느리의 외도로 인해 아들과 며느리가 이혼을 앞둔 상황에서 적대적인 감정으로 나누는 내용이다. 화자인 시어머니는 청자인 며느리에게 '너의 외도 사실을 아이에게 알리고 싶다면 올 것'을 '-든가요'를 통해 발화하고 있다. 이때 지위관계가 [화〉청]임에도 불구하고 '-든가'가 아닌 '-든가요'를 사용한 것은 반어적(ironic)[46] 사용으로 볼 수 있다. 또 아래 02줄의 화자 발화는 조건문으로 이루어져 있는데 '너의 외도 사실을 아이에게 알리고 싶지 않다면 오지 마라'라는 'p면 q'는 'q면 p'와 필요충분조건의 관계에 있기 때문에 '~p면 ~q'를 함축하게 된다(Geis & Zwicky1971). 따라서 이때의 조건문은 경고나 위협의 함축적 의미를 지닐 수 있다. 이때, 문형 '-든가요'를 사용하는 것은 '-든가'의 언표적 의미로부터 청자의 선택에 따라 결과가 달라질 수 있음을 고정적으로 함축하기 때문에 청자의 행위에 대한 강한 협박의 담화 기능을 수행하게 된다.

(98) '-든가요'의 사용 예시
‣ 장소: (전화 통화) ‣ 장소 사용역: 사적 ‣ 주제 사용역: 사적
‣ 대화 참여자 관계 유형: 시어머니_며느리
‣ 화자(S): 시어머니(60대, 여성) ‣ 청자(L): 며느리(30대, 여성)
‣ 지위관계: 화>청
‣ 유대관계: 적대
‣ 청자의 실제행위(A): 유
‣ 상황 설명: 아들과 이혼을 앞둔 며느리 몰래 손주를 집으로 빼돌린 시어머니가 며느리에게 경고하고 있음.

---

46) 정희자(2004)에서는 한국어의 반어법을 어휘적 반어와 상황적 반어로 구분하였는데, 이때는 화청자의 화계에 맞지 않는 문법을 사용한 경우로 상황적 반어에 해당한다고 볼 수 있다.

01 L: 이럴 수는 없어요! 지금 결이 데리러 가요.

→ 02 S: 결이 앞에서 댁네가 하신 짓 다 공개하길 바란다면
오시든가요. (끊는다)　　　　　　　　협박하기 기능

문형 '-든가요'가 말뭉치상에서 나타낸 화행의 비중은 아래 〈그림 64〉와 같다. 이에 따르면 '-든가요'는 명령화행으로 사용된 비율이 31.82%로 가장 높게 조사되었고, 권고화행으로 사용된 비율이 27.27%, 허락화행 13.64%, 충고화행 9.09%, 요구화행 9.09%, 제의화행 4.55%, 요청화행 4.55%로 나타났다. 이는 문형 '-든가요'가 강제적 지시화행의 일환으로 사용되는 비중이 큼을 드러내는 지표라고 할 수 있다.

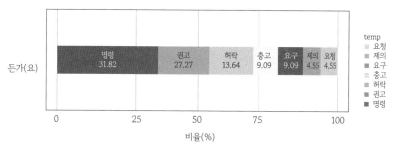

그림 64. 문형 '-든가요'의 말뭉치 분석 결과

3. 의문형 문형

지시화행의 수행에서 의문형 종결어미가 사용되는 것은 여러 언어권에서 두드러지게 나타나는 전략적 현상이다. Shegloff(1984)에서는 '의문형이 항상 정보 찾기의 일환으로 사용되는 것은 아니며, 오히려 초대, 제의, 불평, 요청 등의 다른 행위를 수행하기 위해 사용된다'고 기술한 바 있으며, Ervin-Tripp(1976)에서도 지시화행의 형태를 구분함에 있어 Need 진술문, 명령문, Could you~를 통한 간접명령문, May I~를 통한 허락요청 지시화

행, 정형화되지 않은 의문문 지시화행으로 제시한 바 있다. 본 연구의 말뭉치상에서 나타난 의문형 문형의 분포는 아래 〈그림 65〉과 같다.

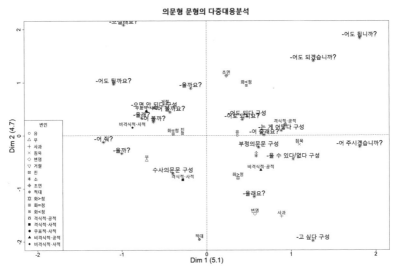

그림 65. 의문형 문형의 담화적 분포

〈그림 65〉의 다중대응분석표에 따르면 지위 관계 [화<청]의 관계에서는 '-어도 되다'의 의문형 구성이 가장 가까운 분포를 보였고, 지위 관계 [화>청]의 관계에서는 '-을래요?'와 부정의문문, '-을 수 있/없-' 의문형, 지위 관계[화=청]의 관계에서는 '-을래?, -어 볼까? -어 볼까요?' 등의 문형이 자주 사용됨이 나타났다. 그 중, '부정의문문 구성'의 경우는 청자의 반응이 [유]로 나타나되 유대 관계가 [소]인 경향성이 있는 것으로 나타났고, '수사의문문 구성'의 경우는 청자의 반응이 [무]이지만 유대 관계는 [친]인 경향성이 있는 것으로 조사되었다. 의문형 문형의 말뭉치 빈도는 아래 〈표 67〉과 같다.

표 67. 의문형 문형의 빈도

	문형	빈도	백분율	누적 빈도	누적백분율
1	수사의문문 구성	56	2.05%	1537	0.56%
2	-으면 안 되다 구성	42	1.54%	1775	0.65%
3	부정의문문 구성	40	1.46%	1815	0.66%
4	-을까?	20	0.73%	2035	0.74%
5	-어도 되다 구성	16	0.59%	2124	0.78%
6	-을까요?	14	0.51%	2197	0.80%
7	-을래?	14	0.51%	2211	0.81%
8	-을 수 있다/없다 구성	13	0.48%	2252	0.82%

1) 수사의문문 구성

　말뭉치상에서 가장 높은 빈도를 차지하는 것으로 조사된 수사의문문은 '누구, 왜, 언제, 무엇을, 어떻게' 등에 대한 정보 찾기(information seeking)의 형태를 갖췄지만, 실제 의사소통 상황에서 수사의문문이 지시화행으로 사용되는 경우에는 발화효과적인 측면에서 불평하기, 반박하기, 항의하기 등의 담화 기능을 수반하는 것으로 논의되어 오고 있다. Koshik(2005)에서는 수사의문문의 담화 기능을 크게 반대(disagreement), 이의 제기(challenge)과 불평(complaint)으로 구분하고, 나아가 수사의문문이 제도 담화(institutional talk)에서는 선행 발화에 대한 격식적인 이의 제기의 일환으로 사용될 수 있음을 주장한 바 있다. 본 연구에서는 수사의문문이 지시화행으로 어떻게 사용되는가를 살피고, 나아가 해당 발화가 발화수반효과로서 나타내는 담화 기능에 대해 기술하고자 한다. 아래 (99)는 '왜' 의문문 구성의 예시이다.

　　(99) '수사의문문 구성'의 사용 예시
　　　　‣ 장소: 화장실　‣ 장소 사용역: 비격식적　‣ 주제 사용역: 사적
　　　　‣ 대화 참여자 관계 유형: 여동생_오빠
　　　　‣ 화자(S): 여동생(40대, 여성)　‣ 청자(L): 오빠(40대, 남성)

‣ 지위관계: 화<청
‣ 유대관계: 친
‣ 청자의 실제행위(A): 거절
‣ 상황 설명: 남편 명진을 두고 다른 남자와 연애를 하는 동생(S)과 그녀를 꾸짖는 오빠(L)의 대화. 오빠가 동생을 때리려고 하자, 동생이 때리지 말라고 대항하고 있음.

01 L: 어흐! (한 대 치려고 하는)
02 S: (물러서며) 손찌검 하지 마!　　　　　　　　　금지
03 L: 어어?
→ 04 S: <u>입 두고 왜 말로 못 해? 왜 손 대? 그것도 집안 내력이야?</u>
　　　　　　　　　　　　　　　　　　　　　　　　금지
　　　　　　　　　　　　　　　　　　　　　　　(불평하기 기능)
Ⓐ 05 L: 명진이가 널 얼마나 참아 줬는지 아니?
　　　　너 같은 거한테는 말이 아깝다는 거야.　　　거절

위 (99)에서는 손찌검을 하려고 하는 청자(L)에 대해 화자(S)가 '손찌검 하지 말 것'에 대한 금지화행의 발화를 02줄을 통해 발화하고 있으며, 이에 대하여 연이어 04줄에서와 같이 '왜' 의문문 구성을 사용하여 '말로 할 것', '손대지 말 것'의 금지화행을 발화하고 있다. 이때, 왜 의문문 구성에 나타나는 결합 명제는 곧 화자가 청자로 하여금 수행하지 말아야 한다고 믿는 행위라는 점에서 금지화행에 해당한다고 할 수 있다. 그리고 이러한 금지화행은 '청자가 하지 말아야하는 행위를 하려고 한 것'에 대한 화자의 강한 불평을 드러내는 발화효과를 갖는다고 할 수 있다. 다음의 (100)는 '어떻게' 의문문의 용례이다.

(100) '수사의문문 구성'의 사용 예시2
‣ 장소: 화자의 방　‣ 장소 사용역: 비격식적　‣ 주제 사용역: 사적
‣ 대화 참여자 관계 유형: 남동생_큰누나
‣ 화자(S): 남동생(20대, 남성)　‣ 청자(L): 큰누나(30대, 여성)

‣ 지위관계: 화<청

‣ 유대관계: 친

‣ 청자의 실제행위(A): 거절

‣ 상황 설명: 노크 없이 들어온 누나(L)에게 동생(S)이 핀잔을 주고 있음.

→ 01 S: <u>노크도 없이 갑자기 들어오면 어떡해?</u>　　　　금지

(불평하기 기능)

Ⓐ 02 S: 노크는 무슨. 식구끼리.　　　　　　　　거절

위 (100)에 따르면 화자가 '-으면 어떡해'를 사용하여 청자에게 '노크 없이 들어오지 말 것'의 금지화행을 수행하고 있음을 확인할 수 있다. 이는 나아가 '노크를 하고 들어올 것'에 대한 방주인으로서의 요구화행이라고도 볼 수 있는데 '-으면 어떻게 해'는 이렇게 결합한 명제가 이미 일어난 과거의 사태일 경우 청자의 행동에 대한 금지 및 요구화행을 수행할 수 있으며, 나아가 청자에 대한 '책망' 및 '불평'의 담화 기능을 발화수반효과로서 나타내기도 한다.

아래 〈그림 66〉은 수사의문문 구성이 말뭉치상에서 나타낸 화행에 관한 것으로 가장 높은 비중을 차지하고 있는 것은 금지화행으로 56.67%가 조사되었고, 명령화행이 23.33%, 요구화행이 8.33%, 권고화행이 6.67%, 제의화행, 제안화행, 요청화행이 각각 1.67%로 나타났다. 이는 수사의문문 구

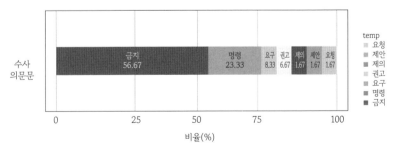

그림 66. 수사의문문 구성의 말뭉치 분석 결과

성이 실제 담화상에서 금지화행으로 사용되어 불평하기의 담화 기능을 수
행하는 경우가 가장 빈번함을 드러내는 자료라고 할 수 있으며, 대개 강제
적 지시화행의 일환으로 사용된다는 것을 입증하는 근거로 삼을 수 있겠다.

2) 부정의문문 구성

부정의문문은 '안', '못', '-지 않-', '-지 못하-' 등이 의문형으로 나타난 쓰임
을 의미하는데, Freed(1994)에서는 이러한 부정의문문이 정보를 찾기 위한
의문문이라기보다는 정보를 전달하기 위한 진술문의 성격을 지닌다고 기술
한 바 있다. 또, Clayman & Heritage(2002), Heritage(2002) 등에서는 뉴스
방송 담화에서 부정의문문이 적대적인 질의 기능 및 비판의 기능을 수행한
다고 지적하기도 하였다. 아래 (101)은 부정의문문이 한국어 담화에서 명
령화행으로 사용되는 양상을 보여주는 용례이다.

> (101) '부정의문문 구성'의 사용 예시1
> ‣ 장소: 수술실 앞　‣ 장소 사용역: 격식적　‣ 주제 사용역: 공적
> ‣ 대화 참여자 관계 유형: 선배_후배
> ‣ 화자(S): 선배 레지던트(30대, 여성)
> ‣ 청자(L): 후배 레지던트(30대, 남성)
> ‣ 지위관계: 화>청
> ‣ 유대관계: 친
> ‣ 청자의 실제행위(A): 유
> ‣ 상황 설명: 선배(S)가 잘못을 저지른 후배(L)에게 빨리 교수님을
> 　따라가 빌라고 이야기하고 있음.

| → | 01 S: <u>야, 빨랑 김사부 안 따라가?</u> | 명령 |
| Ⓐ | 02 L: (툴툴거리며 김사부를 따라간다) | 유 |

위 (101)의 01줄에서는 선배(S)가 후배(L)에게 '안' 부정의문문을 사용하

여 '김사부를 빨리 따라갈 것'을 명령하고 있다. 이때 화자의 발화는 02줄 청자의 반응에서 '예/아니오'에 의한 대답을 요구하는 것이 아니라 안 부정 의문문과 결합하고 있는 명제에 대한 '청자 수행'을 요구하는 것이기 때문에 지시화행으로 실현되고 있는 발화라고 할 수 있으며, 이의 결과로 02줄에서도 청자의 행위가 이어지고 있다.

한편, 긴 부정에 해당하는 '-지 않-'이 결합한 부정의문문의 경우 제안화행으로 사용되는 경향성이 나타났는데, 그 구체적인 용례는 아래(102)와 같다.

(102) '부정의문문 구성'의 사용 예시2
- ‣ 장소: 집무실 ‣ 장소 사용역: 격식적 ‣ 주제 사용역: 공적
- ‣ 대화 참여자 관계 유형: 업무 관계
- ‣ 화자(S): 사업가(40대, 남성) ‣ 청자(L): 검사(40대, 남성)
- ‣ 지위관계: 화=청
- ‣ 유대관계: 소
- ‣ 청자의 실제행위(A): 유
- ‣ 상황 설명: 남일호에 대한 범죄의 증거를 확보한 사업가(S)가 검사(L)를 만나 증거 확보의 정황을 이야기하고 남일호를 함께 처단할 것을 의논하고 있음.

→ 01 S: 저랑 같이 일호그룹을 한번 밟아 보지 않겠습니까? **제안**
Ⓐ 02 L: 대한민국 검사 우습게 보는 남일호라면 내가 빠질 수야 없지. **수락**

이에 따르면 '-지 않겠습니까?'는 [격식적][공적] 담화에서 제안화행을 수행하는 문형으로 나타나고 있다. 위의 예시에서는 화자와 청자의 공통의 적이라고 할 수 있는 [일호그룹을 밟다]의 행위를 지시하고 있는데, 강제성이 없을뿐더러, 화자와 청자 모두에게 이익이 되는 행위라는 점을 고려할 때 제안화행으로 수행되고 있다고 분석할 수 있다.

한편, '못' 부정문도 지시화행을 수행하는 것으로 나타났는데, 구체적인

용례는 아래 (103)과 같다. 대개 '못' 부정은 '안' 부정과 달리 능력 없음을 의미하는 능력 부정에 해당한다. (103)에서는 루머를 양산하던 학생(L)에게 학주(S)가 '고등학생이나 돼서 그런 것도 못 가리냐는' 부정의문문을 사용하고 있는데, 이는 실제로 '말을 가릴 능력이 없는지' 묻고 있는 정보 찾기의 질의가 아니라, '고등학생이나 됐으면 그런 것을 가릴 줄 알아야 한다'는 당위에 대한 전제를 드러내는 진술의 의미라고 볼 수 있다.

(103) '부정의문문 구성'의 사용 예시3
- 장소: 학교 ‣ 장소 사용역: 격식적 ‣ 주제 사용역: 사적
- 대화 참여자 관계 유형: 사제지간
- 화자(S): 학주(40대, 남성) ‣ 청자(L): 학생(10대, 여성)
- 지위관계: 화>청
- 유대관계: 친
- 청자의 실제행위(A): 유
- 상황 설명: 학교에 발생한 사건과 관련하여 루머에 대해 얘기하고 있던 학생(L)이 학주(S)에게 걸려 혼나고 있음.

→ 01 S: 이것들 뒷담 수준 봐라? 할 말이 있고 못 할 말이 있지,
　　02 　　 고등학생이나 돼서 <u>그런 것도 못 가려?</u> (꿀밤) 　　　**명령**
Ⓐ　03 L: 으악! 　　　　　　　　　　　　　　　　　　　　　　　**무**
　　04 S: 오늘 아침에 사건 확실히 종결 났어.
　　　　　더 이상 왈가왈부하지마. 알겠어? 　　　　　　　　　**금지**
　　05 L: 네..

01줄 화자의 발화는 04줄에서 구체화되는데, '더 이상 왈가왈부하지 말 것'에 대한 금지화행이 명시적으로 나타나고 있으며, 청자는 이에 대해 거부할 선택권을 가지고 있지 못한 관계에 있다고 할 수 있다. 즉, 01줄에서 못 부정문은 화자가 지니고 있는 당위에 대한 진술인 동시에, 청자 수행을 간접적으로 지시하는 명령화행으로 사용되고 있다고 할 수 있다. 대개 명령

및 금지화행에 대한 보조화행으로 못 부정문이 사용되는 경향이 있음이 말뭉치를 통해 입증되었다.

다음으로 (104) 예문은 긴 부정인 '-지 못하-'의 의문형에 대한 예시이다. '-지 못하-'는 한국어 담화에서 강한 명령화행을 수행하는 것으로 나타났다. 아래 (104)에서는 변명을 하고 있는 인턴(L)에게 과장(S)이 '-지 못하-'를 사용하여 '가만히 있을 것'을 명령하고 있다. 이는 명령 및 금지화행에 해당하는 것으로, 대개 지위 관계 [화>청]의 맥락에서만 사용되며 이 경우 청자의 반응이 대개 [유] 혹은 [사과]로 실현된다는 점에서 강한 명령화행으로 실현된다고 해석할 수 있다.

(104) '부정의문문 구성'의 사용 예시4
　‣ 장소: 회사 사무실　‣ 장소 사용역: 격식적　‣ 주제 사용역: 공적
　‣ 대화 참여자 관계 유형: 상사와 부하직원
　‣ 화자(S): 과장(40대, 남성)　‣ 청자(L): 인턴(20대, 남성)
　‣ 지위관계: 화>청
　‣ 유대관계: 소
　‣ 청자의 실제행위(A): 유
　‣ 상황 설명: 잘못을 저지른 인턴(L)이 변명을 하다가 과장(S)에게
　　혼나고 있음.

　　01 L: 죄.. 죄송합니다.
　　02 S: (화난 얼굴로 노려본다)
　　03 L: 아니 그게,, 왜.. 제가 잘못..
→　04 S: <u>가만 있지 못 해!</u>　　　　　　　　　　　　명령
Ⓐ　05 L: (움찔하고)　　　　　　　　　　　　　　　　유

아래 〈그림 67〉은 부정의문문 구성이 말뭉치상에서 화행으로 나타난 것을 측정한 것이다. 그 결과 부정의문문 구성은 명령화행으로 39.47% 사용되었으며, 요구화행으로 31.58%, 권고화행으로 15.79%, 제안화행으로

5.26%, 요청화행 5.26.%, 금지화행 2.63%로 조사되었다. 이는 부정의문문 구성이 실제 담화상에서 강제적 지시화행의 일환으로 쓰이는 경향성이 있음을 보이는 결과라고 하겠다.

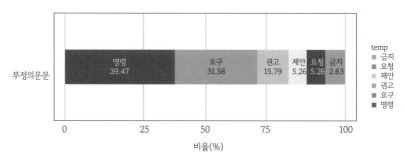

그림 67. 부정의문문 구성의 말뭉치 분석 결과

3) '−을까(요)?'와 '−을래(요)?'

문형 '−을까(요)?'와 '−을래(요)?'는 청자의 의향을 물어볼 때 쓰는 대표적인 의문형 비격식제 종결어미에 해당한다. '−을까(요)?'와 '−을래(요)'에 대한 논의는 많이 이루어져 왔지만, 그럼에도 불구하고 지시화행으로서의 사용에 천착하여 이 두 문형의 쓰임을 비교한 사례는 많지 않다. 아래 〈표 68〉은 종결어미 '−을까요?'에 대한 사전적 정의로, '추측하며 질문하는 뜻'과 '제안하는 뜻'이 제시되고 있다.

표 68. 종결어미 '−을까(요)?'의 사전적 정의

유형	내용
표준국어대사전	-을까 1) 어떤 일에 대한 <u>물음이나 추측을</u> 나타내는 종결 어미. 2) 어떤 일에 대하여 <u>상대편의 의사를 묻는</u> 종결 어미.
기초한국어사전	-을까(요) 1) 아직 일어나지 않았거나 모르는 일에 대해서 말하는 사람이 <u>추측하며 질문할 때</u> 쓰는 표현. 2) 듣는 사람에게 <u>의견을 묻거나 제안함</u>을 나타내는 표현.

한편, '-을래요'의 사전적 정의는 아래 〈표 69〉와 같이 나타나는데, 평서형으로는 자신의 의사를 나타내는 뜻을 지니며, 의문형으로는 상대의 의사를 묻는 뜻이라고 기술되고 있다. 그러나 이러한 사전적 정의는 특히 지시화행을 수반하는 '-을까(요)?'와 '-을래(요)?'의 기능적 차이를 변별해 내는 데에 한계가 있다.

표 69. 종결어미 '-을래(요)?'의 사전적 정의

유형	내용
표준국어대사전	-을래 1) 장차 어떤 일을 하려고 하는 스스로의 의사를 나타내거나 상대편의 의사를 묻는 데 쓰는 종결 어미.
기초한국어사전	-을래(요) 1) 앞으로 어떤 일을 하려고 하는 자신의 의사를 나타내거나 그 일에 대하여 듣는 사람의 의사를 물어봄을 나타내는 표현.

한국어교육을 목표로 하는 문법 사전인 〈한국어교육 문법(2017:375)〉에서는 '-을래요?'가 '-을까요?'에 비하여 상대방의 의지 및 의향에 더 초점을 두는 표현이라고 기술한 바 있으며, '-을래요?'의 경우에는 제안의 결정권이 상대방에게 있다고 하였다. 이와 관련하여 박종갑(1986:413)에서는 소극적인 '-을까요?'에 비하여 '-을래요?'가 반드시 상대방의 의향이 요구된다고 기술한 바 있으며, 장채린(2017:206)에서는 '-을까요?'가 사용된 제안을 듣게 되면, '-을래요?'로 수행된 제안을 듣는 것보다 청자가 더 부담을 느낄 수밖에 없다고 기술한 바 있다. 이는 제안을 받은 청자가 '-을까요?'의 제안에서는 자신의 행동뿐 아니라 상대방의 행동까지 고려해야 하기 때문이라고 하였다. 그러나 실제 말뭉치 분석 결과 '-을까요?'와 '-을래요?'의 부담의 정도는 지시하는 내용에 따라 다르게 나타나는 양상을 보이고 있다.

아래 (105)는 2인칭 주어로 화자와 청자가 함께 수행할 행위 A에 대하여 화자가 제안하고 있는 발화에 해당한다. (105ㄱ)의 경우 '우리 사귈까?'는 화자와 청자가 함께 '사귀다'의 행위를 수행하는 것의 여부에 대하여 열린 제안으로 받아들여지고, (105ㄴ) '우리 사귈래?'는 화자의 의향은 결정되어 있는 것을 전제로, 청자의 의향에 대해 질의·제안하는 의미로 받아들여지는 경향이 있다. 따라서 청자가 수행하기를 원하거나 긍정적으로 생각하는 지시 내용에 대해서는 '-을래요?'의 쓰임이 선호되는 양상을 보였지만, 청자가 수행하기를 원치 않거나 부정적으로 생각하는 지시 내용에 대해서는 '-을래요?'가 사용될 경우 '-을까요?'에 비하여 거절에 대한 부담이 가중되는 느낌을 받을 수 있다고 기술할 수 있다.

> (105) ㄱ. 우리 <u>사귈까</u>?
> ㄴ. 우리 <u>사귈래</u>?

말뭉치상에 나타난 예문을 살피면 아래 (106)에서는 01줄에서 화자(S)가 애인의 식구들과의 모임에서 '무엇을 더 먹다'에 대한 청자들의 의향을 '-을래요?'를 통해 질의하고 있다. 이때, '-을래요?'는 지시화행을 수행했다기보다는 질의로 사용되고 있는데, 이에 대한 응답 발화로서, 청자(L)가 '주종을 소주로 바꾸다'에 대해 '-을까요?'를 사용하여 제안화행 발화를 수행하고 있다. 이처럼 '-을까요?'는 대개 1인칭 단수/복수 주어에 쓰여 화자와 청자 모두가 함께 수행할 어떤 것에 대하여 제안화행을 지시하기 위해 활발히 사용되는 문형이다.

> (106) '-을까요?'의 사용 예시
> ‣ 장소: 횟집 ‣ 장소 사용역: 비격식적 ‣ 주제 사용역: 사적
> ‣ 대화 참여자 관계 유형: 누나 커플과 동생 커플의 더블데이트
> ‣ 화자(S): 횟집사장(40대, 남성)
> ‣ 청자(L): 횟집사장 애인의 남동생(30대, 남성)
> ‣ 청자2(H): 청자의 여자친구(30대, 여성)
> ‣ 지위관계: 화=청

- 유대관계: 소
- 청자의 실제행위(A): 유
- 상황 설명: 누나 남자친구가 운영하는 횟집에서 누나 커플과 동생 커플이 더블데이트를 하고 있음.

```
    01  S: 뭐 더 드실래요? 맘껏 드세요.
→   02  L: 소주로 바꿀까요?                                   제안
    03  H: 여기 소주 있나요? 맥주는 배가 불러서.
Ⓐ  04  S: 아 저두 사실은 소주 파예요. 우리 미라 씨가 좀 안 좋아하지.
    05     미라 씨는 분위기 있는 데 좋아하거든요.
    06  L: 누나가 그래요?
    07  S: 무신 씬 안 그러시죠? 소주 집 더 좋아할 거 같애.
           독한 거 엄청 잘 드실 거 같은데.
    08     주량이 얼마나 되세요?
    09  H: 잘 못 마셔요.
→   10  S: 에이 한 댓 병드시겠는데. 그럼 본격적으루 마셔 볼까요?
                                                          제안
```

이렇게 청자와 화자가 함께 하는 행위에 있어서 '-을까요?'는 화자의 제안이지만 행위주가 화청자 모두를 지정하는 의미이기 때문에 결정의 권한이 두 사람에게 있으므로 오히려 제안에 대한 결정 여부가 열려 있는 느낌을 준다. 즉, '같이 생각해 보자'는 청유의 뜻으로 읽힐 수 있는 것이다. 그러나 '-을래요?'는 청자의 의향에 초점을 두기 때문에, 제안에 대한 거절의 책임이 청자에게 부과되는 측면이 있다. 만약 '-을까요?'로 제안된 발화를 거절한다면, 그것은 공동의 책임이 되지만, '-을래요?'로 제안된 발화를 거절하게 된다면, 수락 여부의 결정권이 오직 청자에게 있기 때문에 거절로 인해 발생하는 결과에 대한 책임도 청자만이 부담하게 되는 것을 야기하게 된다. (106) 대화의 02줄에서 청자(L)가 누군가 한 사람을 특정하여 '우리 소주로 바꿀래요?'라고 제안했다면, 해당 발화의 특정인이 된 청자가 지니게 되는

권한의 크기가 커짐으로 청자가 느끼는 거절에 대한 부담감 역시 커질 수밖에 없음을 의미한다.

한편, '-을래요?'는 화자의 의향을 존중하여 제안하는 의미를 갖지만, 담화상에서 명령화행을 수행하는 것으로 사용되기도 한다. 아래 (107)에서는 윤리경영실 실장(S)과 직원(L)의 수직적인 지위 관계에서 [화〉청]의 화자가 [반성문을 한번 더 수정해 오다]의 행위를 지시하고 있다. 이는 청자가 일방적으로 수행하지 않거나, 명시적으로 거절할 수 없으며 강제력을 지니기 때문에 강제적 지시화행의 일환인 명령화행으로 수행되고 있다고 볼 수 있다. 즉, 이때의 '-을래요?'는 청자의 의향에 비중을 두고 제안하는 것이 아니라 명령화행임에도 청자의 의견에 비중을 두는 형식으로 발화되어 거절에 대한 청자의 부담감을 높이는 전략으로 사용되고 있다. 이 경우, 화시를 이동하여 혼잣말의 형식으로 '반성문을 한번 더 수정해 오다'에 '-을까요?'를 사용하여, '반성문을 한번 더 수정해 올까요?'라고 지시한다면, '-을래요?'에 비하여 청자로 하여금 거절의 부담이 경감되는 느낌을 받게 할 수 있으며, 이러한 맥락에서 '-을까요?'는 '-을 수 있다', '-을 수 없다', '-는 게 어떻다', '-어 보다'와 결합한 형태로 완곡한 명령화행을 수행하는 경우가 빈번하게 나타난다.

(107) '-을래요?'의 사용 예시
> ‣ 장소: 회사 윤리경영실 ‣ 장소 사용역: 격식적
> ‣ 주제 사용역: 공적
> ‣ 대화 참여자 관계 유형: 회사 실장과 직원
> ‣ 화자(S): 실장(40대, 여성) ‣ 청자(L): 직원(30대, 남성)
> ‣ 지위관계: 화>청
> ‣ 유대관계: 소
> ‣ 청자의 실제행위(A): 변명
> ‣ 상황 설명: 징계를 받고 윤리경영실에 반성문을 제출하러 온 청자(L)에게 실장(S) 반성문에 진정성이 느껴지지 않는다며 다시

써올 것을 지시하고 있음.

01 S: 반성문 잘 보긴 했는데... 뭔가 진정성이 부족하네요.
02 L: 진심으로 반성과 회한의 마음을 담아 썼는데요.
03 S: 그게 나한테 닿질 않아~! 뭔가 피상적이고 요식적이라고 할까?
04 L: (부르르)
→ 05 S: 한 번만 더 수정해 올래요?　　　　　　　　　　　**명령**
Ⓐ 06 L: 실장님, 지금 저희 부서 업무가요,　　　　　　　　**변명**
07 S: 업무보다 인간, 그리고 윤리가 우선입니다.
08 L: (미치겠고)
09 S: 언제나 환한 표정 짓기~　　　　　　　　　　　　　**권고**

일반적으로 1인칭이 주어가 오는 '-을까요?'와 달리 2인칭의 청자에게 직접적으로 의향을 묻는 '-을래요?'는 담화상에서 지위 관계 [화<청]에서는 거의 사용되지 않는 제약을 보였는데, 대개 지시화행 발화에서 약화의 의미로 쓰이는 '-어 주'가 결합한 문형 '-어 주실래요?'도 [화<청]의 맥락에서는 거의 나타나지 않았고, 높임의 선어말어미 '-으시-'가 결합한 '-으실래요?'는 '드시다, 쓰다, 보다, 사용하다' 등 청자에게 유익이 되는 것을 제공하는 상황에서만 제한적으로 나타나는 양상을 보일 뿐 [화<청]의 관계에서는 잘 사용되지 않는 것으로 나타났다.

〈그림 68〉은 문형 '-을까요?'의 말뭉치 분석 결과로 가장 높은 비중을 차지하는 화행은 제안화행 71.91%로 조사되었고, 제의화행 10.26%, 명령화행 5.13%, 요구화행 2.56%로 나타났다.[47]

---

47) 문형 '-을까요?'의 경우 허락 요청(request for permission)의 의미로 사용된 경우가 10.26%로 나타났으나, 본 연구에서는 허락 요청의 뜻을 지시화행의 범주로는 포함하지 않았기 때문에 본문에서 기술되지는 않기로 한다. 본고에서는 허락 요청의 형태 '-으면 안 되-'의 의문형이 맥락에 따라 2인칭 주어를 가질 경우 요청화행으로 사용된다고 본 바 있으나, 허락 요청 화행의 범주는 따로 설정하지 않았다.

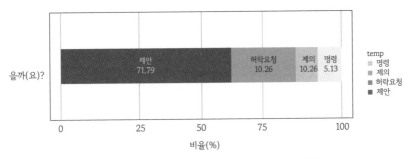

그림 68. 문형 '-을까(요)?'의 말뭉치 분석 결과

　이는 문형 '-을까요?'가 비강제적 지시화행으로 활발히 사용됨을 나타내는 결과라고 할 수 있다. 한편, 문형 '-을래요?'는 말뭉치 분석 결과 아래 〈그림 69〉에서와 같은 양상을 나타냈는데, 제안화행이 50%로 가장 높은 비중을 차지하였고, 명령화행이 16.67%, 요구화행이 11.11%, 제의화행이 8.33%, 요청화행이 8.33%, 금지화행과 권고화행이 각각 2.78%로 조사되었다. 이는 앞서 살핀 문형 '-을까요?'와는 현저한 차이를 보이는 결과로 두 문형 모두 청자의 의향을 질의하는 언표적 의미로 인해 제안화행으로 쓰이는 비율이 가장 높았으나, 문형 '-을까요?'는 비강제적 지시화행을 수반하는 비율이 더 높았다면, 문형 '-을래요?'는 명령화행을 비롯한 강제적 지시화행을 수반하는 비율이 더 높은 것으로 기술할 수 있다.

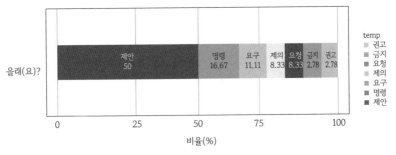

그림 69. 문형 '-을래요?'의 말뭉치 분석 결과

4) '-는 게 어떻-', '-어도 되-', '-을 수 있-' 의문 문형

'-는 게 어떻-', '-어도 되-', '-을 수 있-' 의문 문형은 모두 종결어미와 결합하여 청자의 의향이나 능력을 질의하는 의미를 갖는 우언적 구성으로 이루어진 문형이다. 앞서 살핀 '-을래요?'와 같이 청자의 의향을 명시적으로 드러내도록 유도하는 문형은 청자가 거절하기 어렵거나 부담스러워 할 것으로 예측되는 내용에 대한 지시화행에서는 거의 선택되지 않는 경향성이 나타난 반면, '-는 게 어떻-'과 같이 청자의 생각 및 방법을 물어 보는 방식, '-을 수 있/없-'과 같이 청자의 능력 여부를 물어 보는 방식, '-어도 되-'와 같이 청자의 허락을 구하는 방식은 직접적인 청자의 의지 및 의향에 관한 질의라기보다는 간접적인 방식을 취하고 있기 때문에 부담스러운 내용의 지시화행 발화에서 더 선택되는 양상이 나타났다.

그 중, 문형 '-을 수 있/없-' 구성은 종결어미 '-을까요?'와 결합되어 나타나는 경향성이 가장 높은 문형으로 조사되었다. 이렇게 구성된 문형 '-을 수 있을까(요)?'는 청자의 상황에 대해 가능성 여부를 소극적으로 추측하여 질의하는 형식으로 지시화행이 이루어지기 때문에 청자로 하여금 불가능성에 대한 변명의 기회를 제공한다는 점에서 거절의 부담이 적은 문형으로 나타났다. 따라서 '-을 수 있을까요?'는 지위 관계 [화〈청]에서도 빈번하게 선택되는 양상을 보였다. 구체적인 용례는 (108)과 같으며, 대개 청자에게 수행 여부 결정의 능력이 있는 요청화행에서 사용되는 것으로 나타났고, 청자의 응당한 권리에 따라 요구화행으로 발화되는 경우도 나타났다.

(108) ㄱ. 우리 저녁에 잠깐 볼 수 있을까요?　　　　　　　요청
　　　 ㄴ. 교장선생님과 인터뷰를 잠깐 좀 <u>할 수 있을까요?</u>　요청
　　　 ㄷ. 제가 좀 <u>볼 수 있을까요?</u>　　　　　　　　　　요구

아래 〈그림 70〉은 '-을 수 있/없-' 의문 문형의 말뭉치 분석 결과에 관한

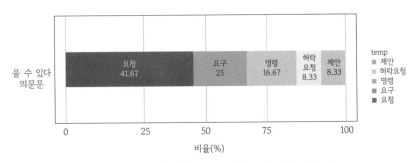

그림 70. '-을 수 있/없-' 의문 문형의 말뭉치 분석 결과

것이다. 이에 따르면 '-을 수 있/없-' 의문문형은 요청화행으로 사용된 비중이 41.67%로 가장 높은 것으로 나타났으며, 요구화행 25%, 명령화행 16.67%, 제안화행 8.33%인 것으로 조사되었다. 이러한 결과는 '-을 수 있/없-'이 지니는 가능성 및 능력의 의미에서 비롯된 것으로 해석할 수 있다. 즉, 지시화행에서 청자의 능력 및 권한이 강조되는 화행인 요청화행이 가능성과 능력에 대한 언표적 의미를 지니는 '-을 수 있/없-' 의문 문형에 자주 수반하여 나타나는 것이라고 볼 수 있다.

한편, '-는 게 어떻-' 의문 문형은 (109)에서와 같이 제안화행으로 쓰이는 경우가 많았으며, 격식적/비격식적 장소, 공적/사적 내용에 구분 없이 두루 사용되는 것으로 나타났으며, '-을까요?'와 결합할 경우 매우 완곡하고 공손한 어감을 주는 것으로 나타났다.

(109) ㄱ. 자세히는 몰라도 남규만 일이라면 우리 동호 형님한테 물어보는 게 어떻겠습니까? 제안
ㄴ. 받아 보는 게 어때? 급한 상황일 수도 있으니까. 제안
ㄷ. 그래도 한번 받아 보는 게 어떨까요? 제안

아래 〈그림 71〉은 '-는 게 어떻-' 의문 문형의 말뭉치 분석 결과이다. '-는 게 어떻-' 의문 문형은 제안화행으로 사용된 비율이 57.14%로 가장 높게

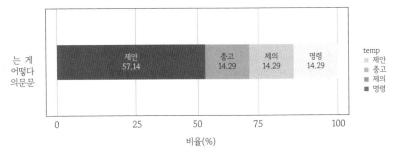

그림 71. '-는 게 어떻-' 의문 문형의 말뭉치 분석 결과

나타났고, 충고화행 14.29%, 제의화행 14.29%, 명령화행 14.29%로 조사되었다. '-는 게 어떻-' 의문 문형은 이렇게 제안화행, 충고화행, 제의화행 등 비강제적 지시화행으로 가장 높은 쓰임을 보이지만, 강제적 지시화행인 명령화행으로의 쓰임도 적지 않은 양을 보이고 있어 맥락에 따라 사용 의미의 외연이 넓게 작용하는 형태라고 해석할 수 있다.

다음으로, '-어도 되-'는 종결어미와 결합하여 허락을 구하는 형태로 나타나는 문형인데, 실제로 허락 구하기는 1인칭으로 나타나 화자 수행에 관하여 허락을 구하는 것이라면, 본고에서 조사한 '-어도 되-' 의문 문형은 화자를 배제한 [청자 수행]의 행위에 대해 쓰임으로써 지시화행을 수행하는 경우들이 나타났다. 아래(110)은 (110ㄱ,ㄴ) 모두 행위주가 화자를 배제한 청자 수행을 의미하기 때문에 허락 요청의 형태이지만 실제로는 지시화행을 수행하고 있는 것이라고 해석할 수 있다. 또, 이 경우에도 종결어미 '-을까요?'가 사용될 경우 (110ㄴ)과 같이 실제로는 강제적 지시화행을 수반하는 사용 의미를 지닐지라도 '-을까요?'의 언표적 의미로 인해 추측하는 듯한 느낌을 주어 상대적으로 조심스러운 어감을 수반하는 경향이 있다고 하겠다.

(110) ㄱ. 형님이 먼저 가셔도 되겠습니까?   요청
     ㄴ. 지유 씨, 소개 좀 먼저 해 봐도 될까요?   요구

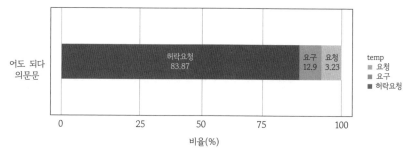

그림 72. '-어도 되-' 의문 문형의 말뭉치 분석 결과

아래 〈그림 72〉는 '-어도 되-' 의문 문형의 말뭉치 분석 결과이다. 이에 따르면 허락 요청의 의미로 사용된 경우가 83.87%로 나타났는데, 이는 [화자 수행]과 관련한 권한을 얻고자 청자에게 질의하는 발화에 해당하는 것으로, 본 연구에서는 [청자 수행]을 기준으로 지시화행을 판단하였기 때문에 지시화행의 범주에서는 제외한 발화이다. 그러나 일부 '-어도 되-' 의문 문형이 2인칭 주어와 결합하여 사용된 경우가 있었는데, 이는 청자의 수행에 대하여 '허락 요청'의 형태인 '-어도 되-' 의문 문형을 사용한 것으로, 이 경우에는 요구화행 12.9%, 요청화행 3.3%의 쓰임이 나타났다.

5) 번복 요청 '-으면 안 되-' 의문 문형

'-으면 안 되-' 의문 문형은 종결어미와 결합하여 부정의문문을 형성하는 문형이다. 대개 '-어도 되-' 문형과 함께 허락 요청의 형태로 제시되지만, 실제 담화상에서는 '-어도 되-'와 전혀 다른 사용의 양상을 보였는데, '-어도 되-'가 공손한 허락 구하기의 방식을 빌린 요청 및 요구화행으로 자주 나타난다면, '-으면 안 되-' 문형은 아래 (111)과 같이 이미 청자로 하여금 금지되었거나, 청자가 원하지 않을 것을 맥락 지식을 통해 화청자 모두 알고 있는 상황에서 재차 번복하여 요청하는 뜻으로 사용되는 양상이 나타났다.

아래 (111)은 01줄에서 이미 상사인 청자(L)가 '일단 모든 파일을 훑어 볼 것'을 명령하고 있는데, 이는 구체적인 설명은 지금 말로써 해주지 않겠다는 의미를 함축한다. 이에 02줄에서 화자(S)는 '맛보기로라도 조금이라도 말을 해 줄 것'에 대해 '-으면 안 되-' 문형을 사용하고 요청화행을 수행하고 있다. 이는 즉, 01줄에서 이미 함축적 의미로 드러난 청자의 금지사항(✓)에 대해 재차 번복하여 요청하고 있는 번복 요청의 뜻을 지니며, 이러한 상황에 반복될 경우 담화적으로 '조르기' 등의 담화 기능을 나타내는 경향성이 있다.

> (111) '-으면 안 돼요?'의 사용 예시
>   ‣ 장소: 회사 사무실 ‣ 장소 사용역: 격식적 ‣ 주제 사용역: 공적
>   ‣ 대화 참여자 관계 유형: 상사와 부하직원
>   ‣ 화자(S): 과장(30대, 남성) ‣ 청자(L): 부장(40대, 남성)
>   ‣ 청자2(H): 과장(30대, 남성)
>   ‣ 지위관계: 화<청
>   ‣ 유대관계: 소
>   ‣ 청자의 실제행위(A): 유
>   ‣ 상황 설명: 회사에 입사해 기밀 서류를 받은 화자(S)가 파일만
>   주고 업무 설명을 안 해주는 상사(L)에게 질의하고 있는 상황.
> ✓ 01 L: 일단 모든 파일을 훑어 봐. 그러면 작년에 일이 어떤 식으로
>   02   어떻게 진행됐는지. 앞으로 어떤 일이 진행될지 알게 될 거야.
> → 03 S: 살짝 맛뵈기로 말해 주시면 안 돼요?
>   번복요청(조르기 기능)
> Ⓐ 04 H: 뭔가 많이 만들어 내고 관리하는 거예요. 위의 지시대로요.
>   05 L: 파일 확인 한 후부터는 각별히 입 조심하고 기밀 유지 해.
>   06   김과장이 본 것들이 터지면 뉴스 1면이야. 무슨 의민지 알지?

아래 〈그림 73〉은 '-으면 안 되-' 의문 문형의 말뭉치 분석 결과이다. 이에 따르면, '-으면 안 되-' 의문 문형은 요청화행으로 사용된 비율이 44.44.%로 가장 높았고, 제안화행으로 사용된 비율이 27.78%, 충고화행이

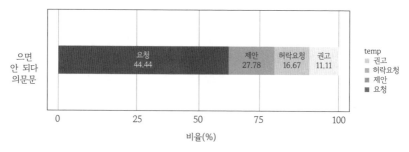

그림 73. '-으면 안 되-' 의문 문형의 말뭉치 분석 결과

11.11%로 나타났다. 앞서 살펴본 '-어도 되-' 의문 문형이 허락 요청의 뜻으로 가장 많이 사용된 데에 비하여 '-으면 안 되-' 의문 문형의 경우 언표적 의미가 허락 요청임에도 불구하고 실제로 허락 요청의 뜻으로 사용된 경우는 16.67%로 낮은 양상을 드러냈다. 이는 '-으면 안 되-'를 '-어도 되-' 문형과 분리하여 접근할 필요성을 제기하는 근거로 삼을 수 있으며, '-으면 안 되-'의 경우 실제 의사소통 상황에서 번복 요청의 뜻으로 사용되는 경향성이 높다고 기술할 수 있겠다.

6) 반어적 쓰임의 '-고 싶-' 의문 문형

'-고 싶-' 의문 문형은 청자의 소망을 물어 볼 때 쓰이는 문형이지만 담화 상에서 지시화행을 수반할 때에는 금지화행으로 사용되는 경우가 있음이 말뭉치를 통해 나타났다. 아래 (112)은 회계부의 실수에 대해 화자(S)가 잔소리를 하고 있는 상황으로 순종하지 않는 청자(L)에 대해 화자가 06줄에서 '또 반성문을 쓰고 싶은지' 질문의 형식으로 발화하고 있다. 이때의 발화는 '네/아니오'로 대답하는 가부 의문문이 아니라, 반어적 쓰임으로 '또 반성문을 쓰고 싶지 않으면, 행위 A할 것 혹은 행위 A하지 말 것'을 함축한다. 즉, 발화수반효과가 명령·권고 또는 금지의 강제적 지시화행으로 나타나는 문형이라고 할 수 있으며, 대개 적대적인 관계나 부정적인 의미를 담지하기 때문에 담화상에서 '협박하기'나 '위협하기' 등의 담화 기능을 수반하기도 하는 것으로 나타났다.

(112) '-고 싶어?'의 사용 예시
- ‣ 장소: 회사 사무실 ‣ 장소 사용역: 격식적 ‣ 주제 사용역: 공적
- ‣ 대화 참여자 관계 유형: 상사와 부하직원
- ‣ 화자(S): 과장(30대, 남성) ‣청자(L): 대리(30대, 남성)
- ‣ 청자2(H): 부장(40대, 남성)
- ‣ 지위관계: (청2>) 화>청
- ‣ 유대관계: 소
- ‣ 청자의 실제행위(A): 침묵
- ‣ 상황 설명: 징계 받은 경험이 있는 윤대리(L)에게 상사(S)가 협박 조의 말을 하고 있는 상황.

01 S: 아니 도대체 작년 4-4분기 매출대금의 수취계정, 지불계정이 왜 이렇
02 　　게 안 맞는 겁니까? (부원들 둘러보며) 기본도 모르는 사람들이 무슨...
03 H: 업무가 많다 보니까 자잘한 실수도 있고,
04 S: (비웃듯) 다른 부서는 몰라도 회계, 경리부는 실수 하면 안 되죠.
05 L: 아니 엄청 큰 실수도 아니잖아요. 어차피 수정 들어가는데.
→ 06 S: 윤대리, 또 반성문 <u>쓰고 싶어?</u> 　　　권고(협박하기 기능)
Ⓐ 07 L: (꾹 참고..)

아래 〈그림 74〉는 '-고 싶-' 의문 문형의 지시화행으로서의 의미에 관한 말뭉치 분석 결과로 가장 높은 비율을 보이고 있는 것은 66.67% 명령화행이었고, 33.33%의 비율로 권고화행의 사용도 나타났다. 이는 '-고 싶-' 의문 문형이 담화상에서 청자에게 부정적 위협을 가하는 극단의 상황에 대해 질의하는 형식으로 이루어지는 반어적인 성격의 강제적 지시화행 발화라고 볼 수 있다.

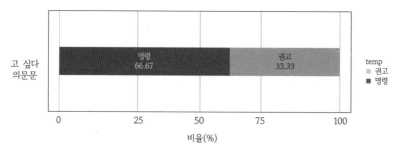

그림 74. '-고 싶-' 의문 문형의 말뭉치 분석 결과

7) 청자의지 확인의 문형 '-겠습니까?' 구성

문형 '-겠습니까?'는 청자의 의지에 대해 질의하는 형식으로, 담화상에서 완곡한 지시화행을 수반하는 것으로 사용되기도 한다. 한송화(2003:307-308)에서는 '-겠습니까?'가 '간접적으로 요청을 수행하며, 이는 직접 명령보다 청자에 대한 배려가 있다'고 기술한 바 있다. 대개 담화상에서 '-겠습니까?'는 높임의 선어말어미 '-으시-'가 결합한 '-으시겠습니까?' 혹은 '-어 주시다'가 결합한 '-어 주시겠습니까?'의 형태로 사용되는 양상을 나타냈는데, 그 구체적인 용례는 아래 (113)과 같다.

(113) ㄱ. 신분증 좀 보여주시겠어요?   요구
     ㄴ. 마지막으로 다시 묻겠습니다. 최후진술하시겠습니까?   제의
     ㄷ. 지금 선생님들 처치 중이시니까 이쪽에서 기다려주시겠어요?
                                            권고
     ㄹ. 지금 함승호 씨 걱정을 많이 하고 계세요. 통화 한번 하시겠어요?
                                            제안

(113ㄱ)은 은행 직원이 '신분증을 보여줄 것'을 요구하고 있는 것으로, 은행 업무 처리를 위한 화자의 권리에 해당하기 때문에 요구화행을 수행하고 있다고 볼 수 있다. (113ㄴ)은 판사의 발화로, 청자에게 이익이 있는

행위를 지시한다는 점에서 제의화행으로 볼 수 있다. 이때, 최후진술은 강제성이 없으며, 화자가 청자로 하여금 반드시 해당 행위를 수행하기를 바라는 소망이나 바람을 가지고 있지도 않다. 다만, 재판이라는 담화의 절차상, 해당 장르에서 요구하는 순서에 따라 최후진술을 제의하고 있는데, 구어 담화에서는 이렇게 화자 자신의 자발적인 의지나 정감에 의한 제의가 아니라 담화에 대해 종속적으로 이루어지는 제의도 나타날 수 있다. (113ㄷ)은 간호사의 발화로 환자에게 업무적인 처리를 하고 있으나 반드시 수행해야 하는 의무는 없기에 권고화행에 해당한다고 볼 수 있다. (113ㄹ)은 형사가 피해자에게 하는 발화로 피해자를 보호할 책임이 있는 자신의 역할과 피해자를 위한 상호 이익적인 비강제적 지시에 해당하기 때문에 '-으시겠어요?'를 통해 제안화행을 수행하고 있다고 볼 수 있다.

아래 〈그림 75〉는 문형 '-겠습니까?' 구성이 말뭉치에서 나타내고 있는 화행에 대한 분석 결과이다. 문형 '-겠습니까?' 구성은 제의화행으로 35%, 제안화행으로 25%, 요구화행으로 25%, 권고화행으로 25% 사용된 양상을 보였으며, 이는 '-겠습니까?'가 강제적/비강제적 지시화행의 구분 없이 화자의 의지를 확인하는 질의 형식으로 지시화행을 수행하고 있음을 보여준다고 하겠다.

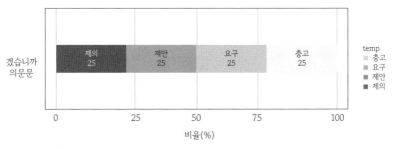

그림 75. 문형 '-겠습니까?'의 말뭉치 분석 결과

4. 인용형 문형

인용형 문형은 '인용격 조사가 어말어미와 융합되어 나타나는 형태'를 의미하는데, 강현화·황미연(2009)에서는 이러한 인용형 문형이 '불평 기능'을 수행함을 지적한 바 있으며, 박영숙(2011)에서도 인용형 융합 문형이 담화상에서 새로운 의미를 획득하며, 긍정적 의미로는 강조와 양보, 부정적 의미로는 부탁, 강조, 거절, 따짐 등이 있다고 기술한 바 있다. 본 연구는 한국어에서 인용형 어미가 담화적으로 획득하게 되는 부정적 의미가 지시화행을 수행함에 있어서도 유표적으로 작용한다고 보고 말뭉치를 토대로 하여 인용형 문형이 지시화행으로 사용되는 경우를 분석하였다. 그 결과 말뭉치상에서 인용형 문형은 대개 지시화행을 수행할 때에 유대 관계가 [적대] 혹은 [친]의 관계에서 자주 선택되는 경향성을 보이고 있었으며, 지위 관계 [화〉청]에서는 '-어 보라고', [화〈청]에서는 '-으시라고요', '-라고요' 등이 나타났으며 [화=청]혹은 [화〉청]에서는 '-자고요, -자고, -자니까, -으랬지, -지 말라고, -으라니까' 등이 자주 사용되는 양상이 나타났다. 구체적인 다중대응분석의 결과는 아래 〈그림 76〉과 같다.

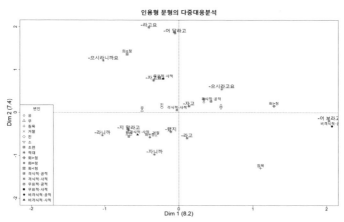

그림 76. 인용형 종결 문형의 담화적 분포

말뭉치에서 인용형 종결 문형의 빈도는 아래 〈표 70〉과 같이 나타났는데, 가장 많은 비중을 차지고 있는 것은 '-라고', '-자고', '-라니까' 등으로 조사되었다. 본 연구에서는 고빈도로 나타난 '-라고(요)'와 '-자고(요)'를 중심으로 기술해 보고자 한다.

1) 명제 강화와 유대 강화의 문형 '-라고(요)'

문형 '-라고(요)'는 인용을 나타내는 종결어미로 대개 자신의 말을 되풀이하거나 강조하기 위해 사용되며 지시화행의 수행으로는 자신이 이미 발화한 적이 있는 제안, 명령, 요청 등을 다시 발화할 때 자용하는 자기 인용 표지이다. '-라고요'의 사전적 의미 기술은 아래 〈표 71〉과 같이 나타나는데, 실제 말뭉치에서는 '-라고요'의 지시화행적 쓰임이 크게 두 가지 양상으로 나타났다.

먼저, 사전에서 이미 기술하고 있는 바와 같이 화자가 이미 발화한 지시화행 발화를 재차 발화할 때 문형 '-라고요'를 사용하며, 이때에는 한번 말했음에도 불구하고 다시 발화하게 되는 것이기 때문에 청자에게 수행에 대한 강조를 하거나 부정적인 정서를 전달하는 발화효과를 수반하기도 한다. 이

표 70. 인용형 문형의 빈도

	문형	빈도	백분율	누적빈도	누적백분율
1	-라고	36	1.32%	1887	0.69%
2	-자고	17	0.62%	2108	0.77%
3	-라니까	11	0.40%	2300	0.84%
4	-라고요	8	0.29%	2398	0.88%
5	-어　보라고	8	0.29%	2406	0.88%
6	-자고요	6	0.22%	2489	0.91%
7	-지　말라고	5	0.18%	2520	0.92%
8	-으시라고요	4	0.15%	2552	0.93%
9	-으시라니까요	4	0.15%	2556	0.94%
10	-자니까	4	0.15%	2568	0.94%

는 Benveniste(1971), Finegan(1995), Lyons(1977) 등에서 제기되어온 주관화와 관련된 것으로 해석할 수 있다.

다음으로 '-라고(요)'는 일부 맥락에서 발화된 적이 없는 발화를 제시할 때에도 사용되는 양상이 나타났다. 즉, 이전의 발화에 관한 인용이 아님에도 인용 표지인 문형 '-라고요'를 사용하여 발화하는 것인데, 이는 화자가 자신의 행위에 대해 객관화의 효과를 목적으로 사용하는 것으로 분석할 수 있다.

표 71. 종결어미 '-라고'의 사전적 정의

유형	내용
표준국어대사전	-라고 1) 자신의 생각이나 주장을 청자에게 강조하여 일러 주는 뜻을 나타내는 종결 어미. 2) '너의 말이나 생각이 이런 것이냐?' 하는 뜻으로 묻는 데 쓰는 종결 어미. 빈정거리거나 부정하는 뜻을 띨 때도 있다. 3) 마음속에 가졌던 어떤 의문의 답이 의외로 별것이 아니었을 때에 그 의문을 그대로 보여 주는 데 쓰는 종결 어미. 의문이나 긴장 또는 걱정이 해소되었다는 뜻이 암시된다.
기초한국어사전	-라고요 1) 자신의 말을 되풀이하거나 강조할 때 쓰는 표현. 2) 다른 사람의 말을 확인하거나 따져 물을 때 쓰는 표현. 3) 다른 사람에게 자랑하듯이 말할 때 쓰는 표현. 4) 말하는 사람이 한 제안, 명령, 주장 등을 되풀이하거나 강조함을 나타내는 표현. 5) 상대방의 말을 다시 확인하거나 부정하는 뜻으로 되물음을 나타내는 표현. 6) 말하는 사람의 생각과 사실이 다르다는 것을 확인함을 나타내는 표현.

먼저, 전자의 경우를 살펴보면, 아래 (114)의 용례에서와 같이 01줄에서 이미 '말하다'에 대한 명령화행의 발화가 제시되고 있는데, 이를 재차 반복하기 위해 03줄에서 '-라고'를 사용하고 있다. 이때, '-라고'의 사용은 '이미 한번 지시한 적이 있음'을 전제로 하기 때문에 단순 강조에서 나아가 재차 지시화행을 반복하게 된 것에 대한 부정적 감정이 나타나는 경우가 빈번하게 나타난다.

(114) '-라고'의 사용 예시
- ▸ 장소: 회사 사무실
- ▸ 장소 사용역: 격식적
- ▸ 주제 사용역: 공적
- ▸ 대화 참여자 관계 유형: 상사와 부하직원
- ▸ 화자(S): 과장(40대, 남성)
- ▸ 청자(L): 인턴(20대, 남성)
- ▸ 지위관계: 화>청
- ▸ 유대관계: 소
- ▸ 청자의 실제행위(A): 유
- ▸ 상황 설명: 잘못을 저지른 인턴(L)이 변명을 하다가 과장(S)에게 혼나고 있음.

→	01 S: 야, 아까 한 얘기 다시 해 봐.	명령
	02 L: (난감한) 아니.. 계장님 이건 아닌 것 같아요..	변명
→	03 S: <u>말하라고.</u>	명령
Ⓐ	04 L: (쩔쩔 매는)	무

위의 상황에서도 지위 관계[화〉청]의 관계에서 이미 한번 명령화행의 발화를 하였음에도 불구하고 다시 이를 반복하게 된다는 것은 청자가 첫 발화를 제대로 전달받지 못했거나 수행에 옮기지 않은 것을 함의하기 때문에 '-라고'는 화자의 부정적인 감정과 함께 나타나는 경향성을 보이는 것이다.

다음으로 후자의 용법은 담화상에서 발화된 적이 없는 발화에 인용형 문형인 '-라고(요)'가 결합하는 것으로 (115)와 같은 용례를 통해 살펴볼 수 있다. (115)에서는 평소 호감을 가지고 있던 청자에게 화자가 초코바를 건네는 상황이 제시되고 있다. 이때, 01줄에서 화자는 '먹으라고요'와 같이 '-라고요'를 사용하여 '초코바를 먹을 것'을 제의하고 있다. '먹으세요/먹으십시오/먹어요' 등과 교체될 수 있다는 점에서 이때 '-라고요'는 제의화행을 수행하고 있음을 확인할 수 있는데, 이전에 발화된 적이 없는 명제임에도 '-라고요'의 인용 문형을 사용하는 것은 자신의 행위를 제3자적인 관점에서 인용하듯 객관화하여 서술하는 것으로 제의의 완곡함을 위한 전략으로 해석할 수 있다. 청자의 입장에서는 처음 듣는 신정보에 대한 기술임에도 '-라고요'라는 인용문형을 사용하는 것은 청자가 느낄 신정보에 대한 부담감을 경감시켜주고자 하는 의도로 해석될 수 있기 때문에 화자와 청자 사이의 유대(solidarity)를 강화하는 전략의 일환으로도 해석할 수 있겠다.

(115) '-라고요'의 사용 예시
- ‣ 장소: 병원 복도
- ‣ 장소 사용역: 격식적
- ‣ 주제 사용역: 사적
- ‣ 대화 참여자 관계 유형: 간호사와 간호사
- ‣ 화자(S): 간호사(30대, 남성)
- ‣ 청자(L): 간호사(20대, 여성)
- ‣ 지위관계: 화=청
- ‣ 유대관계: 소
- ‣ 청자의 실제행위(A): 무
- ‣ 상황 설명: 복도 청소를 하고 있는 직장 동료(L)에게 호감의 표현으로 초코바를 주고 있음.

→	01 S:	저기요, 심심할 때 먹으라구요.	제의
Ⓐ	02 L:	(본다, 받는다, 쑥스러운 듯 미소)	수락
	03 S:	(괜히 쑥스러워서) 내일 봐요 (간다)	
	04 L:	(초코바를 주머니에 넣고 다시 복도를 닦는다)	무

아래 〈그림 77〉은 문형 '-라고요'의 말뭉치 분석 결과에 관한 것이다. 이에 따르면 문형 '-라고요'는 명령화행으로 34.29%, 요구화행으로 22.86%, 권고화행으로 15.71%, 충고화행으로 7.14%, 제의화행으로 5.71%, 요청화행 5.71%, 제안화행 4.29%, 금지화행 4.29%의 사용 분포를 보이는 것을 나타났다. 이는 '-라고요'가 강제적 지시화행으로 사용되는 경향성이 높으

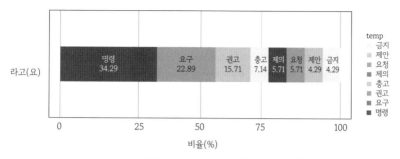

그림 77. 문형 '-라고요'의 말뭉치 분석 결과

나, 비강제적 지시화행으로도 사용됨을 보이는 결과라고 할 수 있으며, 앞서 제시한 '-라고요'의 두 용법에 대해 드러내는 결과라고 하겠다.

2) 제안과 의견 제시의 문형 '–자고(요)'

'-자고(요)'는 화자가 자신의 제안이나 주장을 다시 한 번 반복하여 발화할 때 사용하는 인용 문형에 해당한다. '-자고(요)'의 사전적 정의는 아래 〈표 72〉와 같은데 대부분 이미 발화한 적이 있는 명제와 결합하는 양상을 보였고, 그렇지 않은 경우에는 이미 담화 참여자 간에 공유된 지식(shared knowledge)이 있거나, 혹은 이미 한 자신의 행동에 대해 부연 설명을 하는 차원에서 '-자고요'를 사용하는 양상이 나타났다. '-자고(요)'가 담화상에서 수행하

표 72. 종결어미 '-자고'의 사전적 정의

유형	내용
표준국어대사전	-자고 1) 자신의 생각이나 주장을 청자에게 강조하여 일러 주는 뜻을 나타내는 종결 어미. 2) '너의 말이나 생각이 이런 것이냐?' 하는 뜻으로 묻는 데 쓰는 종결 어미. 빈정거리거나 거부하는 뜻을 나타낼 때도 있다.
기초한국어사전	-자고요 1) 말하는 사람이 한 제안이나 주장을 되풀이하거나 강조할 때 쓰는 표현. 2) 상대방의 말을 전하며 확인하거나 부정하는 뜻으로 되물을 때 쓰는 표현.

는 지시화행은 대개 제안화행인 경우가 많았으며, 맥락에 따라 요구화행, 권고화행, 명령화행과 같은 강제적 지시화행에서도 사용되는 것으로 나타났다.

'-자고(요)'의 구체적인 용례는 아래 (116)에서 살펴볼 수 있다. 아래 상황에서는 레지던트(H), 마취과 의사(L), 수간호사(S)가 담화 참여자로 나타나고 있는데, 다른 병원 의사에게 응급 수술 집도를 맡기자는 레지던트(H)의 제안이 04-05줄에서 이루어지고 있는 상황이다. 이때, 09줄에서 마취과 의사(L)이 수술에 참여하는 구성원인 수간호사(S)에게 우려의 눈빛이라는 비언어적 표현을 통해 의사를 묻자 10줄에서 수간호사(S)가 '환자부터 살리다'의 행위를 문형 '-자고요'를 통해 발화하고 있다. 이때 '환자부터 살리다'라는 행위의 명제적 성격은 화자와 청자 모두에게 도움이 되는 일로 비강제성을 지니는 지시라는 점에서 제안화행에 해당한다고 볼 수 있다.

(116) '-자고'의 사용 예시
- 장소: 병원 수술실
- 장소 사용역: 격식적
- 주제 사용역: 공적
- 대화 참여자 관계 유형: 간호사와 의사
- 화자(S): 간호사(40대, 여성)
- 청자(L): 마취과 간호사(40대, 남성)
- 청자2(H): 레지던트(30대, 여성)
- 지위관계: 화=청
- 유대관계: 친
- 청자의 실제행위(A): 무
- 상황 설명: 환자가 위독한 상황에서 레지던트(H)가 다른 본원 의사에게 수술을 맡기자고 제안하는 상황. 환자를 위한 일이지만 규정에 어긋나는 것이기에 동료(L)이 걱정스러워하고 있음.

01 L: 저 사람은 누구우...?
02 H: 본원에 있는 쥐에스, 도인범선생입니다.
03 L: 초빙의사가 있다는 말 못들었는데..
04 H: 환자가 쥐비 엠파이에마로 쎕틱샥에 어레스트까지 났었어요,
　　김사부도
05　　강동주도 둘 다 콜을 안 받고, 다른 병원으로 쏘자니 가다가
　　환자가 죽을
→　06　　거 같아서요,
07 L: 하지만 이건,
08 H: 잘 부탁드리겠습니다 선생님!
09 L: (흘끗 오명심을 본다. 눈빛으로 괜찮겠어? 하면)
→ 10 S: 일단 환자부터 살리고 보자구요.　　　　　　　제안
Ⓐ 11 L: (난처한 눈빛)　　　　　　　　　　　　　　　무

'환자부터 살리다'라는 내용은 수간호사(S)의 사전 발화에서 나타나지 않기 때문에 '-자고요'는 인용으로써 사용된 것이 아님을 확인할 수 있다. 그러나 대화 맥락상 05줄 레지던트(H)의 발화에서 '환자가 죽을 것 같다'는 내용이 제시되고 있고, 이 발화는 곧 '환자를 살리려면 지금 수술 집도를 맡겨야 한다'는 의미를 함축한다. 10줄에서 수행되고 있는 수간호사(S)의 제안화행 발화는 비록 화자의 관점에서는 직접 발화한 적이 없지만, 05줄 담화 참여자인 레지던트(H) 발화에 대한 인용의 의미를 지닌다고 할 수 있다. 수간호사(S)는 담화 참여자들이 모두 공유하고 있는 대화 맥락 속에서 이전 발화자(H)의 말을 인용하는 형식으로, 이전 발화자(H)의 제안화행을 강화하는 제안화행 발화를 수행하고 있다. '-자고요'의 이러한 쓰임은 실제 의사소통 담화에서 인용의 외연이 화자 자신의 발화를 넘어서 다른 담화 참여자의 발화까지 포함할 수 있음을 보여주는 사례라고 하겠다.

아래 〈그림 78〉은 문형 '-자고요'가 말뭉치상에서 나타낸 화행에 관한 것이다. 이에 따르면 문형 '-자고요'는 65.36%로 제안화행을 수반하는 경우가

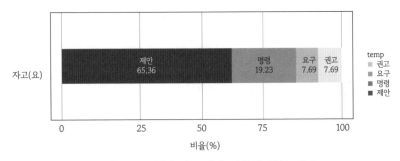

그림 78. 문형 '-자고요'의 말뭉치 분석 결과

가장 많은 것으로 나타났으며, 19.23%의 비율로 명령화행을 수반하였고, 요구화행 7.69%, 권고화행 7.69%의 비중으로 사용됨이 조사되었다.

5. 청유형 문형

청유형 문형은 청유형 종결어미 '-자, -읍시다'가 결합하여 구성한 문형으로, '화자와 청자와 함께 어떠한 일을 할 것을 지시하는 의미로 사용된다.

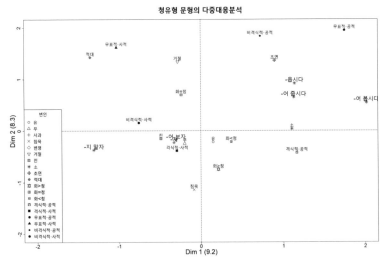

그림 79. 청유형 문형의 담화적 분포

구체적인 문형으로는 '-자, -읍시다'를 포함하여 '-어 보자', '-어 봅시다', '-어 주자', '-어 줍시다', '-어 드리자', '-어 드립시다', '-지 말자' 등이 있다. 〈그림 79〉는 청유형 문형에 대한 담화적 분포를 나타낸 것인데, 청유형 문형은 종결어미 '-자, -읍시다'의 속성과 보조용언이 결합된 문형들이 주로 종결어미를 중심으로 담화적 유사 군집을 형성하고 있다는 특징이 나타났다.

청유형 문형에 대한 말뭉치에서의 빈도는 아래 〈표 73〉과 같다. 말뭉치 상에서 청유형 문형 중 가장 고빈도로 나타난 것은 '-자'였으며, '-읍시다', '-어 보자', '-지 말자' 등의 순으로 출현 양상을 나타냈다. 본 절에서는 가장 고빈도로 나타난 종결어미 '-자'와 '-읍시다'를 중심으로 기술하고자 한다.

표 73. 청유형 문형의 빈도

	문형	빈도	백분율	누적빈도	누적백분율
1	-자	138	5.05%	1012	0.37%
2	-읍시다	32	1.17%	1919	0.70%
3	-어 보자	12	0.44%	2277	0.83%
4	-지 말자	7	0.26%	2471	0.90%
5	-어 봅시다	5	0.18%	2505	0.92%
6	-어 줍시다	3	0.11%	2606	0.95%
7	-지 맙시다	1	0.04%	2726	1%
8	-도록 합시다	1	0.04%	2732	1%

1) 문형 '-자'

청유형 종결어미 '-자'는 '어떤 행동을 함께하자'는 뜻을 갖는다. 한국어에서 청유형종결어미는 대개 단독으로 연구된 바는 많지 않으며, 한국어 종결어미의 체계 안에서 다루어지거나(윤석민 2000, 한길 2004 등, 장경현 2010 등), 제안화행의 차원에서 논의되거나(이지영 2005 등), 양태 차원에서 다룬 논의(박재연 2004, 한정한·이연주 2012 등) 등이 있다. 담화 상에서 '-자'는 3가지 용법으로 나타났다.

먼저, [화청자 수행]의 '-자'이다. 이는 가장 일반적으로 제시되는 '-자'의 속성으로 '-자'의 지시화행을 통한 행위를 화자와 청자가 함께 수행할 것을 의미한다. 아래 (117)에서는 엄마(S)가 딸(L)에게 '가다'라는 명제에 '-자'를 결합하여 제안화행을 수행하고 있는데, 이때 '가다'의 행위주는 엄마와 딸, 즉 화자와 청자를 포함하는 의미로 사용되고 있다.

(117) '-자'의 사용 예시1
- 장소: 집 ▸ 장소 사용역: 비격식적 ▸ 주제 사용역: 사적
- 대화 참여자 관계 유형: 엄마와 딸, 엄마의 남자친구
- 화자(S): 엄마(30대, 여성) ▸청자(L): 딸(10대, 여성)
- 청자2(H): 엄마의 애인(30대, 남성)
- 지위관계: 화>청
- 유대관계: 친
- 청자의 실제행위(A): 유
- 상황 설명: 엄마(S)가 남자친구(H)와 싸우고 자는 딸(L)을 깨워서 집을 나가려고 함.

01 S: 채현아 일어나.　　　　　　　　　　　　　명령
02 L: (비몽사몽 정신 못 차린다)
→　03 S: 채현아 옷 입어. <u>가자</u>.　　　　　　　　제안
04 H: 왜 이래 무신 씨. 자는 앨!
Ⓐ　05 S: (대꾸 없이 자는 애 일으켜 옷 입힌다.)

한편, '-자'는 지시화행, 특히 강제적 지시화행으로 사용될 때에는 [청자 수행]의 의미로 사용되는 양상을 나타낸다. 아래 (118)은 회사 조직의 상하 관계에 해당하는 전무(S), 과장(L1), 인턴(L2)이 담화 참여자로 등장하고 있으며, 01줄-06줄에 나타나는 인턴(L2)의 실수에 대해 과장(L1)이 책임자로서 사과하는 장면이 다뤄지고 있다. 이때 13줄에서 전무(S)는 과장(L1)에게 '잘 하자'라고 청유형 종결어미 '-자'를 사용하여 발화하고 있는데, '잘하다'의 행

위주는 화자를 제외한 [청자만의 수행]에 해당한다. 따라서 이때 지위 관계 [화〉청], [격식적·공적] 담화에서 청자는 화자의 발화를 거절할 수 없기 때문에 '잘하자'가 수행하는 발화수반력은 '명령'에 해당한다고 해석할 수 있다.

(118) '-자'의 사용 예시2
  ‣ 장소: 회사 ‣ 장소 사용역: 격식적 ‣ 주제 사용역: 공적
  ‣ 대화 참여자 관계 유형: 상사와 부하 직원
  ‣ 화자(S): 전무(50대, 남성) ‣ 청자(L1): 과장(40대, 남성)
  ‣ 청자2(L2): 인턴(20, 남성)
  ‣ 제3자(H): 수행부장(40대, 남성)
  ‣ 지위관계: 화>청
  ‣ 유대관계: 소
  ‣ 청자의 실제행위(A): 유
  ‣ 상황 설명: 전무(S)가 실수한 인턴(L2)의 책임에 대해 과장(L1)을 꾸짖고 있음.

01 L1: 전무님, 무슨 일로 여기까지.
02 H: (상식 앞으로 예의 이면지를 내민다)
03 L1: (받아 본다. 영업3팀의 운송장이다. 당황하는데)
04 H: 로비에서 주웠네.
05 L1: (당황)
06 L2: (본다. 영업3팀의 운송장 이면지다. 당황) !!!
07 L1: 죄.. 죄송합니다.
08 L2: 아... 그게 왜.. 제가 잘못
09 L1 (무섭게 L2에게) 가만 있지 못해!
10 L2: (움찔하고)
11 S: (L2를 쳐다본다)...
12 L2: (고개 숙이는)
→ 13 S: (빙긋 웃으며 L1에게) 잘하자.　　　　　　　　　　　　　명령
前Ⓐ 14 L1: 예.
15 L2: (눈 질끈 감는다)

마지막으로 화자만의 수행을 의미하는 '-자'의 용법이 있다. 아래 (119)에서는 [엄마와 딸] 사이의 대화가 이루어지고 있는데, 01줄에서 화자는 '화장실 좀 쓰다'에 '-자'를 결합하여 요청화행을 수행하고 있다. 이때 '화장실을 쓰는' 행위주는 청자를 배제한 [화자 수행]에 해당하는데, 이 발화를 통해 간접적으로 화장실을 쓸 수 있도록 허락해 달라는 요청화행을 발화효과로서 수행하고 있다.

> (119) '-자'의 사용 예시3
>   ‣ 장소: 선경의 집 ‣ 장소 사용역: 비격식적 ‣ 주제 사용역: 사적
>   ‣ 대화 참여자 관계 유형: 엄마와 딸
>   ‣ 화자(S): 엄마(50대, 여성) ‣청자(L): 딸(30대, 여성)
>   ‣ 지위관계: 화>청
>   ‣ 유대관계: 친
>   ‣ 청자의 실제행위(A): 거절
>   ‣ 상황 설명: 인연을 끊고 사는 모녀 사이에 엄마(S)가 딸(L)을 찾아와 들어가게 해 달라고 이야기하고 있는 상황.

→   01 S: 선경아, 엄마 급한데 화장실 좀 <u>쓰자</u>.   요청
Ⓐ   02 L: (대꾸 없이 문 닫으려고 함)   거절
    03 S: (잽싸게 문 안으로 들어옴)
    04 L: 나가. 진짜야. (진짜로 싫은 표정)

아래 〈그림 80〉은 문형 '-자'의 말뭉치 분석 결과이다. 이에 따르면 '-자'는 제안화행으로 사용된 비율이 44.3%로 가장 높게 나타났고, 명령화행 24.48%, 권고화행 12.3%, 제의화행 6.33%, 요청화행 3.8%, 요구화행, 허락화행, 금지화행이 각각 3% 미만으로 나타나고 있었다. 이는 문형 '-자'의 사용이 비강제적 지시화행과 강제적 지시화행에 고루 사용됨을 보이는 근거라고 할 수 있으며, 청유형의 축자적 의미에도 불구하고 언표내적 의미가 이렇게 강제적/비강제적 지시화행으로 사용되는 기제에 대하여 분석할 필

요가 제기된다고 하겠다.

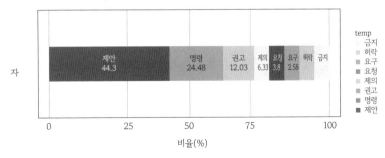

그림 80. 문형 '-자'의 말뭉치 분석 결과

2) 격식성 강화 문형 '-읍시다'

청유형 종결어미 '-읍시다'도 용법에 있어서는 '-자'와 동일하게 나타났으나, 사용역에 있어 '-자'와 차이를 나타냈다. 아래 (120)은 종결 문형 '-읍시다'가 사용된 용례로, 사립학교에서 교장(S)이 어떤 사건의 책임을 물어 경비원(L)을 해고하는 장면에 관한 부분이다. 이때, 04줄에서 나타나는 '책상 비웁시다'는 '책상을 비우다'의 행위주가 화자를 배제한 [청자 수행]의 의미임에도 함께 하자는 의미의 청유형 '-읍시다'로 발화하고 있다. 청유형 종결어미는 '함께 함'의 의미를 가지고 있기 때문에 지시화행 발화에서 화자가 청자와 함께 직접 수행하지 않더라도, 화자의 뜻이나 방향성에 동참하는 맥락에서 어떤 행위를 할 것을 지시할 때 사용될 수 있다. 따라서 '-읍시다'는 격식적 담화에서 강한 명령이나 설득을 위한 문형으로 쓰이는 경향성이 있으며, 지위 관계 [화〉청]의 관계에서 많이 나타난다.

(120) '-읍시다'의 사용 예시
  ‣ 장소: 교무실 ‣ 장소 사용역: 격식적 ‣ 주제 사용역: 공적
  ‣ 대화 참여자 관계 유형: 교장과 경비원
  ‣ 화자(S): 교장(50대, 남성) ‣ 청자(L): 경비원(60대, 남성)

- 지위관계: 화>청
- 유대관계: 소
- 청자의 실제행위(A): 사과
- 상황 설명: 사립학교의 교장(S)이 사고의 책임을 경비원(L)에게 물어 해고하려고 함.

01 S: 어떻게 책임 질 거냐고, 글쎄! 입이 있음 말을 해봐요!
02 L: (고개를 더 숙이며) 죄송합니다..
03 S: 내가 진짜.. (화 다스리듯 한숨 토해내고)
→ 04 　거 긴말할 거 없고, 책상 비웁시다.　　　　　　　**명령**
05 L: (놀라서) 교장 선생님!! 그거는,
06 S: 책상 비워요, 당장!　　　　　　　　　　　　　　　**재명령**
ⓐ 07 L: (절박해서) 제발요. 선생님, 한번만 봐주십쇼. 제가 이 나이에 어딜 서
08 또 일을 구합니까. 예?　　　　　　　　　　　　　**사과·설득**

아래 〈그림 81〉은 문형 '-읍시다'의 말뭉치 분석 결과에 관한 것이다. 문형 '-읍시다'는 말뭉치상에서 제안화행으로 가장 비중있게 사용되었는데, 그 비율은 46.34%에 해당하였다. 그 밖에 명령화행으로는 26.83%, 요청화행으로는 9.76%, 요구화행 7.32%, 권고화행 4.88%, 제의화행과 금지화행이 각각 3% 미만의 비율로 조사되었다. '-읍시다'는 대개 격식체 종결어미의 특성에 따라 [격식적·공적] 담화에서 자주 사용되는 양상을 나타냈으며, 강

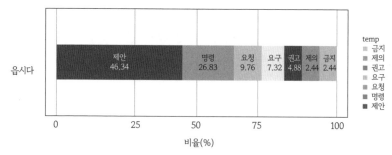

그림 81. 문형 '-읍시다'의 말뭉치 분석 결과

제적 지시화행과 비강제적 지시화행에 고루 사용되는 것으로 조사되었다.

6. 인식 양태어미 문형

양태어미 문형은 한국어에서 양태를 나타내는 종결어미 '-지, -네, -군, -구나' 등이 결합한 문형으로, 본고에서 분석한 말뭉치에서는 주로 '-지'와 결합한 형태인 '-(으시)지(요), -어야지(요), -어 보지요, -어 줘야지요, -었어야지(요)' 등이 나타났다. 이때 '-으시지요, -으셔야지요'는 지위관계 [화〈청]의 관계에서 [비격식적 장소의 공적 내용]에 대해 많이 사용되는 경향성이 있었고, [초면]이나 [소]의 유대 관계에서도 나타나는 경향성이 있었다. 반면, '-어야지(요), -지(요)'는 지위 관계 [화〉청]의 관계에서 자주 나타났으며, 청자가 실제 행위로 수행하는 [유]의 빈도가 높은 것으로 보아 명령화행으로 사용되는 경향성이 높음을 가늠할 수 있다. 또, [격식적 장소의 사적 내용]에

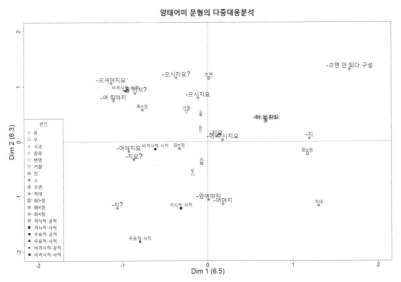

그림 82. 인식 양태어미 문형의 담화적 분포

대하여 '-었어야지, -어야지'가 청자에 대한 비난이나 꾸짖음의 기능으로 사용되는 경향성이 나타났다. 인식 양태어미 문형의 담화적 분포는 아래 〈그림 82〉와 같다.

인식 양태어미 문형의 말뭉치 빈도는 아래 〈표 74〉와 같다. 이에 따르면 '-어야지'가 가장 높은 비중을 차지하고 있었으며, '-으시지요, -지, - 지요'의 쓰임도 비중이 있는 것으로 나타났다. 양태어미 '-지, -어야지'는 종결어미 자체의 의미도 중요하지만, 선어말어미 '-으시-'의 결합형인 '-으시지요, -으셔야지요'가 담화상에서 '-지, -어야지'와 다른 좌표 위에서 나타난다는 점을 고려할 때, 사용역에 차이가 있다고 보아, 이들을 별개의 문형으로 구분하여 기술할 필요가 있다고 판단하였다.

표 74. 인식 양태어미 문형의 빈도

	문형	빈도	백분율	누적빈도	누적백분율
1	-어야지	25	0.92%	1970	0.72%
2	-으시지요	24	0.88%	1994	0.73%
3	-지	15	0.55%	2155	0.79%
4	-지요	13	0.48%	2265	0.83%
5	-었어야지	11	0.40%	2322	0.85%
6	-으셔야지요	9	0.33%	2372	0.87%

1) 권고와 충고의 문형 '-어야지(요)', '-으셔야지(요)'

문형 '-어야지(요)'의 사전적 의미는 아래 〈표 75〉와 같다. 이에 따르면, '-어야지(요)'는 '화자의 의지'를 나타내거나 '청자에게 어떤 일을 해야 함'의 뜻으로 사용된다고 하는데, '-어야지(요)'가 지시화행을 수행할 때에는 주로 후자의 의미로 사용되는 것으로 나타났다.

표 75. 종결어미 '-어야지'의 사전적 정의

유형	내용
표준국어대사전	-어야지 1) 상대편에서 <u>주의를 환기시키거나 동의를 구하는</u> 뜻을 나타내는 종결어미. 2) 독백 투로, 화자의 의지를 나타내는 종결 어미.
기초한국어사전	-어야지(요) 1) 말하는 사람의 <u>결심이나 의지</u>를 나타내는 표현. 2) <u>듣는 사람이나 다른 사람이 어떤 일을 해야 하거나 어떤 상태여야 함</u>을 나타내는 표현. 3) 어떤 상황이나 상태여야 하는데 그렇지 않음을 강조함을 나타내는 표현.

아래 (121)은 문형 '-어야지'에 관한 사용의 예시로 엄마(S)와 아들(L) 사이의 [비격식·사적] 담화가 제시되고 있다. 01줄에서는 엄마(S)가 아들(L)에게 이혼 소송에 관하여 당부하고 있으며, 03줄의 발화에서 '절차를 밟다'라는 명제를 '-어야지'를 사용하여 제시하고 있다. '-어야지'는 당위의 의미를 지니는 문형으로 이와 같이 청자에게 행위에 대해 '할 필요가 있음'을 강조하여 발화하고자 할 때 사용된다. 행위 [절차를 밟다]를 수행하는 것은 화자가 아니라 청자이기 때문에 이때의 '-어야지'는 지시화행을 수행하고 있다고 해석할 수 있으며, 청자가 화자의 발화를 거부할 권한이 전혀 없는 것은 아니지만, 화자의 강한 바람이 드러나고 있다는 점에서 강제적 지시화행의 일환인 권고화행을 수행하고 있다고 볼 수 있다. 이렇게 문형 '-어야지'는 화자가 청자로 하여금 반드시 행위 A할 필요가 있음을 강조하여 권고하고자 하는 권고화행 혹은 충고화행에서 자주 사용되는 양상을 보이고 있다.

(121) '-어야지'의 사용 예시
- 장소: 집 부엌 ▸ 장소 사용역: 비격식적 ▸ 주제 사용역: 사적
- 대화 참여자 관계 유형: 엄마와 아들
- 화자(S): 엄마(60대, 여성) ▸ 청자(L): 아들(40대, 남성)
- 지위관계: 화>청

‣ 유대관계: 친
‣ 청자의 실제행위(A): 유
‣ 상황 설명: 이혼을 고려중인 아들(L)에게 어머니(S)가 소송 절차를 밟을 것을 권고하고 있음.

01 S: (상진 등 두드리는) 맘 단단히 먹어라. 소송이라는 게 사람 진을 빼는
02   일 아니니.
03 L: 그러게요.
→ 04 S: 그래두 어떡해. 절차를 밟아야지.   권고

이때, 문형 '-어야지(요)'는 지위 관계가 [화⟨청]인 경우에는 거의 사용하지 않으며, 사용될 경우는 딸과 아버지 같이 유대 관계가 매우 가까운 친족관계이거나 지위 관계와 무관하게 유대 관계가 [친]인 관계에 국한하여 나타나는 양상을 보였다. 이는 '-어야지(요)'의 당위로서의 의미가 한국어에서 자신보다 지위가 높은 청자에게 사용하기에는 적합하지 않으며, 지위가 더 높은 청자의 체면을 상당히 손상하는 것으로 받아들여지기 때문인 것으로 분석할 수 있다.

한편, '-으셔야지(요)'는 문형 '-어야지(요)'에 높임의 선어말어미 '-으시-'가 결합한 것으로, '-어야지(요)'와 같이 청자가 행위 A할 필요가 있음을 강조하여 지시할 때 쓰이는 문형이다. 그러나 '-어야지(요)'가 지위 관계 [화⟩청], [화=청]의 맥락에서 자주 사용되되, 지위 관계 [화⟨청]의 맥락에서는 제약적인 쓰임을 보이는 것과 달리 '-으셔야지요'는 [화⟨청]의 맥락에서 더 선호되는 양상이 나타났는데, 특히 [무표적]이거나 [격식적]인 담화에서 [초면]이거나 [소]의 유대 관계에 있는 청자에게 [공적] 내용에 대해 발화할 때 사용되는 것으로 나타났다.

아래 (122)는 놀이공원 매표소라는 장소에서 [직원과 고객]의 [공적]대화에 해당하는 것으로, 06줄 직원의 발화에서 '-으셔야지요'가 사용되고 있다.

이때, '-으셔야지요'와 결합한 명제 '따로 구입하다'는 화자를 배제한 청자 수행의 의미이며, 화자의 강한 바람이 드러나되, 청자가 반드시 그 행위를 지시대로 수행해야 하는 것은 아니므로, 권고화행이라고 불 수 있다. 이처럼 문형 '-으셔야지요'는 [화<청]이거나 [화=청]의 관계에서 청자에게 행위 A를 수행할 필요가 있음을 강조하여 지시하고자 할 때 사용된다.

(122) '-으셔야지(요)'의 사용 예시
- ‣ 장소: 놀이공원 매표소 ‣ 장소 사용역: 비격식적
- ‣ 주제 사용역: 공적
- ‣ 대화 참여자 관계 유형: 매표소 직원과 고객
- ‣ 화자(S): 매표소 직원(40대, 여성) ‣청자(L): 고객(30대, 남성)
- ‣ 지위관계: 화<청
- ‣ 유대관계: 초면
- ‣ 청자의 실제행위(A): 무
- ‣ 상황 설명: 놀이공원 매표소에서 할인티켓을 낸 고객(L)에게 할인 티켓의 사용 기한이 지나 사용할 수 없음을 직원(S)이 고지하고 있음.

01 L: 두 사람이요.
02 S: (할인티켓을 동희에게 돌려주며) 이거 행사 저번 주에 끝났거든요?
03 L: 에?
04 S: 기간이 끝났어요.
05 L: 그럼 이걸로 못 들어가요?
→ 06 S: 따로 <u>구입하셔야죠.</u>   권고(책망하기 기능)
Ⓐ 07 L: (난감한 듯 함께 온 여자친구를 쳐다본다)

이때, '-으셔야지요'는 화자가 '당위적인 내용'에 대해 모르고 있음을 환기시키기 때문에 담화적으로 '꾸짖음'이나 '비난', '불평', '책망'의 담화 기능을 수행하기도 한다. 따라서 엄격한 수직 관계의 [화<청] 지위 관계에서는 거의 사용되지 않으며, 청자의 체면을 위협할 수 있는 체면위협행위(FTA)를

수반하는 문형이라고 하겠다.

〈그림 83〉은 문형 '-어야지요'의 말뭉치 분석 결과이다. 이에 따르면 문형 '-어야지요'는 40.48%가 권고화행으로 나타났으며, 19.05%가 충고화행을 수반한 것으로 조사되었다. 그 외, 명령화행 16.67%, 요구화행 11.9%, 제의화행 7.14%, 제안화행과 요청화행이 3% 미만인 것으로 조사되었다.

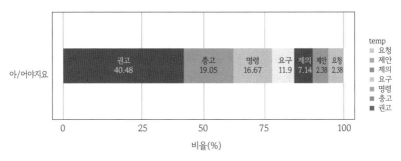

그림 83. '-아/어야지요' 말뭉치 분석 결과

1) 강한 기대의 문형 '-지(요)', '-으시지(요)'

문형 '-지요'는 한국어에서 정보의 내면화에 있어서는 [이미 앎]을, 청자의 지식에 있어서는 [기지 가정]의 의미를 지니는 인식 양태의 일환으로, 임동훈(2008:245)에서는 '-지'의 의미가 '화자가 관련 명제에 대해 이미 알고 있음'을 의미하며 '혼잣말로 쓰일 경우 실현되지 않은 상황일 때에는 의견 제시의 함축이 발생하고, 실현된 상황일 때에는 깜빡 잊었던 사실을 다시 인식했다는 함축이 발생한다'고 기술하였다.48) '-지요'의 사전적 의미는 아래 〈표 76〉과 같다. '-지요'에 관하여 〈표준국어대사전〉에서는 '어떤 사실을 긍정적으로 서술하거나 묻거나 명령하거나 제안하는 뜻의 종결어미'라고 기술하였으며, 〈기초한국어사전〉에서는 4)에서와 같이 '함께 하기를 권유

---

48) 인식 양태어미에 대한 논의로는 박재연(2004), 임동훈(2008), 장채린(2017) 등을 참조.

표 76. 종결어미 '-지(요)'의 사전적 정의

유형	내용
표준국어대사전	-지(요) 1) 어떤 사실을 긍정적으로 서술하거나 묻거나 명령하거나 제안하는 따위의 뜻을 나타내는 종결 어미. 서술, 의문, 명령, 제안 따위로 두루 쓰인다.
기초한국어사전	-지(요) 1) 말하는 사람이 듣는 사람이 이미 알고 있다고 생각하는 것을 확인하며 말할 때 쓰는 종결 어미. 2) 이미 알고 있는 것을 다시 확인하듯이 물을 때 쓰는 종결 어미. 3) 말하는 사람이 자신에 대한 이야기나 자신의 생각을 친근하게 말할 때 쓰는 종결 어미. 4) 말하는 사람이 듣는 사람에게 친근함을 나타내며 물을 때 쓰는 종결 어미. 5) 듣는 사람에게 어떤 행동을 함께 하기를 권유할 때 쓰는 종결 어미. 6) 말하는 사람이 원했던 것을 말하며 원하는 대로 되지 않은 아쉬움을 나타내는 종결 어미.

할 때 쓰는 종결어미'라고 제시하고 있다. 그러나 이런 기술은 '-지요'의 지시화행적 쓰임을 충분히 담아내는 데에 한계가 있다고 판단된다. 말뭉치상에서 '-지요'는 지시화행으로 쓰일 때, 행위 A를 '화자와 청자가 함께 수행하는 경우', '청자만 수행하는 경우', '화자만 수행하는 경우'에 있어 모두 사용되는 양상을 나타냈다.

먼저, 아래 (123)은 말뭉치에서 '-지요'가 '화자와 청자의 수행'을 지시하는 의미로 쓰이고 있는 용례이다. 이때, '아침 먹다'의 행위는 청자만 수행하는 것이 아니라 화자와 청자가 함께 수행하는 행위이며, 강제성이 없고 청자와 화자 모두에게 이익이 되는 행위라는 점에서 제안화행을 수행하고 있다고 분석할 수 있다.

(123) '-지(요)'의 사용 예시
　　‣ 장소: 전망대 ‣ 장소 사용역: 비격식적 ‣ 주제 사용역: 사적
　　‣ 대화 참여자 관계 유형: 애인
　　‣ 화자(S): 태오(30대, 남성) ‣ 청자(L): 서래(30대, 여성)
　　‣ 지위관계: 화=청

- 유대관계: 친
- 청자의 실제행위(A): 유
- 상황 설명: 여행 온 연인이 전망대를 구경하다가 식사할 것을 제안하고 있음.

→ 01 S: 아침 먹죠.   제안

Ⓐ 02 L: (S와 함께 이동한다)

다음으로 (124)에서는 화자를 배제한 청자 수행 의미로서의 '-지(요)'가 사용되고 있다. 추부장(S)은 청자인 윤대리(L)에 비해 지위 관계 [화〉청]의 위치에 있지만, 두 사람 간에 유대 관계가 [친]으로 유지되고 있으며, 김과장(H)에게 모욕감을 주고자 하는 의도를 가지고 대화가 이어지고 있기 때문에 01줄 '김과장에게 업무 브리핑을 해 주다'라는 행위 명제는 02줄 청자에 의해 거절되는 양상으로 나타난다. 이때, 추부장의 발화에서 행위 [김과장에게 업무 브리핑을 해 주다]의 미래 행위주는 청자인 윤대리이기 때문에 '-지요'는 지시화행을 수행하고 있다고 해석할 수 있다.

(124) '-지(요)'의 사용 예시2
- 장소: 회사 사무실 ‣ 장소 사용역: 격식적 ‣ 주제 사용역: 공적
- 대화 참여자 관계 유형: 상사와 부하직원
- 화자(S): 추부장(50대, 남성) ‣ 청자(L): 윤대리(30대, 남성)
- 청자2(H): 김과장(30대, 남성)
- 지위관계: 화>청
- 유대관계: 친
- 청자의 실제행위(A): 거절
- 상황 설명: 낙하산으로 왔다는 소문 때문에 왕따를 당하고 있는 김과장(L)에 대해서 좋지 않은 감정을 가지고 있는 추부장(S)과 윤대리(L)가 그를 비꼬는 대화를 나누고 있음.

→ 01 S: 김과장한테 윤대리가 업무 브리핑 좀 해 주지?   명령

Ⓐ 02 L: 똑똑하신 분 같으니까 알아서 하라고 하죠.   거절(제안)

03 S: 알아서 하라네.

04 H: (삐짐) 알아서 하죠 뭐.

비록 이 경우에는 화자의 '-지'를 사용한 명령화행 발화에 대해 청자가 거절의 반응을 보였지만, 대개 '-지'로 수행되는 명령화행은 화자의 [강한 바람 및 기대]가 들어간 명령의 의미로서 사용된다. 아래 (125)는 담화적 요인에 따른 [청자수행] '-지'가 명령화행에서 나타내는 담화 기능적 차이를 드러내는 것으로 (125ㄱ)은 청자가 행위 [업무 브리핑을 하다]를 수행할 것에 대한 화자의 강한 기대를 강조하고 있는 것으로 해석할 수 있다. (125ㄴ)이 비격식체 종결어미 '-아/어요, -으세요'의 명령형으로 업무적 지시를 명제에 초점을 두고 전달하고 있다고 하면, (125ㄷ)은 격식적인 사용역을 강조하는 '-으십시오'를 사용하여 공적 지시임을 강조하고자 하는 의도로 사용되고, (125ㄹ)은 아주 낮춤인 하게체를 사용하고 있는데, '-어라'가 일반적으로 유대 관계가 매우 높은 동년배 혹은 친구 사이에서 자주 사용된다는 담화 정보에 따라 화자와 청자 사이의 유대를 강조하고자 하는 의도로 해석할 수 있다.

(125) ㄱ. 윤대리가 업무 브리핑 좀 해 주지.
　　　　⋯→ 화자의 강한 기대
　　　ㄴ. 윤대리가 업무 브리핑 좀 해 줘/줘요/주세요.
　　　　⋯→ 업무적 지시
　　　ㄷ. 윤대리가 업무 브리핑 좀 해 주십시오.
　　　　⋯→ 공적 지시임을 강조
　　　ㄹ. 윤대리가 업무 브리핑 좀 해 줘라.
　　　　⋯→ 청자와의 유대 강조

한편, 화자 수행만을 의미하는 '-지(요)'도 지시화행으로 사용되는 양상이 일부 나타났는데, 아래 용례 (126)이 그러하다. [동료 사이]인 화자와 청자의 대화로, 화자는 01줄에서 '이유를 들어보다'에 '-지요'를 사용하여 발화하고 있다. 이때, '이유를 듣는' 행위주는 화자에 해당하는데, 간접적으로 '청자에게 이유를 설명할 것'을 지시하게 되며, 이유를 듣는 것이 화자의 응당한 권한이라는 점을 고려할 때, 발화수반효과가 '요구화행'으로 실현되고 있다고 해석할 수 있다.

(126) '-지(요)'의 사용 예시3
- ‣ 장소: 회사옥상 ‣ 장소 사용역: 격식적 ‣ 주제 사용역: 공적
- ‣ 대화 참여자 관계 유형: 인턴과 인턴, 동료
- ‣ 화자(S): 그래(20대, 남성) ‣ 청자(L): 석율(20대, 남성)
- ‣ 지위관계: 화=청
- ‣ 유대관계: 소
- ‣ 청자의 실제행위(A): 유
- ‣ 상황 설명: 모두가 발표 파트너로 기피하는 대상인 그래(S)에게 석율(L)이 파트너를 제안하자, 의구심을 품은 그래(S)가 이유를 물어 보는 장면.

→   01 S: 됐고요, 이유나 <u>들어보죠.</u>   요구
       02 L: 네?   반문
       03 S: 절 파트너로 선택하려는 이유요.
Ⓐ   04 L: (다시 자신감에 차서 일대 웅변을 토해낸다.)

아래 〈그림 84〉는 문형 '-지'의 말뭉치 분석 결과이다. 문형 '-지'는 명령화행으로 33.33%, 권고화행으로 19.05%, 충고화행으로 19.05%, 제안화행으로 9.52%, 제의화행, 요청화행, 요구화행, 금지화행이 각각 4.76%로 나타났다. 한편, '-지요'의 축약형인 '-죠'로 발음된 문형은 제안화행 29.03%, 권고화행 25.81%, 명령화행 19.35%, 요구화행 12.9%, 허락화행 3.23%, 제의화행, 요청화행, 금지화행이 각각 3% 미만으로 조사되었다.

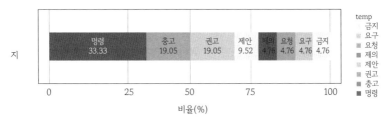

그림 84. 문형 '-지'의 말뭉치 분석 결과

한편, '-지(요)'에 높임의 선어말어미 '-으시-'가 결합한 형태인 '-으시지요'
는 〈기초한국어사전〉에도 표제어로 등록되어 있는 문형으로, 그 사전적 의
미는 아래 〈표 77〉과 같다. 이에 따르면 '-으시지(요)'는 '정중하게' 명령하거
나 권유하는 뜻을 지니고있는데, 본고의 말뭉치 분석에서도 '-으시지요'는
'-지요' 및 '-어야지요' 등과 사용역의 분포가 상이하게 나타났다.

표 77. 종결어미 '-으시지(요)'의 사전적 정의

유형	내용
기초한국어사전	-으시지(요) 1) 듣는 사람에게 어떤 일을 정중하게 명령하거나 권유할 때 쓰는 표현.

아래 (127)은 문형 '-으시지요'가 사용되고 있는 경우로, 화자는 청자보다
나이 요인에 있어서 [화〉청]이지만 지위 관계에 있어서 [화≦청]의 위치에
있으며, 청자를 위한 행위인 [사택으로 가다]를 제안 및 제의하기 위해 '-으
시지요'를 사용하고 있다. 앞서, '-어야지(요), -지(요)'가 지위 관계 [화〈청]의
맥락에서 제한적으로 쓰이던 것과 달리 '-으시지요'는 [화〈청]의 관계에서
청자를 위한 행위를 권하기 위해 제안 및 제의화행으로 사용되는 양상을
나타냈다. 즉, 이때에는 화자가 지시하는 행위가 [청자 이익]의 성격을 가지
고 있고, 이를 알고 있으면서 청자가 행하기를 [기대]하는 뜻이 나타나기
때문에 청자를 배려하고, 위하는 담화적 의미로 해석되는 것으로 기술할
수 있다.

(127) '-으시지(요)'의 사용 예시
- 장소: 수술실 앞 ‣ 장소 사용역: 격식적 ‣ 주제 사용역: 공적
- 대화 참여자 관계 유형: 의사와 행정실장
- 화자(S): 행정실장(40대, 남성) ‣ 청자(L): 의사(30대, 남성)
- 청자2(H): 의사(30대, 남성)
- 지위관계: 화≦청
- 유대관계: 친
- 청자의 실제행위(A): 유
- 상황 설명: 평소 의국에서 지내는 레지던트(L)에게 행정실장(S)이 의국에서 잘 것을 권하고 있다.

01 S: 강동주 선생!
02 L: (고개를 들어 본다)
03 S: 안 그래도 강동주 선생한테 막 가려던 참이었는데.
04 L: 무슨 일입니까?
→ 05 S: 도인범 선생이랑 같이 사택으로 가시죠.　　　　제안
06 L: (사택? 쳐다보면)
07 S: 그동안 계속 병원잠만 주무셨잖아요. 오늘은 큰일도 있었고 하니 들
08 　　어가서 편히 주무세요.
Ⓐ 09 L: (인범 힐끗 보며) 아뇨, 전 됐습니다. 의국이 편합니다.　거절
10 S: 그러지 말고 같이 들어가세요. 어머님께서 사택으로 김치랑 만두도
11 　　보내 주셨는데.　　　　　　　　　　　　　　　　제의
Ⓐ 12 L: (어머니가? 하는 시선에서 결국 사택으로 향함)　　　유

아래 〈그림 85〉에 따르면, 문형 '-으시지요'는 권고화행으로 사용되는 비율이 가장 높게 나타났으며, 구체적인 수치는 23.81%에 해당하였고, 요구화행은 19.05%, 허락화행이 14.29%, 제안화행도 14.29%, 제의화행과 요청화행과 명령화행이 각각 9.52%인 것으로 나타났다.

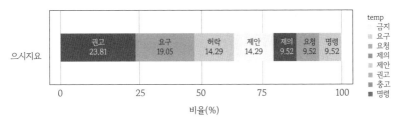

그림 85. 문형 '-으시지요'의 말뭉치 분석 결과

7. 평서형 문형

평서형 문형은 크게 평서형 종결어미가 그대로 사용되어 간접화행으로서 지시화행을 수행하는 경우와 우언적 구성과의 결합이 수반하는 지시화행으로 구분할 수 있다. 이들 문형의 담화적 분포는 아래 〈그림 86〉과 같이 나타났는데, 유표적인 군집은 '-어야 되다'와 '-으면 안 되다'가 유대 관계 [친]의 맥락에서 밀집해 있는 것과, 수행동사를 통한 평서문이 유대 관계 [소]의 맥락에서 빈번하게 나타나 청자의 실제 행위를 [유]로 수행하게 하고

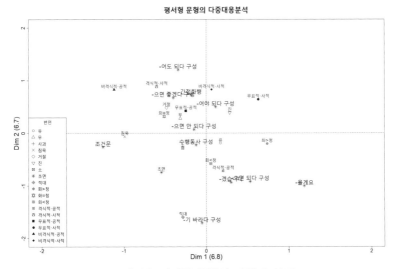

그림 86. 평서형 문형의 담화적 분포

있다는 것 등으로 확인할 수 있다.

이들 문형의 말뭉치 빈도는 아래 〈표 78〉과 같다. 평서문 문형에서 가장 많은 비중을 차지하고 있는 것은 어휘적 속성이 강한 수행동사를 통한 실현으로, 대개 Blum-Kulka(1984) 등의 요청화행 연구에서는 수행동사를 통한 요청을 직접성이 높은 요청화행을 수행하는 전략으로 제시하고 있지만, 한국어의 경우 수행동사로써는 실제 강도 높은 명령을 나타내는 '명령하다, 지시하다, 강요하다, 명하다' 등이 명령화행에서 사용되는 경우가 거의 없었고, 오히려 비강제적 지시화행을 의미하는 '제안하다, 부탁하다, 필요하다, 요청드리다' 등이 활발히 쓰이는 경향성이 말뭉치를 통해 드러났다.

표 78. 평서형 문형의 말뭉치 빈도

	문형	빈도	백분율	누적빈도	누적백분율
1	수행동사	44	1.61%	1733	0.63%
2	-으면 안 되다 구성	42	1.54%	1775	0.65%
3	-어도 되다 구성	16	0.59%	2124	0.78%
4	-을 수 있/없- 구성	13	0.48%	2252	0.82%
5	-어야 되다 구성	10	0.37%	2353	0.86%
6	-을게요	10	0.37%	2363	0.86%
7	-으면 되다 구성	8	0.29%	2422	0.89%
8	-겠습니다	7	0.26%	2429	0.89%
9	-기 바라다 구성	6	0.22%	2477	0.91%
10	-고 싶다 구성	5	0.18%	2500	0.92%
11	-으면 좋겠다 구성	4	0.15%	2548	0.93%
12	-는다	3	0.11%	2579	0.94%
14	-는 뜻이다 구성	2	0.07%	2631	0.96%
15	-으란 말이다 구성	2	0.07%	2655	0.97%
16	-을게	2	0.07%	2663	0.97%

그 밖에 '-어도 되다', '-으면 안 되다'를 통한 진술문이 지시화행을 수행하는 비중이 크게 나타났고, '-을 수 있다/없다', '-어야 되다/하다', '-을게요',

'-으면 되다', '-겠습니다', '-기 바라다', '-는다/습니다', '-는 뜻/말이다' 등이 평서형 종결어미와 결합하여 지시화행을 수행하는 것으로 조사되었다.

1) 수행동사 구성

Blum-Kulka(1984)의 요청 화행에 대한 연구에 따르면 수행동사로 요청을 수행하는 것은 매우 직접적이고 명시적인 전략에 해당하지만, 한국어에서는 명령화행에서 '명령하다, 명하다' 등 명령과 직접적으로 관련한 수행 동사가 사용되는 경우는 거의 나타나지 않았고, '부탁하다', '소원이다', '금하다' 등의 수행동사가 완곡하게 명령화행을 수행하기 위해 사용되는 경우가 빈번하게 나타났다. 이는 영어에서의 요청화행 전략과 한국어가 차이를 보이는 지점인데 대개 앞선 논의들이 Blum-Kulka(1984)의 요청 전략을 그대로 적용하고 있어 그간 한국어에서의 특수성이 잘 다뤄지지 못한 측면이 있는 지점이라고 하겠다.

먼저, 수행동사 중 가장 높은 빈도로 말뭉치에서 사용되고 있는 것은 '부탁하다'로 나타났다. '부탁하다'는 '청자에게 어떤 일을 해 달라고 청하는 것'을 의미하는 동사로, 대개 행위 A의 수행 능력이 청자에게 압도적으로 부여되어 있는 경우에 발생하는 요청화행의 일환으로 생각할 수 있다. 그러나 실제 말뭉치에서는 요청화행이 아닌 강제적 지시화행임에도 '부탁하다'를 사용하고 있는 경향성이 매우 높게 나타났는데, 이는 '명령하다'라든지, '명하다', '지시하다' 등의 명령 수행동사들이 그 의미의 직접성으로 인해 청자의 체면을 크게 손상시킬 수 있기 때문에 한국어에서 지시화행의 약화 전략의 일환으로 어감이 약화된 '부탁하다'를 사용하는 것으로 해석할 수 있다.

아래 (128)에서도 '부탁하다'가 지시화행으로 사용된 발화가 제시되고 있는데, 03줄 김부장의 발화를 통해 '부탁하다'가 명령화행을 수반하는 것을 확인할 수 있다. 이때, 김부장의 라운딩 예약 부탁은 거절할 수 없기 때문에 부탁이라기보다는 실제 명령화행으로 작용했다고 보는 것이 합당하다고 판단된다.

(128) '부탁하다'의 사용 예시
- ▸ 장소: 부장실에서 전화 통화 ▸ 장소 사용역: 격식적
- ▸ 주제 사용역: 사적
- ▸ 대화 참여자 관계 유형: 부장과 이사
- ▸ 화자(S): 김부장(50대, 남성) ▸ 청자(L): 최이사(40대, 남성)
- ▸ 청자2(H): 과장(30대, 남성)
- ▸ 지위관계: 화>청
- ▸ 유대관계: 친
- ▸ 청자의 실제행위(A): 무
- ▸ 상황 설명: 하청업체 이사(L)에게 전화로 골프 예약을 지시하고 있는 상황.

01 S: (웃으며) 어~ 최이사 덕분에 지난 번 라운딩 아주 좋았어.
02 L: (말뭉치상에 나타나지 않음)
→ 03 S: 그러엄. 그래. 또 <u>부탁해</u>.   **명령**
04   (힐끔 보고)
05 L: (말뭉치상에 나타나지 않음)
06 S: 그래. 연락하자고. (전화 끊으면)

다음으로, '필요하다' 역시 높은 비중을 나타내는 수행동사였는데, 이 역시 단순한 진술로 쓰이기보다는 청자로 하여금 특정한 행위를 수행할 것을 지시하기 위한 지시화행의 약화 전략으로 쓰이는 경향성이 나타났다.

아래(129)는 의사인 화자(S)가 비서(L)에게 사무실에서 전화를 통해 지시하는 발화로 01줄에서 '-어 봐 주다'의 명령형을 통해 1차적으로 명령화행을 수행하고 있다. '개인적인 부탁이라 미안한지라'라는 발화를 통해 이 발화가 '부탁'이라는 점, '사적인' 내용이라는 점, 그리하여 '미안하다는 점' 등을 보조화행으로 사용하고 있으나, 비서(L)에게 이 발화를 거절할 권한이 전혀

없다는 점을 고려할 때 이 발화는 명령화행에 해당한다고 볼 수 있다. 이때, 02줄에서 다시 화자(S)는 명령의 내용, '금가네 만두라는 가게의 주소와 전화번호'에 대해 명시적으로 언급하며, 이것이 '필요하다'고 진술하고 있다. 그러나 01줄의 발화가 없다고 하더라도, 비서(L)는 02줄의 발화만 듣고도 '금가네 만두라는 가게의 주소와 전화번호'를 조사하는 행위를 시행할 것이기 때문에 이 경우 01줄에 이어 나타난 02줄 발화도 명령화행을 수반하고 있다고 볼 수 있다.

(129) '필요하다'의 사용 예시
　　　▸ 장소: 대한병원 석훈 사무실 ▸ 장소 사용역: 격식적
　　　▸ 주제 사용역: 사적
　　　▸ 대화 참여자 관계 유형: 의사와 비서
　　　▸ 화자(S): 석훈(30대, 남성) ▸청자(L): 비서(확인 불가)
　　　▸ 지위관계: 화>청
　　　▸ 유대관계: 소
　　　▸ 청자의 실제행위(A): 유
　　　▸ 상황 설명: 의사 석훈(S)이 개인 비서(L)에게 개인적인 이유로 전
　　　　화번호를 알아봐 줄 것을 이야기하고 있음.

→　　01 S: 개인적인 부탁이라 미안한데 뭐 하나만 알아봐 줘요. **명령**
　　　　　　금가네 만두라는 가겐데 주소랑 전화번호가 <u>필요해요</u>. **명령**
　　　02 L: (말뭉치상에 나타나지 않음)

다음으로 '제안하다'와 관련한 동사의 쓰임도 나타났는데, 대개 '-는 겁니다'와 같이 화자 자신의 의도 및 행위를 상위언어적으로 기술하는 문형과 결합하여 사용되는 양상이 나타났다. 아래 (130)에서도 '제안하다'가 사용된 경우가 제시되고 있는데, 05줄에서 화자는 '제안하다'에 '-는 겁니다'를 사용하여, 01줄에서 발화한 자신의 언어행위가 '제안'임을 상위언어적으로 명시하고 있지만, 사실상 03줄, 08-09줄의 보조화행이 모두 명령과 협박을

수반하는 것으로 말미암아 보건대 명령화행을 수반하고 있는 것으로 해석할 수 있다. 이때에도 '제안하다'의 수행동사가 지니는 청자의 선택권에 대한 함축적 의미를 가져오기 위해 의도적으로 명령화행에서 '제안하다'의 수행동사를 사용하고 있는 것으로 판단된다. 이러한 발화를 통해 화자는 자신이 강압적으로 지시하고 있지 않다는 효과를 얻음으로써 자칫 강압자로 자리매김하여 손상될 수 있을 스스로의 체면을 보호하게 된다.

(130) '제안하다'의 사용 예시
- ► 장소: 구치소 면회실 ► 장소 사용역: 격식적 ► 주제 사용역: 공적
- ► 대화 참여자 관계 유형: 수감자와 면회자
- ► 화자(S): 면회자(40대, 남성) ► 청자(L): 수감자(40대, 남성)
- ► 지위관계: 화=청
- ► 유대관계: 소
- ► 청자의 실제행위(A): 침묵
- ► 상황 설명: 정적 제거를 위해 면회자(S)가 구치소 면회실에 찾아와 수감자(L)에게 공통의 적을 제거하자고 이야기하고 있음.

01 S: (의미심장하게) 박동호를 처리하세요.   **명령**
02 L: (표정 굳어서) 그게 지금 지한테 말이 된다고 생각합니꺼?
03 S: (여유롭게) 곽 형사처럼 버림받고 거기서 수년 동안 썩고 싶어요?
04 L: (복잡한 얼굴)
→ 05 S: 당신하고 박동호 사이, 이미 돌이킬 수 없다는 거 알고 <u>제안하는</u>
06   <u>겁니다.</u>   **명령**
Ⓐ 07 L: (침묵)   **침묵**
08 S: 해묵은 의리 지킬 생각 말고, 앞으로 당신 살길이나 찾아요.
09   그게 현명한 겁니다.

이렇게 '부탁하다', '필요하다', '제안하다'는 수행동사가 지니는 약화된 지시화행적 의미를 의도적으로 부각시키기 위해 강제적 지시화행의 발화에서 자주 나타나는 양상을 보이고 있다. 영어에서는 수행동사를 통한 요청이

직접적이고 명시적인 전략으로 제시되었지만, 이로 말미암아 판단하건대 한국어에서는 수행동사를 통한 요청이 오히려 화자의 지시화행을 약화시키고 중화시키기 위한 완곡의 전략으로 사용된다고 기술할 수 있을 것이다.

한편, '금지이다', '금지하다' 등 금지와 관련한 수행동사들도 비중 있게 사용되는 양상이 나타났다. 금지는 '어떤 행위를 하지 못하게 함'의 뜻으로, 구체적인 사용의 예시는 아래 (131)과 같다. 아래 예시는 간호사와 환자의 대화로, 응급실에서 전화 통화를 하는 환자에게 규정상 '응급실에서 통화하는' 행위를 하지 말 것을 지시하고 있다. 이때는 격식적 담화에서 규정을 관리하는 권한이 화자에게 있기 때문에 강제적 금지의 성격을 나타내게 된다.

> (131) '금지이다'의 사용 예시
> ‣ 장소: 병원 응급실 ‣ 장소 사용역: 격식적 ‣ 주제 사용역: 공적
> ‣ 대화 참여자 관계 유형: 간호사와 환자
> ‣ 화자(S): 간호사(정보없음) ‣ 청자(L): 환자(50대, 남성)
> ‣ 지위관계: 화=청
> ‣ 유대관계: 초면
> ‣ 청자의 실제행위(A): 사과
> ‣ 상황 설명: 응급실에서 통화를 하고 있는 환자(L)에게
> 간호사(S)가 이야기하고 있음.

→ 01 S: 응급실에서 휴대폰 사용 <u>금집니다.</u>　　　　　　　금지
　　02 L: 죄송합니다.　　　　　　　　　　　　　　　　　사과

아래 〈그림 87〉은 말뭉치상에서 수행동사 구성이 지시화행을 수반할 경우 나타내고 있는 화행별 비율을 분석한 것이다. 이에 따르면 수행동사 구성이 가장 고빈도로 수반한 지시화행은 요청화행으로 33.33%에 해당하는 것으로 나타났으며, 명령화행이 27.28%, 요구화행이 22.22%, 금지화행 5.56%, 권고화행 5.56%, 충고화행 2.78%, 제안화행 2.78%로 나타났다. 이

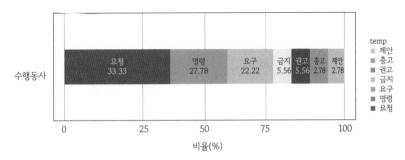

그림 87. 수행동사 구성의 말뭉치 분석 결과

는 수행동사 구성이 화행과 반드시 일치하지 않으며, 한국어에서는 강제적 지시화행에 약화된 수행동사 구성을 사용하는 경향이 있음을 드러내는 결과라고 하겠다.

2) 금지 문형 '-으면 안 되-' 구성

대표적인 금지의 문형으로는 '-으면 안 되-' 구성이 있다. '-으면 안 되-'는 의문문으로 쓰이면 허락 요청의 의미가 있지만 평서문으로 나타날 경우 어떤 행위를 하지 못하게 하는 뜻으로 사용되기 때문에 지시화행을 수반하는 문형이라고 할 수 있다. 아래 (132)에서는 [은행원과 고객]의 대화 장면으로, 01-02줄에서 무리한 요구를 하는 고객에게 03줄의 '-으시면 안 됩니다'의 문형을 통해 '우기다'의 행위를 하지 말 것을 지시하고 있다.

> (132) '-으면 안 됩니다'의 사용 예시
> ‣ 장소: 은행 ‣ 장소 사용역: 격식적 ‣ 주제 사용역: 공적
> ‣ 대화 참여자 관계 유형: 은행원과 고객
> ‣ 화자(S): 은행 대리(30대, 남성)
> ‣ 청자(L): 고객(50대, 남성)
> ‣ 지위관계: 화<청
> ‣ 유대관계: 초면

‣ 청자의 실제행위(A): 거절과 항의
‣ 상황 설명: 응급실에서 통화를 하고 있는 환자(L)에게 간호사(S)가
  이야기하고 있음.

01 L: 아니 지금 무슨 소리를 하는 거야. 저번에 왔을 때는 분명히 해지가
02   된다고 했다니까..
→ 03 S: 약정서에 다 있는 내용이에요. 이렇게 자꾸 <u>우기시면 안 됩니다.</u>
                                              금지
Ⓐ 04 L: 이 새끼 봐라 이거. 야, 너 지금 뭐라고 그랬어? 우겨?
                                              거절

아래 〈그림 88〉은 '-으면 안 되다' 평서형 문형이 말뭉치상에서 금지화행
을 수반하는 것으로 나타났으며, 일부 발화효과가 강한 명령화행을 수반한
경우 31.25%, 부모 자식 지간의 양육의 일환으로 발화효과가 충고화행으로
서 사용된 경우 6.25% 등으로 나타났다.

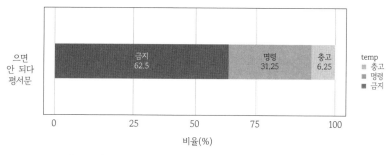

그림 88. '-으면 안 되다' 평서형 문형의 말뭉치 분석 결과

3) 제의의 문형 '-으면 되-' 구성

한편, '-으면 안 되-'의 긍정문 형태인 '-으면 되다'는 허락의 뜻을 가지고
있는 것으로 제시되고 있지만, 실제 담화 상에서 허락의 뜻보다는 여러 가
지 지시화행을 수반하는 것으로 나타났다. 먼저, (133ㄱ)은 업무상 상사가

인턴에게 하는 발화로 업무적 지침을 지시하는 명령화행으로 해석할 수 있다. 허락을 구하는 선행발화가 없었음에도 불구하고 '-으면 되다'가 사용되고 있는 것은, 절차적인 안내를 위한 것으로 판단된다. (133ㄴ)은 아들에게 아버지가 하는 발화로, 교우 관계에 대한 조언의 맥락에서 '-으면 되다'를 사용하고 있다. 이때는 충고화행을 발화수반효과로서 수행한다고 할 수 있다. (133ㄷ)은 간호사가 환자에게 하는 발화로 환자의 행동 지침을 명시적으로 지시하고 있는 명령화행에 해당한다고 할 수 있다. (133ㄹ)은 청자의 이익을 위한 지시이며 강제성이 없기 때문에 제의화행으로 실현되고 있다고 볼 수 있다.

(133) ㄱ. 수고했다. 이제 여기서 원산지 확인서 받아서 보내면 돼.　　명령

ㄴ. 그냥 예전처럼 평범하게 대해 주면 돼.　　　　　　　　충고

ㄷ. 성함이랑 주민번호 그리고 연락처부터 적어주시면 돼요.　명령

ㄹ. 이 쪽 두 개는 이미 사용 중이고, 이 쪽 둘 중에 맘에 드시는 방으로 하나 골라잡으시면 됩니다.　　　　　　　　제의

아래 〈그림 89〉는 '-으면 되다' 평서형 문형의 말뭉치 분석 결과로 '-으면 되다' 평서형 문형이 가장 고빈도로 수반하고 있는 화행은 제의화행 50%로 나타났다. 다음으로 명령화행이 33.33%의 비중을 차지하고 있었으며 충고

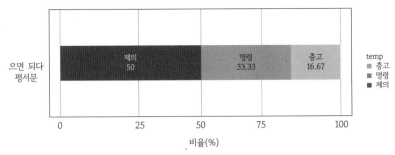

그림 89. '-으면 되다' 평서형 문형의 말뭉치 분석 결과

화행이 16.67%로 나타났다.

4) 당위성의 강조 문형 '-어야 하/되-' 구성

당위성을 나타내는 문형이 '-어야 하다', '-어야 되다'는 말뭉치상에서 청
자에게 강한 책임을 지우거나 강한 지시화행을 수행하고자 할 때 사용되는
양상을 보였다. 아래 (134)는 '-어야 되다'가 [화〉청]의 지위 관계에서 사용
되어 청자에게 강한 권고를 전하는 발화로 나타나고 있다.

> (134) '-어야 되다'의 사용 예시
> ‣ 장소: 전화통화 ‣ 장소 사용역: 비격식적 ‣ 주제 사용역: 사적
> ‣ 대화 참여자 관계 유형: 시누이와 올케
> ‣ 화자(S): 시누이(30대, 남성) ‣ 청자(L): 올케(30대, 남성)
> ‣ 지위관계: 화>청
> ‣ 유대관계: 친
> ‣ 청자의 실제행위(A): 유
> ‣ 상황 설명: 사라진 동생의 행방에 대해 물으면서 시누이가 올케에
> 게 전화하는 중.

→ 01 S: 형철이 그쪽으로 연락 가면 여기루 <u>연락 줘야 돼요</u> 올케. 꼭.

권고

Ⓐ 02 L: 그럼요.

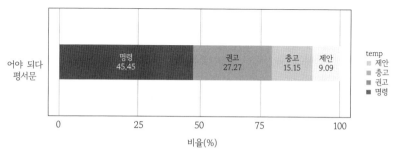

그림 90. '-어야 되다' 평서형 문형의 말뭉치 분석 결과

〈그림 90〉은 '-어야 되다' 평서형 문형의 말뭉치 분석 결과에 관한 것이다. 이에 따르면 '-어야 되다' 평서형 문형은 명령화행 45.45%, 권고화행 27.27%, 충고화행 18.18%, 제안화행 9.09%로 사용의 양상을 나타냈다.

5) 화자의 소망 표현 문형

화자의 소망을 표현하는 문형인 '-는 게 좋겠-', '-으면 좋겠-', '-고 싶-', '-기 바라-', '-었으면 하-'도 평서형 종결어미와 결합하여 담화상에서 지시화행을 수행하는 문형 중 하나이다. 먼저, '-기 바라다'는 화자의 소망을 표현하는 문형의 뜻을 갖지만, 아래 (135) 01줄에서와 같이 제3자의 소망을 전달하기 위해 사용되기도 하는데, 아래의 경우에는 '청와대'라는 환유적 표현으로 지시되고 있는 대통령의 의도를 전하기 위한 문형으로 사용되고 있다. 그리고 02줄 거절 반응에 이어 나타나는 위협적인 발화의 맥락이 앞선 01줄의 발화가 '모든 것들이 정리되다'라는 명제에 대한 강제적 명령화행을 수반하는 것이었음을 드러낸다고 할 수 있다.

> (135) '-기 바라다'의 사용 예시
> ‣ 장소: 방송국 국장실 ‣ 장소 사용역: 격식적 ‣ 주제 사용역: 공적
> ‣ 대화 참여자 관계 유형: 국정원장과 방송국 사장
> ‣ 화자(S): 국정원장(50대, 남성) ‣ 청자(L): 사장(50대, 남성)
> ‣ 지위관계: 화=청
> ‣ 유대관계: 소
> ‣ 청자의 실제행위(A): 거절
> ‣ 상황 설명: 국익에 해가 되는 제보로 인해 방송국 국장(L)에게 국정원장(S)이 정부의 뜻을 비밀스럽게 전하고 있다.

→　01 S: 청와대에서는 이쯤에서 모든 것들이 정리되기를 바라십니다.

명령

Ⓐ　02 L: 정치적인 외압으로 이해되면 곤란합니다.

거절

03 S: 한상수 피딘가요? 그 친구 대학시절 총학생회 출신이더군요.
　　　노조위

04　　원장 출신의 국장에 앞에 계신 사장님까지 코드가 잘 맞는
　　　조합이네요.

05 L: (황당해 하면)

06 S: 한쪽으로 치우친 방송은 국익에 도움이 되지 않습니다.

07 L: (버럭) 치우치다니요? 저희 방송은 공정성이 모토입니다.

08 S: 우리한테도 NBS에 대한 몇 가지 정보가 있어요.
　　　좋은 게 좋은 거 아닙니

09　　까?

　아래 〈그림 91〉은 문형 '-기 바라다'의 말뭉치 분석 결과에 관한 것이다.
이에 따르면 문형 '-기 바라다'는 명령화행 40%, 권고화행40%, 요청화행
20%로 사용되는 양상이 나타났으며, 이는 '-기 바라다'가 언표적으로는 소
망 표현의 의미를 갖지만 실제 담화상에서는 강제적 지시화행으로 사용되
는 경향성이 있음을 드러내는 결과라고 해석할 수 있다.

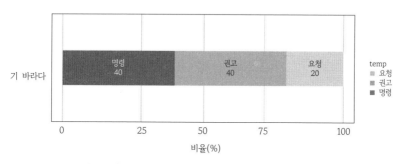

그림 91. '-기 바라다' 평서형 문형의 말뭉치 분석 결과

8. 소결: '일 대 다' 관계로서의 문형과 담화 기능

　본 장에서는 지시화행 발화에서 선택되는 문형들이 화행 및 담화 기능과

'일 대 다'의 관계를 맺고 있음을 기술하였다. 이러한 문형과 담화 기능의 '일 대 다' 대응은 한국어 학습자에게 혼란을 야기할 수 있는 본질적인 어려움에 해당한다. 특히 모든 맥락의 요인을 일반화할 수 없다는 이유로 인해 맥락에 따른 개별 문형의 화행 및 담화 기능은 학습자가 실제 언어 사용 노출을 통해 스스로 습득할 수밖에 없는 요소로 치부되어 오고 있는 측면이 있다. 그러나 본 장에서 제시한 바와 같이 맥락 요인에 따라 고빈도로 사용되는 문형의 화행을 개념적 기능으로 기술하여 학습자에게 제공하고, 발화효과로서 수반되는 담화 기능을 추가적으로 제시하는 것은 학습자로 하여금 진정성(authenticity) 있는 문형의 사용을 학습하게 할뿐더러, 실제 의사소통 상황에서 이해 문법으로서 참조할 수 있는 문형에 대한 기초 자료를 제

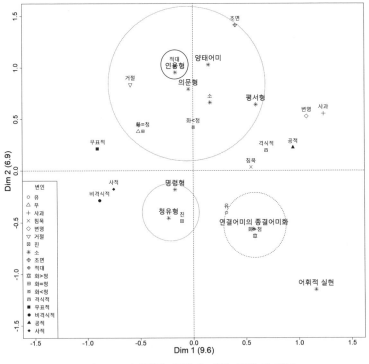

그림 92. 지시화행 문형에 대한 종합적 접근

공하는 의미가 있을 수 있다.

앞서 다룬 문형들을 형태적 유형에 따라 다중대응분석(Multiple Correspondence Analysis)한 결과는 〈그림 92〉와 같다.

이에 따르면, 화자의 지위가 청자보다 높은 지위 관계 [화〉청]을 중심으로 하는 영역에서는 청자의 실제 행위가 [유]로 실현되는 비율이 상당히 높게 나타났으며, '종결어미화된 연결어미 문형'을 통한 지시화행의 수행이 고빈도로 이루어지는 것으로 나타났다. 또, [화〉청]의 지위 관계인 동시에 [격식적장소]와 [공적내용]에 있어 [친]의 유대 관계일 경우 '명령형 문형'과 '청유형 문형', '종결어미화된 연결어미 문형'을 통해 지시화행이 사용되는 경향성도 높은 것으로 나타났다. 그리고 이때에는 청자가 실제로 행위를 수행하거나 침묵하는 경우도 있는 것으로 조사되었다.

한편, '명령형 문형'과 '청유형 문형'은 유대 관계가 [친]의 관계에 있을 경우 자주 사용되는 경향성을 보였는데, [비격식적장소]와 [사적내용]에 있어서도 비교적 잦게 사용되는 경향이 있는 것으로 조사되었다. 그리고 또 지위 [화≦청]의 관계에서 [비격식적장소]와 [사적내용]에 대하여 '명령형 문형'과 '청유형 문형'이 사용될 경우 이때에는 명령형 문형을 사용했을지라도 청자가 지시받은 바를 행위에 옮기지 않는 [무]의 경우가 있음이 나타났다.

또 지위 관계가 [화〈청]인 경우에는 '평서형 문형', '의문형 문형', '인식양태어미 문형', '인용형 문형'을 통한 지시화행의 실현이 자주 발생하는 것으로 조사되었으며, 유대 관계는 [소]인 경우로 나타났고, 청자는 [변명]하거나 [사과]하거나 [침묵]하는 반응들을 보이는 양상이 비교적 두드러지게 나타났다.

그 외, '평서형 문형'은 [격식적·공적] 담화에서도 자주 사용되는 양상을 보였고, '인용형 문형'은 유대 관계가 [적대]인 경우에 자주 사용되는 양상을 확인할 수 있었다. 이는 인용형어미가 담화적으로 '불평·불만하기'를 표현하는 담화적 기능을 지니는 것과 관련하여 해석할 수 있다.

V. 지시화행 발화의 문형 및 담화 기능 297

한편, 지시화행의 언표내적·언향적 의미는 종결어미의 언표적 의미와 그를 통해 형성되는 문장 유형과 밀접한 연관이 있는 것뿐만 아니라, 용언의 어간과 종결어미 사이에 위치하는 요소들, 즉, 선어말어미의 자리에 나타나는 선어말어미 상당 구성과도 관련성을 갖는 것으로 나타났는데, 구체적으로는 보조용언 '-어 주-', '-어 보-'와 선어말어미 '-겠-',' -으시-', 보조용언 상당 구성 '-어야 하-', '-어야 되-', '-도록 하-', '-어도 되-'를 비롯하여 의존성 명사 구성 '-을 수 있/없-', '-을 줄 알/모르-', '-을 것이-', 그리고 부정을 의미하는 '-지 말-' 등이 지시화행 발화에서 빈번하게 사용되는 것으로 나타났다.

어휘적 속성이 강해 한국어교육에서 표현문형으로 삼고 있는 '-어도 괜찮다', '-으면 어떻다', '-으면 좋겠다', '-기를 바라다' 등도 종결어미와 결합하여 지시화행을 수행하는 데에 나타나고 있으며, 수행동사 '부탁하다, 필요하다, 금지하다' 등도 말뭉치 상에서 두드러지게 나타났고, 문장 혹은 문장 이상의 단위에서 '-으면', '-기 전에', '-어 봐' 등의 조건절 상당 어구와 공기하거나 이들을 보조화행으로 삼는 경우가 조사되었다. 이들은 맥락에 따라 '고지하기, 협박하기, 강조하기, 경고하기, 불평하기, 반박하기, 항의하기, 핀잔하기' 등의 담화 기능을 수반하기도 하는 것으로 나타났다.

VI. 지시화행 발화의 공손 기능

본 장에서는 실제 의사소통 상황에서 지시화행 발화가 공손성(politeness)을 고려하여 사용되는 맥락에 대하여 기술하고자 한다. 대개 공손성은 청자의 체면을 보호하는 것과 밀접한 연관을 맺는 것으로 기술되고 있으나, 한국어에서는 청자의 체면뿐 아니라 화자의 체면을 고려한 언어의 사용 양상도 나타나는데, 특히 지시화행 발화에서 화자가 화자 자신의 체면을 고려하여 문형을 선택하는 경향성이 두드러지게 나타난다. 본 연구에서는 청자를 고려하는 것뿐 아니라 화자 자신의 체면을 고려하는 것, 명제의 정확성 진실성 등을 보호하고자 하는 것, 담화에서 요구하는 역할에 대해 고려하는 것도 공손 기능의 일환으로 보고 이러한 관점에서 지시화행의 공손 기능을 분석하였다. 즉, 본 장의 공손 기능은 광의의 개념으로 발화자가 갈등의 소지를 없애고 지시화행을 효과적으로 발화하기 위해 고려하는 전략을 의미한다.

본 장에서 중점적으로 적용하고 있는 이론은 헤지 이론인데, 헤지(Hedge)란 의사소통 상황에서 화자가 청자의 체면을 보호하기 위해 완곡하게 언어를 사용하는 것을 말한다. 대개 '울타리 표현', '완화 표지', '완곡 표현', '헤지 표현', '헤지' 등으로 사용되고 있는데, 본고에서는 지시화행 발화에서 문형을 '헤지'로서 사용하는 양상이 공손성에 대한 화자의 인식을 드러내는 지표가 된다고 판단하였다.

헤지에 대한 분류는 문어 담화를 중심으로 활발히 이루어져 왔으며, 초기에는 어휘적인 측면에서 논의되던 것에서 나아가 Skelton(1988), Myer(1989), Salager-Meyer(1994), Hyland(1994) 등에 의하며 문형과의 관련성 속에서 구체화되기 시작하였다. 고재필(2017)에서는 특히 한국어 헤지 연구가 어휘적인 측면에 집중해온 경향성이 있기 때문에 발화수반력에 의한 문형의 헤지를 '완곡 표현'으로 개념화하고 이를 어휘적인 것과 구분하여 다뤄야 할 필요성에 대해 강조하기도 하였다. 그러나 '완곡'과 '완화'의 어휘는 헤지 문형이 지니고 있는 강화의 기능을 포함하지 못하기 때문에 본 연구에서는 '헤지'라는 용어로 지시화행 발화의 울타리적 쓰임을 기술하고자 한다.

김강희(2017ㄴ)에서 Hyland(1994)를 필두로 한 선행 연구를 정리하여 고안한 한국어 구어의 헤지 문법 항목의 유형은 아래와 같이 3가지로 구분된다. 이때, (136ㄱ) 명제 지향적 헤지란 화자가 발화의 내용이 지니는 신뢰성이나 정확성을 보호하고 강조하기 위해 사용하는 헤지를 의미하며, (136ㄴ)은 청자의 체면을 보호하기 위한 헤지에 해당하고, (136ㄷ)은 화자 자신의 체면이나, 부담 완화를 위해 사용하는 헤지를 의미한다고 하였다.

> (136) 한국어 헤지 문형의 유형
> ㄱ. 명제 지향적 헤지
> ㄴ. 청자 지향적 헤지
> ㄷ. 화자 지향적 헤지

본 연구에서 지시화행의 발화를 분석한 바에 따르면, 한국어 지시화행의 발화는 네 가지 차원에서 헤지 사용 양상을 나타냈는데 그 구체적인 유형은 아래 〈표 79〉와 같다. 이에 따르면 한국어 지시화행의 헤지 유형은 청자 지향적 헤지, 명제 지향적 헤지, 화자 지향적 헤지, 담화 지향적 헤지가 있다.

표 79. 한국어 지시화행의 헤지 유형

청자 지향적 헤지		명제 지향적 헤지		화자 지향적 헤지		담화 지향적 헤지
FTA에 대한 적극 고려	FTA에 대한 소극 고려	명제의 정확성 보호	명제의 신뢰성 강화	거절에의 부담 완화	결과에 대한 책임 방어	사용역에 따른 역할 강화
…	…	…	…	…	…	…

이때, 청자 지향적 헤지는 화자의 지시화행 발화가 청자에 대한 체면위협 행위(FTA)로 작용할 것을 고려하여 문형을 선택하는 것을 의미한다. 구체적 으로는 체면위협행위(FTA)를 적극적으로 고려하여 청자의 시점으로 화시를 이동하거나, 행위의 주체에 화자가 포함되는 것처럼 표현하거나, 청자의 능 력에 대해 묻는 형식으로 발화하거나, 약화된 수행동사로 행위 자체를 완곡 하게 표현하거나, 수혜의 의미가 나타나는 보조용언 '-어 주'를 결합하여 표현하는 등의 쓰임이 있으며, 체면위협행위(FTA)를 소극적으로 고려하여 후행문을 생략하거나, 종결어미화된 연결어미로 완곡하게 표현하거나, 화 자의 수행에 대한 진술만으로 발화수반효과를 의도하는 쓰임 등이 있다.

명제 지향적 헤지는 지시화행 발화에서 나타나는 명제의 정확성을 보호 하거나 명제의 신뢰성을 보호하는 기능을 하는데, 구체적으로는 인용형을 사용하여 명제 내용의 정확성을 환기하는 경우, 상위언어적인 표현으로 지 시화행 발화의 지시 내용을 정리하여 발화하는 경우, 지시화행 발화의 의미 적 영역에 해당하는 '화자의 소망'을 명시적으로 드러내어 명제가 지시하는 바의 정확성을 보호하는 경우 등이 나타났고, 반복 구문을 통해 명제의 신 뢰성을 강화하는 경우가 있었다.

화자 지향적 헤지는 화자 자신의 체면을 고려하거나 결과에 따른 책임을 방어하기 위한 것으로, 구체적으로는 '-든가' 등의 청자의 선택 가능성을 전 제하는 표현을 통하여 시킴 행위의 부담을 경감시키고자 하는 쓰임과, '-을 까 해서요' 등과 같은 문형을 사용하여 이유인 것처럼 표현함으로써 거절에 의 부담을 완화하는 쓰임, '-어야지', '-지'의 사용으로 이미 앎을 강조하여 책임을 방어하는 쓰임, 청자의 결정을 강조하는 '-을래?'를 사용하여 화자의 책임을 분산시키는 쓰임 등이 나타났다.

마지막으로 담화 지향적 헤지는 담화의 사용역에 종속적으로 요구되는 역할을 수행하기 위해 해당 역할이나 사용역에 어울리는 문형을 의식적으 로 선택함으로써 담화가 요구하는 성격을 보호하고자 하는 쓰임을 의미한다. 지시화행 발화에서는 격식성이나 공적 속성이 강조되는 장르에서 '-으십시오'를 사용하는 것이 이러한 담화 지향적 헤지로 사용된다고 기술하였다.

1. 청자 지향적 사용

1) 체면위협행위(FTA)에 대한 적극적 고려

① 화시의 이동

화시(indexical)란 그 진리값이 맥락에 의해 결정되는 언어 표현이나 일련의 범주를 의미한다(Kaplan 1989). 본고에서 다루는 화시의 이동은 일종의 '관점의 전이(Fillmore 1975)'나 '화시의 투사(Evans 2005)'와 유사한 개념이라고 할 수 있다. 특히 지시화행은 청자에 대한 체면위협행위(FTA)가 될 수 있기 때문에 한국어에서 모어화자는 지시화행을 수반하여 발화할 경우 청자 지향적 헤지로서 문형을 선택하는 경우가 많으며, 구체적으로는 아래 (137)과 같이 청자의 관점으로 화시를 이동하여 발화하는 양상이 나타난다.

(137) 문형 '-을게요'의 사용 예시
　　ㄱ. '신체 노동' 지시로 인해 청자의 체면에 위협이 되는 경우

맥락 요인					
관계(S_L)	지위	연령	유대	장소	지시내용
의사_간호사	화≥청	화>청	소	격식적	공적

→ 01 S: 침대로 <u>옮길게요</u>, 박간.　　　　　　　　　　　**명령**
Ⓐ 02 L: (환자를 침대로 옮긴다.)

　　ㄴ. 서비스 제공자의 지시로 인해 청자의 체면에 위협이 되는 경우

맥락 요인					
관계(A_B)	지위	연령	유대	장소	지시내용
동사무소직원_주민	화<청	화<청	소	격식적	공적

→ 01 S: 그럼 일단 등록 신청부터 <u>할게요.</u> 성함이 어떻게 되시죠?

명령

Ⓐ 02 L: 송씨요.

먼저, (137ㄱ)의 경우는 의사와 간호사의 대화로, 행위 [침대를 옮기다]의 주어는 청자인 '박간'이다. 따라서 1인칭에 사용되는 약속의 종결어미 '-을게요'는 2인칭의 주어에 사용되는 게 어색함에도 불구하고, 이 경우에는 화자가 청자의 관점으로 화시를 이동하여 지시화행을 발화하고 있다고 볼 수 있다. 또, (137ㄴ)의 대화는 동사무소 직원과 주민이 주민등록증 발급을 위한 절차를 밟고 있는 경우이다. 이때 [등록 신청을 하다]의 주어는 대화의 청자인 02줄의 L이지만, 청자(L)의 신청 절차를 대리하고 있는 직원이 청자(L)의 관점으로 화시 이동하여 1인칭 주어에 사용되는 종결어미 '-을게요'를 사용하고 있다.

이러한 화시 이동은 (137ㄱ)과 같이 화자와 청자가 공통의 목적(환자 진료 및 돌봄)을 수행하고 있되 특정 지시의 권한이 한쪽에 있는 경우, 혹은 (137ㄴ)과 같이 화자보다 청자가 지위가 높거나 청자가 서비스를 제공 받을 정당한 권리를 가지고 있는 경우 등에서 활발히 나타난다. 화시의 이동을 통해 화자는 청자로 하여금 '자신의 예정된 행위 A에 대한 수행이 화자의 지시로 인한 것이 아니라 자기 주도적으로 이루어지는 것임'을 인식시킬 수 있으며, 이는 지시화행의 사용으로 인해 청자의 체면이 손상되는 것을 보호하기 위한 장치로 해석할 수 있다.

이와 같은 맥락에서 1인칭 단수, 복수 주어와 결합하는 의문형 종결어미인 '-을까?'가 시도 표현인 '-어 보-'나 가능성 표현 '-을 수 있/없-' 구성과 결합하여 청자로 하여금 '시도해 볼 것' 혹은 '가능성이 있을지 추측해 보는 것' 따위의 의미로 사용되는 경우도 있다. 아래 (138)에서도 [선후배]라는 상하 관계에서 행위 [수아를 찾다]를 지시하는 명령화행임에도 불구하고,

화자가 청자의 가능성을 궁금해 하는 것과 같이 '-을 수 있을까?'가 사용되고 있다.

(138) 문형 '-을까요?'의 사용 예시

맥락 요인					
관계(S_L)	지위	연령	유대	장소	지시내용
후배_선배	화<청	화<청	소	격식적	사적

    S: 어쩐 일이세요?
→ L: 수아 좀 <u>찾아줄 수 있을까?</u>   **명령**

이렇게, 지시화행에 '-을까요?'를 사용하는 것은 청자의 수락 여부에 대해 화자가 결정한 것 없이 청자의 가능성 여부에 대해 궁금해 한다는 뜻으로 받아들여지기 때문에, 청자로 하여금 거절할 수 있는 여지를 열어 주는 청자 지향적 헤지의 일환으로 볼 수 있다.

② 행위 수행 주체에 화자를 포함하기

다음으로 지시화행을 수행함에 있어 청자의 체면을 보호하기 위해 지시된 행위의 수행 주체에 화자 자신을 포함하는 방식의 발화가 이루어지는 경향이 있다. 이는 대개 선행 연구들에서 간접 요청 전략의 전형으로 제시되는 것(Blum-kulka 1989 등)으로 제안성 어구를 사용하거나 청유문의 문장 유형을 통해 수행되는 지시화행을 가리킨다. 대표적인 문형으로는 '-자', '-읍시다', '-을까요?' 등이 있다.

(139) '청자 수행'에 대하여 청유형을 사용한 경우
    ㄱ. 문형 '-자'의 사용 예시

맥락 요인					
관계(S_L)	지위	연령	유대	장소	지시내용
상사_부하	화>청	화>청	친	격식적	공적

01 S: 카메라 잘 숨겼지?

02 L: (카메라가 숨겨진 가방을 보이며) 네, 여기요!

→ 03 S: 잘 좀 <u>하자</u>.   **명령**

ㄴ. 문형 '-읍시다'의 사용 예시

맥락 요인					
관계(S_L)	지위	연령	유대	장소	지시내용
선배_후배	화>청	화>청	소	격식적	공적

01 L: (꽝 문 열고 들어감)

→ 02 S: 야, 씨, 노크 좀 <u>합시다</u>, 후배님.   **명령**

ㄷ. 문형 '-을까?'의 사용 예시

맥락 요인					
관계(S_H)	지위	연령	유대	장소	지시내용
집도 의사 _간호사	화>청	화>청	소	격식적	공적

→ 01 S: 우리 음악 좀 <u>들을까</u>?   **명령**

02 L: (H에게 어서 틀어요 하는 눈짓 주면)

Ⓐ 03 H: 예 (하면서 노트북 MP3에서 음악을 찾는다.)

먼저, (139ㄱ)에서는 행위 [잘 좀 하다]의 행위주가 02줄의 청자(L)임에도 불구하고, 청유의 종결어미 '-자'가 사용되고 있고, (139ㄴ)에서도 행위 [노크하다]를 수행해야 하는 대상은 오직 청자(L)임에도 청유의 종결어미 '-읍시다'가 사용되고 있다. 이는 지시화행을 발화할 때에 청자가 느낄 체면 위협의 정도를 완화하고자 지시행위의 행위 주체에 화자를 포함시키는 전략적인 사용이라고 볼 수 있다.

한편, (139ㄷ)에서는 수술실의 집도의인 화자가 행위 [음악을 듣다]를 제안하는 형식으로 발화가 이루어지고 있는데, 수술 도중인 본인이 행위 [음악을 틀다]를 할 수 없으므로, 수술실의 막내 간호사가 그 제안에 따른 행위를 수행하게 된다. 그러나 이때, [음악을 듣다]의 행위를 거절하거나 거부할 수 없으므로, 이는 제안의 형태를 취했으나 반드시 이행되어야하는 강제적 지시화행을 수반하는 것이라고 볼 수 있다.

이렇게 지시화행을 발화할 때 제안의 형식으로 화자 자신을 행위의 주체에 포함시키는 전략은, 청자와의 유대 관계를 강조하기 위한 목적뿐만 아니라, 지시된 행위가 수행되었을 경우 성취될 이익이 청자에게도 작용하는 것임을 강조하는 전략이라고 해석할 수 있다.

③ 청자의 능력을 묻는 형식

지시화행은 가능성 여부 및 능력을 묻는 형식으로 수행되기도 한다. 이때 자주 사용되는 문형으로는 '-을 수 있-', '-을 수 없-', '-을 줄 알-', '-을 줄 모르-'의 의문형이 있는데, 구체적인 사용의 예시는 아래 (140)과 같이 제시할 수 있다. (140)에서는 [공적] 내용에 대한 명령화행의 수행임에도 불구하고 청자에게 가능성 여부를 묻는 방식으로 '-을 수 있겠나?'를 사용하고 있다. 이렇게 청자에게 가능성 여부를 묻는 것은 청자의 거절이 '의지'와 무관한 '능력'의 문제임을 환기하기 때문에 청자에게 상대적으로 거절함에 대한 여지를 열어준다는 점에서 청자 지향적 헤지라고 해석할 수 있다. 이 경우에는 02줄의 보조화행을 통해서 자신의 명령을 부탁 행위로 규정함으로써 상위언어적으로 명령화행의 강제력을 약화(mitigation)시키는 전략도 함께 나타나고 있다.

(140) 문형 '-을 수 있-'의 사용 예시

맥락 요인					
관계(S_L)	지위	연령	유대	장소	지시내용
교수_연구원	화>청	화>청	소	격식적	공적

→ 01 S: 나를 위해, 아니 수빈이를 위해서라도 그렇게 <u>해 줄 수</u>

있겠나?   **명령**

02   무리한 부탁이었다면 지금이라도 없던 일로 하겠네.

④ 약화된 수행동사로 표현하기

Blum-Kulka(1984)에서 제시한 요청 전략의 정도성 분석에 따르면, 범언어권적으로 수행동사를 사용하는 것은 매우 직접적인 요청 전략의 일환으로 기술되고 있으나, 앞 장에서 다루었던 바와 같이 한국어에서는 강제적 지시화행을 수행함에 있어, '명령하다'와 관련한 수행동사를 직접 사용하는 경우는 거의 나타나지 않았고, 대개 '부탁하다' 혹은 '필요하다' 등 강제성이 낮은 수행동사를 통한 지시화행의 수행이 빈번하게 나타났다. 먼저, 아래 (141ㄱ)은 상사와 부하, (141ㄴ)은 교사와 학생, (141ㄷ)은 기자와 제보자, (141ㄹ)은 의사와 비서의 대화이다.

(141) 약화된 수행동사 사용의 예시

ㄱ. '부탁하다'의 예시1

맥락 요인					
관계(S_L)	지위	연령	유대	장소	지시내용
사장_부하	화>청	화>청	친	격식적	사적

→ 01 S:: 최 이사 덕분에 이번 라운딩 아주 좋았어. 그럼 또 <u>부탁해.</u>   **명령**

Ⓐ 02 L: (듣고 있다)

ㄴ. '부탁하다'의 예시2

맥락 요인					
관계(S_L)	지위	연령	유대	장소	지시내용
선생님_학생	화>청	화>청	친	격식적	공적

→ 01 S: 은별이가 많이 놀란 것 같으니까 잘 좀 <u>부탁한다.</u>
                                           권고

Ⓐ 02 L: 네

ㄷ. '필요하다'의 예시1

맥락 요인					
관계(S_L)	지위	연령	유대	장소	지시내용
기자_제보자	무관	알 수 없음	소	비격식적	공적

→ 01 S: 내가 당신을 계속 믿어야 할 이유, 난 그게 필요해.

요구

Ⓐ 02 L: 말했잖아. 나한테 증거는 없다고..

ㄹ. '필요하다'의 예시2

맥락 요인					
관계(S_L)	지위	연령	유대	장소	지시내용
의사_비서	화>청	화>청	소	격식적	사적

→ 01 S: 금가네 만두라는 가겐데 주소랑 전화번호가 필요해요.

명령

Ⓐ 02 L: (비서가 종이에 받아 적는다.)

위 (141ㄱ)에서는 상사가 부하에게 행위 [다음 골프 예약을 잡대를 지시하고 있는 것으로, 표현은 '부탁'이지만 청자(L)가 이 부탁을 거절하거나 거부할 수 없다는 점에서 강제적 지시화행을 수반하는 발화라고 할 수 있다. (141ㄴ)에서도 교사가 학생에게 수행동사 '부탁하다'를 사용하여 발화하고 있는데, 공적인 주제에 대한 지시이기에 학생이 이 지시를 거절하거나 거부할 가능성이 매우 낮기 때문에 이는 강제적 지시화행을 수행할 때 약화된 의미의 수행동사 '부탁하다'가 사용된 것이라고 하겠다. 또, '필요하다'가 사용된 (141ㄷ,ㄹ) 모두 청자(L)의 행위 실행을 수반하기 때문에 단순한 진술이라고 보기 어려우며 특정 행위를 요구 또는 명령 하고 있다고 볼 수 있다.

이렇게 수행동사가 화자의 진술문에서 사용되되, 그것이 실제 의도인 강제성을 드러내지 않는 어휘로 선택되는 것은 '명령 및 요구'의 의도가 직설적으로 드러날 경우 청자의 체면이 위협받을 수 있음을 고려한 청자 지향적 헤지인 것으로 분석할 수 있다.

⑤ 수행 약화 표지의 사용

한국어에서는 수행성을 약화시켜주는 문형으로 '-어 주'가 있다. 보조용언 구성인 '-어 주다'는 종결어미와 결합하여 '수혜'의 의미를 나타내기 때문에, 지시된 행위의 수혜자가 화자일 경우 명령화행이 '요청'의 뜻으로 약화되는 어감을 주며, 수혜자가 제3자일 경우 '도움'의 뜻으로 나타나기 때문에 역시나 명령화행이 갖는 강제력을 약화시켜 드러내는 효과가 있다.

아래 (142ㄱ)은 [회의] 담화의 일종으로, 01줄에서 대표 변호사인 진우(S)가 역할을 분담하여 업무에 대한 지침을 내리고 있는 장면이다. 이 행위는 업무적인 지시에 해당하기 때문에 거절의 가능성이 거의 없고, 강제력을 갖는다고 할 수 있다. 그런데 화자는 '-으세요'나 '-으십시오'를 사용하지 않고 '-어 주다'를 결합하여 '-어 주세요'를 사용하고 있는데, '수혜'의 의미를 나타내는 '-어 주다'를 결합할 경우 지시된 행위를 하는 것이 화자 혹은 화자를 포함한 집단에 수혜가 되는 값진 행동임을 암시하여 청자의 체면을 보호하는 효과를 가져오고 있다고 할 수 있다.

(142ㄴ)에서는 [사무실] 담화가 나타나고 있는데, 01줄에서 화자는 제3자인 돌담병원에 '지원할 것'을 명령하고 있다. 이때, '-어 주다'가 사용됨으로써, 제3자에게 '도움'을 주고 있음을 드러내는 효과를 나타내고 있다.

(142) '수혜'의 의미

　　ㄱ. 문형 '-어 주세요'의 사용 예시

맥락 요인					
관계(S_L)	지위	연령	유대	장소	지시내용
변호사_직원	화>청	화<청	친	격식적	공적

→ 01 S: 연 사무장님은 연락책을 <u>맡아주세요</u>. 무슨 일 생기면 곧
　　　　바로 경찰에

02   연락하시구요.   **명령**

Ⓐ 03 L: 알았어!

04 S: 자, 그럼 모두 <u>수고해주세요</u>.   **명령**

ㄴ. 문형 '-어 줘'의 사용 예시

맥락 요인					
관계(S_L)	지위	연령	유대	장소	지시내용
회장_직원	화>청	화>청	소	격식적	공적

→ 01 S: 그거 전부 돌담병원에 <u>지원해 줘</u>.   **명령**

Ⓐ 02 L: 예? 잘 이해가 되지 않습니다 회장님.

　　이러한 수혜의 의미는 [화〈청]의 관계에서 사용할 경우, 청자의 행위가
화자 자신에게 수혜가 된다는 뜻을 내포하게 되기 때문에 강제적 지시화행
을 수반하더라도 완곡한 느낌을 주게 된다. 아래 (143)에서는 지위가 같은
화자와 청자 사이에서 명령화행을 수반하는 발화를 사용할 경우 업무적 정
확성을 위해 '-으세요'를 사용하고 있으나, 수혜의 뜻이 나타나도록 '-어 주
다'를 결합하여 자칫 명시적인 지시로 인해 손상될 수 있는 청자의 체면을
보호하려는 시도가 나타난다. 이는 청자 지향적 헤지라고 볼 수 있다.

(143) 업무적 지시에 사용된 '-어 주세요'

맥락 요인					
관계(S_L)	지위	연령	유대	장소	지시내용
의사_간호사	화=청	화<청	친	격식적	공적

→ 01 S: 박샘, 당장 응급 수술 <u>준비해 주세요</u>.   **명령**

Ⓐ 02 L: (준비를 위해 뛰어간다)

2) 체면위협행위(FTA)에 대한 소극적 고려

① 후행문 생략

명령형 종결어미가 지니는 지시화행의 원형적 의미는 직설적으로 발화될 경우 청자의 체면을 손상시킬 수 있기 때문에, 화자는 후행절을 의도적으로 생략하거나 종결어미화된 연결어미를 사용하여 지시화행을 수행하기도 한다. 이에 종결어미로 문법화 중에 있는 '-고', '-고요', '-으시고요' 등이 지시화행을 수행하는 발화에서 빈번하게 사용되는 것으로 나타났고, 금지의 뜻으로는 '-지 말고'의 형태가 자주 사용되는 경향성이 있었다. 또, '-는데, -어서, -었으면' 등이 후행절의 생략으로 담화상에서 지시화행을 수행하는 경우가 있었다.

(144) 후행문 생략의 사용 예시

ㄱ. 문형 '-지 말고'가 사용된 경우

맥락 요인					
관계(L_S)	지위	연령	유대	장소	지시내용
수의사_고객	화≤청	알 수 없음	소	격식적	공적

01 L: 그게 저희가 결정할 수 있는 문제가 아니라서요.

→ 02 S: 그럼 주인하고 한 번 얘기를 해 보세요.
　　　　너무 시간 끌지 <u>마시고요</u>..　　　　　　　권고

(144) ㄴ. 문형 '-어 주고'가 사용된 경우

맥락 요인					
관계(S_L)	지위	연령	유대	장소	지시내용
동생_누나	화<청	화<청	소	비격식적	사적

01 L: 이거 먹구 사라져라. 응?

→ 02 S: 잉? 계란은? 아 이게 뭐야. 오뎅도 좀 <u>묻혀 주구</u>.요구

Ⓐ 03 L: 그냥 먹어.

먼저, (144ㄱ)는 수의사(L)가 고객에게 주인과 상의해 보고 안락사를 결정할 것을 권하는 장면이다. 이때 02줄에서 화자는 행위 [시간을 너무 끌지 않다]를 지시하면서 '-지 마시고요'를 사용하고 있다. 이는 단순히 선행하는 발화인 '주인하고 한번 이야기를 해 보세요'와 도치된 것이라고 보기는 어려우며, 선행한 발화에 의견을 덧붙이되, '-으세요'나 '-으십시오'로 발화할 경우 너무 단정적인 느낌을 주기에 상대적으로 청자에게 강한 금지가 아닌 '-으시고요'를 사용하여 행위를 재촉하고 있다고 해석할 수 있다.

(144ㄴ)은 동생이 누나가 운영하는 분식집에서 공짜로 이것저것 여러 가지의 서비스를 요구하는 상황으로, '-아/어'가 아닌 '-고'를 사용하고 있다. 이렇게 종결어미 '-고(요)'를 사용하는 것은 대개 선행한 발화에 덧붙여 추가적으로 지시의 내용을 발화하고자 할 때 나타나는데, 이는 연이어 지시 화행을 발화할 경우 청자에게 가중되는 부담을 감소하기 위한 장치라고 하겠다.

한편, 아래 (144ㄷ, ㄹ)과 같이 '-은데/는데(요)'도 청자의 체면을 보호하기 위한 전략으로 사용되는데, (144ㄷ)에서는 청자(L)가 동료의 술주정으로 체면이 손상될 가능성이 높은 상황 맥락 속에서 화자(S)가 행위 [화장실에 가 보다]를 지시하고 있는 경우이다. (144ㄹ)도 화자보다 지위가 높은 청자에게 행위 [응급실로 가다]를 지시해야 하는 상황에서 청자의 체면을 보호하기 위해 후행절을 생략하여 '-는데요'로 발화하고 있음을 확인할 수 있다. (144ㄷ, ㄹ) 모두 지시된 행위가 청자에게 부정적인 영향을 미칠 가능성이 높거나 청자의 체면을 손상시킬 가능성이 있는 것들이라는 점에서 후행절을 생략하는 전략은 Grice(1975)의 양의 격률을 의도적으로 위배함으로써, 향후 청자가 수행할 행위에 대하여 화자가 짐짓 알지 못하고 있는 것과 같은 입장을 취해 청자의 체면을 보호해 주기 위한 청자 지향적 헤지라고 하겠다.

(144) ㄷ. 문형 '-을 것 같은데'가 사용된 경우

맥락 요인					
관계(S_L)	지위	연령	유대	장소	지시내용
직원_고객	화<청	화<청	초면	격식적	공적

→ 01 S: 그.. 여자 화장실 쪽에 좀 가 보셔야 할 것 같은데..

권고

Ⓐ 02 L: (여자 화장실로 뛰어 간다.)

(144) ㄹ. 문형 '-는데요'가 사용된 경우

맥락 요인					
관계(A_B)	지위	연령	유대	장소	지시내용
간호사_의사	화≤청	화>청	친	격식적	공적

→ 01 S: 지금 응급실에서 선생님 부르시는데요.   **명령**

Ⓐ 02 L: (응급실 쪽으로 간다.)

이렇게 종결어미화된 연결어미를 사용하거나 후행절을 생략하는 것은 직설적인 명령형 종결어미의 사용을 지양하여 청자가 느낄 체면 위협의 정도를 완화하고, 화자 자신이 청자가 행하게 될 부정적인 행위에 대해 전부 알지는 못한다는 것을 고의적으로 드러냄으로써 청자의 손상될 체면에 대해 울타리를 설치해 주는 효과를 지닌다고 할 수 있다.

② 화자의 수행으로 진술하기

청자의 체면 보호를 위해 지시하는 주체인 화자는 마치 자신이 지시된 행위를 수행하는 주체인 것처럼 표현하는 경우가 있는데, 이때 주로 사용되는 문형에는 '-을게요', '-겠습니다' 등이 있다. 이는 진술문이 발화수반효과로서 지시화행을 수행한 것으로, 화자의 의지를 나타내는 표현으로 진술함으로써 청자의 수행을 야기하는 효과를 가져오는 경우라고 하겠다. 전략의 관점에서는 가장 단서가 불확실하기 때문에 청자가 파악하기 어려운 비관

계적, 간접적 지시화행 전략에 해당하는데, 그럼에도 불구하고 결과적으로 청자 수행의 행위를 유발한다는 점에서 체면위협행위(FTA)를 고려한 청자 지향적 헤지의 일환으로 생각해 볼 수 있다. 아래 (145ㄱ, ㄴ)는 모두 화자가 화자의 수행인 것처럼 발화하고 있으나, 간접적으로 청자 수행을 야기하는 발화수반효과를 지닌 발화라고 할 수 있다.

(145) 진술문의 발화수반효과의 사용 예시
　ㄱ. 문형 '-을게요'의 사용 예시

맥락 요인					
관계(S_L)	지위	연령	유대	장소	지시내용
의사_간호사	화≥청	화<청	소	격식적	공적

→ 01 S: 초음파 좀 볼게요.　　　　　　　　　　　　명령
Ⓐ 02 L: (초음파 사진을 보여준다.)

　ㄴ. 문형 '-겠습니다'의 사용 예시

맥락 요인					
관계(S_L)	지위	연령	유대	장소	지시내용
후배_선배	화<청	화<청	친	격식적	공적

→ 01 S: 좀 지나가겠습니다.　　　　　　　　　　　　요구
Ⓐ 02 L: (비켜준다)

　먼저, (145ㄱ)은 행위 [초음파를 보다]와 관련하여 초음파 사진을 관리하는 역할을 담당하고 있는 것은 청자(L)라는 공유된 지식에 기반하여, 화자(S)의 발화가 간접적으로 행위 [초음파 사진을 보여주다]를 지시하는 것으로 볼 수 있다. 그리고 실제로 청자(L)는 위의 행위를 수행한다. (145ㄴ)에서는 후배인 화자가 길을 막고 있는 선배에게 하는 발화로, 화자가 자기 자신을 주체로 삼아 행위 [지나가다]에 대한 의지를 표현하고 있지만, 간접적으로는 행위 [비키다]가 실현되고 있음을 확인할 수 있다. 이러한 사용은 언표적

인 단서로 해석될 수 있는 의미가 아니며, 지극히 맥락 종속적인 쓰임이기 때문에 학습 자료로 제시하기 위해서는 한국어에서 이러한 쓰임이 나타나는 맥락을 충분히 접할 수 있도록 다양한 담화 자료를 구축할 필요가 있다. 이 역시 지시화행을 통한 청자의 체면위협행위(FTA)를 고려한 청자 지향적 헤지의 일환이라고 볼 수 있다.

2. 명제 지향적 사용

1) 명제의 정확성을 위한 사용

① 이미 말한 적이 있음을 강조하기

지시화행의 사용 양상 중 나타나는 또 하나의 특징은 명제의 내용을 보호하거나 강화하기 위한 쓰임이 있다는 것이다. 먼저, 화자가 지시화행을 수반하는 발화시, 지시하고자 하는 내용에 대해 이미 말한 적이 있음을 강조하는 전략이 있다. 아래(146ㄱ,ㄴ,ㄷ,ㄹ)에서는 '-으라고요', '-으시라니까요', '-는다니까', '-가자니까' 등 인용형 종결어미가 사용되고 있다. 이들은 실제로 대화 맥락상 이전에 화자가 언급한 내용에 대한 반복이거나 선행 발화에서 나타나지 않더라도 공유된 경험에 기반하고 있는 내용을 명제로 삼고 있다.

먼저 (146ㄱ)은 문형 '-으라고요'가 사용된 맥락으로, 딸과 새아버지의 실랑이가 이루어지고 있는 장면이다. 01, 03줄에서 새아버지(L)는 재차 '집에 같이 갈 것'을 권고하고 있으며, 02줄에서 이미 화자(S)가 거절의 의사를 드러냈음에도 불구하고 03줄에서 재차 권고가 이루어지자 04줄의 발화에서는 '-으라고요'를 사용하여 02줄 화자 자신의 선행 발화를 강조하고 있다. 이는 앞서 제시됐던 화자의 지시화행을 강화하고 명제가 가리키는 바를 정확하게 전달하기 위한 기능을 하기 때문에 명제 지향적 헤지의 일환이라고 볼 수 있다.

(146) ㄱ. 문형 '-으라구요'의 사용 예시

맥락 요인					
관계(S_L)	지위	연령	유대	장소	지시내용
딸_새아버지	화<청	화<청	소	비격식적	사적

01 L: 선경아 이러지 말구 집에 가자.

→ 02 S: 아저씨, 아저씨나 집에 가세요.　　　　　　　　　　권고

03 L: 같이 가자.

→ 04 S: 아저씨네 집으로 <u>가라구요</u>.　　　재권고(불평하기 기능)

아래(146ㄴ)에서는 문형 '-으시라니까요'가 사용되고 있는데, 말뭉치상에는 나타나지 않지만 01줄의 상황 맥락을 통해 화자(S)가 이미 이전에 수차례 '할 말이 있으면 하실 것'을 지시한 적이 있음을 가늠할 수 있다. 이때 화자와 청자의 사이는 매우 친밀한 혈연관계로 할아버지와 손녀의 관계이기 때문에 '-으시라니까요'가 사용되고 있지만, [격식적][공적] 담화에서 지위[화<청]의 대상에게는 특히 유대 관계가 [소]일 경우 '-으시라니까요'의 쓰임이 거의 나타나지 않는 제약을 보였다. 이는 '-으시라니까요'가 화자 자신의 선행 발화를 재차 인용하는 것으로 두 번 발화할 때까지 수행하지 않은 청자를 비난하거나 책망하는 담화 기능을 수반할 수 있기 때문인 것으로 판단된다.

(146) ㄴ. 문형 '-으라니까요'의 사용 예시

맥락 요인					
관계(S_L)	지위	연령	유대	장소	지시내용
딸_새아버지	화<청	화<청	소	비격식적	사적

→ 01 L: (계속 연아 주변을 맴돈다.)

→ 02 S: 할 말 있으면 <u>하시라니까요</u>. 저 일 해야 해요.

　　　　　　　　　　　　　　　　　권고(책망하기 기능)

다음으로 (146ㄷ)은 문형 '-는다니까'가 사용된 경우로, 유대관계 [친]의 동년배 사이에서 이루어지고 있는 대화 장면이다. '-는다니까요'는 앞선 '-으라니까요'보다는 책망이나 비난의 담화 기능으로 쓰이는 바가 적은 경향성을 보였으며, 아래와 같이 비격식적 장소에서 선행 발화에 대해 다시 상기시키거나 가볍게 책망하는 뜻으로 사용되는 것으로 나타났다. 이 역시 선행 발화의 내용을 다시 복기한다는 점에서 명제의 정확성을 강화하는 울타리 표현, 즉 명제 지향적 헤지라고 볼 수 있다.

(146) ㄷ. 문형 '-는다니까'의 사용 예시

맥락 요인					
관계(S_L)	지위	연령	유대	장소	지시내용
친구_친구	화=청	화=청	친	비격식적	사적

01 L: (음료수 들고 오며) 음료 대령이요~
→ 02 S: (음료 받으며) 내가 들고 온다니까.　　　　　　　　　　권고
03 L: (웃으면서) 힘 좋은 사람이 들고 와야지.

마지막으로 (146ㄹ)은 문형 '-자니까'가 사용된 장면으로 02줄 발화를 통해 사전에 화자가 병원에 가자고 제안한 적이 있었음을 추론할 수 있다. 즉, '-자니까요'는 화자의 선행 제안에 관하여 다시 상기시키는 역할을 하는데, 명제의 내용을 반복하고 강조한다는 점에서 명제 지향적 헤지의 일환으로 볼 수 있다.

(146) ㄹ. 문형 '-자니깐'의 사용 예시

맥락 요인					
관계(S_L)	지위	연령	유대	장소	지시내용
남편_아내	화=청	화>청	친	비격식적	사적

01 L: (끙끙 신음만)
→ 02 S: 병원 가자니깐!　　　　　　　　　　　　　　　　　　권고

② 상위언어적 표현 사용하기

다음으로 명제의 내용을 보호하기 위하여 화자가 화자 자신의 발화를 상위언어적으로 정리해 주는 표현을 사용하는 경우가 있다. '-란 말이야, -란 뜻이야, -어야 하는 상황이라구, -는 바이다' 등과 같이 '말', '뜻', '것', '상황', '바' 등의 명사가 사용된 구문이 바로 화자로 하여금 지시의 내용을 다시 한번 상위언어적으로 짚어 정리해주게 하는 기능을 하고 있다. 이는 지시한 명제의 내용을 보호하고 강화하기 위한 전략의 일환으로 명제의 정확성을 보강해 주는 명제 지향적 헤지라고 하겠다.

아래 (147ㄱ)은 문형 '-으란 말이-' 구성이 사용된 경우로, 01에서 화자가 '콩떡 같이 말해도 찰떡 같이 알아듣다'의 행위를 지시한 것에 대하여 다시 상술하여 상위언어적으로 풀이해주면서 재차 지시화행을 수행하는 의미로 쓰이고 있다.

한편, (147ㄴ)에서는 화자가 자신의 말차례에서 바로 직전에 발화한 내용을 '-란 뜻이다'를 사용하여 상위언어적으로 풀이하고 있음이 나타나고 있다. 이렇게 상위언어적 표현으로서의 헤지는 화자가 순서교대의 과정에서 청자의 발화 이전에 제시한 선행 발화에 대해 쓰일 수도 있고, 바로 직전에 자신의 발화한 내용에 대해서도 쓰일 수 있다는 점이 특징적이다.

(147) ㄱ. 문형 '-으란 말이다'의 사용 예시

맥락 요인					
관계(S_L)	지위	연령	유대	장소	지시내용
상사_인턴	화>청	화>청	소	격식적	공적

→ 01 S: 콩떡 같이 말해도 찰떡 같이 알아들어.　　　　　　　**명령**

02 L: 네?

03 S: (서류 챙기며) 같은 건 바라지도 않으니까 있는 동안만큼은 장님 문고

→ 04 　리 잡듯 더듬거리는 척이라도 <u>하란 말이야</u>.　　　　**명령**

(147) ㄴ. 문형 '-란 뜻이다'의 사용 예시

맥락 요인					
관계(S_L)	지위	연령	유대	장소	지시내용
교수_레지던트	화>청	화>청	친	격식적	공적

⋯→ 01 S: 만에 하나 아까 일로 PTSD 재발되면 그 땐 진짜 이 병원
　　　에서 아웃

02　이야. 또 다시 과다복용 뭐 그런 걸로 속 썩여도 아웃이고.
　　　정신줄

→ 03　놓지 말란 뜻이야. 알았어?　　　　　　　　　**명령**

04　L: 아, 예. 그럼요. 걱정하지 마십쇼. 저 끄떡없습니다.

아래 (147ㄷ)은 문형 '-는 것이다'가 당위의 '-어야 하-'와 인용의 '-으라고'
와 결합하여 나타난 용례이다. 이때 '-어야 하는 거라고'는 선행 발화 '청자
에게 마땅히 그러해야 하는 것'에 대하여 고지하는 의미를 가지고 있으며
발화수반효과로서 청자의 미래 수행에 대하여 강하게 요구하는 요구화행을
나타내고 있다. 문형 '-는 것이다'는 '-란 말이다', '-란 뜻이다'와 달리 발화
그 자체가 아니라 발화에 대한 태도에 대해서도 사용할 수 있다는 특징이
있다.

(147) ㄷ. 문형 '-는 것이다'의 사용 예시

맥락 요인					
관계(S_L)	지위	연령	유대	장소	지시내용
피디_제보자	무관	정보없음	소	격식적	공적

01 S: 이미 전문가한테 다 확인하고 오는 길입니다. 논문엔 아무
　　　문제가 없

02　대요. 다른 논문들도 찾는 대로 곧 보내올 거라는데, 도대
　　　체 어떻게

03　된 겁니까?

04 L: (논문을 넘기며) 그럴 리가 없어요!! 어떻게 이런 게 갑자기...

→ 05 S: 그건 내가 묻고 싶은 질문이야. 당신이 나한테 답을 해야
　　　하는 거라고! 　　　　　　　　　　　　　　　　　요구

　아래 (147ㄹ)은 문형 '-는 바이다'가 사용된 경우로, 재판 과정에서 피의
자가 최후 진술을 하고 있는 장면이다. 이때, 화자는 자신의 선행 발화 '모
든 잘못은 제가 안고 가겠습니다.'와 관련하여 이것이 어떤 의미를 지니는
지를 그 다음의 02줄 발화에서 구체화하고 있는데, '다른 관계자들에게 회
생의 기회를 줄 것'을 요청하는 것임을 부연설명하고 있다. 이때, '-는 바이
다'를 사용하고 있으며, 자신의 행위가 '간청'이라고 사위언어적인 기술을
하고 있다. 이 경우 역시 앞선 선행 발화를 상세화하여 명제의 내용에 대한
정확성을 보호하였다는 점, 자신의 언어행위가 '간청', 간절한 요청임을 스
스로 객관화하여 기술하였다는 점에서 명제 지향적 헤지의 일환으로 파악
할 수 있다.

　(147) ㄹ. 문형 '-는 바이다'의 사용 예시

맥락 요인					
관계(S_L)	지위	연령	유대	장소	지시내용
피의자_판사	화<청	무관	초면	격식적	공적

⋯→ 01 S: 존경하는 재판장님, 모든 잘못은 제가 안고 가겠습니다.
　　　　그 분들에

→ 02 　 게 다시 회생할 기회를 주시길 간청하는 바입니다.
　　　　아울러.... 　　　　　　　　　　　　　　　　　요청

③ 화자의 바람이나 소원임을 나타내기

　지시화행의 의미는 청자가 A를 수행하기를 바라는 화자의 소망 및 바람
이다. 한국어에서는 이러한 지시화행의 명제에 대해 있는 그대로 제시하기
위해 사용되는 문형들이 있는데 이들은 대개 명령형이 아닌 평서형으로 나

타나, 해당 행위의 실현이 화자 자신의 바람이나 소원임을 진술하는 방식으로 사용된다.

아래 (148)은 교사와 학생들 사이의 대화로, 이 장면에서는 교사가 일방적으로 학생들에게 훈계의 발화를 하고 있는 상황이기 때문에 04줄의 '-기 바란다'가 결합한 명제 [~를 잊지 말다]는 사실상 단순한 희망사항이 아니라 '권고'임을 맥락 정보를 통해 추론할 수 있다. 그러나 '잊지 마라'라고 직접적인 명령형 종결어미를 사용해 발화하는 것보다 '-기 바라다'와 같이 1인칭으로 화자의 시점에서 발화하는 것이 훈육의 대상인 학생들의 반감을 덜고, 수평적으로 다가가는 전략이 될 수 있다. '-기 바라다'는 화자의 소망이자 지시의 내용을 명시적으로 드러낸다는 점에서 명제 지향적 헤지에 해당한다고 하겠다.

(148) ㄱ. 문형 '-기 바라다'의 사용 예시

맥락 요인					
관계(S_L)	지위	연령	유대	장소	지시내용
교사_학생들	화>청	화>청	친	격식적	공적

01 S: 조용!! 누구나 순간적인 판단 착오로 잘못을 저지를 수
　　　　있다. 하지만 노
02　　　트북을 포맷한 친구는, 자신의 수행평가 점수가 0점이 되
　　　　는 걸 감수하
03　　　고, 용기 있게 모든 진실을 밝혔다. 너희들에게 아무런 피해
　　　　가 가지 않
→ 04　　　도록 늦기 전에 잘못을 바로잡았다는 거, <u>잊지 말아주기</u>
　　　　<u>바란다.</u>　　　　　　　　　　　　　　　　　권고
Ⓐ 05 L: (듣고 있다)

아래 (148ㄴ)은 문형 '-으면 좋겠다'가 사용된 경우로, C의 애인인 화자(S)가 C에게 계속 돈을 빌리는 선배(L)에게 전화로 '그러지 말 것'을 권하고 있

는 장면이다. 이때 '-으면 좋겠다' 앞에 화자가 원하는 청자 수행의 행위가 나타나기 때문에 '-으면 좋겠다'는 명제의 내용을 명시적으로 확인할 수 있게 하는 명제 지향적 헤지라고 볼 수 있다.

(148) ㄴ. 문형 '-으면 좋겠다'의 사용 예시

관계(S_L)	매락 요인				
	지위	연령	유대	장소	지시내용
C의 애인_ C의 선배	무관	화<청	소	비격식적	사적

→ 01 S: 그리구요, 앞으론 채현이한테 전화 <u>안 하시면 좋겠어요.</u>
　　　　　　　　　　　　　　　　　　　　　　　　금지
Ⓐ 02 L: (듣고 있다.)

2) 명제의 신뢰성을 위한 사용

① 반복 구문의 사용

지시화행 발화에서는 명제의 신뢰성 강화하기 위한 헤지 사용 양상도 나타나는데, 대표적인 것으로는 '반복 구문'을 통한 지시화행의 수행이 있다. 아래 (149)와 같이 'V자 V', 'V지 마라 V지 마', 'V라고 V' 'V라면 V' 등으로 나타나는 반복 구문의 사용은 명제 내용을 반복함으로써 지시된 명제의 신뢰성, 즉 화자가 해당 명제의 실현을 얼마나 진실 되게 바라는가를 강조하는 기능으로 사용되며, 따라서 이런 반복 구문은 명제 지향적 헤지의 일환으로 판단할 수 있다.

먼저, (149ㄱ)은 'V자 V' 구문으로, 아래 02줄에서와 같이 '죽자 죽어', 결합한 용언이 반복하여 나타나는 구성을 취한다. 이때 행위 '죽다'를 수행하는 행위주는 화자와 청자 모두에 해당하기 때문에 이 발화는 제안화행을 수행하고 있는 것으로 볼 수 있으며, 01줄 '이런 데에선 술 마쳐도 안 취한다'는 청자의 발화가 지니는 끝점 '취하다'보다 더 높은 단계 '죽다'를 설정하여 청자의 제안을 끝점 이상까지 함께 하자는 뜻으로 사용되고 있다. 화자가 지시하고자 하는 행위 '죽다'를 반복적으로 발화함으로써 명제에 대한 화자의 진정성을 강화시키기 때문에 이는 신뢰성에 관한 명제 지향적 헤지라고 볼 수 있다.

(149) ㄱ. 'V자 V' 구문의 사용 예시

맥락 요인					
관계(S_L)	지위	연령	유대	장소	지시내용
동료_동료	화>청	화=청	친	격식적	사적

01 L: 와 공기 좋다. 이런 데에선 술 마셔도 안 취하잖아.
→ 02 S: 그래 술 먹고 <u>죽자 죽어</u>.　　　　　　　　제안

다음의 (149ㄴ)은 'V어라 V' 구문으로, 아래에서는 노인의 혼잣말로 발화되고 있으나, 대화에서도 상당히 고빈도로 사용되는 문형이다. '울지 마라 울지 마'는 '울지 말 것'에 대한 금지화행을 수반하는 발화로, 행위 [울지 말다]를 반복하여 제시함으로써 화자의 명제에 대한 신뢰성을 강화한다. 즉, 이러한 'V어라 V'는 명제 지향적 헤지라고 해석할 수 있겠다.

(149) ㄴ. 'V어라 V' 구문의 사용 예시

맥락 요인					
관계(S)	지위	연령	유대	장소	지시내용
노인의 혼잣말	판정불가	70대	판정불가	비격식적	사적

→ 01 S: <u>울지 마라 울지 마</u>. 니가 울면 나도 운다.　　　금지

또, (149ㄷ)의 'V라고 V' 역시 화자가 지시하는 행위에 대한 명제를 반복하여 드러냄으로써 명제의 진실성을 강화하는 헤지로서 기능하고 있다. 이

때 01줄 발화의 '가라고 가'를 '가세요 가', '가십시오 가', '가 가' '가요 가'등 V1을 명령형 종결어미나 '갑시다 가', '가자 가'와 같이 청유형 종결어미에, 그리고 '가라고 가' 등 인용형 종결어미에 결합시키는 것은 모두 자연스러우나, '*갈까? 가', '*갈래? 가' 등 의문형 종결어미로의 쓰임은 어색하였다[49]. 즉, 이러한 반복 구문은 청자의 의견이 개입될 여지없이 화자가 강하게 바라고 있는 지시 내용을 강화하는 명제 지향적 헤지라고 할 수 있다.

(149) ㄷ. 'V라고 V' 구문의 사용 예시

맥락 요인					
관계(S_L)	지위	연령	유대	장소	지시내용
애인_애인	무관	화>청	친	비격식적	사적

→ 01: <u>가라고 가</u>. 다신 오지 마. 두 번 다시 날 볼 생각하지 마.

명령

02: (침묵)

한편, (149ㄹ)과 같이 'V라면 V'의 구문도 명제의 진실성을 강화하는 명제 지향적 헤지로 나타났는데, '오라면 와'와 같이 조건절의 명제를 반복하여 화자의 발화에 강제성을 부과하는 기능을 하고 있다. 이들은 모두 청자가 미래에 하게 될 행위 A에 대한 지시를 명제로 지니기 때문에 상태성이 강조되는 동사나 형용사와는 결합할 수 없다는 특징이 나타났다.

(149) ㄹ. 'V라면 V' 구문의 사용 예시

맥락 요인					
관계(S_L)	지위	연령	유대	장소	지시내용
아버지_딸	화>청	화>청	친	비격식적	사적

---

49) 진관초(2017:188)에서는 '문법 요소의 반복 구문은 어떤 범주나 개념에 가까운 근접성을 나타낼 수 있다'고 기술한 바 있다. 지시화행의 반복 구문에서 V1의 자리에 의문형이 사용되지 않는 것은 V2와의 범주적 근접성과 관련하여 생각해 볼 여지가 있다고 판단된다.

→ S: 아이들 학원 하루 빠진다고 큰일 나는 거 아니니까
　　<u>오라면 와</u>.　　　　　　　　　　　　　　　　명령
　　L: (침묵)

3. 화자 지향적 사용

1) 거절에의 부담 완화를 위한 사용

① 선택 가능성을 전제하기

한국어에서 지시화행 발화의 화자 지향적 헤지 사용이란 시키는 사람으로서의 자리에서 갖는 화자의 부담감이나 체면, 결과에 따른 책임 등을 보호하기 위해 문형을 전략적으로 선택하여 사용하는 것을 의미한다. 먼저 시키는 사람으로서의 화자의 부담을 경감하기 위하여 선택의 가능성을 전제하는 문형들이 사용되는 경우가 있다. 아래 (150)과 같이 '-든가(요), -든지(요), -던가(요)' 등을 사용하여 청자에게 선택의 여지가 있는 것처럼 발화함으로써 지시화행을 수행하는 경우가 이에 해당한다.[50]

아래 (150ㄱ)은 편의점에서 하나의 삼각 김밥을 들고, 서로 양보하지 않는 두 명의 구매자간의 대화이다. 02줄에서 화자는 '놓다'에 '-던가요'를 사용하여 '김밥을 놓을 것'을 권고하고 있다. 이때 03줄에서 08줄에 이어지는 맥락으로 볼 때, 02줄의 발화는 청자에게 선택을 제안하는 것이 아니라 '놓을 것'을 [강한 바람]으로 권고하고 있는 지시화행으로 판단할 수 있다. 다만, 01줄 청자의 '다 큰 어른들이' 발화에 이어 02줄에서 화자가 '놓으세요'

---

50) '-던가(요)'는 과거 사실에 대한 물음을 나타내는 종결어미로, 선택을 나타내는 연결어미 '-든지, -든가'와 는 다른 문형이지만, 실제 담화상에서 '-든가/-든지'가 사용되어야 함에도 음운적 유사성으로 인해 '-던가요'를 사용하는 사용의 오류가 잦게 나타났다. 따라서 이러한 경우 과거 사실에 대한 물음이 아님에도 '-던가요'를 사용한 것은 화자의 의도가 '-든가/든지'와 동일하다고 보아 본 연구에서는 이렇게 사용된 '-던가요'를 '-든가요'의 잘못으로 보고 '-든가/든지'와 구분 없이 하나의 유형으로 다루었다.

라고 명시적으로 발화할 경우 '다 큰 어른으로써' 김밥에 대해 타인에게 권고하는 것이 되기 때문에 화자의 체면이 손상될 여지가 크다. 따라서 화자는 자신의 체면을 보호하고자 상대방이 놓는 일에 '무관심'하며 '이 사태의 선택권은 청자에게 있음'을 강조하고자 '-던가요'를 사용하고 있는 것으로 분석할 수 있다.

(150) ㄱ. 권고화행으로 사용되고 있는 문형 '-던가요'

맥락 요인					
관계(S_L)	지위	연령	유대	장소	지시내용
구매자_구매자	판정불가	판정불가	소	비격식적	사적

01 L: (어이없다는 듯이) 아니 이게 뭐라고 다 큰 어른들이...

→ 02 S: 그렇게 어이없으면 놓던가요.　　　　　　　　　　　권고

03 L: (꽉 잡고 입술로 삐죽 옆을 가리키며) 요 옆에 참치 삼각 드시면 안

04 　　돼요?

05 S: 내가 참치에 알러지가 있어서요. 그쪽이야말로

　　　참치 드시죠.　　　　　　　　　　　　　　　　　권고

06 L: 나 참치에 트라우마 있어요. 예전에 참치회 언 거

　　　먹다가 혀에 붙어서.

07 S: 말 같지도 않은 소릴! 정말 이게 뭐라고 창피하게.

08 L: 창피하면 놔요.

　다음 (150ㄴ)은 명령화행으로 '-든가요'가 사용되고 있는 경우이다. 아래에서는 진상 환자(L)의 영양제 요구에 대해 거부하며, '나갈 것'을 명령하는 레지던트(S)의 발화가 나타나고 있다. 이때, 01줄의 무례한 요구에 대해서 02줄에서 화자는 '영양제를 맞고 싶으면 외래로 갈 것'에 대해 문형 '-든가요'를 사용하여 발화하고 있다. '-든가요'는 청자에게 선택을 열어주는 연결어미로서, 종결어미화의 과정에 있는 문법 형태로, 이 경우 언표적 의미에만 천착한다면, 청자가 외래로 갈 것에 대한 선택의 권한이 있음을 고지하

는 것으로 읽힐 수 있지만, 뒤이어 나타나는 05줄 발화를 통해 화자의 '외래로 갈 것'에 대한 발화가 강제적 성격의 명령화행이었음을 명료하게 해석해낼 수 있다. 이는 의료 서비스 이용자인 환자에 대하여 강제적인 명령화행을 사용하는 것은 야기될 결과에 대해 화자의 책임이 발생하는 부분이기 때문에 이러한 책임을 보호하고자 선택권을 주는 것과 같은 효과를 전략적으로 가져오기 위한 쓰임이라고 볼 수 있다. 즉, '-든가요'는 화자의 책임을 보호하기 위한 헤지의 일환이라고 하겠다.

(150) ㄴ. 명령화행으로 사용되고 있는 문형 '-든가요'

맥락 요인					
관계(A_B)	지위	연령	유대	장소	지시내용
의사_진상 환자	화≦청	화<청	소	격식적	공적

01 L: 거 시끄럽고 영양제나 몇 개 달아 놔. 요구

→ 02 S: 영양제 맞고 싶으시면 외래로 <u>가시든가요</u>.

03 L: 거 언니 말 많네, 달라면 달 것이지! 요구

04 　 이게 죽을라구 씨! (노려보면)

05 S: (똑바로 마주보며) 아저씨야말루 좋은 말루 할 때
　　　나가주실래요? 명령

06 　 아니면 경찰 불러요?

07 　 (목소리 더 세게) 불러드릴까요?

이렇게 (150ㄱ, ㄴ)의 쓰임은 지시화행으로 수행되는 명제가 야기할 결과에 대한 [화자의 무관심]과 [청자 선택]을 강조하여, 향후 발생할 상황에 대한 화자 자신의 부담을 덜어내고자 하는 전략적 사용 양상이라고 볼 수 있으며, 따라서 이를 화자 지향적 헤지라고 명명할 수 있다.

② 이유인 것처럼 말하기

화자의 체면 보호를 위해 선택되는 지시화행 문형의 사용 양상 중 하나는 지시화행을 마치 다른 어떤 상황의 이유인 것처럼 빗대어 말하는 것이다. 구체적으로는 '-었으면 해서(요), -었으면 해서 말이지(요), -을까 해서(요)' 등과 같은 형태가 있는데, 이러한 문형을 사용함으로써 화자는 자신이 명령, 권고, 요청하고자 하는 강제적 내용을 마치 대화를 시도하는 작은 이유에 불과한 것으로 약화시켜 제시할 수 있다.

아래 (151ㄱ)은 문형 '-었으면 해서 말이죠'가 사용된 장면이다. 이때 담화 참여자는 [책임교수와 연구원]으로 업무적 관계를 맺고 있으며 [상사와 부하]로서의 관계를 지니고 있다. 이때, 02줄에서 이민석 교수(S)는 업무적인 지시임에도 '돕다'라는 표현을 사용하고 있으며 '-었으면 해서 말이죠'라는 문형을 사용하고 있다. 이 지시는 상사의 업무적 지시익 때문에 청자에 의해 거부될 수 없으며, 청자에게는 이를 수행해야 하는 의무가 있으므로 맥락적 요인에 입각해 정의할 때 명령화행을 수반하고 있다고 볼 수 있다. 이러한 명령의 의미는 뒤이어 나오는 07줄 발화에서 더 명시적으로 강화된다.

이때, 업무적인 내용임에도 불구하고 화자가 대화를 도입하고자 하는 작은 이유인 것처럼 '-었으면 해서 말이죠'를 사용하여 '특허 심사 준비'를 명령하는 것은 '특허 심사 준비'가 공식적으로 청자의 일이 아니었음에도 비공식적 절차를 통해 일을 부과하려고 하는 상황이기 때문으로 추정된다. 비록 업무적 관계이지만, [소]의 관계에서 성인인 연구원에게 직접적인 지시를 내리는 것은 '시키는 사람'으로서의 부담감을 안는 일이기 때문에 화자는 07줄의 명시적 명령화행으로 나아가기에 앞서 이유를 말하는 것과 같은 문형을 통해 소극적으로 명령화행을 수행하고 있다고 분석할 수 있다.

(151) ㄱ. 문형 '-었으면 해서 말이죠'의 사용 예시

맥락 요인					
관계(S_L)	지위	연령	유대	장소	지시내용
교수_연구원	화>청	화>청	소	격식적	공적

    01 S: 두 사람이 지난번에 동물 복제 관련 특허 심사 준비를
            했었다던데..

→ 02   그래서 이번 줄기세포 특허 심사 준비도 <u>도와줬으면 해서</u>
            <u>말이죠</u>.   **명령**

    03 L: (놀라는)

    04 S: 무슨 문제라도 있습니까?

Ⓐ 05 L: 아닙니다.

    06 S: 바빠서 특허신청을 미뤘더니 이상한 헛소문이 돌아서 말이죠.

    07   (탱크 만지며) 이 안에 잘 보관돼 있으니까 두 분이
            수고 좀 해 주세요.   **명령**

다음으로 (151ㄴ)은 지위 관계 [화<청]인 딸과 아빠 사이의 대화로 딸이 아빠에게 '시간을 더 줄 것'을 요청하는 발화를 하고 있다. 04줄에서 딸(S)은 '-으시면 어떨까 해서요'라는 문형을 사용하여 해당 발화를 수행하고 있다. 이는 [친]의 유대 관계이지만, 아빠를 무서워하는 화자가 조심스럽게 요청 화행을 수행하기 위해 마치 '대화 도입을 위한 작은 이유를 발화하듯이' 전략적으로 문형을 사용하고 있는 것으로 분석할 수 있다. 이는 거절당할 가능성이 높은 요청을 발화하거나, 위협적인 청자와 대화할 때에 화자 자신의 거절당했을 때의 체면을 보호하기 위한 쓰임으로 이해할 수 있으며, 따라서 화자 지향적 헤지로서 사용되고 있다고 본다.

(151) ㄴ. '-으면 어떨까 해서요'의 사용 예시

맥락 요인					
관계(S_L)	지위	연령	유대	장소	지시내용
딸_아빠	화<청	화<청	친	비격식적	사적

01 L: (전화 통화로) 어.

02 S: 아빠, 서울 가셨어요?

03 L: 왜?

→ 04 S: 아빠, 당장 내일은 너무 급하고 며칠만 시간을
　　　더 주시면 어떨까 해서요. 　　　　　　　　　요청

05 L: 내일 와.

Ⓐ 06 S: 말레이시아도 그냥 갔다가 바로 왔잖아. 　　　변명

07 L: 거기도 그냥 갔으니까 바로 와.

이렇게 이유인 것처럼 말하는 '-으면 어떨까 해서요', '-어서요', '-었으면 해서 말이죠' 등은 지시화행을 통해 제시하고자 하는 명제를 도입하기 위한 시작 발화에서 사용되며, 마치 대화의 도입을 위해 작은 이유를 마련하는 것과 같은 느낌을 주기 때문에 시키는 사람으로서의 부담을 경감하거나 거절당할 경우의 체면 손상에 대한 울타리의 역할을 할 수 있다.

2) 결과에 대한 책임을 방어하기 위한 사용

① 이미 앎을 전제로 하기

다음으로는 화자는 지시화행을 발화할 때, 지시한 행위가 야기하는 결과에 대한 책임을 지니게 된다. 즉 청자에게 지시하는 행위가 잘못된 결과나 부정적인 일이 야기하였을 경우 책임의 소재는 명시적으로 화자에게 있게 되는 것이다. 따라서 화자는 자신의 책임을 방어하기 위한 장치들을 사용하는데, 먼저 '이미 앎'을 전제로 하는 '-으시지(요), -지(요), -어야지(요), -어야겠지(요)' 등의 사용이 이에 해당한다. '-지'가 지니고 있는 [기지가정]의 속성은 지시화행을 수반할 경우 지시된 내용에 대하여 화자와 청자가 이미 공통의 지식을 공유하고 있다는 전제를 야기한다. 따라서 화자의 지시 행위는 청자로 하여금 예측 가능한 범주에 속하기 때문에 이러한 사용은 지시 행위를 하는 화자의 책임을 완화시켜주는 속성을 담지하게 된다. 당위적인 의미

를 지니는 '-어야지(요), -어야겠지(요)'는 청자가 수행해야 하는 지시 행위의 당위성에 대한 앎을 전제로 하기 때문에 상대적으로 더 화자의 책임을 경감시키는 역할을 할 수 있다.

아래 (152)는 [엄마와 아들]간의 대화로, 01에서 엄마(S)는 '-어야지'를 사용하여 '밥 먹고 공부를 시작하다'의 행위를 지시하고 있다. 이때 청자는 이 발화를 거절할 수 없기 때문에 권고 혹은 명령화행에 해당하는데, 이때 '-어라/-어' 등을 사용하지 않고, '-어야지'를 사용함으로써, 화자는 '밥 먹고 공부를 시작하다'라는 행위가 당연한 것이고, 청자 역시 이미 알고 있는 명제임을 강조하고 있으며, 이를 통하여 지시하는 행위에서 발생하는 자신의 책임을 완화하고 담화 참여자 모두에게로 분산시키고 있다.

(152) ㄱ. 문형 '-어야지'의 사용 예시

맥락 요인					
관계(S_L)	지위	연령	유대	장소	지시내용
엄마_아들	화>청	화>청	친	비격식적	사적

→ 01 S: 밥 먹고 <u>시작해야지</u>?　　　　　　　　　　　　　**명령**
Ⓐ 02 L: (침묵)

다음으로 (152ㄴ)은 문형 '-으시지요'가 사용된 경우로, 화자가 이미 철저한 자료 조사를 통하여 확신을 가지고 있는 내용에 대하여 '볼 것'을 제의하고 있는 제의화행의 맥락이다. 이때 '보다'라는 행위가 화자가 예측하지 못한 결과를 초래하지 않을 것이라는 앎 하에 화자는 '-으시지요'를 사용하고 있다. 이와 같은 맥락에서 화자가 알지 못하는 사태에 관해서는 '-으시지요'와 결합하여 사용할 수 없다는 제약이 나타난다.

(152) ㄴ. 문형 '-으시지요'의 사용 예시

맥락 요인					
관계(S_L)	지위	연령	유대	장소	지시내용
회장_비서	화<청	화<청	친	격식적	공적

→ 01 S: 회장님, 의사가 아닙니다. 조사한 거 <u>보시죠</u>.　　제의
Ⓐ 02 L: 뭐? (김군이 준 서류 파일 열어 보며)

이와 같이 문형 '-어야지요'는 청자 수행의 지시 내용이 당연한 것임을 전제함으로써 화자 자신의 책임을 방어하는 화자 지향적 헤지에 해당하며, 문형 '-으시지요'는 화자가 확신이 있거나 이미 알고 있는 내용에 대하여 지시하고자 할 때에 사용함으로써 화자의 책임을 보호하는 화자 지향적 헤지라고 할 수 있다.

② 청자의 의지 강조하기

한편, 화자는 청자의 의지 및 의향에 대해 묻는 방식을 취함으로써 지시 행위에 대한 화자의 책임을 방어할 수 있다. 대표적인 문형은 청자의 의향에 중점을 두고 질의하는 문형인 '-을래요?'가 있다. '-을래요?'로 지시화행을 수행할 경우 청자의 의향을 물었기 때문에 발생하는 결과에 대한 책임의 소재 역시 청자에게 주어지게 된다. 따라서 '-을래요?'는 축자적인 의미로는 청자의 의견을 중히 묻는다는 뜻이지만, 지시화행으로 사용할 경우 맥락에 따라 화자가 자신의 책임을 청자에게 떠넘기는 전략으로 쓰이기도 한다.

아래 (153)는 문형 '-어 볼래?'가 [교사와 학생] 사이에서 사용되고 있는 경우이다. 이때 담임 교사는 반장에게 학교에 오지 않고 있는 C(제3자)에게 '연락하다'의 행위를 '-어 볼래?'를 통해 지시하고 있다. 02줄과 같이 청자는 담임 교사의 말에 대해 거부할 권한이 별로 없기 때문에 01줄의 발화는 반장(L)에 대한 담임(S)의 명령으로 해석되는 것이 타당하다. 이때, 결석자인 C(제3자)에 대한 관리는 담임의 몫이기 때문에 '연락하다'의 행위는 사실상

화자의 책임 안에 있는 일이라고 할 수 있다. 그러나 화자가 청자의 의향을 묻는 문형인 '-어 볼래?'를 사용하여 지시하였기 때문에, 명시적으로 거절하지 않을 경우, 해당 행위의 수행으로 인해 나타나는 결과는 청자의 자발적인 선택으로 치부될 가능성이 발생하게 된다. 즉, '-어 줄래?'는 이렇게 경우에 따라서 화자의 책임을 청자의 자발적 선택을 유도함으로써 방어하기 위한 화자 지향적 헤지로 쓰인다고 할 수 있다.

(153) ㄱ. 문형 '-어 볼래?'의 사용 예시

맥락 요인					
관계(S_L)	지위	연령	유대	장소	지시내용
담임_반장	화>청	화>청	친	격식적	공적

→ 01 S: 연락 좀 해 볼래? 선생님은 바빠서.   **명령**
Ⓐ 02 L: 네..

다음으로, 아래 (153ㄴ)은 문형 '-어 줄래요?'가 사용되고 있는 장면으로, 연인 관계에 있는 30대 화자가 청자에게 '차 좀 세우다'의 행위에 대해 지시하고 있다. 이때 '수혜'의 의미가 있는 '-어 주-'가 '-을래요?'와 결합하였기 때문에 청자가 '차 좀 세우다'의 행위를 수행하는 것은 화자를 위한 화자 수혜임이 01줄의 발화를 통해 환기될 수 있다. 다시 말해, 문형 '-어 줄래요?'는 화자에게 도움이 되는 행위 A를 할 수 있는지 묻는 언표적의미를 지니는 것으로, 지시화행으로 발화될 경우, 청자의 입장에서 이를 거부하는 것은 화자에게 도움이 되는 행위를 거절하는 것임으로 더욱 거절하기 곤란한 부담감을 안게 하는 측면이 있다. 이는 화자의 관점에서는 거절당할 가능성을 낮추는 전략이 될 수 있기 때문에 화자 지향적 헤지의 일환이라고 분석할 수 있겠다.

(153) ㄴ. 문형 '-어 줄래요?'의 사용 예시

맥락 요인					
관계(S_L)	지위	연령	유대	장소	지시내용
애인_애인	무관	화<청	친	비격식적	사적

→ 01 S: 차 좀 세워 줄래요?   요청
Ⓐ 02 L: (의아하지만 일단 세운다.)

아래 (153ㄷ)는 높임의 선어말어미 '-으시-'와 수혜의 '-어 주'에 '-을래요?'가 결합한 문형 '-으실래요?'의 사용이 나타난 경우이다. 앞서 5장에서는 '-을래요?'가 지위 관계 [화<청]에서는 거의 사용되지 않는 제약을 갖는다고 하였으며, 높임의 선어말어미 '-으시-'가 결합한 형태는 [소]의 [화>청] 관계에서 더 자주 나타남을 기술한 바 있다. 아래 (153ㄷ)의 경우에도 지위 관계는 [화>청]에 해당하며, 전화 상담 중 전화를 끊고자 하는 거부의 의지가 있는 경우로 '다시 전화 주다'의 행위를 요청함에 따라 '-으실래요?'를 사용하고 있다. 사실상 '지금이 수업 중'이라는 선행 발화의 보조화행을 통해 '다시 전화 주실래요?'에서 나타나는 의미는 질의가 아니라 '전화를 끊으라는' 권고임을 해석할 수 있는데, 명령형 종결어미를 사용하지 않고 청자의 의향을 묻는 형식으로 발화함으로써, 전화를 끊게 하는 행위에 대한 책임을 방어하고 있다고 볼 수 있다.

(153) ㄷ. 문형 '-으실래요?'의 사용 예시

맥락 요인					
관계(S_L)	지위	연령	유대	장소	지시내용
핸드폰사용자_이벤트직원	화≤청	알 수 없음	소	비격식적	공적

→ 01 S: 제가 지금 수업 중이라서요.
　　　　나중에 다시 전화 주실래요?   권고

02: (중략) 그냥 지금 주소만 얼른 알려 주세요.

③ 청자의 결정 강조하기

대개 허락 구하기 표현으로 분류되는 '-으면 안 되-'의 의문형은 담화상에서 지시화행으로 사용되는 경우가 있는데, 5장에서는 이를 번복 요청이라고 하였다. 즉, 이미 청자가 금지하였거나, 혹은 부정적인 반응을 보일 것을 알고 있는 상황에서 화자가 다시금 허락을 구하는 형식으로 발화하여 요청의 뜻이 강화된 '조르기' 담화 기능을 수반한다는 것이다. 이러한 '-으면 안되-' 의문 문형의 쓰임은 헤지 기능의 차원에서는 청자의 결정을 강조함으로써 화자의 책임을 분산시키고 보호하는 화자 지향적 헤지로서 기능한다는 특징이 있다.

아래 (154ㄱ, ㄴ)은 모두 '-으면 안 돼요?'가 사용된 경우이다. 먼저 (154ㄱ)은 아버지를 싫어하는 딸이 '오늘 오지 말 것'에 대해 권고하는 장면으로, 이미 아버지(L)가 오려고 함을 알고 있는 상황에서 다시금 반대되는 내용에 대해 번복 요청함으로써 청자가 화자의 지시를 따를 경우 '그럼에도 불구하고 청자의 선택이었음'을 강조하기 위한 쓰임으로 볼 수 있다.

(154) ㄱ. '-으면 안 돼요?'의 사용 예시

맥락 요인					
관계(S_L)	지위	연령	유대	장소	지시내용
딸_아버지	화<청	화<청	소	비격식적	사적

→ 01 S: 오늘은 안 오면 안 돼요?　　　　　　　　　요청
Ⓐ 02 L: (침묵)

아래 (154ㄴ)도 '-으면 안 돼?'가 사용된 대화로, 이미 청자는 다 뒤집어쓰고 떠날 생각이 없는 상황에서 '다 짊어지고 가 줄 것'에 대한 화자의 강한 바람을 드러내며 허락 요청의 형태로 요구하고 있다. 이는 화자의 바람이

번복 요청을 통해 강하게 드러남에도 불구하고 의문형으로 실현되기 때문에 청자 수행시 청자의 결정이었음을 강조하는 기능을 한다. 즉, 해당 발화는 화자의 책임을 방어하기 위한 화자 지향적 헤지로 사용된다고 할 수 있다.

(154) ㄴ. '-으면 안 돼?'의 사용 예시

맥락 요인					
관계(S_L)	지위	연령	유대	장소	지시내용
친구_친구	화=청	화=청	친	비격식적	사적

→ 01 S: 그냥 이대로 니가 다 짊어지고 가 버리면 안 돼? 요청
Ⓐ 02 L: (침묵)

4. 담화 지향적 사용

1) 사용역에 따른 역할의 강화를 위한 사용

한편, 담화의 장르에 따라 담화 종속적인 지시화행의 발화가 나타나기도 하는데, 해당 장르가 화자에게 요구하는 역할을 강화하고 보호하기 위해 사용되는 문형들이 있는 것으로 나타났다. 이를 본고에서는 담화 지향적 헤지라고 명명하였으며, 구체적으로는 '-으십시오'가 있다. 먼저, (155)는 문형 '-으십시오'가 담화 지향적 헤지로 사용된 경우이다.

앞서 5장에서도 기술한 바 있듯 '-으십시오'는 지시의 격식성을 강조하는 문형이다. 따라서 아래 (155)와 같이 '감사', '회의' '연설', '재판', '뉴스보도' 등 격식성을 강조하고자 하는 담화에서는 '-으십시오'가 사용되는 양상이 나타난다. (155ㄱ)에서는 감사를 나온 감사자가 조사 중에 '-으십시오'를 발화하는 것으로, 공적인 속성이 강한 감사 절차에 따른 발화를 수행하는 가운데 '-으십시오'를 사용하여 명령화행을 수행하고 있다고 볼 수 있다. 한편, (155ㄴ)은 조사가 이루어지기 전 동일 인물의 발화로 이때에는 '-으십시오'

가 아닌 비격식체를 사용하는 양상을 확인할 수 있다.

(155) 담화 지향적 헤지로서의 '-으십시오'

맥락 요인					
관계(S_L)	지위	연령	유대	장소	지시내용
감사_피조사자	화≧청	화<청	초면	격식적	공적

ㄱ. 조사 중의 대화

→ 01 S: 지금은 감사 중입니다. 닥터 부용주.

　　　 예의를 <u>지켜 주십시오</u>.　　　　　　　　**명령**

Ⓐ 02 L: (노려본다.)

ㄴ. 조사 전의 대화

　　01 L: 무슨 뜻인가?

　　02 S: 원장님께서 윤서정 선생 후견인이라는 건 알만 한 사람은

　　　　 다 <u>아는데</u>

　　03 요.

　　04 (보며) 예전에 문선생한테 들은 것도 있고...

아래 (156)에서는 '-으십시오'의 담화 지향적 헤지로서의 쓰임이 한 명의 화자 안에서 코드 스위칭(code-switching) 됨을 통해서도 나타나고 있다. 아래에서는 제3자인 진우와, 설사장 부자가 담화 참여자로 나타난다. 이때 설사장과 설민수는 비격식적으로는 [아버지와 아들]의 관계지만, 회사일과 관련한 격식적인 담화에서는 [사장과 직원]의 관계에 해당한다. 05줄에서는 '-어요'를 사용하던 설민수가 08줄에서 아버지를 사장님으로 위치 짓고 발화할 때에는 '-으십시오'로 전환하여 사용하는 양상이 나타난다. 물론 05줄의 청자는 '진우'고, 08줄의 청자는 '설사장'이지만, 해당 장면에는 나타나지 않지만, '-으십시오'를 사용한 08줄의 발화가 '장난스러운 유머'로 받아들여진다는 점을 고려할 때 설민수가 아버지로서의 설사장에게는 '-으십시오'를 사용

하지 않음을 짐작할 수 있다. 즉, 여기에서 '-으십시오'는 담화 지향적 헤지로서 사용된 것이라고 할 수 있다.

(156) 담화 지향적 헤지로서의 '-으십시오'

관계(설사장_설민수)	맥락 요인				
	지위	연령	유대	장소	지시내용
아빠_아들 회장_직원	화>청 화>청	화>청 화>청	친 친	비격식적 격식적	사적 공적

01 진우: (설사장에게) 그 사이에 공장이 많이 말끔해졌네요?

02 설사장: 며칠 청소한다고 민수랑 애 좀 먹었습니다. 허허.

03 진우: (미소 지으며 민수에게) 민수씨는 여기에서 처음 일할 때 생각나요?

04 설민수: 그럼요. 처음에 1년 동안은 여기에서 먹고 자면서 생산라인 전체

⇕ 05 를 익혔어요. (설 사장 슬쩍 보며) 아들이라고 대충 봐주고 그런 건..

06 (고개를 절레절레 흔드는)

07 설사장: (엷게 웃으며) 사장아들이라고 건성으로 하면 안 되지.

⇕ 08 설민수: (장난스레) 네. 뭐든 시켜만 주십시오. 사장님.　**제의**

5. 소결: 헤지로 실현되는 지시화행의 공손 기능

본 장에서는 지시화행 발화가 공손 기능을 고려하여 여러 가지 헤지로 사용됨을 기술하였다. 구체적으로는 지시화행 발화에 청자 지향적 헤지, 명제 지향적 헤지, 화자 지향적 헤지, 담화 지향적 헤지가 사용됨을 밝혔으며, 이들이 구체적인 맥락에서 어떠한 목적으로 사용되는가를 중점적으로 기술하였다. 이렇게 지시화행 발화에서 다양한 헤지가 사용되는 것은 역설적으로 언어 사용자들이 지시화행을 발화하는 것을 매우 부담스러워 함을 의미

한다고 할 수 있다. 헤지의 목적은 무언가 손상시키고 싶지 않은 것을 울타리를 통해 보호하고자 하는 것이기 때문에, 지시화행을 발화할 때 화자가 청자의 체면뿐 아니라, 화자의 체면이나 책임 소재, 명제의 정확성이나 신뢰성, 나아가 담화 사용역에의 적절성까지 고려하는 것은 이러한 요소들의 손상을 매우 부담스럽게 생각하며, 지시화행 발화가 이러한 요소들을 손상시킬 가능성을 지니고 있음을 반증하는 것으로 해석할 수 있다.

따라서 한국어 학습자가 지시화행 및 지시화행을 수행하는 문형을 학습하기 위해서는 실제 한국어 모어 화자들이 이들을 사용하는 '선택의 기제'를 이해하여야 하며, 그러기 위해서는 '지시화행을 수행하는 개별 문형이 어떠한 목적에 의해 헤지(hedge)로서 기능하는가'에 대한 학습이 요구된다고 판단된다. 헤지의 사용은 크게 약화와 강화의 전략에 의해 구분될 수 있으며, 이들이 목적으로 삼는 바에 따라 공손성의 정도가 다르게 받아들여질 수

표 80. 공손 기능에 따른 지시화행 문형의 헤지 분류

청자 지향적 헤지		명제 지향적 헤지		화자 지향적 헤지		담화 지향적 헤지
FTA에 대한 적극 고려	FTA에 대한 소극 고려	명제의 정확성 보호	명제의 신뢰성 강화	거절에의 부담 완화	결과에 대한 책임 방어	사용역에 따른 역할 강화
[화시이동] -을게요	[연결어미] -(으시)고요 -는데요	[인용표현] -으라고요 -으라니까요 -는다니까요 -자니까요	[반복구문] V자 V V으라 V V라면 V	[선택표현] -든가요	[당위표현] -어야지요 -으시지요	[격식성강화] -으십시오
[청유표현] -을까요? -자 -읍시다	[화자수행] -을게요 -겠습니다	[상위언어적 표현] -으란 말이다		[이유표현] -으면 어떨까 해서요	[청자의향] -을래? -으면 안 돼요?	
[가능성질의] -을 수 있-						
[수행동사]		[소망표현] -기 바라다 -으면 좋겠다				
['-어 주-']						

있다. 지시화행 발화에서 나타나는 헤지의 유형과 그에 따른 문형을 정리하면 〈표 80〉과 같이 기술할 수 있다.

이때, 청자 지향적 헤지와 화자 지향적 헤지는 '완화'의 전략에, 명제 지향적 헤지와 담화 지향적 헤지는 '강화'의 전략에 해당한다고 볼 수 있으며, 이들이 보호하고자 하는 내용의 성격에 따라 공손성이 다르게 나타날 수 있다. 먼저, 청자의 체면을 고려한 청자 지향적 헤지로서 사용되는 문형들은 체면위협행위(FTA)에 대한 적극적 고려일수록 상대적으로 청자에게 공손하게 받아들여질 가능성이 높다. 공손성이란 발화자로부터 청자가 얼마나 배려받고 있는가를 반영하기 때문이다. 한편, '지시'라는 부담스러운 명제의 정확성 및 신뢰성을 보호하기 위해 명제 내용을 '강화'하는 전략으로 사용되는 명제 지향적 헤지는 청자에게는 부담을 가중하는 결과를 초래할 수 있기 때문에 공손성의 측면에서는 상대적으로 낮은 공손성을 나타낼 가능성이 있으며, 화자의 체면을 고려하여 사용되는 화자 지향적 헤지도 청자에게는 낮은 공손성으로 받아들여질 수 있다. 특히 화자 지향적 헤지는 결합하는 명제의 속성에 따라 비격식적이거나 사적인 내용에 대하여 사용할 경우 청자로 하여금 '화자의 책임 기피'로 받아들여질 여지가 있다.

Ⅶ. 결 론

본 연구는 한국어 지시화행에 대한 담화문법 연구로, 지시화행의 분류 체계를 담화적 특성을 고려하여 정립하고, 이의 사용 양상을 말뭉치에 기반한 맥락 분석적 접근을 통하여 기술하였다. 이를 위하여 본 연구에서는 드라마 말뭉치 약 16만 어절을 준구어 맥락 분석 말뭉치로 구축하였으며, 카이제곱 검정과 다중대응분석을 통해 맥락 요인에 따른 화행의 사용 양상의 경향성을 분석하고자 하였다. 본고의 분석 결과는 아래와 같이 요약할 수 있다.

첫째, 지시화행 발화는 강제성에 따라 강제적 지시화행과 비강제적 지시화행으로 구분되며, 강제적 지시화행에는 명령화행, 권고화행, 요구화행, 금지화행이, 비강제적 지시화행에는 요청화행, 제안화행, 제의화행, 충고화행이 있으며, 지시화행과 사용되는 양상은 다르지만 청자 수행을 야기한다는 점에서 유사성을 가지고 있는 준지시화행에는 허락화행이 있는 것으로 나타났다. 이들은 청자의 반응이 실제 행위로 이어지는지의 여부, 화자와 청자의 지위 관계, 화자와 청자의 유대 관계, 장소와 주제의 격식성에 따라 담화적으로 다르게 사용되는 경향성을 나타냈다.

둘째, 이러한 지시화행 발화에서 사용되는 문형은 화행과 '일 대 다'의 관계로 실현되기 때문에 일반화의 한계가 있으나, 맥락 요인에 따라 고빈도로 사용되는 문형의 쓰임을 정리하여 이들의 사용 경향성을 정리할 수 있다. 먼저, 명령형 종결 문형에서는 '-아/어요, -아/어' 등의 비격식체 종결어미 외에는 실제 강제적 지시화행의 발화에서는 선호되지 않는 양상을 나타냈다. 특히 '-으십시오'의 경우 '-어 주'와 결합하여 요청 및 제안 화행에서는 활발한 쓰임을 나타냈으나, 명령화행을 수행하고 있는 경우는 극히 제약적인 것으로 나타났다.

한편, 종결어미화 된 연결어미인 '-고(요), -든가(요)'등은 명령화행으로서의 쓰임이 비강제적 지시화행으로서의 쓰임에 비해 활발한 것으로 나타났으며, 지위 관계 [화〉청]의 관계에서 자주 사용되었고, 이 경우에는 청자의 수행 역시 [위]로 나타나는 경향성이 높은 것으로 조사되었다.

의문형 문형은 부정의문문의 경우 [격식적·공적] 담화에서 나타날 경우 강한 명령화행을 수행하는 경향성이 있었고 수사의문문의 경우 [비격식적] 담화에서 금지화행으로 나타나는 경향성이 높게 나타났으며, 다양한 우언적 구성과 결합하여 사용되는 특징이 나타났다. 인용형 문형은 [적대] 관계에서의 쓰임이 높게 나타났고, 평서형으로 실현되는 문형도 우언적 구성과의 결합을 통해 다양한 지시의 의미를 드러내는 것으로 조사되었다.

마지막으로 이러한 문형들은 담화상에서 공손성을 고려하여 헤지의 일환으로 사용되는데, 구체적으로는 청자의 체면 보호를 위한 청자 지향적 헤지, 명제의 내용 강화를 위한 명제 지향적 헤지, 화자 자신의 체면 보호나 부담 완화를 위한 화자 지향적 헤지, 담화 사용역에서의 역할 수행을 고려한 담화 지향적 헤지 등이 있는 것으로 분석하였다.

그 결과, 청자 지향적 헤지로는 화시의 이동이 나타나는 '-을게요', 청유 표현인 '-자, -읍시다, -을까요?', 가능성에 대한 질의 표현인 '-을 수 있-' 의문형, 수행동사 '부탁하다, 요청하다, 제안하다, 필요하다' 등과 수혜의 보조용언 '-어 주-'의 사용 등이 나타났으며, 이들은 청자의 체면을 적극적으로 고려하고 있기 때문에 공손성 역시 높은 것으로 받아들여질 가능성이 있음을 주장하였다. 그 외에도 소극적이지만 청자의 체면을 고려한 문형으로는 종결어미화된 연결어미 '-고요'와 후행절의 생략으로 나타나는 '-는데' 등이 있는 것으로 기술하였다.

명제의 정확성과 신뢰성을 강화하기 위한 명제 지향적 헤지로는 인용표현 '-으라고요, -으라니까요, -는다니까요, -자니까요' 등이 있었고, 이들은 담화적으로 불평하기, 책망하기, 비난하기 담화 기능을 수반하는 경향성이 있는 것으로 나타났다. 명제의 내용을 상위언어적으로 다시 정리하여 발화하는 문형인 '-으란 말/뜻이다', '-는 바/것이다' 등이 있었으며, 지시화행 발화의 명제 내용에 해당하는 화자 소망을 명시적으로 적시하는 '-기 바라다, -으면 좋겠다' 등이 있는 것으로 분석하였다. 이들은 지시의 내용을 담고 있는 명제를 강화한다는 점에서 공손성의 원리에서는 청자에게 부담을 가중하기 때문에 상대적으로 낮은 공손성을 담지할 것으로 제시하였다.

화자의 체면 보호와 책임 완화를 목적으로 하는 화자 지향적 헤지에는 선택 표현 '-든가요'와 이유 표현 '-으면 어떨까 해서요', 당위 표현 '-어야지요', 청자 의향을 질의하는 표현인 '-을래요?. -으면 안 돼요?' 등이 있는 것으로 나타났다. 이들은 화자 자신의 체면 보호를 위해 사용되기 때문에 맥락에 따라 청자로 하여금 화자의 책임 기피 등으로 받아들여질 수 있는 여지가 있다고 보았으며, 따라서 청자가 느끼는 공손성의 정도는 높지 않게 작용할 가능성이 있다고 보았다.

담화의 사용역 종속적인 역할을 보호하기 위해 사용되는 담화 지향적 헤지에는 격식성을 강조하기 위한 '-으십시오'가 있다고 기술하였으며, 이를 발화자의 코드 스위칭을 예시로 제시하였다.

본 연구는 한국어에서 지시화행의 수행은 화자와 청자의 체면뿐 아니라 명제, 담화에 대한 고려를 포함하여 이루어지기 때문에 상당히 맥락 의존적인 성격을 지닌다고 보았으며, 따라서 지시화행에 대한 접근은 담화문법 차원에서 이루어질 때에야 비로소 입체적으로 기술될 수 있다고 제시하였다. 그리고 담화문법의 기술은 사용 의미라는 화행의 차원, 형태라는 문형의 차원, 헤지로 나타나는 공손 기능의 사용 차원에서 이루어질 수 있으며, 이들 간의 연결성을 구체화하는 것이 담화문법 기술의 핵심 과제라고 보았다. 비록 본 연구의 기술이 이 핵심 과제를 구체화하여 담화문법의 체계 정립으로 나아가지는 못하였을지라도, 체계 정립을 위한 기초 자료를 구축하고 이들 간의 상호 연결 관계에 대해 탐구하였다는 점에서 소기의 목적은 달성하였다고 할 수 있다. 이 연구에서 해결하지 못한 바는 후속 연구를 통해 계속 고민해 가고자 한다.

참고문헌

강범모·김흥규·허명희(1998), 「통계적 방법에 의한 한국어 텍스트 유형 및 문체 분석」, 『언어학』 22, 한국언어학회, 3-57쪽.

강현화(2007), 「한국어 표현문형 담화기능과의 상관성 분석-지시적 화행을 중심으로-」, 『이중언어학』 34, 이중언어학회, 1-26쪽.

_____(2012), 「한국어교육에서의 담화 기반 문법 연구-부정 표현의 맥락 문법을 활용하여-」, 『한국문법교육학회 발표집』, 한국문법교육학회, 201-212쪽.

_____(2017ㄱ) 「한국어 교육 문법 항목의 담화 기능 연구-코퍼스를 통한 귀납적 분석을 중심으로-」, 『언어와 문화』 13(2), 한국언어문화교육학회, 27-52쪽.

_____(2017ㄴ), 「문법과 의미를 연계하기」, 『담화와인지』 24(4), 담화인지언어학회, 213-219쪽.

강현화·한송화(2016), 「한국어 학습자 구어 전사 자료에서의 쟁점과 구어 전사의 실제」, 『한국사전학』 27, 한국사전학회, 75-108쪽.

강현화·홍혜란(2013), 「'-을래요'의 의사소통 기능과 그 확장 유형 연구」, 『외국어교육』 20, 한국외국어교육학회, 295-318쪽.

강현화·황미연(2009), 「한국어교육을 위한 불평표현 문형 연구-불평 화행과 인용표현의 관계를 중심으로-」, 『한말연구』 24, 한말연구학회, 5-31쪽.

강현화·이현정·남신혜·장채린·홍연정·김강희(2016), 『한국어교육 문법(자료편)』, 서울: 한글파크.

강현화·이현정·남신혜·장채린·홍연정·김강희(2017), 『(담화 기능에 따른) 한국어 유사 문법 항목 연구』, 서울: 한글파크.

고비비(2013), 「현대 한국어 '-든지'와 '-든가'에 대한 연구 -구어 자료를 중심으로」, 서울대학교 대학원 석사학위 논문.

고성환(1998), 「문장의 종류」, 『문법 연구와 자료』, 태학사, 395-434쪽.

_____(2003), 『국어 명령문에 대한 연구』, 서울: 역락.

고영근(1976),「현대국어 문체법에 대한 연구」,『어학연구』12(1), 서울대학교 어학연구소.

_____(1990),「문장과 이야기의 관련성에 관한 연구-중세어를 중심으로」,『관악어문연구』15, 서울대학교 국어국문학과, 1-47쪽.

_____(2004),『한국어의 시제 서법 동작상』, 태학사.

고재필(2017),「한국어 완화 표현 연구」, 서울대학교 대학원 석사학위 논문.

구현정(1997),『대화의 기법: 이론과 실제』, 경진문화사.

_____(2001ㄱ),「조건문의 담화적 기능」,『한말연구』9, 한말연구학회, 27-52쪽.

_____(2001ㄴ),「대화의 원리를 바탕으로 한 말하기 교육」,『외국어로서의 한국어교육』25(1), 연세대학교 한국어학당, 303-330쪽.

_____(2002),「말실수의 유형 연구:대중매체 텍스트를 중심으로」,『사회언어학』10(2), 한국사회언어학회, 1-24쪽.

_____(2004),「바람직한 화법 교육의 방향」,『한말연구』14, 한말연구학회, 1-23쪽.

_____(2004),「공손법의 실현 양상」,『담화와 인지』11(3), 담화인지언어학회, 1-23쪽.

_____(2005),「말뭉치 바탕 구어 연구」,『언어과학연구』21, 언어과학회, 1-24쪽.

_____(2008),「대화분석론과 말하기 교육」,『외국어로서의 한국어교육』33, 연세대학교 언어연구교육원, 19-42쪽.

_____(2011),「구어와 담화: 연구와 활용」,『우리말연구』28, 우리말학회, 25-56쪽.

_____(2013),「드라마 대화에 반영된 갈등 표현 양상」,『화법연구』22, 한국화법학회, 9-32쪽.

구현정·전영옥·전정미(2007),「담화 주석 말뭉치 개발을 위한 화행 분류」,『(솔재 최기호 박사 정년 기념논총 간행위원회 편) 국어의 역사와 문화』, 서울: 박이정.

구현정·이성하(2001),「조건 표지에서 문장종결 표지로의 문법화」,『담화와인지』8(1), 담화인지언어학회, 1-19쪽.

국립국어원(2005), 『한국어 문법2』, 서울: 커뮤니케이션북스.

권재일(2004), 「구어와 구어 문법의 성격」, 『언어과학회 2004년 하계 전국 학
　　술대회 발표집』, 언어과학회, 3-31쪽.

김강희(2013), 「보조용언 '보다' 가정 구문에 대한 맥락 문법 연구」, 연세대학
　　교 대학원 석사학위 논문.

_____(2017ㄱ), 「체면 위협 행위로서의 종결어미 '-니' 연구 -말뭉치 분석 및
　　담화 적절성 인식 조사를 중심으로」, 『인문사회21』 8(1), 아시아문화학
　　술원, 427-452쪽.

_____(2017ㄴ), 「헤지 문법 항목으로서의 '-고요', '-거든요', '-는데요' 연구-청문
　　회 담화 말뭉치를 중심으로-」, 『언어학연구』 44, 중원언어학회, 35-51쪽.

_____(2017ㄷ), 「청문회 담화의 종결어미 '-고요' 사용 양상 연구」, 『한국언어
　　문화학』 14(2), 1-26쪽.

김규현(2000), 「담화와 문법: 대화분석적 시각을 중심으로」, 『담화와 인지』
　　7(1), 담화인지언어학회, 155-184쪽.

김남길(2012), 「담화 중심의 한국어 문법교육이란?」, 『한국문법교육학회 학술
　　발표 논문집』, 한국문법교육학회, 161-180쪽.

김명운(2009), 「현대국어의 공손성 연구」, 서울대학교 박사학위 논문.

김명희(2013), 「구어체 어말어미 '-거든'과 '-더라'의 담화기능」, 『담화와인지』
　　20(1), 담화인지언어학회, 27-51쪽.

김미선(2011), 「한국어 학습자를 위한 한국어 지시화행 연구: 요구, 제안, 부탁
　　을 중심으로」, 숙명여자대학교 대학원 석사학위 논문.

김미숙(1997), 「부정명령문 연구」, 『새국어교육』 54, 한국국어교육학회, 323
　　-342쪽.

김미형(2000), 「국어 완곡 표현의 유형과 언어 심리 연구」, 『한말연구』 7, 한말
　　연구학회, 27-63쪽.

김병건(2014), 「한국어 명령 수행문의 유형과 특징」, 『인문과학연구』 41, 강원
　　대학교 인문과학연구소, 109-131쪽.

김서형(2013), 「한국어 화행에서의 공손성 실현 양상」, 『한국어학』 61, 한국어
　　학회, 123-143쪽.

김선호(1998), 「한국어의 행위요구월 연구」, 건국대학교 박사학위 논문.

김수정(2011), 「한국어 교재의 공손성 분석: 요청 화행 발화를 중심으로」, 이화여자대학교 국제대학원 석사학위 논문.

김수진·차재은·오재혁(2011), 「발화 요소와 발화 유형」, 『한국어 의미학』 36, 한국어의미학회, 91-118쪽.

김영란(1999), 「한국어 금지 표현의 교수 방법」, 『한국어교육』 10(2), 국제한국어교육학회, 171-193쪽.

김영진 옮김(1992), 『말과 행위』, 서광사.

김용석(2006), 「'학교문법'의 정체성에 대하여」, 『문법 교육』 4, 한국문법교육학회, 65-93쪽.

김유정(2009), 「담화 분석을 통해 본 '-구나' 용법 연구(1)-담화 분석 범주 설정과 담화 맥락 분석 결과를 중심으로-」, 『한국어학』 41, 한국어학회, 229-256쪽.

김은성(2008), 「국어 문법 교육에서의 '텍스트' 처리의 문제」, 『국어교육학연구』 33, 333-365쪽.

김재욱(2007), 「국어 문법과 한국어 문법의 체계 분석」, 『한민족어문학』 51, 한민족어문학회, 43-70쪽.

김정남(2008), 「한국어 담화 교육을 위한 논의-한국어 경어법 관련 표현을 중심으로-」, 『한국어교육』 19(2), 국제한국어교육학회, 125-154쪽.

김종영(1999), 「지시(Weisung)의 표현 양식에 관하여」, 『독어교육』 17, 독일어교육학회, 257-277쪽.

김지혜(2013), 「구어 담화에서의 한국어 학습자 요청 화행 실현 양상 연구 -전화 메시지 남기기 과제를 중심으로」, 『이중언어학』 52, 이중언어학회, 45-69쪽.

김진석(2013), 『담화분석과 영어교육』, 한국문화사.

김태경·김정선·최용석(2005), 「구어자료의 정보화 ; 구어 주석 코퍼스 구축을 위한 발화 단위 연구」, 『한국언어문화』 28, 한국언어문화학회, 5-25쪽.

김태엽(1998), 「국어 비종결어미의 종결어미화에 대하여」, 『언어학』 22, 한국언어학회, 171-189쪽.

김태자(1986), 「간접화행의 의미와 해석」, 『국어국문학』 95, 국어국문학회.

_____(1987), 『발화분석의 화행의미론적 연구』, 서울: 탑출판사.

김하수(1989), 「언어행위와 듣는 이의 신호에 관한 화용론적 분석시도 - 담화 속에 '네'」, 『외국어로서의 한국어교육』 14, 연세대학교 한국어학당, 55-70쪽.

김호정(2006), 「담화차원의 문법교육 내용 연구」, 『텍스트언어학』 21, 텍스트언어학회, 145-177쪽.

김현강(2014), 「인문 언어학의 방향 탐색을 위한 비판적 언어 연구 -비판적 담화분석을 중심으로」, 『언어사실과 관점』 34, 27-53쪽.

김형정(2002), 「텍스트언어학 : 응용편; 한국어 입말 담화의 결속성 연구 -생략 현상을 중심으로」, 『텍스트언어학』 13, 한국텍스트언어학회, 241- 265쪽.

김혜련·전은주(2012), 「한국어 요청 화행 교수-학습에 관한 비판적 분석 -초급 교재를 대상으로-」, 『새국어교육』 97, 한국국어교육학회.

나은미(2002), 「한국어 종결어미 '-ㅂ시다'의 의미」, 『이중언어학』 20, 이중언어학회, 93-110쪽.

남기심·고영근(1993), 『표준국어문법론(개정판)』, 탑출판사.

남신혜(2015), 「한국어 교육을 위한 종결 기능 인용결합형 문법 항목의 선정」, 『한국문법교육학회 발표 논문집』, 한국문법교육학회, 87-95쪽.

_____(2016), 「한국어의 가능성 표현에 대한 연구-한국어 문법 교육의 관점 에서-」, 『새국어교육』 107, 한국국어교육학회, 399-432쪽.

노대규(1989), 「국어의 구어와 문어의 특성」, 『한국정보과학회 언어공학연구회 학술발표 논문집』 10, 81-84쪽.

_____(1991), 『국어학서설』, 신원문화사.

_____(1996), 『한국어의 입말과 글말』, 국학자료원.

노석기(1984), 「국어 담화와 문장에 대한 특성 비교」, 『한글』 184, 한글학회, 173-195쪽.

_____(1989), 「우리말 담화의 결속관계 연구」, 동아대학교 박사학위 논문.

노은희(1999), 「대화 공손 전략으로서의 반복 표현」, 『선청어문』 27, 서울대학교 국어교육과, 861-884쪽.

류관수(1986), 「담화 분석의 방법론적 접근1: 문장 단위를 중심으로」, 『외국문 화연구』 9(1), 67-81쪽.

마쯔자키 마히루(2011), 「문법 항목 '-(으)ㅂ시다'의 교재 기술과 사용 양상 연 구」, 『한국어교육』 20(2), 국제한국어교육학회, 53-81쪽.

문금현(2005), 「한국어 화용교육 방안」, 『숙명어문논집』 6, 숙명어문학회, 353-386쪽.

_____(2009), 「한국어의 고정적인 화용표현 연구」, 『국어국문학』 152, 국어 국문학회, 181-217쪽.

_____(2018), 「한국어 공손 화용교육의 내용 구성에 대한 제언」, 『어문연구』 46(1), 한국어문교육연구회, 307-331쪽.

문숙영(2015), 「한국어 탈종속화(Insubordination)의 한 종류」, 『한국어학』 69, 한국어학회, 1-39쪽.

민경모(2000), 「국어 어말어미의 텍스트 장르별 사용 양상에 대한 연구」, 연세 대학교 석사학위 논문.

민현식(1992), 「문법교육의 목표와 내용 - 현행 학교문법의 문제점을 중심으로 -」, 『국어교육』 79, 한국어교육학회, 47-72쪽.

_____(2006), 「국어과 교육과정의 개정과 문법 교육의 과제」, 『문법교육』 4, 한국문법교육학회, 1-27쪽.

_____(2008), 「한국어교육을 위한 문법 기반 언어 기능의 통합 교육과정 구조 화 방법론 연구」, 『국어교육연구』 22, 서울대학교 국어교육연구소, 261-334쪽.

박갑수(1994), 『국어문체론』, 대한교과서.

박경자 외(2001), 『응용언어학 사전』, 경진문화사.

박금자(1987), 「국어의 명령표현 연구」, 『관악어문연구』 12, 서울대학교 국어 국문학과, 65-91쪽.

박나리(2012), 「음식조리법 텍스트의 장르 기반(genre-based)적 구성담화 분 석- 문법요소와 담화기능 및 담화목적의 상관성을 중심으로-」, 『텍스트 언어학』 33, 한국텍스트언어학회, 323-358쪽.

박문자(2006), 「한국어 원어민 화자의 표현 형태 양상 조사 연구」, 『한국어교육』 17(3), 국제한국어교육학회, 55-72쪽.

박석준(2010), 「담화 문법과 한국어 문법 교육」, 『국제한국어교육학회 제20차 국제학술대회 국제학술발표 논문집』, 471-484쪽.

박선옥(2003), 「요청상황에 따른 요청전략의 분포와 공손성 정도」, 『언어과학 연구』 25, 언어과학회, 113-136쪽.

박성현(1995), 「한국어 말차례 체계와 화제」, 서울대학교 언어학과 박사학위 논문.

박숙영(2006), 「의지 표현들의 의지 정도성 비교 -'-겠어요', '-(으)ㄹ거예요', '-(으)ㄹ래요', '-(으)ㄹ게요'를 중심으로-」, 『언어와 문화』 2(2), 한국언어 문화교육학회, 21-40쪽.

박양규(1980), 「주어의 생략에 대하여」, 『국어학』 9, 1-25쪽.

박영로(1987), 「현대국어 명령문 연구-사회언어학적 접근」, 고려대학교 대학원 석사학위논문.

박영순(1992), 「국어 요청문의 의미에 대하여」, 『주시경학보』 9, 주시경연구 소, 33-49쪽.

_____(1998a), 『한국어 문법 교육론』, 박이정.

_____(1998b), 「고교 문법에서의 담화 텍스트 교육의 내용과 방법」, 『고려대 학교 한국어문연구소 학술발표논문집』, 1-31쪽.

_____(2001), 『한국어 문장의미론』, 박이정.

박영준(1991), 「명령문의 개념과 범주」, 『어문논집』 30, 민족어문학회, 331-349쪽.

_____(1994), 『명령문의 국어사적 연구』, 국학자료원.

박용익(1998), 『대화분석론』, 한국문화사.

박용찬(2017), 「학교 문법 용어의 문제점 검토」, 『우리말글』 75, 우리말글학회, 109-159쪽.

박종갑(1986), 「의문법 어미의 종류에 따른 의문문 유형의 의미기능」, 『영남어 문학』 13, 한민족어문학회, 397-419쪽.

박재연(1999), 「국어 양태 범주의 확립과 어미의 의미 기술 – 인식 양태를 중심 으로」, 『국어학』 34, 국어학회, 199-225쪽.

박정운(2004), 「형태와 의미의 불일치」, 『담화와 인지』 11(2), 담화인지언어학회, 65-81쪽.

박지순(2014), 「한국어 상대높임법 실현의 영향 요인 연구」, 『새국어교육』 98, 한국국어교육학회, 289-324쪽.

_____(2015), 「현대 국어 상대높임법의 맥락 분석적 연구 : 일상적 준구어 자료의 분석을 바탕으로」, 연세대학교 대학원 박사학위 논문.

박지영(2006), 「한국어 학습자를 위한 요청 화행 교육 방안 연구」, 숙명여자대학교 석사학위 논문.

박철우(2017), 「담화 단위와 의미」, 『한국어학』 77, 한국어학회, 1-36쪽.

백용학(1986), 「화행론적 관점에서 본 문체분석 모형」, 『새한영어영문학』 20, 5-42쪽.

_____(1995), 「수행문 생략에 관한 연구」, 『새한영어영문학』 33, 263-286쪽.

_____(1997), 「언표내적 힘의 관점에서 본 담화분석」, 『새한영어영문학』 37, 새한영어영문학회, 247-273쪽.

범해영·배도용(2016), 「교실 수업에서 교사 발화의 지시화행 유형 및 특징 연구」, 『한중인문학연구』 53, 한중인문학회, 51-73쪽.

서상규(2013), 「한국어의 구어와 말뭉치」, 『한국어교육』 24(3), 국제한국어교육학회, 71-107쪽.

_____(2015), 『한국어 구어 빈도 사전1,2』, 서울: 한국문화사.

서상규·구현정(2002), 『한국어 구어 연구(1) -구어 전사 말뭉치와 그 활용-』, 한국문화사.

서상규·구현정(2005ㄱ), 『한국어 구어 연구(2) -대학생 대화 말뭉치를 중심으로-』, 한국문화사.

서상규·김형정(2005ㄴ), 「구어 말뭉치 설계의 몇 가지 조언」, 『언어사실과 관점』 16, 연세대학교 언어정보연구원, 5-29쪽.

서상규·한영균(1999), 『국어정보학 입문』, 서울: 태학사.

서정수(1994), 『국어문법』, 뿌리깊은나무.

서지혜·장채린(2012), 「한국어 교재에서의 맥락 정보 제시 방안 연구-요청 표현 '-(으)ㄹ래(요)?'를 중심으로-」, 『언어와 문화』 8(3), 한국언어문화교육학회, 147-171쪽.

서태룡(1985), 「국어의 명령형에 대하여」, 『국어학』 14, 437-461쪽.

서혁(1995), 「담화의 기능 및 유형」, 『국어교육』 5(1), 121-140쪽.

송인성(2015), 「국어 담화표지의 기능과 운율」, 고려대학교 박사학위 논문.

_____(2017), 「'정말', '진짜'의 담화 기능과 운율 특성」, 『한국어학』 77, 한국어학회, 91-116쪽.

신범숙(2012), 「한국어 거절화행 표현교육 연구」, 서울대학교 석사학위 논문.

신선경(2009), 「다학제적 연구 상황에서의 성공적 의사소통 조건」, 『화법연구』 15, 한국화법학회, 251-275쪽.

신정애(2008), 「한국어교육을 위한 '허락 요청'-'허락 요청' 표현의 공손성을 중심으로-」, 『한국언어문화교육학회 봄 정기학술대회 발표집』, 165-176쪽.

신지연(2000), 「어말어미 '-거든'에 대한 연구」, 『텍스트언어학』 8, 한국텍스트언어학회, 251-270쪽.

신현숙(1997), 「21세기 담화 의미 연구의 방향」, 『한국어의미학』 1, 59-84쪽.

신형욱(2004), 「텍스트 언어학과 외국어 교육」, 『텍스트언어학』 17, 텍스트언어학회, 1-26쪽.

안경화·김정화·최은규(2000), 「학습자 중심의 한국어 교육과정 개발 방향에 대하여」, 『한국어교육』 11(1), 국제한국어교육학회, 67-83쪽.

안명철(1990), 「국어의 융합 현상」, 『국어국문학』 103, 국어국문학회, 121-137쪽.

안주호(2017), 「한국어교육을 위한 상대높임법 등급 체계에 대한 제안」, 『동악어문학』 72, 동악어문학회, 97-123쪽.

엄진숙(2016), 「외국인 대학생의 요청 담화에서의 적극적 공손 전략 실현 양상 연구」, 『한국어교육』 27(3), 국제한국어교육학회, 117-147쪽.

원미진(2015), 「학문목적 한국어 학습자를 대상으로 정형화된 표현 사용의 쓰기 교육 효과 연구」, 『언어사실과 관점』 35, 연세대학교 언어정보연구원, 157-181쪽.

유소영(2015), 「한국어교육에서의 표현문형에 대한 연구: 의존명사 [수] 구성 표현문형을 중심으로」, 연세대학교 대학원 석사학위 논문.

유현경(2003), 「연결어미의 종결어미적 쓰임에 대하여」, 『한글』 261, 한글학회, 123-148쪽.

_____(2015),「학교문법 정립에 있어서 표준문법의 역할」,『우리말연구』43, 우리말학회, 65-90쪽.

_____(2017),『형태 중심 한국어 통사론』, 서울: 역락.

유현경·안예리·손혜옥·김민국·전후민·강계림·이찬영(2015),『한국어의 문법 단위』, 서울: 보고사.

유혜령(2010),「국어의 형태, 통사적 공손표지에 대한 연구」,『청람어문교육』 41, 청람어문교육학회, 377-409쪽.

유혜령·김유미(2008),「담화 유형과 화행 기능과의 상관성 연구」,『언어와 문화』 4(1), 한국언어문화교육학회, 170-202쪽.

윤석민(1999),『현대국어의 문장종결법 연구』, 집문당.

윤은경(2006),「한국어 양태 표현 연구 −종결어미 '-(으)ㄹ래, -(으)ㄹ게'를 대상으로-」,『언어와 문화』 2(2), 한국언어문화교육학회, 41-63쪽.

윤현애(2011),「구어 장르 구분을 기반한 한국어 피동 표현의 담화 기능 연구」, 『한국문법교육학회 논문집』, 한국문법교육학회, 115-161쪽.

이강순(2007),「일본인 고급 한국어 학습자의 요청 화행 연구-전략과 표현을 중심으로-」, 이화여자대학교 대학원 한국학과 석사학위 논문.

이경남(1996),「문장 문법에서 담화 문법으로의 확대 필요성」,『영어교육』 51(2), 한국영어교육학회, 149-168쪽.

이관규(1999),『학교문법론』, 월인.

_____(2005),「교육용 문법 용어」,『한국어교육론』 2, 서울: 한국문화사.

_____(2006),「문법 연구와 문법 교육의 상관관계」,『한국어학』 33, 한국어학회, 37-60쪽.

이기동(1987),「마침꼴의 의미 연구」,『한글』 195, 한글학회, 77-104쪽.

이동은(2008),「한국어 고급 학습자의 화용능력 고찰-영어권 교포학습자와 비교포학습자의 담화 분석을 중심으로-」,『한국어교육』 19(3), 국제한국어교육학회, 295-320쪽.

이미혜(2005),『한국어 문법 항목 교육 연구』, 서울: 박이정.

이병규(2008),「국어과 문법 교육과 외국어로서의 한국어 문법 교육의 특징

비교」, 『이중언어학』 28, 이중언어학회, 389-417쪽.

_____(2013), 「표준문법 정립을 위한 담화론의 논점 탐색」, 『문법 교육』 19, 한국문법교육학회, 101-125쪽.

_____(2014), 「담화의 개념과 단위」, 『어문론총』 61, 한국문학언어학회, 121-143쪽.

이보미(2018), 「숙달도에 따른 한국어 학습자의 표현문형 사용 양상과 오류 연구: 표현문형의 의미·기능을 중심으로」, 연세대학교 대학원 석사학위 논문.

이상복(1974), 「한국어의 인용문 연구」, 『외국어로서의 한국어교육』 1, 연세대학교 언어교육원 한국어학당, 131-154쪽.

이상준(1978), 「명령문에 대한 논리적 고찰」, 『영어영문학』 68, 한국영어영문학회, 173-199쪽.

이선웅(2014), 「기술문법과 학교문법: 총론」, 『국어학』 69, 국어학회, 167-205쪽.

이성범(2016), 「공적인 분노 표현 행위에 대한 한국어, 영어, 일본어 대조화용적 연구」, 『언어와 정보사회』 29, 서강대학교 언어정보연구소, 267-294쪽.

이성순(2002), 「외국인 학습자의 한국어 요청 화행에 관한 연구」, 이화여자대학교 교육대학원 석사학위 논문.

이성하(2008), 「문법화 연구에서의 구어의 의의」, 『언어과학연구』 47, 언어과학회, 209-235쪽.

이승욱(1980), 「종결형 어미의 통합적 관계」, 『난정 남광우 박사 화갑기념 논총』, 일조각.

이용주(1990), 「담화 단위로서의 (적격)문에 대하여」, 『국어교육』 71, 한국어교육학회, 1-12쪽.

이윤진(2009), 「유사 담화 기능의 문형 제시 연구-한국어 교재의 용례를 중심으로-」, 『한국어교육』 20(2), 국제한국어교육학회, 151-173쪽.

이원표(1997), 『담화연구의 기초(Jan Renkema, Discourse Studies)』, 한국문화사.

_____(1999), 「인용조사 '고'의 담화분석: 간접인용의 주관화와 문법화를 중심으로」, 『사회언어학』 7(1), 한국사회언어학회, 179-220쪽.

_____(2001), 『담화분석: 방법론 및 사회언어학적 연구의 사례』, 한국문화사.

이은경(1999), 「구어체 텍스트에서의 한국어 연결어미의 기능」, 『국어학』 34, 국어학회, 167-198쪽.

이은정(2016), 「상황맥락에 따른 공손성 실현 양상 연구: 비즈니스 요청 이메일 담화를 중심으로」, 연세대학교 대학원 석사학위 논문.

이은희(2003), 「한국어 교재의 문법 기술 방식」, 『이중언어학』 25, 이중언어학회, 303-334쪽.

_____(2009), 「상대높임법 화계에 대한 연구」, 『국어 문법의 탐구』 2, 서울: 박문사, 203-234쪽.

_____(2012), 「한국어교육을 위한 명령형어미 연구」, 『청람어문교육』 40, 청람어문교육학회, 71-95쪽.

_____(2012), 「한국어 행위 지시 표현 교육 연구」, 『문법 교육』 16, 한국문법교육학회, 241-272쪽.

_____(2014), 『한국어 화행 교육론: '금지 화행'을 중심으로』, 서울: 한국문화사.

_____(2014), 「한국어 간접 지시 화행 교육의 실태와 교재 구성 방안-한국어 교재 분석을 중심으로-」, 『문법 교육』 20, 275-295쪽.

이익섭·채완(1999), 『국어문법론강의』, 학연사.

이정란(2011), 「한국어 학습자의 양태 표현 습득에 나타난 문법능력과 화용능력의 발달 관계 연구」, 이화여자대학교 국제대학원 박사학위 논문.

이정민(1977), 「부정명령의 분석」, 『어학연구』 13(2), 서울대학교 어학연구소, 105-114쪽.

이정은(1997), 「요청의 상호행위 현상 연구」, 연세대학교 대학원 석사학위 논문.

이재기(2006), 「맥락 중심 문식성 교육 방법론」, 『청람어문교육』 34, 청람어문교육학회, 99-128쪽.

이준호(2008), 화용론적 관점에서 본 의문문 교육 연구-한국어 교재에 나타난 의문문을 중심으로-, 『국어교육』 19(2), 국제한국어교육학회, 279-304쪽.

이준희(1999), 「국어의 간접화행에 관한 연구」, 한양대학교 박사학위 논문.

이지수(2015), 「한국어 명령문의 조건과 범위」, 『국어학』 75, 국어학회, 233-270쪽.

_____(2016), 「한국어 명령문의 문법과 화행 연구」, 서울대학교 대학원 박사 학위 논문.

이지영(2006), 「한국어 학습자의 구어 담화 능력 배양을 위한 담화 정보 활용」, 『한국어교육』 17(1), 국제한국어교육학회, 307-331쪽.

_____(2006), 「담화원리를 바탕으로 한 제안 기능 교육내용 구성」, 『한국어 교육』 17(3), 국제한국어교육학회, 185-208쪽.

이진경(2003), 「화법의 교육내용에 대한 연구」, 『화법연구』 6, 197-219쪽.

이찬규·노석영(2012), 「의사소통에서 나타나는 울타리 표현의 특성에 관한 연구」, 『화법연구』 21, 245-286쪽.

이창덕(1994), 「국어발화의 담화상 기능과 간접인용문」, 『텍스트언어학』 1, 225-267쪽.

이창용(1986), 「명령문의 발화조건-연결어미의 배합을 중심으로-」, 『미원 우인 섭 선생 화갑기념 논문집』, 집문당.

이필영·정종수(2005), 「간접화행 판단의 제문제」, 『한국언어문화』 87, 한국언 어문화교육학회, 47-67쪽.

이해영(1989), 「'거든'의 부사절 형성과 문장 종결에 대한 연구」, 이화여자대학 교 석사학위 논문.

_____(2002), 「비교문화적 화용론에 기초한 한국어의 화용 교육」, 『이중언어 학』 21, 이중언어학회. 46-70쪽.

_____(2010), 「한국어 요청 화행의 적절성에 대한 태국인의 인식과 숙달도」, 『이중언어학』 21, 이중언어학회, 219-240쪽.

이해영 외(2018), 『외국인 학습자들의 한국어 담화 화용 연구 1』, 한국문화사.

이희자·이종희·이선희(1995), 「어미의 처리에 대하여」, 『한국어사전 편찬실 연찬회』, 연세대학교 언어정보연구원, 35-46쪽.

임규홍(2006), 「담화 문법 교육'에 대하여」, 『문법 교육』 5, 한국문법교육학회, 161-184쪽.

_____(2007), 「국어 담화분석 연구의 현황과 전망」, 『우리말연구』 20, 우리말 학회, 111-145쪽.

임마누엘(2005), 「한국어 화행 교육의 필요성과 교수 방안 연구-'요청' 화행을 중심으로-」, 고려학교 교육대학원 석사학위 논문.

임지룡(1992), 『국어 의미론』, 서울: 탑출판사.

임홍빈·장소원(1995), 『국어문법론 1』, 한국방송대학교출판부.

장경현(2010), 『국어 문장 종결부의 문체』, 역락.

장경희(1998), 「화행의미론」, 『한국어의미학』 2, 한국어의미학회, 41-56쪽.

_____(2005), 「국어 지시 화행의 유형과 방법 및 지시 강도」, 『텍스트언어학』 19, 한국텍스트언어학회, 185-208쪽.

장경희·김태경(2005), 「발화의 음 산출에 관여하는 화용론적 요인」, 『한국어의미학』 18, 한국어의미학회, 175-196쪽.

장미경 외(2008), 「영어권 고급 화자를 위한 한국어 화행교육 모형 연구」, 『한국어교육』 19(2), 국제한국어교육학회, 305-329쪽.

장석진(1993), 『화용과 문법』, 탑출판사.

장채린(2018), 「한국어 교육을 위한 비격식체 종결어미 연구: 핵심 기능을 중심으로」, 연세대학교 대학원 박사학위 논문.

전영옥(2005), 「발표담화와 발표요지 비교 연구」, 『텍스트언어학』 19, 한국텍스트언어학회, 209-246쪽.

_____(2006), 「구어의 단위 연구」, 『한말연구』 19, 한말연구학회, 271-299쪽.

_____(2009), 「구어와 담화 연구」, 『한국어학』 45, 한국어학회, 45-93쪽.

전정미(2007), 「요청 화행에 나타난 공손 전략의 실현 양상」, 『한말연구』 21, 한말연구학회, 247-267쪽.

_____(2013), 「공익광고 텍스트에 나타난 지시화행의 실현 양상 연구」, 『한말연구』 33, 한말연구학회, 245-268.

_____(2015), 「설득 텍스트에 나타난 공손 전략 연구」, 『한말연구』 37, 한말연구학회, 279-303쪽.

_____(2016), 「TV 토론 텍스트에 나타난 의문 표현의 설득 전략 연구」, 『겨레어문학』 57, 겨레어문학회, 323-348쪽.

전지은(2014), 「핵심어 분석을 통한 구어 공적/사적 담화 특징 연구」, 『담화와 인지』 21(1), 담화인지언어학회, 105-126쪽.

전혜영(1989), 「접속문과 공손원칙」, 『이화어문논집』 10, 이화어문학회,

81-101쪽.

_____(1995), 「한국어 공손현상과 '-겠-'의 화용론」, 『국어학』 26, 국어학회, 125-146쪽.

_____(2004), 「한국어 공손표현의 의미」, 『한국어의미학』 15, 한국어의미학회, 71-91쪽.

_____(2005), 「한국어 공손표현의 교육 방안」, 『이중언어학』 29, 이중언어학회, 347-368쪽.

정민주(2003), 「한국어 요청 화행 표현 연구」, 서울대학교 대학원 석사학위 논문.

정주리(1989), 「국어 의문문 의미-화용적 의미 기능」, 고려대학교 대학원 석사학위 논문.

정진(2013), 「중국인 한국어 학습자의 "-겠-"을 포함한 요청 화행의 공손 의미 습득 양상」, 『한국어 의미학』 40, 한국어의미학회, 415-439쪽.

정희원(1991), 「한국어의 간접 화행과 존대 표현」 『화용론논집』 1, 151-160쪽.

정희자(1999), 『담화와 문법』, 한국문화사.

조경아(2003), 「일본인 한국어 학습자의 요청 화행에 관한 연구」, 연세대학교 교육대학원 석사학위 논문.

조국현(2007), 「언어교육에 관한 한국 텍스트 언어학의 연구 내용 및 성과」, 『텍스트언어학』 22, 텍스트언어학회, 143-169쪽.

조민하(2011), 「연결어미의 종결기능과 억양의 역할」, 고려대학교 박사학위 논문.

_____(2014), 「종결어미 '-거든'의 화용 전략과 억양의 기능 - 10대, 20대, 30대의 연령 변이를 중심으로」, 『한국어학』 65, 한국어학회, 237-262쪽.

조성훈(1989), 「현대국어의 명령표현 연구」, 서울대학교 국어교육과 석사학위 논문.

조용길(2007), 「브라운과 레빈손(Brown/Levinson) 모델의 한계와 그 극복 가능성」, 『독어교육』 40, 독어교육학회, 115-136쪽.

조일영(1994), 「국어 양태소의 의미 기능 연구」, 고려대학교 박사학위 논문.

조태린(2010), 「언어 규범과 언어 변이의 문제-'표준 화법'을 중심으로-」, 『사회언어학』 18(2), 한국사회언어학회, 189-214쪽.

주세형(2004), 「학교 문법 다시 쓰기-언어 단위 문제를 중심으로」, 『한어교육
학연구』 20, 461-498쪽.

지현숙(2005), 「한국어 구어 문법과 평가: 이론편」, 서울:도서출판 하우.

_____(2009), 「'교육 문법'에 있어서 한국어 구어 문법을 어떻게 기술할 것인
가에 대하여」, 『한국어학』 45, 한국어학회, 113-139쪽.

지현숙·오승영(2018), 「한국어교육에서 '맥락' 논의에 대한 일고찰」, 『새국어
교육』 115, 한국국어교육학회, 135-159쪽.

진강려(2011), 「중국인 학습자를 위한 한국어 부정 의문문 교육 연구-모어 화
자와의 비교를 통하여-」, 『국어교육연구』 28, 서울대학교 국어연구소,
31-60쪽.

_____(2014), 「한국어 의문문의 지시화행 사용 양상 조사」, 『한국경제문화연
구』 2, 한중경제문화학회, 267-299쪽.

진관초(2017), 「환유의 관점에서 본 한국어 반복 구문」, 『한국문법교육학회
학술대회 발표집』, 한국문법교육학회, 181-193쪽.

진정란(2005), 「한국어 이유 표현 '-길래'의 담화 문법 연구」, 『담화와 인지』
12(3), 담화인지언어학회, 137-154쪽.

채영희(1983), 「서법으로서의 명령법」, 『문창어문논집』 20, 문창어문학회,
165-185쪽.

_____(1991), 「간접인용에 의한 수행문 분석」, 『문창어문논집』 28, 문창어문
학회, 99-115쪽.

_____(1993), 「시킴월의 유형에 대하여」, 『우리말연구』 2, 우리말학회.
153-188쪽.

최경자(1985), 「국어 명령문의 화행분석」, 서울대학교 석사학위 논문.

최정순(2011), 「한국어 표현 교육 연구」, 『이중언어학』 47, 이중언어학회,
383-402쪽.

최현배(1937), 『우리말본』, 서울: 정음문화사.

최호철(2011), 「국어 발화의 의미에 대하여」, 『한국어의미학』 36, 한국어의미
학회, 481-529쪽.

하길종(2001), 『언어 수행론 연구』, 국학자료원.

하영우·김민국(2018), 「접속문의 의미·통사 구조와 운율 실현 양상-연결어미 '-고' 접속문을 중심으로」, 『국어학』 88, 137-172쪽.

한국사회언어학회(2012), 『사회언어학 사전』, 소통.

한길(1991), 『국어 종결어미 연구』, 춘천: 강원대학교 출판부.

한송화(2000), 「한국어 보조용언의 상적 기능과 양태 기능, 화행적 기능에 대한 연구-'하다'를 중심으로-」, 『한국어교육』 11(2), 국제한국어교육학회, 481-529쪽.

_____(2003), 「기능과 문법 요소의 연결을 통한 한국어교육 -명령 기능을 중심으로-」, 『한국어교육』 14(3), 국제한국어교육학회, 289-313쪽.

_____(2006), 「외국어로서 한국어 문법에서의 새로운 문법 체계를 위하여-형식 문법에서 기능 문법으로」, 『한국어교육』 17(3), 국제한국어교육학회, 357-379쪽.

_____(2016), 「종결어미 '-거든(요)'의 의미와 기능 연구」, 『문법 교육』 26, 한국문법교육학회, 287-323쪽.

한승규·유소영(2016), 「복합 종결어미 '-기는(요)'의 의미와 담화 기능」, 『언어학연구』 21(1), 한국언어연구학회, 125-147쪽.

허상희(2010), 「한국어 공손표현의 화용론적 연구」, 부산대학교 대학원 박사학위 논문.

홍승아(2010), 「한국어 학습자의 한국 거주기간에 따른 불평 화행의 인지 연구」, 이화여자대학교 대학원 석사학위 논문.

_____(2016), 「외국인의 요청 표현에 대한 한국인의 반응 연구-한국인이 선호하지 않는 표현을 중심으로」, 『한어문교육』 36, 한국언어문학교육학회, 113-135쪽.

홍은실·최영인(2014), 「대학생의 설득적 발표 담화 구성에 나타난 청중 고려 양상」, 『화법연구』 25, 215-249쪽.

홍종선(1980), 「국어 부정법의 변천 연구」, 고려대학교 대학원 석사학위 논문.

홍종선 외(2003), 『한국어 문법론의 연구 현황과 과제』, 서울: 박이정.

홍진영(2013), 「중국인의 한국어 업무 이메일 요청화행 연구: 한국인과의 요청 전략 비교를 중심으로」, 연세대학교 교육대학원 석사학위 논문.

황정혜(2018), 「중국인 학습자를 위한 지시-거절화행 대조 연구」, 연세대학교 대학원 박사학위 논문.

Alba-Juez, Laura. (2009). Perspectives on Discourse Analysis: Theory and Practice. Newcastle upon Tyne: Cambridge Scholars Publishing. ebook.

Alexandra, K. & K. H. Kendrick. (2016). "Imperative Directives: Orientations to Accountability". *Research on Language and Social Interaction, 49*(3), 272-288.

Alexandra, Y. Aikhenvald. (2016). "Imperatives and Commands in Manambu". *Oceanic Linguistics, 55*(2). Hawaii Press.

Ann Hewings & Martin Hewings. (2005). *Grammar and Context: An Advanced Resource Book*, Routledge: London and New York.

Athanasiadou, A.(1991), "The discourse functions of questions". *Pragmatics 1.*

Austin, J. L. (1962). *How to Do Things with Words*. Oxford University Press.

Austin, J. L. (1975). *How to Do Things with Words*. Harvard University Press.

Bach, K. & R. M. Harnish. (1979). *Linguistic communication and speech acts*. Cambridge, MA: The MIT Press.

Berry, R. (2005). "Making the most if metalanguage". *Language Awareness, 14*, 13-18.

Boas, F. (1940), *Race, language and culture*, New York: Macmillan.

Boden, D. & D. Zimmerman. (Eds.) (1999). *Talk and Social Structure*. Cambridge: Cambridge University Press.

Bolen, W. H. (1984). *Advertising*. New York John Wiley & Sons Inc..

Bolinger, D. (1967). "The Imperative in English". To Honour Roman Jacobson, 1. The Hague, Paris: Mouton.

Blum-Kulka, House and Kasper. (1989). *Cross-Cultural and Situation*

Variant in Requesting Behavior, Cross-Cultural Pragmatics: Request and Apology, Albex.

Brown, G. & G. Yule. (1983). *Discourse analysis*. Cambridge: Cambridge University Press.

Canale, M. & Swain, M. (1980). *Theoretical Bases of Communicative Approaches to Second Language Teaching and Testing*. Applied Linguistics, *1*(1), 1-48.

Celce-Murcia. & Olshain (2001). *Discourse and Context in Language Teaching: A Guide for Language Teachers*. UK: Cambridge University Press.

Chafe, W. (1994). *Discourse, Consciousness, and Time*. Chicago: University of Chicago Press.

Clark, B. (1993). "Relevance and 'pseudo-imperatives'". *Linguistics and Philosophy, 16*, 79-121.

Clark, B. (1993). "Let and let's: procedural encoding and explicature." *Linua 90*, 173-200.

Clark, H. H. and D. H. Schunk. (1980). "Politeness responses to politeness requests". *Cognition, 8*, 111-143.

Cohen, A. D. (1998). *Strategies in learning and using a second language*. London: Longman.

Cook, G. (1989). *Discourse*. Oxford: Oxford Univeristy Press.

Crookes, G. (1990). "The Utterance, and Other Basic Units for Second Language Discourse Analysis:. *Applied Linguistics, 11*(2).

Crystal, D. (1969). *Prosodic systems and intonation in English*. Cambridge: Cambridge University Press.

Doughty, C. & Williams, J. (eds.). (1998). *Focus on form in classroom second language acquisition*. Cambridge University Press.

Drew, P. & J. Heritage. (eds.) (1992). *Talk at Work*. Cambridge: Cambridge University Press.

Duranti, A. (1985). "Sociological dimensions of discourse". In T. Van Dijk (Ed.), *Handbook of Discourse Analysis*, vol. 1. New York: Academic Press.

Eggins, S. (2005). *An Introduction to systemic functional linguistics* 2nd ed. New York Continuum.

Ellis, R. (2002). *The Place of Grammar Instruction in the Second/Foreign Language Curriculum.* In Hinkel.

Ervin-Tripp, S. (1976). "Is Sybil there? The structure of some American English directives". *Language in Society*, *5*(1), 25-66.

Faerch, C. and G. Kasper, et al. (1984). "CCSARP − A Project Description", University of Copenhagen.

Fairclough, N. (1989), *Language and Power.* London: Longman.

Firth, A & J. Wagner. (1997). On discourse, communication, and (some) fundamental concepts in SLA research. *The Modern Language Journal*, *81*(3), 285-300. DOI: 10.2307/329302

Ford, C. & Thompson, S. (1996). "Interactional units in conversation: Syntactic, intonational, and pragmatic resources for the management of forms". In E. Ochs, E. A. Shegloff & S. A, Thompson (Eds.) *Interaction and grammar*, Cambridge: Cambridge University Press. 134-184.

Fortuin, E. and R. Boogaart. (2009), "Imperative as conditional: From con-structional compositional semantics". *Cognitive Linguistics 20*(4), 641-673.

Fotos, S. (2007). *Form-Focused Instruction and Teacher Education.* Oxford: Oxford University Press.

Fox, B. and P. J. Hopper, eds. (1994). *Voice: form and function.* Amsterdam/ Philladelphia: John Benjamins.

Fraser, B. (1975). "Hedged performatives" in P. Cole and S. L. Morgan. *Syntax and Semantics*, 3. New York: Academic Press.

Fraser, B. (1990). "Perspectives on politeness". *Journal of Pragmatics, 14.* 219-236.

Fried, M. and J.-O. Östman, eds. (2004). *Construction grammar in a cross-language perspective.* Amsterdam: John Benjamins.

Furguson, C. (1994). "Dialect, register, and genre: Working assumptions about conventionalization", In Douglas Biber and Edward, Finegan. eds. *Sociolinguistics Perspectives on Register.* New York: Oxford University Press.

German Kathleen, M. (2010). *Principles of Public speaking*(17th ed). Boston MA: Allyn and Bacon.

Gibbons, P. (2006). *Bridging Discourse in the ESL Classroom: Students, Teachers and Researchers.* A&C Black.

Goldberg, A. (2006). *Constructions at work: The nature of generalization in language.* Oxford: Oxford University Press.

Goodwin, C. (1980). "Restarts, pauses, and the achievement of a state of mutual gaze at turn-beginning", *Sociological inquiry, 50,* 272-302.

Goodwin, C. (1981). *Conversational organization: Interaction between speakers and hearers.* New York: Academic Press.

Grice, H. P. (1975). *Logic and conversation.* In P. Cole and J. Morgan, (eds..), New York: Academic Press, 41-58.

Gumperz, J. (1982). *Discourse strategies.* Cambridge: Cambridge University Press.

Guthrie, A. M. (1995). *English Conversation by Amy B. M. Tsui. Issues in Applied Linguistics, 6*(2), 158-162.

Halliday, M.A.K. (1985/2014). *Introduction to functional grammar.* London: Amold.

Hatch, E. (1992). *Discourse and language education.* New York: Cambridge University Press.

Heine, B. (1997). *Conceptual sources of grammar.* New York/Oxford:

Oxford University Press. (이성하·구현정 옮김 (2004), 『문법의 인지적 기초』, 박이정.)

Hinkel, E. & Fotos, S. (2002), *New Perspectives on Grammar Teaching in Second Language Classrooms*. ESL and Applied Linguistics Professional Series. Mahwah, N.J.: Routledge., 103-118.

HollingWorth, H. L. (1935). *The Psychology of the Audience*. New York: American Book Company.

House, J. & G. Kasper. (1979). *Politeness markers in English and German. Conversational Routine: Explorations in standardized communication situations and prepatterned speech*. (eds.) by F. Coulmans. The Hague, Paris, New York: Mouton Publishers.

Huang, Y. (2007), *Pragmatics*, Oxford: Oxford University Press. (이해윤 옮김 (2009), 『화용론』, 서울: 한국외국어대학교 출판부.)

Hyumes, D. (1967). "Models of the interaction of language and social setting". *Journal of Social Issues, 23*(2), 8-38.

Ide, S. (1989). "Formal forms and discernment: Two neglected aspects of linguistic politeness". *Multilingua, 8*, 223-248.

Jaffe, C. (2007). *Public Speaking : Concepts and Skills for a Diverse Society*(5th ed.). Thomson Wadsworth.

Jucker, A. H. (2011). "Speech act research between armchair, field and laboratory. The case of compliments". *Journal of Pragmatics, 41*, 1611-1635.

Kaplan, R. B. (1966). "Cultural thought patterns in intercultural education". *Language Learning, 16*, 1-20.

Kasper, G. & Blum-Kulka, S. (1993). *Interlanguage pragmatics*. New York: Oxford University Press.

Kepa Korta. (2008). "Malinowski and pragmatics: Claim making in the history of linguistics", *Journal of Pragmatics, 40*, 1645-1660.

Kent, A. & Kendrick, K. H. (2016), "Imperative Directives: Orientations to Accountability", *Research in language and social interaction*, *49*(3), 272-288.

Kohnen, Thomas. (2007). "Text type and the methodology of diachronic speech act analysis", In: Susan Fitzmaurice and Irma Taavitsainen (eds). *Methods in Historical Pragmatics,* Berlin: Mouton de Gruyter, 139-166.

Kramsch, C. (1981). *Discourse analysis and second language teaching.* Washington, DC: Center for Applied Linguistics.

Krashen, S. & Terrell, T. (1983). *The natural approach.* Hayward, CA: Alemany Press.

Lakoff, R. (1973). "The logic of politeness, or minding your P's and Q's". *Proceedings of ninth regional meeting of Chicago Linguistic Society,* 292-305.

Langaker, R. W. (1987). *Foundations of Cognitive Grammar: Theoretical prerequisites, 1.* Stanford: Stanford University Press.

Langacker, R. W. (2008). *Cognitive Grammar: A basic introduction.* New York: Oxford University Press.

Larsen-Freeman, D. (2003). *Teaching language: from grammar to grammaring,* Boston: Thomson Heinle.

Larsen-Freeman, D. & Long, M. H. (1999). *An Introduction to second language acquisition research.* Applied linguistics and language study. London; New York: Longman.

Leech, G. N. (1983). *Principles of pragmatics.* London: Longman.

Levinson, S. (1983). *Pragmatics,* Cambridge University Press.

Long, M. H. (1989). "Task, group, and task-group interactions". *University of Hawaii Working Papers in ESL, 8*(2), 1-26.

Lucas, S. (2012). *The Art Of Public Speaking*(11th ed.), New York: McGraw-Hill.

Mao, L. R. (1994). "Beyond politeness theory: 'Face' revisited and renewed". *Journal of Pragmatics, 21*, 451-486.

Malinowski, Bronislaw, (1923). "The Problem of Meaning in Primitive Languages. Supplement I" in C.K. Ogden and I.A. Richards (of the 10th ed. (1972)), 296-336. https://doi.org/10.1016/j.pragma.2007.12.006

Mandelbaum, J. (2014). "How to do things with requests: Request sequences at the family dinner table". In P, Drew & E. Couper-Kuhlen (eds.). *Requesting in social interaction.* Amsterdam, The Netherlands: John Benjamins, 215-241.

Matsumoto, Y. (1988). "Reexamination of the university of face: Politeness phenomena in Japanese". *Journal of Pragmatics, 12*, 403-426.

McCarthy, M. (1991). *Discourse analysis for language teachers.* Cambridge: Cambridge University Press.

Mey, Jacob. L. (2001), *Pragmatics: An Introduction.* Blackwell Publishers Inc. (이성범 옮김(2007), 『화용론 개관』, 파주: 한신문화사.)

Meyer, M. (1987). "The shared structure of oral and written language and the implications for teaching writing, reading and literature". In J. R. Squire (eds.) *The dynamics of language learning*, Heinle & Heinle, 122-146.

Ochs, E. and E. A. Schegloff and S. A. Thompson. (1996). *Interaction and grammar.* Studies in interactional sociolinguistics, *13.* Cambridge University Press.

Olshtain, E. & Blum-Kulka, S. (1985). "Crosscultural pragmatixs and the testing of communicative competence". *Language Testing, 2*(1), 16-30.

Olson, D. R. (1977). "From utterance to text". *Harvard Educational Review, 47*, 257-281.

Ong, W. (1982). *Orality and Literacy.* London: Methuen.

Omaggio, A. C. (1993), *Teaching in Context.* Boston: Heinle & Heinle.

Panther, K. L. and L. Thornburg. (1998). "A cognitive approach to inferencing in conversation". *Journal of Pragmatics, 30*, 755-769.

Pérez Hernandez, L. and F. J. Ruiz de Mendoza. (2002). "Grounding, semantic motivation, and conceptual interaction in indirect directive speech acts". *Journal of Pragmatics, 34,* 259-284.

Pérez Hernandez, L. (2013). "Illocutionary constructions: (multiple source)-in-target metonymies, illocutionary ICMs, and specification links". *Language & Communication, 33*(2), 129-149.

Sacks, H. (1992), "Adjacency Pairs: Scope of Operation", In Grail Jefferson ed.. *Lectures on Conversation, 2,* Oxford: Blackwell, 521-532.

Sadock, J. M. (1974), "Indirect Speech Acts", *Syntax and Semantics 3,* New York: Academic Press.

Schiffrin, D. (1994). *Approaches to discourse.* Oxford: Basil Blackwell.

Scolllon, Ronald and Scollon, Suzanne Wong (1995), *Intercultural communication: a discourse approach.* Oxford: Blackwell.

Searle. John R. (1969). *Speech Act.* Cambridge: Cambridge University Press.

Searle, John R. (1976). "A classification of illocutionary acts". *Language in Society, 5,* 1-24.

Searle, John R. (1980). "The background of meaning" In Searle, J., Klifer, f., and Bierwisch, M. (eds.) *Speech act theory and pragmatics.* Dordrecht: Reidel, 221-232.

Shegloff, E. A. & Sacks, H. (1973). "Openings and Closings", *Semiotics 8*(4), 289-327.

Skehan, P. (1998). *A Cognitive Approach to Language Learning.* Oxford: Oxford University Press.

Sperber, D. & Wilson, D. (1986). *Relevance.* London: Basil Blackwell.

Steger. (1974), "Vorschlag fur ein Sprachverhaltens modell und die Gewinnung von Textsorten". 『독어독문학』, 0(2), 115-131.

Stubbs, M. (1983). *Discourse analysis: The sociolinguistic analysis of natural language*. Chicago: University of Chicago Press.

Swales. (1990). *Genre analysis: English in academic and research settings*. Cambridge University Press.

Takahashi, H. (2008). "Imperatives in concessive clauses: compatibility betwwen constructions", *Constructions 2*, 1-39.

Takahashi, H. (2012). "A Cognitive Linguistics Analysis of English Imperative: With Special Reference to Japanese Imperatives". *Human Cognitive Processing, 35*. Amsterdam: John Benjamins Publishing Company.

Tannen, D. (1984). *Conversational style: Analyzing talking among friends*. Norwood, N. J.: Ables.

Thornbury, S. (1999). *How to Teach Grammar*. Longman.

Trosborg. A. (1995). *Interlanguage Pragmatics: Request, Complaints and Apologies*. Berlin: Mouton de Gruyter.

Tsui, Amy B. M. (1991), "Sequencing rules and coherence in discourse", *Journal of Pragmatics, 15*(2), 111-129.

Tsui, Amy B. M. (1994). *English Conversation*, Oxford: Oxford University Press.

van Dijk, T. A. (1990). "The future of the field: Discourse analysis in the 1990s". *Text, 10*, 133-156.

Vygotsky, L. S. (1962). *Thought and language*. Cambridge, MA: MIT Press,

Whitehead, A, N. (1975). *The aims of education and other essays*. New York: Macmillan.

Wierzbicka, A, (1995). *Cross-cultural pragmatics: the semantics of human interaction*. Berlin: Mouton de Gruyter

Williams, G. (2005). "Grammatics in schools". In R. Hasan C. M. I. M. Matthiessen & J. Webster (eds.) *Continuing discourse on language*. London: Equinox, 281-310.

Wootton, A. J. (1997). *Interaction and the development of mind.* Cambridge, England/New York, NY: Cambridge University Press.

Yule, G. (1996). Pragmatics. Oxford: Oxford University Press.

Yule, G. (1997). *Referential communication tasks.* Mahwah, NH: Erlbaum.